高校法学专业
核心课程配套测试

依经济法核心课程教材
最新版本体例组编

第十版

现代法学
试题系列
8

经济法配套测试

依据最新立法及学术动态修订升级
新增考试习题、2020～2021年考研真题

教学辅导中心 / 组编

中国法制出版社
CHINA LEGAL PUBLISHING HOUSE

图书在版编目（CIP）数据

经济法配套测试／教学辅导中心组编．—10版．—北京：中国法制出版社，2021.7

高校法学专业核心课程配套测试

ISBN 978－7－5216－2012－2

Ⅰ．①经… Ⅱ．①教… Ⅲ．①经济法－中国－高等学校－习题集 Ⅳ．①D922.29－44

中国版本图书馆CIP数据核字（2021）第135989号

责任编辑：谢　雯　　封面设计：杨泽江

经济法配套测试（第十版）

JINGJIFA PEITAO CESHI（DI-SHI BAN）

组编/教学辅导中心

经销/新华书店

印刷/三河市国英印务有限公司

开本/787毫米×1092毫米　16开　　印张/17.75　字数/462千

版次/2021年7月第10版　　2021年7月第1次印刷

中国法制出版社出版

书号ISBN 978－7－5216－2012－2　　定价：56.00元

北京西单横二条2号

邮政编码100031　　传真：010－66031119

网址：http：//www.zgfzs.com　　编辑部电话：010－63141794

市场营销部电话：010－66033393　　邮购部电话：010－66033288

（如有印装质量问题，请与本社印务部联系调换。电话：010－66032926）

第十版出版说明

《高校法学专业核心课程配套测试丛书》是我社教学辅导中心组织著名法学院校的优秀教师编写的一套教辅丛书。该丛书专为法学院校学生掌握法律专业知识、培养法律思维能力而精心设计，分册设置涵盖法学专业核心课程，因考点全面、题量充足、解答详尽、应试性强等优点，受到广大师生的普遍欢迎，使得该丛书成为法学教辅图书中口碑相传的实力品牌。

《经济法配套测试》为上述丛书中的一本，自2005年首次出版后，历经多次改版重印，很多读者还来电、来信向我们表达感谢和期待。正是基于这种信赖，为及时体现该领域法学最新研究成果，并与我国立法发展相适应，在承继该书原有优点的基础上，我们对其全面修订。特点如下：

一、配套主流教材

本书结构上与主流经济法核心课程教材基本相一致，便于随学随练。

二、内容及时更新

1. 根据最新法律、司法解释及文件等进行全面修订。

2. 新增最新考试习题、部分高校2020~2021年考研真题等，并对陈旧题目进行替换。

三、加工精细考究

1. 重点章节前面设置“基础知识图解”，归纳每章的知识体系和基本概念，帮助读者梳理知识点并检验学习成果。

2. 对重点题目的答案以脚注形式提醒注意要点，拓展解题思路。

3. 试题答案讲解细致，重点突出，为培养法律思维和提高应试能力提供有效指导。

4. 本书专门设置两套期末测试题，便于读者进行整体复习和预演自测。

四、附录全面实用

1. 收录全国部分高校经济法学专业历年研究生入学考试真题，为准备考研的读者提供更多帮助。

2. 收录经济法领域重点法律条文列表，方便读者了解立法动向。

3. 随书赠送课程相关法律单行本一册，方便读者随时查阅我国现行法律规定。

教学辅导中心

2021年7月

目　　录

第一章　经济法的概念 1
基础知识图解 1
配套测试 1
参考答案 2
第二章　经济法的产生和发展 8
基础知识图解 8
配套测试 8
参考答案 9
第三章　经济法的地位 13
基础知识图解 13
配套测试 13
参考答案 14
第四章　经济法的理念和基本原则 17
基础知识图解 17
配套测试 17
参考答案 18
第五章　经济法的体系和渊源 22
基础知识图解 22
配套测试 22
参考答案 23
第六章　经济法的制定和实施 25
配套测试 25
参考答案 26
第七章　经济法主体的一般原理 27
基础知识图解 27
配套测试 27
参考答案 28
第八章　国家经济管理机关法律制度 31
基础知识图解 31
配套测试 31
参考答案 32
第九章　市场中介组织法律制度 34
基础知识图解 34
配套测试 34
参考答案 35

第十章　市场监管法的一般原理 …… 36
基础知识图解 …… 36
配套测试 …… 36
参考答案 …… 37
第十一章　竞争法律制度 …… 39
基础知识图解 …… 39
配套测试 …… 40
参考答案 …… 49
第十二章　消费者权益保护法律制度 …… 66
基础知识图解 …… 66
配套测试 …… 67
参考答案 …… 77
第十三章　产品质量法律制度 …… 91
基础知识图解 …… 91
配套测试 …… 91
参考答案 …… 100
第十四章　广告法律制度 …… 112
基础知识图解 …… 112
配套测试 …… 112
参考答案 …… 113
第十五章　城市房地产管理法律制度 …… 115
基础知识图解 …… 115
配套测试 …… 115
参考答案 …… 122
第十六章　银行业监管法律制度 …… 130
基础知识图解 …… 130
配套测试 …… 131
参考答案 …… 136
第十七章　证券监管法律制度 …… 141
基础知识图解 …… 141
配套测试 …… 142
参考答案 …… 151
第十八章　保险监管法律制度 …… 164
基础知识图解 …… 164
配套测试 …… 164
参考答案 …… 167
第十九章　期货监管法律制度 …… 171
基础知识图解 …… 171
配套测试 …… 171
参考答案 …… 172

第二十章　宏观调控法的一般原理 …… 173
基础知识图解 …… 173
配套测试 …… 173
参考答案 …… 174
第二十一章　计划和投资法律制度 …… 176
基础知识图解 …… 176
配套测试 …… 176
参考答案 …… 178
第二十二章　产业法律制度 …… 180
基础知识图解 …… 180
配套测试 …… 180
参考答案 …… 181
第二十三章　国有资产管理法律制度 …… 182
基础知识图解 …… 182
配套测试 …… 182
参考答案 …… 183
第二十四章　能源法律制度 …… 184
基础知识图解 …… 184
配套测试 …… 185
参考答案 …… 186
第二十五章　财政法律制度 …… 187
基础知识图解 …… 187
配套测试 …… 188
参考答案 …… 189
第二十六章　税收法律制度 …… 192
基础知识图解 …… 192
配套测试 …… 193
参考答案 …… 205
第二十七章　金融法律制度 …… 222
基础知识图解 …… 222
配套测试 …… 223
参考答案 …… 231
第二十八章　价格法律制度 …… 240
基础知识图解 …… 240
配套测试 …… 240
参考答案 …… 241
第二十九章　会计和审计法律制度 …… 242
基础知识图解 …… 242
配套测试 …… 242
参考答案 …… 245

第三十章　对外贸易法律制度 …… 249
基础知识图解 …… 249
配套测试 …… 249
参考答案 …… 251
期末测试题一 …… 253
参考答案 …… 256
期末测试题二 …… 258
参考答案 …… 260

附录一：部分法学院校研究生入学考试经济法学部分真题 …… 261
附录二：经济法重点法律文件列表 …… 274
附录三：经济法学习参考及推荐书目 …… 275

第一章　经济法的概念

基础知识图解

- 经济法概念的语源
- 经济法的调整对象
  - 经济法的调整对象研究的基本出发点
  - 经济法的调整对象是特定的经济关系
  - 经济法调整的特定经济关系是指国家在协调本国经济运行过程中发生的经济关系
- 经济法的定义
  - 经济法属于法的范畴
  - 经济法属于国内法体系
  - 经济法不同于国内法体系中的其他部门法

配套测试

一、单项选择题

1. 首先提出“经济法”这一概念的是(　　)。

A. 摩莱里《自然法典》

B. 德萨米《公有法典》

C. 莱特《世界经济年鉴》

D. 金泽良雄《经济法概论》

2. 下列对经济法调整对象的范围看法正确的是(　　)。

A. 经济法的调整对象是综合的

B. 经济法的调整对象是各种经济关系

C. 经济法没有特定的调整对象，其调整对象随实践的发展而发展

D. 经济法的调整对象与其他部门法的调整对象是有区别的

二、名词解释

1. 经济关系

2. 经济法律关系

3. 国家干预

4. 经济法

三、论述题

1. 论述经济法在市场失灵中的作用。(西南政法大学 2010 年考研真题)

2. 论述经济法在克服政府失灵中的作用。(西南政法大学 2013 年考研真题)

3. 结合实际论述经济法的政策性。(北京大学 2011 年考研真题)

4. 论国家运用经济法干预经济关系的正当性。

5. 试析我国市场经济体制下关于经济法概念的各种学说及主要内容。

6. 简述经济法的时空性。

参考答案

一、单项选择题

1. **答案**：A。“经济法”这个概念是18世纪法国空想共产主义的著名代表之一摩莱里在1755年出版的《自然法典》一书中首先提出来的。
2. **答案**：D。经济法以特定经济关系为调整对象并与其他部门法相区别。

二、名词解释

1. **答案**：经济关系，是指通过物而形成的人与人之间的关系，简称物质关系或物质利益关系，属于经济基础的范畴。它和思想关系或思想意志关系是整个社会关系的两大组成部分。经济法意义上的经济关系不是一切经济关系，而是在国家协调经济运行过程中发生的特定的经济关系。
2. **答案**：经济法律关系，是指根据经济法的规定发生的权利义务关系。经济法律关系的发生以经济法律规范存在为前提。由主体、客体和内容三要素构成。主体包括国家、国家机关、法人、非法人组织、个体工商户、农村承包经营户、公民和外国经营者。内容包括经济权利和经济义务。其客体是指经济法律关系主体享有的经济权利和承担的经济义务所共同指向的对象，包括物、行为和无形财产等。
3. **答案**：国家干预，是指为了弥补市场缺陷，国家机关（主要是经济司法部门和政府的经济执法部门）运用法律和非法律手段对国民经济进行管理、强制矫正、协调和监督。
4. **答案**：经济法是指调整国家经济运行过程中发生的经济关系的法律规范的总称。

三、论述题

1. **答案**：市场失灵是指利用市场法则，结果却造成对市场发展的阻碍。造成市场失灵的直接原因是市场机制在配置资源过程中存在：(1) 自发性；(2) 滞后性。各个市场主体接受市场信息反馈已是在交换之后的事了，此时再行调整，一方面已发生了供应不足或供过于求的状况，另一方面这时的调整也不能及时满足供求平衡的需要。市场机制自身不具备预见经济变化的功能；(3) 不稳定性。即使市场机制的作用使社会总供给与总需求达到平衡，市场也不会因此而稳定下来。各企业从自身利益出发，还会将资源从效益低下的部门向效益相对较高的部门转移，同时造成这一部门供求不平衡的损害。市场机制的竞争是各企业为追求自身利益最大化，哪个部门获利相对丰厚就会调动自己的资源要素向哪一部门转移，从而造成供需平衡的不稳定性。而从根本上说，造成市场失灵的原因是对市场行为的过分依赖与放纵。

市场机制配置资源的缺陷具体表现在下列方面：(1) 收入与财富分配不公；(2) 外部负效应问题；(3) 竞争失败和市场垄断的形成；(4) 失业问题；(5) 区域经济不协调问题；(6) 公共产品供给不足；(7) 公共资源的过度使用。

经济法具有矫正市场失灵的特殊功能。首先，经济法可以直接限制市场主体私权。近代以来，尤其是“二战”以后，国家的经济职能在整个国家职能中发挥着越来越重要的作用，也受到越来越多国家的关注。国家是能够合法运用强制力干预私权的唯一组织。对私权的剥夺使国家获得相应的干预能力，这使经济法对私权的剥夺意义不仅限于私权本身，也扩展到了公权层面，因为这种私权的被剥夺直接导致了公权的增加，从而增强经济法对市场失灵的克服能力，达到传统的行政法和民法所不能达到的效果。

其次，经济法通过其特有的调整手段，可以直接改变市场主体的利益结构。经济人是市场经济条件下人性的最恰当表述，一般而言，法律不应该从根本上改变经济人对利益的追求，但是一旦经济人对利益的追求损害了国家和社会公共利益的时候，国家就必须实施必要的干预。经济法则可以通过直接改变经济人的利益结构以达到干预的目的。

最后，经济法具有公共利益优势和远视优势。国家是各市场主体利益的代表，它以追求公共利益和长远利益为己任，以适当抑制市场的自利和克服市场盲目性弱点为目的，使市场能够健康、有效运行。国家的这种特性是其他任何主体都不可能具备的。现有的民法体系由于只涉及个人利益，无法形成一个高于私权主体之上的主体存在，也不存在把众多的个体利益汇集成公共利益的程序，所以民法对自身所确认的私权主体的自利性和放任的私权主体的盲目性是难以进行适当抑制或克服的。因此，经济法是调整市场失灵最有效的法律规范。

2. 答案： 政府失灵是指政府的活动或干预措施缺乏效率，或者说，政府作出了降低经济效率的决策或不能实施改善经济效率的政策。政府失灵主要表现在短缺和过剩、信息不足、官僚主义、缺乏市场激励、政府政策的频繁变化等方面。

公共选择理论认为，政府活动的结果未必能矫正市场失灵，政府活动本身也许就有问题，甚至造成更大的资源浪费，主要原因包括以下几个方面：

（1）政府决策的无效率。公共选择理论在用经济模型分析政治决策过程时指出，民主程序不一定能产生最优的政府决策，原因一是投票规则的缺陷导致政府决策无效率；二是政治市场上行为主体动机导致政府决策无效率；三是利益集团的存在导致政府决策无效率。

（2）政府机构运转的无效率。公共选择理论认为，政府机构运转无效率的原因主要表现在缺乏竞争、缺乏激励这两个方面。一是缺乏竞争导致无效率。首先是政府工作人员之间缺乏竞争，其次是政府部门之间缺乏竞争。二是缺乏降低成本的激励，进而导致无效率。

（3）政府干预的无效率。有些政府干预形式为寻租行为创造了条件，因为在这种制度安排下，政府人为地制造出一种稀缺，这种稀缺就会产生潜在的租金，必然出现寻租行为。寻租行为一般是指通过游说政府和院外活动获得某种垄断权或特许权，以赚取超常利润（租金）的行为。寻租行为越多，社会经济资源浪费越大。

经济法理论是以对政府的有限理性假设为前提的。有限理性认为个人理性在认识社会生活方面，存在很大的局限，从而认为，人是不可能完全洞察并精确计算社会发展的各种变数的。这一方面表明，政府不可能是无所不能的，因而不应当全面干预经济；另一方面也表明，即使是一个“好政府”，也会出现某种失灵。而“需要国家干预说”正是基于对政府失灵的普遍性的考虑而提出来的。

经济法体现的是一种控权观。对于国家权力的认识，经济法理论从来没有认为国家权力应当不受限制，相反，它早就认识到国家权力可以从促进、破坏或者阻碍等方面对经济发展产生影响。“需要国家干预说”认为国家权力从它诞生的那一天起就具有促进和破坏经济发展的“二重性”。国家权力对经济的促进作用，通常是在国家权力的行使符合客观经济规律或者有利于调动作为生产最活跃的因素——人的积极性——的时候才发生的，反之，则对经济的发展起阻碍或者破坏作用。

经济法在克服政府失灵中的作用主要体现在：

（1）对干预程序的规范。政府的干预行为，绝不是行政首长的随意行为，而必须是在法律规定的程序范围内的政府行为，这既包括抽象的政府行为，也包括具体的政府行为。

（2）对干预方法的规范。可以大致分为公权介入和私权介入两种方法。公权介入的调整方法，是指国家以公权者的身份，依法对各种经济关系进行调整的措施或手段的总和，包括强制性调整方法和指导性调整方法；私权介入的调整方法，是指国家使用非权力的、私法的手段直接介入经济生活的一种干预方式。例如，国债制度、政府采购制度等。

（3）对干预领域和干预方面的规范。这是国家干预法治化最实质的部分。包括两个方面：一是政府干预权在政府内部的合理分配，既包括纵向的中央和地方的分配，也包括横向的同级政府各部门间干预权的分配；二是排除立法中特别是地方立法中日渐加剧的不适当扩大干预范围以及部门和地方保护主义的倾向。

（4）对干预责任的规范。现在我国不少经济法规侧重对政府干预权限的赋予，而很少对政府及其工作人员在干预中的违法行为作出规范，这也是导致干预权滥用屡禁不止的一个重要原因。因此，只有引入对滥用干预权的问责机制，才能有效地对政府的干预权进行限制。

3. 答案： 经济法是经济政策在法律上的表现。这就是说，经济法只是经济政策整个内容的一部分，是通过法律表现出来的经济政策。经济政策除了通过经济法表现以外，还有其他表现方式，如国家和政府的经济决定、经济通知、经济发展建议等。它们是统一于一个国家总政策和基本经济政策的。经济法与其他经济政策表现形式常常是你中有我，我中有你。也就是说，经济法与经济政策的其他表现形式经常是难以分开的。所以，政策性是经济法的本质特征。经济法的其他一切表现，基本上都是围绕着政策性展开的，如灵活性、多样性、实践性等。具体而言，经济法的政策性主要表现在以下几个方面：

第一，经济政策决定经济法的基本内容。一般认为，经济政策是指经济政策主体在某种特定的经济秩序和经济结构的基础上，采用经济政策手段，去实现某种经济政策目标的行动或者行动方针。经济法中往往规定了某经济政策的目标、政策对象、实施政策的机关及实施政策的手段。例如，《中小企业促进法》的政策目标就是在激烈竞争的市场经济中扶植、促进中小企业生存和发展，保障其合法权益。各国的中小企业促进法基本上都规定了相关部门的权利、义务和责任以及促进中小企业发展必要的手段，如财政金融支持、工商管理支持。这些规定就是经济政策，只不过是通过《中小企业促进法》加以固定化了，以利于在法律上有力地促进和保障中小企业的发展。在这一点上，各国的产业政策法更为突出。

第二，经济政策的倾向性决定了经济法的倾向性及实施力度。政策是政策主体在一定时期采取的调动或约束社会力量，以实现预期目标的行为。因此，从本质上说，政策是对社会利益的权威性分配。也就是说，政策具有极强的倾向性，政策过程是一个价值、目标的选择过程。作为经济政策立法的经济法就不可避免地受到政策目的的影响。它“随着国家行为所依据的原则的重大波动而波动”。它不是中性的东西，而是倾向于给予“个人的总的行动以方针，这是让经济朝所希望的方向发展所需要的方针”。这不但体现在经济立法目的性极强，而且体现在随着经济政策目标的变化而使经济法已经确立的目标减弱或加强。

第三，在经济法中，“法”是从属于经济政策的手段。这就是说，经济法作为法律首先是实现经济政策的工具，其次才具有“法”的性质，因此经济法的工具性十分浓厚。而民商法则是目的性的东西，蕴含着市场经济中社会公众的平等精神和理念；传统行政法也蕴含着一种精神和目的，即平衡、约束行政权力。作为工具的经济法其首要目的不是平衡和约束行政权力，而是如何调动一切有利的因素，在赋予经济行政机关尽量充分的经济行政权下，保证国家经济政策目标的实现，同时也要防止“政府失败”。所以，经济法中“法”的因素是从属于经济政策目的的手段，经济法只不过是经济政策的法律化，它是为经济政策服务的，是国家整个经济政策体系中的一环。

第四，市场经济基本的经济政策决定着现代经济法基本体系。市场经济的核心是自由竞争，国家对市场的干预则仅为补充和纠正市场经济自身的不足，为自由竞争创造必要的条件和环境。可以说，现代国家基本上都奉行这样的基本经济政策，即自由竞争和国家一定的调节。我们这里说的“一定的调节”是因国情而异的，一般而言，发达国家调节程度相对较低，而发展中国家则要强一些。但有一点是共同的，那就是各国基本上都认识到，国家对经济的调节必须适可而止，绝不能包办企业、个人自己能做的事情。自由竞争是市场经济活力的根本所在。基于此认识，美国、德国、日本等国基本已形成以竞争法为核心、以调控法和市场管理法为侧翼的经济法律体系。调控法与市场管理法的基本理念是为企业、个人经营活动服务，努力营造市场中自由、公平的竞争所需环境。

第五，在某种意义上说，那些未上升为法律的基本经济政策的措施也是经济法体系中的一部分，甚至是十分重要的部分。并非所有的经济政策都要通过经济法的形式表现出来。一般而言，只有基本经济政策与某些具体经济政策才会通过立法形式表现。那些未被上升为立法的经济政策是不在经济法体系之内的，尽管这些经济政策会影响到经济法的执行和实施。但是，现代社会联系的紧密化和一体化要求某些基本的经济政策成为现行经济法体系中的一部分，以使这些政策具有立法般的功能。这些基本的经济政策，如国民经济发展计划，其内容本身无法通过立法形式加以表达，而往往由国家最高权力机构（如我国的全国人民代表大会）或立法机构（如某些国家的国会）以决定或指示形式表达，它们制约和决定着相应经济政策行动和立法，相应行政机构必须执行和实施。例如，在法国，学者认为经济法首先是描述经济中期发展的整个前景的方法，因此它体现在计划之中。而计划却难以归入众所周知的法律门类。从实质上讲，它并不具有直接的规范性质。从形式上说，它诚然是国会通过的，但无法律的性质。它仅仅是“投资计划的轮廓”和“指导经济发展与社会进步的工具”。但是，只要计划属于法律的范围，它便会是经济法的一个因素。在我国，全国人民代表大会通过的中长期国民经济发展规划在我国的经济法体系中具有举足轻重的地位，相应的经济政策和经济立法是围绕其制定并执行的。因此，在我国，研究相应的经济法时必须同时注意国民经济发展规划等政策。

4. **答案**：凡是具有经济内容的社会关系都是经济关系。它包括三种情况：一是并非为了直接实现一定的发展国民经济目标而形成的经济行政关系，这类关系需要由行政法调整，成为行政法律关系的一部分；二是平等主体之间发生的平等经济关系，这类经济关系需要由民法调整，成为民事法律关系；三是出于直接发展国民经济之目的，需要由国家干预的经济关系，这部分经济关系需要由经济法调整，形成经济法律关系。

经济法是国家为了克服市场失灵而制定的调整需要由国家干预的具有全局性和社会公共性的经济关系的法律规范的总称。经济法产生的根本原因在于市场失灵的存在。市场失灵随着经济结构、经济规模及市场成熟度的变化而逐步凸显，从而使经济体制经历了一个由纯粹市场经济到市场体制与国家干预相结合的混合体制的转变，这个转变的过程也是经济法逐步产生和嬗变的过程。市场失灵的形式主要有：(1) 市场的不完全；(2) 市场的不普遍；(3) 信息不充分；(4) 外部性问题；(5) 公共产品提供不足；(6) 存在经济周期。市场失灵是民法和行政法所无法克服的，而经济法在克服市场失灵过程中具有行政法和民法不具有的独特优势。市场失灵内在于市场机制，与市场机制共存亡。要让市场机制本身来对市场失灵加以克服是不现实的，因此国家运用公权力以经济法的形式对市场失灵进行干预，以使市场获得最理想的资源配置效率。具体言之，国家运用反不正当竞争法对不正当竞争行为加以禁止，使竞争主体的竞争行为限制在合理的范围内；运用反垄断法对垄断行为加以矫正，以在市场中恢复有效竞争，进而确立良好的市场竞争秩序；国家运用自然资源法、环境法等法律形式，在资源领域和环境领域引入市场机制，以克服环境公害等负外部性，并改变资源被滥用和环境被破坏的现象；通过政府投资，提供市场所不能或不愿提供的公共产品；运用计划法提供有效信息，以弥补市场提供信息不足的缺陷；运用广告法、消费者权益保护法等法律形式赋予广告主、经营者提供生产、经营及产品信息的义务，以改变信息偏在问题；运用税法、金融法及其他宏观调控法律制度，引导经济人的个人理性与集体理性相一致，使市场在微观和宏观都有序的基础上运行。

从另一角度来说，经济法最基本的属性是它体现了国家运用法律对社会经济生活的干预。经济法并不调整所有的经济关系，而仅仅是调整具有全局性和社会公共性的经济关系，并且并不是所有的全局性和社会公共性的经济关系，都需要由国家进行干预，这取决于国家需要。需要由经济法调整的社会经济关系包括市场主体调控关系、市场秩序调控关系、宏观经济调控关系和可持续发展关系以及社会分配关系。这些社会经济关系之所以需要由经济法来进行调整，是由它们自身的性质决定的。具体而言：

(1) 市场主体调控关系，是指国家为了维护社会公共利益，在对市场主体的组织和行为进行必要干预过程中而发生的社会关系，是确认市场主体的法律地位所产生的经济关系。市场主体是一个内涵丰富的范畴，是指市场生产经营活动的参与者、财产责任的承担者，包括经济组织和个人。市场主体的法律地位，是指市场主体参加市场活动时在法律上所享有的主体资格。要确立和完善市场经济体制，推动市场经济的健康发展，首先就必须在法律上确认市场主体的地位，使其能够成为独立的商品生产者和经营者，具有自我改造和自我发展能力。

(2) 市场秩序调控关系，是指国家在培育和发展市场体系过程中，为了维护国家、生产经营者和消费者的合法权益而对市场主体的市场行为进行必要干预而发生的社会关系。调节市场、维护市场秩序是国家干预经济的重要内容之一。正常的市场秩序有利于鼓励市场主体去参加各项经济活动、扩大经营行为，同时还有利于发展和完善市场、发挥市场机制的作用。

(3) 宏观经济调控和可持续发展保障关系。前者是指国家从全局和社会公共利益出发，对关系国计民生的重大经济因素实行全局性调控的过程中与其他社会组织所发生的关系，主要包括产业调节、计划、财政、金融、投资、国有资产管理等方面的关系。后者是指国家在经济发展中，在平衡本代人和后代人的利益过程中发生的人与人之间的关系，主要包括人口、环境、资源等方面的关系。市场调节本身不是万能的，它有许多缺陷：它不能做到经济效益与社会效益的完全统一；它不能自觉地防止不正当竞争和垄断；它不可能实现社会收入公平分配；它具有盲目性；等等。因此，国家的宏观调控就成为非常必要的手段。

(4) 社会分配关系，是指在国民收入的初次分配和再分配过程中所发生的关系。社会分配是指对物质生产部门的劳动者所创造的国民收入所进行的分配，它是社会再生产过程中的一个重要环节。国家对国民收入的分配是通过初次分配和再分配而实现的。经济法对社会分配关系的调整，主要是通过工资法、财政税收法以及企业法等法律来实现的。

上述几个作为经济法调整对象的经济关系具有与国家利益和社会公共利益的直接关联性、全局性和社会公共性，以个人为本位的民法和以国家为本位的行政法无法调整它们，只有以社会为本位的经济法才能通过国家干预，将国家利益、集体利益和个人利益界定在合理的范围之内，并使其受到充分的保护。

5. 答案：人们对“管理关系”的范围有着不同的理解，因而在经济法的概念界定上逐渐形成了以下各种观点。

(1) 国家协调论。这一观点的代表人物有杨紫烜、徐杰等教授。他们认为，经济法是调整在国家协调本国经济运行过程中发生的经济关系的法律规范总称。经济运行需要国家协调；在国家协调本国经济运行过程中发生的经济关系应该由经济法调整；它是一个独立的法律部门。

(2) 国家调节论。这一观点的代表人物有漆多俊等教授。他们认为，经济法是调整在国家调节社会经济过程中发生的各种社会关系，以保障国家调节，促进社会经济协调、稳定和发展的法律规范的总称。它是一个独立的法律部门。

(3) 政府干预论。这一观点的代表人物有李昌麒、史际春等教授。他们认为，经济法是国家为了克服市场调节的盲目性和局限性而制定的调整需要由政府干预的具有全局性和社会公共性的经济关系的法律规范的总称，或者简言之，经济法是调整需要由政府干预的经济关系的法律规范的总称。它是一个独立的法律部门。

(4) 管理协作说。这一观点有一个逐步发展、不断完善的过程，其代表人物主要有潘静成、刘文华等教授。他们认为“经济法是调整经济管理关系、维护公平竞争关系、组织管理性的流转和协作关系的法”。

(5) 社会公共性论。这一观点的代表人物有马洪、王保树等教授。马洪教授认为，经济法是调整以社会公共性为根本特征的经济管理关系的法律规范的总称；它是一个法律部门。王保树教授认为，经济法是调整发生在政府、政府经济管理机关和经济组织、公民之间的以社会公共性为根本特征的经济管理关系的法律规范的总和。

(6) 宏观调控说。这一观点的代表人物有刘国欢等教授。他们认为，经济法是调整国家作为经济管理主体与市场主体之间间接宏观调控性经济关系的法律规范的总称。

(7) 行政管理说。这一观点的代表人物有石少侠教授等。他们认为，经济法是指调整国家在调控社会经济运行、管理社会经济活动的过程中，在政府机关与市场主体之间发生的经济关系的法律规范的总称。

(8) 公法论。这一观点的代表人物有王家福等教授。他们认为，经济法作为一个法律部门，“就其性质而言，它是公法，也就是经济行政法”。

(9) 兼顾公法私法论。这一观点的代表人物有潘静成、刘文华、李昌麒等教授。潘静成、刘文华教授认为，“经济法是‘以公为主、公私兼顾’的法，是独立于公法、私法之外的，并对二者进行平衡协调的一个新的法系”。这也称为第三法域论。李昌麒教授认为，经济法是具有公、私法兼容性质的第三法域。

(10) 管理和协调说。朱崇实认为，经济法是伴随着某些新的社会经济关系产生和发展而产生和发展的一个新的法律部门，是调整国民经济的管理和协调关系的法律规范的总称。

6. 答案：经济法的时空性的内涵包括以下几个方面的内容：

其一，经济法的时空性与经济法在具体的历史条件下的存在和发展是不可分离的。经济法的时空性本不是纯粹思辨的理论，而是与现实的经济法实践分不开的，它一定要在经济法的立法实践、执法实践、司法实践和守法实践中展现出来。因此，我们理解经济法的时空性就必须回到现实的经济法实践之中，回到经济法实践得以生成的社会生活土壤之中。

其二，经济法的时间性和空间性的含义。首先，经济法的时间性是指经济法实践过程的持续性、间隔性和顺序性，其特点是一维性和不可逆性。如果我们以历史与逻辑相统一的研究方法来认识国家运用经济法律手段干预经济的历史，就可以使经济法的时间性尽展其中。易言之，我们可以一定标准把国家运用法律手段干预经济的历史划分为五个阶段：第一，古代奴隶制国家和封建制国家为维持国家生存，立法干预经济的“原始干预阶段”；第二，资本主义原始积累时期，为形成和巩固资本主义生产关系，受重商主义经济学说影响，立法干预经济的“积累干预阶段”；第三，自由资本主义时期，受“反谷物法同盟”“重农学派”亚当·斯密等的自由放任主义影响的“消极干预阶段”；第四，垄断资本主义时期，受德国历史学派影响制定经济统制法和受凯恩斯主义影响制定危机对策法的“全面干预阶段”；第五，“二战”以后，受美国供给学派、德国社会市场经济思想等的影响，立法干预经济的“混合干预阶段”。以上对国家干预经济之法律手段演进史的介绍即反映出经济法随社会经济发展而依序演进的时间性。其次，经济法的空间性是指经济法在不同国家、不同民族地域上并存的秩序，其特点是三维性或可逆性，具体表现为国家间、民族间、地域间经济法的并存、交流、冲突和融合。如果我们以共时性的比较方法来认识国家运用经济法律手段干预经济的实际状况，就可以使经济法的空间性尽显其中，这主要呈现为依各国市场经济模式不同，各国经济法具有发展的特殊道路，以及由于全球化时代的来临，各国、各地经济法既各自独立又相互趋同的特征。

其三，经济法时空性的绝对性和相对性的统一。一方面，经济法时空性的绝对性表明，经济法作为诞生于现代社会，具有公、私法兼容性质的“第三法域”，是应克服市场失灵和政府失灵的局限之需而适时形成的，是在出于“对‘社会法’的追求”，为打破“私法和公法、民法与行政法、契约与法律之间的僵死划分”并使“这两类法律逐渐不可分地渗透融合”的法律实践中生成的。其形成和发展总是以时空的形式表现出来。在此意义上，我们认为经济法时空性是绝对的。另一方面，经济法时空性的相对性表明，经济法作为具体的历史的法律事象，必然以具体的形态体现出民族的精神和时代的精神。而这些具体形态又总是存在于特定的时间和空间之中。在此意义上，我们认为经济法时空性也是相对的。

其四，经济法时空性是无限性和有限性的统一。一方面，经济法时空性的无限性表明，不同时代、不同民族的经济法在其各自的质的规定上具有多层次、多维度的质和量的内涵，有待我们去进一步研究和揭示；同时，真正意义上的经济法发展至今不过一百多年的历史，其由传统型到现代型的转向，在本质上是其自身为适应现代社会化大生产条件下损害社会公共利益的问题日渐增多、急待调整和缓和此类矛盾的需求而不断自我否定、不断向前发展的结果。这表明经济法在其存在的历史区间内具有无限发展的趋势和可能性。另一方面，经济法时空性的有限性表明，整部经济法的发展史是由不同时代、不同民族的经济法构成的，具体历史和地理条件下的经济法的存在是构成经济法时空无限性的环节、片段和部分。由此可见，经济法时空的有限性是局部的、有条件的和暂时的，因而是相对的；经济法时空的无限性是整体的、无条件的和永恒的，因而是绝对的。

第二章　经济法的产生和发展

基础知识图解

- 经济法产生的基础条件
- 经济法产生的一般原因和规律
  - 社会化生产与生产关系的矛盾
  - 社会化导致现代国家对经济生活广泛而深入的介入
  - “无形之手”和“有形之手”的协同作用
  - 经济集中与经济民主的对立统一
  - 法和法学自身发展的逻辑
  - 一定的经济法学说的形成
- 经济法的产生
  - 在经济法产生问题的不同观点
  - 不同观点的评析
- 经济法的发展
  - 前资本主义国家经济法
  - 资本主义国家经济法
  - 社会主义国家经济法

配套测试

一、不定项选择题

1. “经济法”一词在学术上开始使用时，主要是在第一次世界大战后的哪个国家？(　　)

A. 英国　　B. 德国

C. 美国　　D. 法国

2. 现代经济法产生的标志是(　　)。

A. 1793 年法国的《严禁囤积垄断令》

B. 1890 年美国的《谢尔曼法》

C. 1844 年英国的《英格兰银行条例》

D. 1914 年美国的《克莱顿法》

二、论述题

1. 简述经济法产生的社会原因。

2. 经济法产生发展的历史。(中国政法大学 2009 年考研真题)

参考答案

一、不定项选择题

1. 答案：B。“经济法”一词在学术上开始使用，一般认为是在20世纪20年代的德国。

2. 答案：B。ABCD四项的内容都属于资本主义国家经济法的范畴，但现代经济法产生的标志则是1890年美国的《谢尔曼法》。

二、论述题

1. 答案：经济法产生的社会根源是市场缺陷的存在和社会经济结构的变化。

一、市场缺陷的存在

资产阶级革命胜利后，建立了资本主义制度，崇尚自由、平等。在自由资本主义时期，国家的经济发展充分发挥价值规律的作用，国家并不怎么介入经济生活，而是充分发挥市场主体的积极性、创造性，再加上产业革命的完成，自由资本主义制度使社会经济发展发生了前所未有的、不可想象的变化，极大地促进了社会经济的发展和社会财富的增加。但随着周期性经济危机的爆发、社会矛盾的激化和其他社会问题的产生，人们发现，市场不是万能的，国家应转变职能，不能只是充当守护神，应对国家经济的发展承担起监督、管理的职责。市场的缺陷具体表现为三个方面：

（1）市场障碍的存在

所谓市场障碍是指市场调节机制作用的障碍。主要指竞争秩序的问题。竞争是市场不可缺少的因素，是市场机制发生作用的前提和基础；没有竞争，市场就没有动力，价值规律和市场机制便不能启动。但竞争必然伴随着限制竞争和不正当竞争这两件副产品。竞争的过程加快了部分经营者扩大其资本与经营规模的进程，以致形成对市场的支配地位和垄断，导致部分限制竞争行为的产生；追求利益的心理驱使某些竞争者采取各种不正当的竞争行为。这两种行为的后果是使某些竞争者获得超额利润，正当竞争者的利益受到损害，市场调节机制不能充分有效地发挥作用。

（2）市场的唯利性

市场的唯利性是指投资经营者所关注的是经济利益，并往往表现为眼前可实现的利益；对于当前盈利率低或无利可图甚至亏本或者投资期限长、风险大的行业或产品，人们往往不愿投资。而在这些领域中，有些如公共和公益事业、新技术和新产品开发以及其他与国计民生关系密切或可能制约国民经济长远发展和总体效益的行业，即使不能盈利或亏损，也应当进行适度投资。而这显然是不能指望市场机制发挥作用的。

（3）市场调节机制的被动性及滞后性

市场调节是一种事后调节。从投资、生产运营到市场价格形成和信息反馈，需要经过一段时间。各个企业和个人掌握的信息不足和滞后，不能适时调整其投资经营决策，往往等到市场供求严重失调、产品大量滞销过剩时才做出反应，这是市场的第三个缺陷。

二、社会经济结构的变化——大型组织的产生及其影响

现代的商业组织起源于中世纪的庄园以及17世纪初期的殖民公司，真正将企业发展起来的则是由现代的运输业和通信业，尤其是铁路。现代企业的规模扩大、不断的一体化，仅有不到200年的历史。

这个变化是一个渐进的过程，直到19世纪中期，受到技术、交易和制度的限制，不存在大的企业，主要的交易结构是生产商和代理商之间的联系，合伙公司仍然是商业企业的标准合法形式。而到了19世纪末期，随着科学技术的应用和管理技术的改进，企业内部交易的成本降低了，促使以前不能涉足的大型项目成了人们的投资重点。融资的需要促进了金融市场、资本市场的发展，会计和信用制度也发展起来，这进一步加剧了资本集中。另外，为了应付由社会整体生产缺乏计划所带来的危机对产业的冲击，巨型企业开始出现，这种巨型企业采用各种形式组织起来，如托拉斯、辛迪加、康采恩等。

在大型企业形成垄断的同时，小企业也不甘示弱，它们组成行业协会，寻求政府和社会的支持，工人、农民等也组织起来，如1886年美国劳工联合会成立，1870年农人协进会成立。越来越多的大型组织逐渐成为社会发展的主导性力量，导致社会结构发生了根本性变化，由原来的二元结构发展到“私人—组织—国家”的三元结构。企业组织的扩大，首先对私人权利造成了损害。表现之一是垄断的形成，导致了消费者利益受损和经济生活中的公平竞

争弱化。另外，大组织通过对市场份额的占有和对生产的独占，在向他人提供产品的时候，导致契约双方的谈判实力处于不平等的地位。“契约自由”导致了卡特尔协议、滥用权利等行为的膨胀，这些行为的目的在于限制竞争，从而损害了小企业和消费者的利益。而企业扩大之后，权力出现了。这不仅仅存在于企业的上下级关系、雇佣关系中，也存在于企业和个人、大企业和小企业之中。组织扩大之后，首先在生产领域获得了权力，包括控制权，改变了生产者和消费者之间的关系。在竞争机制中，消费者通过价格机制来控制经济体系，而在组织扩大之后，公司日益进入非竞争性的定价活动之中，越来越多的格式合同使市场交易发生了变化，非垄断方的自由和权利变成了“Yes or No”的选择权。大型企业同样对国家提出了挑战，他们在政治上通过操纵选举和国家政策财团、财阀、富有的家族逐步控制了国家，自然包括立法、司法，首先是对内控制，然后是对外影响政治生活。

三、国家的能动反应

基于市场缺陷的存在和大型组织的挑战，国家作出了相应的反应，如美国在罗斯福执政后，变自由放任的经济政策为国家干预政策。美国在制定《谢尔曼法》的过程中，一位参议员对经济权力集中发表了猛烈的批评：“如果这种结合导致的集中权力被赋予一个人，那么这是一种君王般的特权；这与我们的政府形式是相矛盾的，应当遭到州和全国当局的强烈抵制。如果有什么错误，这就是错误所在。如果我们不能忍受一个拥有政治权力的君主，我们同样不能忍受一个对生产、运输、生活必需品的销售拥有权力的君王；如果我们不能服从任何帝王，同样也不应当服从任何在贸易方面阻碍竞争和固定任何商品价格的独裁者。”经济权力的集中和国家对不正当经济权力的打击，这两个步骤几乎是同时发生的，用“道高一尺，魔高一丈”来形容这个过程是最恰当不过了。在这个过程延续了100年以后，我们可以看出，国家是从以下几方面来作出反应的：

（1）消除市场竞争的障碍，阻止组织的扩大，限制组织的成长。这是国家的最早反应，由此出现了反垄断法、反不正当竞争法等新型法律。例如，美国的大型企业组织起源于铁路和通信业，国家的第一个反应也在于此。1870年伊利诺伊州在宪法中要求政府“通过各项法律去矫正铁路的弊端，防止在客货运费方面不公正的区别对待和敲诈行为”。1890年通过的《谢尔曼法》明确表示：“任何以契约、托拉斯或其他形式的联合、共谋、垄断而限制贸易的行为是违法或犯罪的行为。”

（2）针对市场普通主体不愿介入的公共、公益事业等行业和产品，国家所有权大规模发展，同时也是为了解决微观上自由竞争和私人行为的无序性。国家自觉或不自觉地通过国有产业来替代私有组织，一来可以提高现代企业的生产效率，二来可以填补空白，三来可以避免私人挑战国家和大企业侵犯私人权利。

（3）调整总量平衡、保持社会均衡发展成了国家的核心职责，这促使大批新型法律规范的产生。以往的私法仅仅调整微观主体和微观行为，竞争的宏观无序性往往导致总量失衡，导致经济危机的频繁发生。以往的法律无能为力。而新的法律规范的制定，则是以政府的有形之手来引导市场这只无形之手。当然这方面政府的管理受制于市场的规律，而不是政府的意志，如美联储降息，表面看取决于格林斯潘，实际上格林斯潘决定是否降息，取决于商业银行之间的贴现率，他是被动的。

（4）企业内部的结构设置、权利安排、财务事宜等，成为法律规范的对象。在自由经济时期，这些问题由企业自主安排，国家法律不予干涉。而今公司法、会计法、税法、审计法等的颁布，使这些社会关系纷纷被披上法律的外衣。

2. 答案：美国是资本主义国家中奉行自由放任经济政策最典型的国家之一，而自由放任主义最敏感、最厌恶的就是垄断和限制自由竞争的行为。当19世纪末第二次产业革命完成后出现了垄断对自由竞争的妨碍时，人们普遍感到忧虑和不满，因为他们反对政治上的专制，同样也不能忍受经济上的独裁。于是，要求国家出面干涉，颁布反垄断和限制竞争法的呼声日益高涨。1890年美国国会出台了《反对不法限制和垄断，保护交易和通商的法律》（即《谢尔曼法》），1914年又颁布了《克莱顿法》和《联邦贸易委员会法》，这些法律的特点就是突破了私域独立、私法自治的传统民法的原则，是一种规定由国家直接介入私人经济的新型的法律，可以说这是经济法独立的先声，也是现代经济法最早的法律表现形式。但是美国的经济立法仅限于反垄断和限制竞争领域，而且也不注重从法理上对法的体系构成加以区分，所以在当时对其他国家的影响并不大。

对经济法在世界范围内的传播和发展影响最大的是德国。德国是世界上第一个以经济法为名称颁布法律、法规，并确认经济法是法学领域中一个新范畴的国家。第一次世界大战期间，德国需要调整经济部署和发展生产以支持战争。战时的德国又大力推行经济管制，将国家资本主义发展到顶峰。“二战”后，德国作为战败国，国内的经济处于崩溃的边缘，为了应对战后的危机、重建经济，德国的立宪会议首先通过了《魏玛宪法》，并根据这个宪法的精神先后颁布了一系列的政府干预经济的法律、法规。其中1919年颁布的对钾和煤炭工业实行社会化的《钾经济法》和《煤炭经济法》被认为是世界上最早的以经济法命名的法规。与美国的情况不同，德国干预经济的方式表现为：一是涉及的领域广，不像美国仅仅限于垄断领域；二是所采取的措施多样，直接、间接，立法、行政等手段并用，特别是出台了大量的经济立法，但这些经济立法大多与战争有关，所以非经济性色彩比较重；三是对待垄断的态度与美国截然不同。德国政府当时对垄断行为主要不是禁止和限制，而是鼓励、扶持甚至参与某些垄断，只是在战后采取过一些限制卡特尔的措施。

“一战”以后，各国政府对经济的干预曾一度有所放松，但随后，资本主义国家爆发了1929~1933年经济危机。危机充分暴露出资本主义社会所奉行的自由放任主义的弊端以及生产社会化同无政府状态的矛盾，它使得许多国家的经济面临崩溃。于是，资本主义国家开始思考并转而对国民经济逐渐进行更为全面的总体性调节。这一阶段国家对社会经济干预管理的特点表现为：一是实行资本主义的国有化，国家垄断资本主义出现并得到发展，国家不仅以政权的身份对私人经济进行干预，而且开始以资本所有者的身份直接参与生产经营领域的活动。二是国家经济职能的全面强化，运用包括财政分配和经济计划在内的多种手段，对经济进行全面的、综合性和经常性的调节。最典型的就是美国的“罗斯福新政”。“罗斯福新政”的核心就是根据当时美国垄断资本主义发展的需要，通过政府颁布大量的经济法律、法规等法律手段干预经济生活，解决经济危机带来的矛盾，发展美国的垄断资本主义。可以说，“新政”主要的手段就是国家干预。德国在1933年希特勒上台以后所出台的一系列政策更是体现了国家干预经济的特征，如1933年7月公布了《设立强制卡特尔法》，规定国家有权强制设立卡特尔组织，并可以限制某种工业的扩张。1934年又制定了全面管理制度的法律，并授权经济部可以规定物品的“供应、分配、储藏、贩卖、消费”等。1936年11月公布了《冻结价格令》，规定物价的调整应得到官方的许可。在外贸方面德国也实行了严格的控制。总之，希特勒推行的战时统制经济是为发动战争做准备，但从经济运转的角度来看则是大大加强了国家对经济生活的干预。

第二次世界大战结束以后，各国为恢复战后经济，始终未放弃国家干预经济的政策，并在经济体制上实现了现代市场经济。现代市场经济的本质就是国家干预之下的市场经济，在立法上则是体现国家干预特征的经济立法内容和领域的大大扩展。其中以日本为主要代表。日本在战败和接受“波茨坦协定”以后，进入被美军占领和控制时期，经济体制所发生的重大变化就是实行经济非军事化，确立和平经济和民主化经济的目标，经济法的立法也围绕着这些变革进行，由此日本经济得到迅速发展。与此同时，这个时期各国经济法的发展在特点上也发生了一些重要的变化：一是各国经济经过“二战”以后的恢复、重建，进入了和平发展时期，各国政府逐渐把经济发展放在了重要地位，国家的经济管理职能进一步深化，经济法的立法进一步加强并日益完善。二是经济法逐渐从其立法中剔除了非经济性因素，即过去各国颁布经济立法主要是为了战争的需要或是为了恢复战争后的创伤，这种立法带有临时性、针对性和补救性。现在各国开始自觉运用经济法来维护经济的运转和协调发展，即开始真正发挥经济法本身所具有的调节、管理、协调等职能。特别是“二战”以后经过了几十年的经济和平进程，经济法得到了更为全面的发展和完善。

从历史上看，经济法从产生到确立，最直接、最明显的动因是战争和经济危机。而经济法的全面发展则是以现代市场经济为基础的。

第一，现代战争是需要动员国内所有经济力量的总体战，因此凡是准备或进行战争的国家都必然需要制定大量的战时经济法，对经济实行全面控制，从而形成战时经济体制。如前所述，德国在第一次世界大战期间，政府为了适应战争的要求，先后颁布了大量的涉及经济领域的单行立法，以加强对重要物资的控制。1933年希特勒上台后，为了发动第二次世界大战，成立了德国的经济委员会，宣布实行战时经济政策，即国家的经济生活一切服从政府的命令和需要。此时的战时经济法随之发展起来。

第二，经济危机的发生是各国迫不得已加强经济干预的又一重要原因。经济危机是资本主义经济带有规律性的现象。经济危机给各资本主义国家带来的创伤和代价是惨重的，而这种危机的消除和解决又是它自身所无能为力、无可奈何的，必须依靠外部力量的作用。而这一外部力量就是政府强有力的干预措施。因此，经济危机的发生迫使资本主义国家对经济生活采取大量的干预措施，危机对策中的经济法也就随之出现。

第三，市场经济的核心是市场在资源配置中起基础性作用，而资源配置的目的是解决有限资源与无限需求之间的矛盾。在自由市场经济时期，经济生活依靠“看不见的手”维持运转，但是竞争机制、价格机制等带来的“市场失灵”导致了经济生活秩序的紊乱。于是自由市场经济为现代市场经济所代替。现代市场经济的特点是市场在国家的宏观调控下对资源进行配置。反映在法律上就是经济法对私法领域的干预，这就使经济法在现代市场经济条件下产生与发展成为必然。

第三章　经济法的地位

基础知识图解

- 经济法地位的概念
- 经济法是一个独立的法的部门
- 经济法与相关法的关系
  - 经济法与民法
  - 经济法与商法
  - 经济法与行政法
  - 经济法与国际经济法
- 经济法的法域属性
  - 公法和私法的概念
  - 经济法与公法、私法的关系和经济法的法域属性

配套测试

一、不定项选择题

1. 经济法与国际经济法的联系主要表现在(　　)。

A. 调整对象方面　　B. 渊源方面

C. 独立地位方面　　D. 主体方面

2. 经济法与行政法调整的管理关系都是以(　　)为特征的社会关系。

A. 权力　　B. 平等

C. 公平　　D. 服从

3. 经济法能成为一个独立的法的部门的原因是(　　)。

A. 经济法的调整对象单一

B. 经济法的调整对象特定

C. 经济法的主体特殊

D. 经济法的调整方法特殊

4. 经济法的协调主体包括(　　)。

A. 行政机关

B. 行政相对人

C. 国家权力机关

D. 国家授权的组织

二、名词解释

1. 经济法的地位

2. 经济法的法域属性

三、简答题

经济法责任的独立性。(西北政法大学 2016 年考研真题)

四、论述题

1. 经济法与民法的区别。(中国政法大学 2009 年考研真题)

2. 试论经济法在规范市场秩序中的作用。

3. 试论经济法与商法的关系。

4. 法律对经济秩序的作用。(华东政法大学 2017 年考研真题)

参考答案

一、不定项选择题

1. **答案**：ABCD。经济法与国际经济法的联系主要表现在调整对象、渊源、独立地位、主体、作用等方面。
2. **答案**：D。经济法和行政法各有特定的调整对象，但它们调整的都是以服从为特征的社会关系，因而属于公法的范围。
3. **答案**：B。划分部门法的标准是唯一的，即调整对象。因为，如果在同一次划分法的部门时，交叉地使用调整对象、调整方法等不同的标准，就会使划分出来的各个法的部门的外延相互交叉，界限不清。
4. **答案**：ACD。经济法的协调主体包括国家机关和国家授权的组织。国家机关包括国家权力机关和行政机关。行政相对人是行政法的主体。

二、名词解释

1. **答案**：经济法的地位也就是经济法在法的体系中的地位，是指在整个法的体系中，经济法是不是一个独立的法的部门、其重要性如何。
2. **答案**：经济法的法域属性是指经济法应当纳入何种法域，即公法还是私法，甚至是第三法域。经济法律规范是以在国家协调本国经济运行过程中发生的经济关系为调整对象的，这种经济关系具有特殊性，因此关于经济法的法域属性也存在争议。有主张“公法”的，有主张“社会法”的，还有主张不同于“社会法”的第三法域的。

三、简答题

答案：经济法责任的独立性，是指经济法责任作为经济法中的有机构成，能够在内涵、功能、目的和价值方面符合经济法独立体系的要求，并因之与传统的民事责任、行政责任和刑事责任相区别、相并列。经济法责任的独立与否，对经济法责任问题至关重要。考察经济法责任的独立性问题，具有两个要点：澄清经济法责任与传统法律责任的关系，明确经济法责任的具体形态。

（一）与传统法律责任的关系

经济法责任是一个历史发展的产物，各种法律责任都是随着人类社会的发展而逐渐发展起来的。但是，由于法律责任的本质就是对责任主体权益的限制和剥夺，而责任主体能被限制和剥夺的权益种类毕竟是有限的，法律不可能无限地发展出各种不同的责任形式，换言之，法律制度越成熟，就越难以发展出新的责任形式。

经济法是为解决现代问题而产生的现代法，因此它必然要以传统部门法的发展为基础，必然要与之存在密切的关系，人为地割断他们直接的内在联系并不科学。但是，这并不意味着经济法没有自己的责任形式，也不意味着经济法责任是传统民事责任、行政责任和刑事责任的简单相加，而是对三者综合化、整体化和系统化后的提升。

（二）经济法责任的具体形态

1. 惩罚性赔偿

传统的民事责任与民法调整方法的平等与等价有偿相一致，其目的在于对已经造成的权利侵害和财产损失给予填补和救济，使其恢复到未受损害时的形态。故民事责任的形式大多不具有惩罚性，如停止侵害、排除妨害、消除危害、返还财产等，都是如此。可见，传统私法中适用惩罚性赔偿的情况非常少见，而扩大适用惩罚性赔偿的趋势恰恰是经济法责任形式的一个重要表现。

惩罚性赔偿的功能有四：一是赔偿功能；二是制裁功能；三是遏制功能；四是鼓励功能。

2. 产品召回

所谓产品召回是指产品的生产商、销售商或进口商对于其生产、销售或进口的产品存在危及消费者人身、财产安全缺陷的，依法将该产品从市场上收回，并免费对其进行修理或更换。

3. 资格减免与信用减等

在资格减免方面，国家可以通过对经济法主体的资格的减损或免除，对其作出惩罚。在市场经济条件下，主体的资格异常重要，它同主体的存续、行为、收益等息息相关。因此，取消各种资格，使其失去某种活动能力，特别是进入某种市场、某种行业的能力，就是对经济法主体的一种重要惩罚。

在信用减等方面，因为在某种意义上，市场经济是一种信用经济，所以对某类主体进行信用减等，同上述的资格减免一样是一种惩罚。

四、论述题

1. **答案**：（1）经济法和民法的利益本位不同。法的利益本位亦即法在利益保护上的出发点与立场。民法的本质是市民社会的法，是典型的私法，以个人利益为本位，以确认和保护私人利益为其价值追求的目标，对平等主体的关系加以保护，从而维护民事主体的权利。但其对个人利益的无尽追求，往往又导致社会经济运行的无序化，给社会利益造成损害。经济法的本质则是社会法，它以社会为本位，把社会经济总体效益作为自己的价值目标，在兼顾各方经济利益的同时，维护社会经济总体利益。它是公权及于私人经济领域的法律，其产生最终突破了公、私法划分的二元结构模式。在产生之初，经济法就是国家站在全社会高度，从国民经济的整体出发对社会经济活动进行干预与调控的产物。经济法所体现出的“社会公益性”如此明显，以至于在个人与国家各自的领域之间，已经形成了以社会为过渡体的一个独立存在于其他法域的独特法域，这恰恰是属于经济法的领域。可以说，经济法的产生，改变了社会利益的配置模式，从极为宏观的角度维护着社会经济利益。

(2) 二者的调整对象不同。按照法理学的理论，任何部门法都有其特定的调整对象。经济法的调整对象是国家在管理经济和协调经济运行过程中所发生的各种经济关系。经济法和民法的调整对象虽都具有经济性内容，但前者是一种关于国家经济管理和协调的权利义务关系，后者则是在民间经济活动中，各平等主体之间进行经济交往的权利义务关系。虽然两者都涉及经济领域，但前者是国家管理民间社会经济领域，是“公”及于“私”，后者则完全处于民间社会经济领域之中，是“私”的领域内部关系。前者主要调整公共性经济关系，着眼于宏观的秩序和效益，一般不涉及个人的人格、财产和交易关系；后者则主要调整平等、等价的产权关系和流转关系，着眼于微观的交易安全。

(3) 二者的调整方式和手段存在差异。民法是纯粹以个人为本位的私法，以自由平等为核心，其调整方式相应地采取意思自治原则，即由当事人按自己的意志设定权利和义务，国家并不予以过多干预，但民法完备的微观经济行为规则又很难解决经济垄断、资源配置不当、弱者特别保护等现代经济中的新问题，这就需要经济法采取一系列弹性的综合调整经济的手段，通过引导、控制社会经济的良性运行，使经济法能够适应经济形势的不同需要，成为社会经济关系的良好“调节器”。

2. **答案**：西方市场经济发展史早已证明，市场也会失灵。历史上从来没有完全信赖市场调节的自由经济。良好的市场经济秩序，是经济发展的基础和前途。经济法以社会利益为本位，在规范我国社会主义市场经济秩序中起着不可或缺的作用，具体来说主要体现在以下方面：

(1) 规范和促进我国当前市场经济的转型，为建立良好的市场经济秩序提供基础的保障。我国当前的经济转型首先是经济资源配置方式的转换，即由计划经济向市场经济转变，市场在资源配置中起基础性作用。与此相联系的必然是经济管理者——政府的角色和职能转变，即由经济建设型政府向公共服务型政府转变，由主要直接参与经济竞争转向为经济和社会的协调发展提供基本而有保障的公共产品和有效的公共服务。上述转型的成功推进必然带来经济活动的主体——企业生存方式的彻底转变，即从听命于行政机关、被动执行政府计划的附属机构转变为以市场为导向，自主经营、自负盈亏的独立的市场经济主体。经济转型也包含经济增长方式转变，即从片面强调量的扩张转为重视质的提高，从单纯追求经济效益转向实现人、社会、环境的协调发展，实现可持续增长。在我国经济转型时期，由于新的经济体制尚在建立和完善的过程之中，旧的经济体制和观念尚未彻底退出历史舞台，新旧体制的冲击和对抗，使经济领域内暴露出来的矛盾盘根错节，错综复杂。解决这些问题既是促进经济发展的迫切要求，也是经济成功转型的基本前提，而每个矛盾的解决都离不开经济法思想的指导，离不开经济法律制度的建立和完善。经济转型经常伴随着经济秩序的混乱。市场本身不能自动产生良好的秩序，秩序作为一种公共产品，必须也只能由政府来提供。企图单纯依靠民事法律制度，依赖市场主体的自我约束就能达到良好的市场经济秩序，是对市场迷信式的崇拜。营造良好的经济秩序必须依靠政府的力量，而政府也必须改变以往行政命令式的管理方式，采用经济法的调整手段。

(2) 经济法是规范市场经济秩序的具体方法。经济法主要由市场主体规制法、市场秩序规制法、宏观经济调控法和社会分配法这几个部分组成。每一个部分都能起到规范市场经济秩序的作用。首先，市场主体规制法。市场主体是进行经济活动的基础性单位，经济法通过规范市场主体的组织形态、市场主体的准入制度，规定市场主体的社会责任，同时通过对市场主体运行过程中同社会整体经济利益紧密相关的活动的干预达到规范市场主体的目的。其次，市场秩序规制法。市场经济是竞争的经济，良好的竞争秩序是市场经济保持持续、健康、快速增长的必要条件，但竞争也会带来一些消极影响，如不正当竞争、垄断、倾销等。经济法通过反不正当竞争法惩罚不正当竞争行为，通过反垄断法杜绝垄断行为，通过反倾销法制裁倾销行为，通过消费者权益保护法和产品质量法保护消费者利益，从而防止和减少因竞争行为带来的负面影响，推动良好市场竞争秩序的建立。再次，宏观经济调控法。宏观经济调控法是从国家经济运行的全局出发，运用各种宏观经济调控手段，对国民经济总体的供求关系进行调解和控制。经济法从整个国民经济运行的全局出发，通过产业调解法、固定资产投资法、金融法、国有资产管理法、价格法、环境保护法、自然资源法等，引导整个经济的发展。最后，社会分配法。社会分配法所涉及的对象，主要是国民收入初次分配过程中所形成的部分分配关系和再分配过程中所形成的所有分配关系。社会分配法规范政府的财政收入和支出，调整劳动者之间的收入分配，为个人提供各种社会保障。经济法的这几个组成部分，是经济法在调整市场经济秩序中发挥重要作用的体现。

3. **答案**：由于调整范围、立法目的上有诸多不同，商事法和经济法在有关部门的法律理念、法律机能上也是不同的。商事法以个别经济主体的利益为基础，主要调整的是经济主体之间的利益关系；经济法则以社会经济利益为基础，着眼于整体经济利益的协调和保护，即着眼于所有商事主体利益的全局性调整。因而，商事法和经济法应作为两个不同的法域而存在。两者的区别主要体现在以下几个方面：

(1) 所调整的社会经济关系的性质不同。商法主要调整的是商人之间的以平等性为特征的社会经济关系；经济法则调整的是国家与公民、国家与企业（商人）之间的社会关系。

(2) 调整对象的内容不同。商法主要规定的是商人和其他经营者的法律地位、组织形式、商事交易行为规则和行为后果等；经济法主要规定商事活动中商事主体的竞争行为规范、竞争规则以及政府如何对不正当竞争行为和垄断行为进行调整，以维护正常的经济运行环境和运行条件。

(3) 作用内容和作用基点不同。商法的作用内容和作用基点是确认和保护商人的合法地位和利益，侧重于保护作为商人的企业和自然人之间的平等利益关系，以满足商人的营利性要求；经济法的作用内容和作用基点是平衡个体利益与社会利益之间的利益矛盾，其作用内容侧重于社会的整体经济利益。

(4) 法律性质和法律理念不同。商法强调个体的自由，个体之间的平等，个体相互关系的公平以及个体行为的效益和安全。经济法中的自由、平等、公平、效益、安全、秩序等一些法律的基本理念，被侧重于从社会的角度去理解和阐释，强调社会整体效益和交易安全。

【参考资料】赵万一主编：《商法学》，中国法制出版社2008年版。

4. **答案**：在进入商品经济阶段之后，社会生产力飞速发展，交换则成为商品实现价值的必经途径，经济形态日趋复杂，经济秩序对法律的依赖性得到了前所未有的增强。经济方面的立法越来越细致，逐渐形成了一个完备的体系，主要包括：

第一，法律保护财产所有权。只有明确了谁是财产的合法所有人这一问题，商品生产才能有足够的动力，商品交换才能有合法的起点。否则，商品经济秩序的建立就失去了最根本的前提和保障。

第二，对经济主体资格加以必要的限制。对经济主体若不加以限制，则必然会产生经济主体的无限多样性，不合格经济主体将会大量出现，这必将危及交易安全，造成经济秩序的混乱。

第三，调控经济活动。在商品经济社会，各类经济主体被赋予很大的自由活动空间，但这种自由绝不能危及基本秩序，法律在这里是通过调控经济生活来维护秩序的。

第四，保障劳动者的生存条件。劳动是经济运行的起点，为了经济正常运行必须确保劳动者能够维持正常的生存和发展。

第四章 经济法的理念和基本原则

基础知识图解

- 经济法的理念
  - 概念
  - 内容
    - 经济法宗旨的概念和内容
    - 经济法宗旨的实现途径的概念和内容
  - 意义
  - 科学发展观与中国经济法的理念
- 经济法的基本原则
  - 经济法主体利益协调原则
  - 国家协调本国经济运行法定原则

配套测试

一、不定项选择题

1. 国家对经济运行进行调控的主要手段是(　　)。

A. 宏观调节　　B. 微观调节

C. 法律手段　　D. 行政手段

2. 研究经济法理念的意义有下列哪几项?(　　)

A. 有利于加深对经济法的理解，明确经济法的目标

B. 指导人们通过正确的方法实施经济法，使经济法的实施不会走偏方向

C. 提出改进措施，健全经济法制

D. 使经济法的理念符合新的实际，指导经济法的创制和实施，推动经济法的制度创新

二、简答题

1. 试述经济法的社会本位。(中国政法大学 2007 年、2008 年考研真题)

2. 简述经济法理念的内容。(中国人民大学 2006 年考研真题)

3. 简述经济公平原则。(西南政法大学 2007 年考研真题)

4. 简述经济民主原则。(华东政法大学 2011 年考研真题)

5. 论经济法的适度干预原则。(中南财经政法大学 2009 年考研真题)

6. 辨析经济法的指令性调整方法与经济法的指导性调整方法。

7. 简述国家对企业运行进行适度干预的理论基础。

三、论述题

1. 试论经济法的“社会本位”与“实质正义”理念。

2. 简述经济法的平衡协调原则。(中国人民大学 2008 年、2014 年考研真题)

参考答案

一、不定项选择题

1. 答案：C。国家协调经济运行的方式有两种，即法律手段和非法律手段。其中，法律手段是主要的。宏观调节与微观调节是具体的协调方式，不在选择之列，行政手段属于非法律手段的一种，所以本题正确选项是C。

2. 答案：ABCD。正确认识并切实贯彻经济法的理念，具有重要的理论和实践意义。

二、简答题

1. 答案：经济法的社会本位，是指它在对经济关系的调整中立足于社会整体，在任何情况下都以大多数人的意志和利益为重。

社会本位要求经济法以社会利益和社会责任为最高准则。无论国家还是企业，都必须对社会负责，亦即都必须对发展社会生产力、提高社会经济效益负责，在对社会尽责的基础上处理和协调好彼此之间的关系。在整体上，国家代表全局利益、长远利益，但在具体的经济过程和经济关系中，它是以具体国家机关或者某种经过授权的组织，作为特定的物质利益实体和社会组织的身份、地位出现的。在具体经济关系中，国家必须依法行使权力和权利，对社会负责，不得以不当或过度的行政权力和长官意志，妨碍市场主体及非国有主体依法行使权利，不能非法损害和侵吞其他主体的物质利益。企业和个人等经济主体也要对社会负责，不能只讲权利，不讲义务；不得片面强调自身局部利益，置社会利益于不顾，甚至对抗行政干预而损害他人或社会整体利益。

经济法的社会本位不是不讲权利，只讲责任。相反，它强调并全面贯彻权利（力）义务相统一的原则。它主张要正确把握权利（力）、义务设置的出发点和基础，理解权利（力）的来源和获取、行使的条件。无论是国家机关还是企业、个人等，都要首先对社会负责，在对社会尽责的基础上享有权利（力）、获得利益。因此，社会本位不是义务本位，更不是企业或个体义务本位。社会本位的思想是符合社会主义的本质、反映社会进步要求的。

【参考资料】潘静成、刘文华主编：《经济法》，中国人民大学出版社2008年版。

2. 答案：经济法的理念是人们对经济法的应然规定性的理性的、基本的认识和追求，是经济法和经济法学的灵魂暨最高原理，经济法学从总论到分则、经济法的各项具体制度都应能体现经济法的理念。适当、成熟的经济法理念的确立是经济法成为一个独立的法的部门的主观条件之一。

经济法的理念是经济社会化条件下的实质公平正义，其核心内容是社会整体经济利益的实现。

（1）社会整体经济利益是客观存在的

①社会整体利益与社会个体利益固然紧密相关，但又确实不同于社会个体利益，也不是社会个体利益的简单相加。

②社会经济利益也不同于国家政治利益，不能将国家政治利益等同于社会整体经济利益，或将前者凌驾于后者之上。

（2）依赖传统大陆法架构及其民商法、行政法无法实现社会整体经济利益

①民商法是在维护个体合法权益、维护微观经济秩序的基础上追求公平正义，只能顾及形式的公平正义、“机会”的均等，而不必也无法考虑结果如何、是否达到整体的、实质的公平正义。

②现代行政法理念的核心是在公共行政无所不在的情况下防止人民、社会受到国家侵害，遏阻其滥权，以实现公平正义。然而，仅以这样的理念来维护社会整体利益是不够的、片面的、消极被动的，不足以对社会经济发展予以有效平衡协调、充分及时地向社会提供公共产品，实现民富国强和民族的伟大复兴。

（3）中国经济法天然要以维护社会整体经济利益为己任

①经济法从产生时起，就以社会整体经济利益的实现为其使命。

②中国是社会主义国家，实行社会主义市场经济，公有制的目的和本质是实现社会整体利益，公有财产的投资经营、管理监督则因其“行政＋经济”“政府＋商事”的特性而天然属于经济法调整的范畴。

【参考资料】史际春主编：《经济法》，中国人民大学出版社2012年版；史际春、李青山：《论经济法的理念》，载史际春、邓峰主编：《经济法学评论》2002年第3卷，中国法制出版社2003年版。

3. 答案：经济公平最基本的含义是指任何一个法律关系的主体，在以一定的物质利益为目标的活动中，都能够在同等的法律条件下，实现建立在价值规律基础之上的利益平衡。在以契约关系为经济联系基本纽带的市场经济体制中，经济公平主要体现为交易公平。因此，经济公平也就成了市场经济主体进行市场交易的基本追求和基本条件。经济法以经济公平作为其基本原则，表明了经济法对人类文明所揭示的法律价值的认同。

经济法上的公平，是在承认经济主体存在资源和个人禀赋等差异的前提下追求的一种结果上的公平，即实质公平。民法是以平等而求得形式公平，经济法是以不平等而求得实质公平。因此，作为调整经济关系的两个最重要的法律部门——民法和经济法，在实现市场交易的公平原则中都起着重要的作用。民法主要是通过意思自治保证实现交易公平的；经济法是通过对意思自治的限制来实现公平的。从我国现实情况来看，影响经济公平的因素主要有行政干预、权力经济、不适当的差别政策、税赋不公、分配不公、价格体制不健全、不正当竞争和垄断等，而要克服这些因素，民法的作用是微乎其微的，甚至是无能为力的。因此，经济法必须把实现经济公平作为自己的一项基本原则。

4. 答案："经济民主"是作为经济高度集中或者"经济专制"的对立物而存在的，是社会主义民主的必然要求。随着商品经济向它的高级阶段——市场经济发展，在国家宏观经济调控下实行经济民主，成为当今市场经济获得发展的一个重要条件。

我国"社会主义民主"是由"政治民主"和"经济民主"两大民主构成的，而民主又是要以法制作为保证的。我国社会主义政治民主主要是通过宪法和行政法来实现的，而经济民主的落实就历史地落在民法和经济法的肩上。经济法之所以要把经济民主作为一项重要原则贯彻于始终，是因为经济法作为国家干预经济的法律，如果不强调经济民主，那么经济法就可能以自己的规定妨害经济民主在我国市场经济土壤中的生长。

从根本上来说，实行经济民主既是经济法主体具有决策机制、动力机制和利益机制的前提，也是国家在经济干预中首先要实现的目标，国家干预如果离开了这个目标，就必然造成经济独裁。

经济民主的实现形式是极广泛的。就经济法来讲，实现经济民主最核心的问题包括：(1) 要改变高度集中的经济管理体制，实现政企分开，国家行政权与国家所有权分开，国家所有权和企业经营权分开，使企业真正拥有作为法人应有的权利；(2) 要按民主集中制的原则，实现中央和地方经济职权的合理划分，以调动中央和地方两个方面的积极性；(3) 要实现企业的现代化和民主化管理，使劳动者真正成为国家和企业的主人；(4) 要实现国家机构的经济职权与经济职责的统一、经济主体的经济权利和经济义务的统一，以形成经济法主体的权、责、利、义的统一机制；(5) 要坚持以按劳分配为主体，多种分配方式并存的分配制度，体现效率优先、兼顾公平的原则。

5. 答案：适度干预原则是体现经济法本质特征的原则，是覆盖经济法体系中一切法律和法规的。适度干预是指国家在经济自主和国家统治的边界条件或者临界点上实现的一种介入状态。适度既包括干预范围的适度，又包括干预手段的适度。可以采用行政手段和法律手段来确定干预的范围和手段。国家要从总的政策上确立国家干预经济的范围，并用法律的方法作出规定，同时，国家通过法律赋予政府在特定的时候和特定的情况下，运用行政的办法确立国家干预经济的范围的权力。但是干预范围和方法的法定化应当占主导方面。衡量适度干预的最根本的标准是要看这种干预是促进还是阻碍经济的发展。

6. 答案：指令性调整方法是指国家权力机关和国家行政机关以某种形式指令相对人应当作为或者不作为，相对人应予服从的一种调整方法。指导性调整方法是指国家机关为使公民和法人的经济活动符合某种既定的经济干预目标而实施的非强制性的调整方法。这种调整方法通常有三种表现形式：行政指导、计划指导和行政协商。指令性调整方法和指导性调整方法都是公权介入的经济法调整方法，但二者的根本区别在于法律强制性不同。指令性调整方法体现的是国家的"刚性干预"，指令的相对人必须服从，而指导性的调整方法所体现的是一种"柔性干预"，指令的相对人可以服从也可以不服从。

【参考资料】 李昌麒：《经济法学》，中国政法大学出版社2017年版。

7. 答案：企业运行中的国家干预，是指国家为维护社会公共利益或者全局性利益所实施的旨在克服市场经济体制中企业自由运作的盲目性和局限性的行为。其理论基础主要有：

①社会本位及社会利益原则的确立。从个人本位或权利本位转向对社会本位的偏重，这是西方法哲学或立法指导思想在当代的重大变化。社会本位不是对个人私权的否定，只是将传统民法中的“公序良俗”原则延伸到更为广阔的社会生活中，用以制约权利行使过程中的某些非理性行为，如市场经济中的“外部不经济”行为等。对社会本位的日益关注必然衍生出社会利益原则。在当代，企业已被作为社会的重要构成部分看待；企业的行为也已被当作社会行为来认识；企业及其行为的价值已不仅仅体现为增进微观利益，其经济价值只有在符合或有益于社会整体功利的前提下才能得到肯定性的评价。企业运行中的国家干预法律制度即对于社会整体利益偏重的结果，其主旨之一便在于矫正和克服自由企业制度所固有的偏离甚至损害社会利益的趋向。

②社会公平理念的出现及其被认同。法哲学或立法指导思想从注重个人本位或权利本位转向对社会本位的关注，也相应地使社会公平理念得以出现并获得认同，这为国家干预经济提出了新的要求并提供了理论依据。作为国民经济微观基础的企业的运行，自然也就成为基于社会公平理念所实施的国家干预发生作用的重要方面。

③企业在社会中角色的转换。在传统经济学中，企业的最终目标被认为是最大限度地盈利，以实现出资者利润的最大化。在当代，主流观点已放弃了这种一元主义的利润最大化理论，认为企业的角色不仅是出资者谋取利润最大化的工具，而且也应是实现社会福利的实体；企业在追求利润的过程中，亦须充分考虑利益相关者的利益。

应当注意的是，市场机制作用的发挥要以存在的自主经营的企业为前提，因此国家对企业运行进行干预虽有其合理性，但必须适度。否则，只会回到计划经济时期的经济运行低效率状态。

三、论述题

1. 答案：社会本位与实质正义都是经济法的理念追求，也是经济法与其他法律部门的根本区别。经济法的各种具体制度和理论探讨体现出了经济法对社会的深切关爱和对实质正义的终极追求。

(1) 社会本位

经济法追求的是社会整体利益，是以社会为本位的法。实质上，经济法产生和发展的过程，也就是法律从个人权利本位到社会权利本位过渡的过程。资本主义进入垄断资本主义阶段后，资本高度集中，垄断组织竞相出现，“市场失灵”作为市场机制的先天缺陷明显暴露出来，客观上存在不宜由市场调节或不宜完全由市场调节的领域。民法所倡导的个人本位精神导致私权的无限扩张，形成一系列利益矛盾。无限制的自由竞争，生产的无政府状态，经济的高度垄断，信息不完善、不对称，使资本主义的固有矛盾空前激化，影响资本主义经济的总体发展，进而将最终危及资产阶级的统治。为了维护资产阶级的统治，资产阶级政府从“守夜人”转变为社会经济生活干预者的角色。这种转变反映在法律领域，“私有权神圣不可侵犯”和“契约自由”等原则受到了质疑。在经济运行的层面上，社会化大生产导致公司、合伙等经济组织的出现，它既是个人权利让渡的结果，又是对个体权利的制约，由此出现了个体与经济组织的矛盾；在市场机制上，以民法为代表的私法强调个人效益的最大化，其负面效应导致个人权利之间的矛盾，社会整体利益得不到维护。这是私法本身无法克服的困难，在现有的法律机制无法解决问题时，新的法律制度便应运而生，这就是经济法。社会本位的理念体现在具体的法律关系上，就是公共利益优于个人利益，而且这种公益优先的原则不同于民法中公序良俗的被动优先。在民法中，只有当个体的民事行为违反公序良俗时才予以限制。而在经济法中，在某些情况下可以直接规定代表公众利益的行为的优先性。经济法的社会本位理念追求社会的整体效益，社会权利本位实现的法律手段就是对个人权利的限制，体现了对民法的绝对“契约自由”和“私权神圣不可侵犯”的理念的突破，标榜了经济法自身独有的特色。

(2) 实质正义

法的根本目的在于正义的实现，以追求并实现正义作为其天职和精髓，经济法也不例外。形式正义从根本上说是和法律的普遍性相联系的，它要求同等的人应当受到同等对待。形式正义导致了对普遍性法律调整的依赖，立法者孜孜以求得以体现形式正义的规则及其实施标准。这种思维方式发展到极致，使得其在法律思维中忽略了社会运动和现实生活中各种情况的具体性和复杂性。形式正义引起的社会实质不公，导致了新的正义观及相应法律规范的出现。实质正义是相对于形式正义而言的。经济法的实质正义观，在于实现社会范围内的实质性、社会性的正义和公平。这种正义观，是一种追求最大多数社会成员之福祉的、社会主义的正义观。实质正义强调针对不同情况和不同的人予以不同的法律调整，它包含分配正义的内容。经济法的实质正义要求根据特定时期的特定条件来确定经济法的任务，以实现最大多数人的幸福、利益和发展。它摈弃了试图用“自然法”来建立永恒不变的法律和正义的理念，而是根据社会发展的内在要求和多数人的实在需要，来确定法的规范及其适用。由此亦决定了经济法的社会本位性质。形式正义追求法的近乎机械的适用，社会的运动和发展迫使其不断在法律规则及其实施标准中寻求平衡点，以致不得不形成种种特例。实质正义使立法者和社会赋予执法者以不同程度的自由裁量权，体现了实质正义要求法所具有的能动作用、灵活性和适应能力。实质正义的法律调整手段之多样化，更表现为经济法为了纠正社会不公而采取的种种积极措施或手段。在经济法中，从经济管理、经济活动到维护公平竞争的规范和制度，无不要求主体的行为符合法律规范本身的规定，而且行为结果也不违背该规范的内在精神和合理预期，合乎实质正义的价值。需要指出的是，实质正义尽管是相对于形式正义而言的，但是它和形式正义并非相悖。它同样包含着形式正义对于相同情况作出相同法律调整的要求，是在形式正义的基础上发展起来的，是对形式正义的一种扬弃，而不是简单地走向反面和极端化。

2. 答案：平衡协调原则，是指经济法的立法、执法和法律解释要从整个国民经济的协调发展和社会整体利益出发，来调整具体经济关系、协调经济利益关系，以促进、引导或强制实现社会整体目标与个体利益目标一致原则。

平衡协调原则是经济法的中层原则，其原因在于：

1. 民商法规范的天然缺陷需要经济法的平衡协调原则。市场经济的正常运转需要民商法的规范来保障主体的意思自治，国家不得随便干预和介入，因为民商法以个人权利为本位，只能通过调整私人之间的经济关系维护正常市场秩序。对于那些有关社会经济整体结构和运行的经济关系，民商法规范根本无力顾及，而一个成熟的法治国家会通过立法和国家经济行为对经济进行适度的干预，即这里所谓的平衡协调。经济法的平衡协调原则超越了民商法的个人本位，从社会经济发展全局出发，通过国家的督导和纠正等行为调节社会经济，实现经济结构和比例关系的均衡，促进经济的合理运行和有序发展。

2. 经济法的价值取向和基础原则的落实要求将平衡协调作为经济法的中层原则。经济法的发展公平价值和整体经济效益价值实现的基本要求是对整个社会主体的经济权利和经济义务进行合理配置，这在经济法基本原则上直接反映为经济权责一致这一经济法的静态原则、基础原则，它只为经济法价值取向的实现提供了一种基础、一种可能，却缺乏一种具体的操作层次的原则。而平衡协调原则的补足，是对基础原则的重大发展，是经济法的发展公平价值和整个经济效益价值得以落实的重要依托。发展公平中的产业公平、地区公平、资源公平和竞争公平无一不需要国家依平衡协调原则对其促成和维持，发展公平本身即平衡协调的直接结果。同理，要使个体经济效益有效整合为整体经济效益，在兼顾个体时实现整体经济效益的最大化，仅有经济权责一致原则显然也是不够的，平衡协调原则必不可少。相对于经济权责一致原则，平衡协调原则体现出了一定的动态性和较高层次性即所谓中层原则。

第五章 经济法的体系和渊源

基础知识图解

- 经济法的体系
  - 经济法体系与社会主义市场经济法律体系
  - 我国经济法的体系
    - 经济法体系
    - 经济法学体系
- 经济法的渊源
  - 制定法
    - 宪法
    - 法律
    - 行政法规
    - 自治条例和单行条例
    - 部门规章
    - 地方政府规章
    - 特别行政区基本法和有关规范性文件
  - 习惯法
  - 判例法
  - 法定解释
    - 立法解释
    - 行政解释
    - 司法解释

配套测试

一、单项选择题

1. 经济法的体系是指(　　)。
   A. 经济法律关系
   B. 经济法概论体系
   C. 经济法律体系和经济法概论体系的总和
   D. 由多层次的，门类齐全的经济法部门组成的有机联系的统一整体
2. 经济法体系的构成要素是(　　)。
   A. 经济法规　　B. 经济法部门
   C. 经济法律　　D. 经济法规范

二、多项选择题

1. 经济法体系的结构包括(　　)。
   A. 企业组织管理法　　B. 市场管理法
   C. 宏观调控法　　D. 社会保障法
2. 我国经济法的法律渊源包括(　　)。
   A. 宪法
   B. 法律和有关规范性文件
   C. 行政法规和有关规范性文件
   D. 部、委规章和有关规范性文件
3. 下列选项中关于经济法制定法渊源效力阶层的表述哪些是正确的？(　　)
   A. 经济行政法规和有关规范性文件的效力低于国务院部、委规章和有关规范性文件
   B. 经济法法律和有关规范性文件在经济法体系中效力阶层最高
   C. 地方性法规和有关规范性文件的效力低于国务院部、委规章和有关规范性文件
   D. 自治条例和单行条例的效力低于地方政府规章和有关规范性文件

三、名词解释

经济法的习惯法

四、简答题

1. 简述经济法的实质渊源和形式渊源的区别和联系。
2. 试析经济法的规范方式。

五、论述题

试论经济法体系、经济法学体系以及经济立法体系的区别与联系。（清华大学 2013 年考研真题、华东政法大学 2013 年考研真题）

参考答案

一、单项选择题

1. 答案：D。经济法体系是由多层次的、门类齐全的经济法部门组成的有机联系的统一整体。

2. 答案：B。经济法部门是经济法体系的构成要素。

二、多项选择题

1. 答案：ABCD。在社会主义市场经济条件下，国家经济协调关系的结构决定了经济法的体系应采取选项中的四种结构。但是，关于企业组织管理法与社会保障法是否应该纳入经济法体系中，学界观点颇有争议。

2. 答案：ABCD。经济法的渊源有制定法渊源和非制定法渊源。制定法渊源包括宪法、法律和有关规范性文件、行政法和有关规范性文件、部委规章和有关规范性文件及地方法规和有关规范性文件等；非制定法渊源包括习惯法和判例法。

3. 答案：CD。可参见立法法中关于法的效力层次。

三、名词解释

答案：经济法的习惯法是指由国家认可并赋予法律效力的经济习惯。也就是说，经济习惯经国家认可并赋予法律约束力就起了质的变化，就成了经济法的习惯法。习惯法是经济法律规范的表现形式之一，属于经济法的渊源。在当代中国，习惯法也属于经济法的渊源，但不是主要渊源。

四、简答题

1. 答案：经济法的渊源有实质渊源和形式渊源之分。实质意义上的经济法的渊源是指法律规范来源于谁的意志。经济法的实质渊源是统治阶级意志的体现，是该社会占统治地位的生产关系。经济法的形式渊源，即经济法律规范的形式来源，它通常包括两个方面的问题：一是经济法律规范的创立方式，即哪些国家机关可以在什么范围内以什么方式创制经济法律规范；二是经济法律规范表现为何种法律文件，或是其他什么形式。我国法学界更主要、更普遍的是在形式意义上使用法律渊源一词。经济法的实质渊源决定着经济法的形式渊源，而经济法的形式渊源是经济法实质渊源的表现，但前者是就经济法的来源、发源、源泉、根源等而言的，亦即经济法的内容导源、派生于何处、发生原因为何，也就是法律内容的最终决定力量通常即指法的经济根源；后者是指经济法律规范的创制方式或外部表现形式。简言之，前者是经济法的本质属性，后者是经济法的形式表现。

2. 答案：(1) 授权性规范方式。授权性规范，是指经济法对人们的需要和利益的确认，指明行为主体可以拥有何种权利或取得何种资源，亦称权利性规范。例如，经济法是认可和规范政府干预经济之法，“认可”即意味着“授权”或“允许”政府的为或不为，法律明确规定或授权的，政府必须“为”，法律没有明确规定或授权的，政府不能“为”。至于政府及其授权的经济规制部门如何行使经济规制的职权，自然涉及许多授权性规范。凡是政府未经授权而“为”的，或政府虽经授权而“不为”的，都将被追究法律责任，包括责任人被处分、撤职，对受损害人给予国家赔偿等。

(2) 任意性规范方式。任意性规范，是指在某种条件下，法允许人们为或不为某种行为，从而为行为主体提供一种选择。任意性规范与授权性规范有密切的联系，但又不简单等同。任意性规范则规定当事人可以就相互的权利义务作出法律规定以外的约定，如果他们没有约定，则依法律的规定行事。例如，经济法在调整政府与承包、租赁经营的国有企业的关系时，可以适用意思自治原则。当政府不适当的干预给权利主体造成损害时，权利主体可以适用赔偿、返还等经济责任方式，要求政府赔偿或返还，但也可以放弃向政府索偿的要求。授权性规范规定的权利，权利主体可以行使，也可以不行使，却不能任意作出任何不同于法律规定的处分。

(3) 义务性规范方式。义务性规范，指经济法规定人们为或不为某种行为，即直接规定人们应履行的某种义务。例如，制定税法的一个重要目的，在于明确纳税是公民的义务，保证税收足额、及时入库。税法虽对涉税违法规定了惩罚性的措施，但不是其立法的主要目的。

(4) 禁止性规范方式。禁止性规范，指的是在某种情况下，经济法禁止人们为或不为某种行为，并对于违法者施以惩罚性的罚款、没收等经济制裁措施。例如，抗税逃税、扰乱市场秩序、危及社会公共利益的行为等，都将被追究相关的法律责任，受到法律处罚。

(5) 提倡性规范方式。提倡性规范，是指在某种条件下，经济法鼓励、提倡人们为或不为某种行为。经济法以社会公共利益为本位，以充分调动各经济主体积极性，促进社会经济总体上健康发展为目标，因而对各经济主体的经济行为大量地采用提倡性规范以及物质、精神奖励的形式。它又包含鼓励性规范和指导性规范两种方式。

五、论述题

答案：经济法体系是指由多层次的、门类齐全的经济法部门组成的有机联系的统一整体。经济立法体系是指列入经济立法规划的规范性文件体系。经济法学体系是指由多层次的、门类齐全的经济法学分支学科组成的有机联系的统一整体。它们既有区别也有联系。

主要区别是：经济法体系的构成要素是经济法部门（也只能是经济法部门），经济立法体系的构成要素是调整经济关系的规范性文件，而经济法学体系的构成要素则是经济法学分支学科，经济法学分支学科中除了与各个经济法部门相对应的经济法学分支学科以外，还包括经济法基本理论、经济法制史学等学科；组成经济法部门的都是国家创制的具有法律约束力的法律规范，组成经济立法体系构成要素的规范性文件中的法律规范不一定是经济法律规范，而经济法学分支学科的观点和内容不是国家创制的，没有法律约束力；组成经济法体系的经济法部门的法律规范是现行的，而作为经济立法体系构成要素的规范性文件中的法律规范是计划制定的（只有执行经济立法规划，已经制定并开始施行的规范性文件中的法律规范，才是现行的）。

主要联系是：组成一国经济法体系的经济法部门，是该国经济法学研究的主要内容，它制约着这个国家经济法学体系的形成；一国经济法学的发展及其体系的形成，特别是经济法基本理论研究的开展和深入，又会影响该国经济法体系和经济立法体系的建立和发展。

第六章 经济法的制定和实施

配套测试

一、单项选择题

1. 狭义的经济法制定，是指(　　)依照法定的职权和程序制定经济法律规范的活动。
   A. 最高权力机关及其常设机关
   B. 最高监察机关
   C. 最高审判机关
   D. 最高行政机关
2. 狭义的经济执法，是指(　　)依照法定的职权和程序执行经济法律规范的活动。
   A. 国家行政机关
   B. 国家司法机关
   C. 国家立法机关
   D. 国家行政机关和国家司法机关
3. 经济立法的出发点是(　　)。
   A. 立足现实
   B. 依据宪法
   C. 从借鉴与经验出发进行超前立法
   D. 由立法者进行主观判断

二、多项选择题

1. 强化经济法实施的对策，可以包括(　　)。
   A. 深入开展全方位的经济法制教育，增强广大干部和群众的经济法制观念
   B. 加强经济执法、司法干部队伍的建设，提高其政治、业务素质
   C. 健全经济执法、司法机构，改革与完善经济执法、司法制度
   D. 规范和发展市场中介组织，促进经济法的实施
2. 加快经济立法，要处理好(　　)。
   A. 有与无的关系　　B. 多与少的关系
   C. 粗与细的关系　　D. 高与低的关系
3. 下列哪些活动属于广义的经济法的制定？(　　)
   A. 全国人民代表大会依照法定的职权和程序制定经济法律规范的活动
   B. 全国人民代表大会常务委员会依照法定的职权和程序制定经济法律规范的活动
   C. 国务院依照法定的职权和程序制定经济法律规范的活动
   D. 省（自治区、直辖市）的人民代表大会及其常务委员会依照法定的职权和程序制定经济法律规范的活动
4. 经济立法这一概念中所说的法律规范指的是(　　)。
   A. 调整特定经济关系的法律规范
   B. 经济法律规范
   C. 调整各种经济关系的法律规范
   D. 经济法的立法和其他经济立法

三、名词解释

1. 经济立法
2. 经济司法

四、论述题

试论经济法制定与经济法实施的关系。

参考答案

一、单项选择题

1. **答案**：A。经济法的制定，是指国家机关依照法定的职权和程序制定经济法律规范的活动。狭义的国家机关指最高国家权力机关及其常设机关；广义的国家机关指最高国家权力机关及其常设机关和其他有关国家机关。
2. **答案**：A。狭义的经济执法的主体指国家行政机关。
3. **答案**：A。立足现实是经济立法的出发点。

二、多项选择题

1. **答案**：ABCD。
2. **答案**：ABC。高与低的关系不应纳入经济立法体系。
3. **答案**：ABCD。广义的经济法的制定是指最高国家权力机关及其常设机关和其他有关国家机关依照法定的职权和程序制定经济法律、经济法规、经济规章等规范性文件的活动。
4. **答案**：BCD。经济立法中的"法律规范"包括调整各种经济关系的法律规范。经济法立法不仅包括经济法的立法，而且包括其他经济立法。

三、名词解释

1. **答案**：经济立法，是指最高国家权力机关及其常设机关和其他有关国家机关依照法定职权和程序制定或认可调整经济关系的法律规范的活动。这里说的制定或认可的"法律规范"，包括调整各种经济关系的法律规范，不仅是经济法律规范，即调整国家协调经济关系的法律规范。经济立法不仅包括经济法的立法，而且包括其他经济立法。经济立法不等于经济法的立法，它们的关系是从属关系，经济法的立法包含于经济立法之中。
2. **答案**：经济司法，是指国家司法机关依照法定的职权和程序处理违反经济法律规范的案件的活动。

四、论述题

答案：第一，经济法的制定是经济法实施的前提。自改革开放以来，我国加强了经济立法，在规范市场主体、健全市场管理、加强宏观调控、完善社会保障等方面制定了一系列经济法律、法规、规章等规范性文件，但是，这与改革开放和社会主义现代化建设的要求相比，还有相当大的差距。其主要表现是：有不少急需的经济法律、法规尚未制定出来；相当一部分现行的经济法律、法规需要抓紧修改完善；有许多调整特定经济关系的规范性文件虽很重要，但层次低，权威性差，这就给经济法的实施造成很大困难。过去，经济法的实施之所以存在不少问题，其中一个重要原因是，在制定经济法时没有充分考虑其实施成本的高低和实施效果的好坏。例如，有些规定不适应新的情况，不符合实际需要；有些规定太笼统，不配套，可操作性差；有些规定互不一致，相互抵触，使人无所适从；有些规定法律后果不明确，或者执法机关及其职责不明确，或者执法机关不执法的后果不明确；等等。因此，在我们强调经济法实施的时候，必须同时强调提高立法质量。

第二，制定经济法是为了实施经济法。从这个意义上说，经济法的实施更为重要。只有切实做到有法必依、执法必严、违法必究，才能保证经济法的实施，发挥经济法的作用，维护社会经济秩序，促进社会主义市场经济体制的建立和完善，推动国民经济的发展。如果制定了经济法而不能实施，即使经济法制定得再好也毫无意义。总的来说，我国经济法实施的成绩是主要的，必须肯定。但是目前的一个突出问题是，不少法律、法规包括经济法律、法规没有得到切实贯彻执行，有法不依、执法不严、违法不纠的现象在一些地方和部门依然存在，以言代法、以权压法、执法犯法、违法办案等恶劣行为也屡有发生。这种状况损害了法律的尊严和权威，败坏了国家的声誉，对改革开放和社会主义现代化建设的发展产生了消极影响。

第三，今后，一方面，要继续加强立法工作，把经济立法放在重要位置，提高立法质量，努力建设有中国特色的社会主义法律体系；另一方面，在法律制定后，如何保证法律的有效实施，已经成为我国法制建设的关键环节。随着人们对于法律实施重要性的认识逐步提高，随着法律实施的力度逐步加大，经济法实施的状况必将日益改善。

第七章　经济法主体的一般原理

基础知识图解

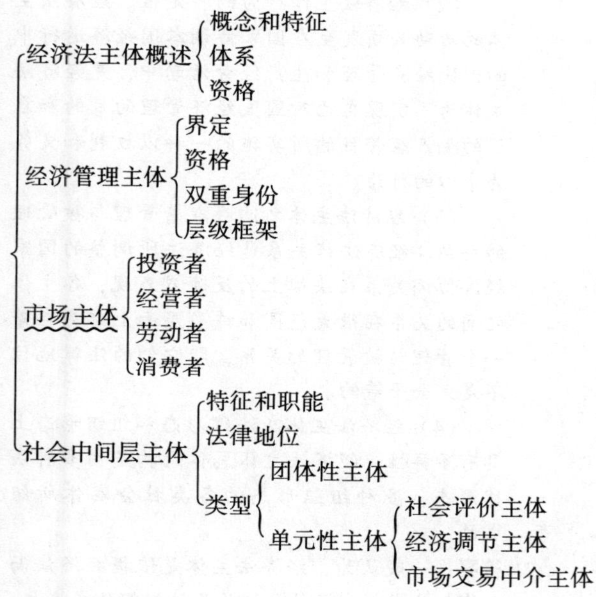

配套测试

一、不定项选择题

1. 关于经济法主体，下列观点正确的是(　　)。
   A. 经济法主体之间是一种平等关系
   B. 经济法主体必须是依法享有经济职权的社会实体
   C. 经济法主体可以是国民经济管理活动的或者一定生产经营和消费活动的间接参与者
   D. 经济法主体是经济法律关系中最活跃、最积极的因素
2. 在经济法主体结构体系中的决策主体，主要是指(　　)。
   A. 国家最高权力机关
   B. 地方权力机关
   C. 国家各级权力机关
   D. 企业的决策机关
3. 与民法、行政法的主体相比，经济法主体的特征有(　　)。
   A. 主体外延的广泛性
   B. 主体资格的重叠性
   C. 主体形态的单一性
   D. 主体能力的平等性

二、名词解释

1. 经济法的经济管理主体
2. 经济法的监督主体

三、简答题

1. 简述经济法主体。
2. 国家在经济法上的主体地位。
3. 社会中间层主体与政府的关系。

四、论述题

论经济法的主体及其权利结构。

参考答案

一、不定项选择题

1. **答案**：D。经济法主体是在国家协调本国经济运行过程中，依法享有权利和承担义务的社会实体。是经济法律关系构成的基本要素，是经济法律关系的直接参与者；既是经济权利的享有者，又是经济义务的承担者，是经济法律关系中最积极、最活跃的因素。
2. **答案**：C。经济法的决策主体，是指根据我国宪法和有关法律规定，在经济法律关系中享有决策权的社会实体，主要是各级国家权力机关和企事业单位。
3. **答案**：AB。本题考查的是经济法主体的特征。

二、名词解释

1. **答案**：经济法的经济管理主体是指根据我国宪法和有关法律规定，在经济法律关系中享有国家经济职权和企业经营管理权的社会实体，主要包括各级行政机关和企事业单位。经济法管理主体是决策的执行主体，其职能专司执行，负责管理。经济管理主体从性质上划分基本有两种类型：国家经济管理主体和企业经济管理主体。国家经济管理主体又可分为中央管理主体、地方各级管理主体和基层管理主体。
2. **答案**：经济法的监督主体是指根据宪法和有关法律规定，在社会经济活动中和国民经济管理活动中，享有监督权的社会实体，包括各级国家权力机关、国家行政机关、行使专项监督权的专门机关，非国家机关的组织以及人民群众。按其职能和法律地位可以分为以下几类：权力监督主体、行政监督主体和社会经济监督主体。监督主体主要是对经济领域的生产、流通、消费和分配等各个环节实行严格、全面系统的监督。

三、简答题

1. **答案**：经济法主体亦称经济法律关系的主体，是在国家协调本国经济运行过程中，依法享有权利（权力）和承担义务的社会实体。经济法主体是经济法律关系构成的基本要素，是经济法律关系的直接参与者，既是经济权利（权力）的享有者，又是经济义务的承担者，是经济法律关系中最积极、最活跃的因素。经济法主体具有以下法律特征：

   （1）外延的宽泛性。经济法主体的范围十分广泛，既包括在经济法律关系中处于主导地位的各级国家机关，也包括在经济法律关系中处于基础性地位的企业，还涵盖了除国家机关和企业外的其他社会组织、企业内部组织机构、公民等。

   （2）经济法主体行为的特定性。经济法主体的活动必须发生在国家协调本国经济运行中的国民经济管理和生产经营活动中，是经济法主体为了实现自己对国民经济管理的目的和自己的生产经营目的所实施的一种以权利和义务为中心的行为。

   （3）经济法主体之间存在着管理与被管理的关系。经济法律关系是经济法所调整的国家经济协调关系在法律上的反映或表现，各主体之间的关系在很大范围和许多层面上都存在着一个管理与被管理的关系，即它们的法律地位不是完全平等的。

   （4）经济法主体在法律形态和组织形态上具有多样性。经济法主体总体结构是由多种法律形态、多种组织形态的各类社会实体所组成的。
2. **答案**：一般认为，经济法主体是依据经济法而享有权力或权利，并承担义务的组织体或个体。经济法主体一般可以分为国家、社会中间层和市场主体三种。其中的国家主体，因其实施宏观调控行为和市场规制行为（即经济法上的调制行为），对社会中间层主体和市场主体进行调控和规制而居于重要地位。一般来说，国家的主体地位通过国家作为宏观调控主体和市场规制主体表现出来。

   国家是宏观调控主体，享有宏观调控权。国家通过对金融、税收和计划等领域方面的调控行为，保障宏观经济的良性运转，促进经济健康发展，保证经济法宗旨的实现。

   国家是市场规制主体，享有市场规制权。国家通过对反垄断、反不正当竞争和消费者权益保护等领域进行市场规制行为，排除妨碍市场竞争的障碍，维护市场竞争秩序，促进市场经济在健康合理的框架内发展。

   通常情况下，国家对国民经济进行调控和规制，是通过特定的国家机关进行的。但特定国家机关进行调控和规制活动的后果和责任，仍是由国家来承担的。

3. 答案：社会中间层主体与政府之间，存在着公共资源配置关系，亦即共同向市场主体提供公共产品的关系。

(1) 社会中间层主体独立于政府。主要表现在：主体资格上为独立的法人，经费上独立筹集和运用，组织上自我建构，内部人员上自主安排，活动上自行组织。

(2) 社会中间层主体与政府合理分工。从而达到在社会中间层主体与政府之间合理配置公共资源。

(3) 社会中间层主体受政府监管。社会中间层主体虽在一定程度上弥补了政府和市场的缺陷，但自身也有缺陷。它所代表和维护的主要是一定群体或集团的利益，其行为中含有不正当竞争、垄断的因素。这就需要政府把握全局，对社会中间层主体进行监管。

(4) 社会中间层主体辅助政府干预。社会中间层主体的辅助具有全面性，其中包括对政府制定法规政策、市场监管、宏观调控、纠纷处理等方面的辅助。其辅助的主要方式有：建议政府对某一领域进行规范和管理；协助政府起草有关计划、规划、法规和政策；解决纠纷，维护社会经济秩序；等等。

(5) 社会中间层主体制约政府干预。这种制约的主要方式有：对政府的立法和公共政策提出异议；参加政府决策过程中的听证；对政府行为提起行政复议或行政诉讼；支持市场主体提起行政诉讼；等等。

四、论述题

答案：经济法主体亦称经济法律关系的主体，是在国家协调本国经济运行过程中，依法享有权利（权力）和承担义务的社会实体。经济法主体是经济法律关系构成的基本要素，是经济法律关系的直接参与者，它既是经济权利（权力）的享有者，又是经济义务的承担者，是经济法律关系中最积极、最活跃的因素。在经济法基本理论建设上，研究和探讨主体问题对于加强经济立法、守法、执法及司法，建立科学的经济法理论体系具有重要的理论意义和实践意义。

1. 经济法主体的特征

(1) 经济法主体是整个经济法律关系主体的重要组成部分。

(2) 经济法主体具有广泛性，主体的法律形态和组织形式具有多样性。

(3) 经济法主体行为具有特定性，主体之间存在着管理与被管理的关系。

2. 经济法主体资格取得的方式

不是任何社会实体都能够成为经济法的主体，只有以自身的行为直接参加了经济法律规范所调整和制约的经济管理活动和生产经营活动，享有权利（包括职权）和承担义务（包括责任）的社会实体才能成为经济法主体。由于各类经济法主体的性质、职能、作用及其各自的法律地位的差别，主体资格取得的方式上也是不同的，大体有如下几种：(1) 国家机关根据法律、法规的规定或者根据有关国家机关的决定、命令和特别授权而取得。(2) 企业法人和不具备法人资格的经济组织通过核准登记注册的方式而取得经济法主体资格。(3) 进行生产经营或服务性活动的公民个人必须按照法定程序取得进行某种经济活动的资格，才能取得经济法主体的地位。(4) 企业的内部组织或者分支机构因主机构的设立而派生取得经济法主体地位。

3. 经济法主体的构成

经济法主体体系主要由以下主体构成：国家经济管理机关在经济法主体结构中处于主导地位，是经济法的重要主体。作为生产经营主体的企业在经济法主体结构中处于基础地位，是经济法的基本主体。不具备法人资格的企业和企业的内部机构可以成为经济法的主体。例如，合伙企业、不具备法人资格的中外合作经营企业、外资企业和私营独资企业。公民个人也能成为经济法的主体。

4. 经济法主体的权利结构

经济法主体的权利，是指经济法主体在法律规定的范围内可以实施某种行为或者不实施一定行为，或者要求其他主体实施某种行为或者不实施一定行为的一种可能性或者资格。经济法主体的权利主要包括经济法主体的经济职权和经营管理权。

经济法主体的经济职权，即国家经济管理主体的经济职权，指国家机构依法行使领导和组织经济建设职能时所享有的经济管理权力和经济管理责任。经济职权由法律直接规定，为各级国家机构独有，是一种专属的职务权限。经济职权以国家对国民经济的宏观调控为中心内容，其行使受到法律的严格限制。国家经济管理主体的经济职权包括宏观调控权、市场管理权、经济监督权和经济法律规范的制定权。其中，宏观调控权包括宏观决策权和经济调节权。市场管理权包括命令和禁止权、批准确认与撤销权和人事任免权。经济监督权包括计划监督、财政监督、审计监督、银行监督、会计监督等。

企业的经营管理权包括两个层面：企业的一般性权利和国有企业的经营权。具有法人资格企业的基本权利包括企业的财产所有权、企业的经营活动自主权和企业获取盈利权。国有企业经营权是指国有企业对国家授予其经营管理的财产享有占有、使用和依法处分的权利。

第八章　国家经济管理机关法律制度

基础知识图解

- 国家经济管理机关概述
  - 概念
  - 特征
- 国家经济管理机关的种类
  - 中央国家经济管理机关
  - 地方国家经济管理机关
- 国家经济管理机关的职权
  - 概念和特征
  - 内容
    - 宏观调控权
    - 市场管理权
    - 经济监督权
    - 经济法律规范的制定权
  - 完善

配套测试

一、不定项选择题

1. 关于国家经济管理机关与国有企业的关系，下列表述正确的是(　　)。
   A. 政府按投入企业的资本享有所有者权益
   B. 向企业派出稽查特派员，监督企业资产运营和盈亏情况
   C. 制定企业的工资制度
   D. 下达企业的生产指标和生产计划
2. 下列属于市场管理权的有(　　)。
   A. 市场监督管理局禁止制造和销售伪劣商品
   B. 国家对固定资产的投资项目的审批
   C. 国家依法对有关经济管理职能部门负责人的任免
   D. 国有大型企业主要负责人的任免
3. 国家经济管理机关法律地位的内容包括(　　)。
   A. 国家经济管理主体所具有的权力和义务的实际状态
   B. 国家经济管理机关的性质
   C. 国家经济管理职能
   D. 国家经济管理机关与其他主体的关系
   E. 国家经济管理机关的法律责任
4. 下列关于国家的经济职能表述不正确的是(　　)。
   A. 国家管理经济的职能主要是对国民经济宏观上的决策和管理
   B. 当前我国的市场经济秩序混乱，因此国家在加强宏观管理的同时，也应加强对微观经济活动控制和干预
   C. 经济管理主体的经济职权作用于国民经济管理的领域，是涉及全国范围的整体权力，集中表现为宏观调控权和其他方面的经济职权
   D. 国家的经济职能有宪法相关组织法和有关经济法律规定

二、名词解释

1. 国家经济管理机关
2. 宏观调控权
3. 市场管理权
4. 经济监督权

三、简答题

1. 简析国家经济管理机关的特征。
2. 简述国家经济管理机关职权的特征。
3. 国家经济管理机关经济职权的内容。

参考答案

一、不定项选择题

1. 答案：AB。国家作为经济管理机关，行使计划、组织、指导、监督、调节职能，C、D两项干扰了企业的经营自主权。

2. 答案：ACD。详见名词解释第3题答案。

3. 答案：ABCD。

4. 答案：B。

二、名词解释

1. 答案：国家经济管理机关是指根据宪法和有关法律规定，在国民经济活动中享有经济职权，行使计划、组织、指导、监督、调节职能的国家行政机关。它是享有宏观调控权和其他经济职权，以国家的名义进行经济管理活动的行政机关，其所享有的是一种以间接调控为主的管理权。

2. 答案：国家经济管理机关的宏观调控权主要有两方面的内容：国家经济管理机关的宏观决策执行权和经济调节权。宏观决策的执行权，是指国家经济管理机关为了实现国民经济和社会发展的中长期计划及年度计划，保证国民经济总量的平衡，经济布局、产业结构的优化组合，各类生产要素的优化配置，合理地划分中央和地方经济管理职权而享有的一种权力。经济调节权，是指国家经济管理机关为了实现国民经济和社会发展计划目标以及应对重大事件过程中利用经济杠杆或者行政权力所实施的一种宏观上的调度与协调权力。

3. 答案：市场管理权是指国家机关行使管理国民经济职能时，对某些经济关系、主体资格及经济行为行使命令、批准、确认、许可、禁止和撤销的权力。权力主要有：命令和禁止权，表现为国家机构对有关经济法主体必须作出一定经济行为或不得作出某些经济行为的权力；批准确认与撤销权，国家机构依法同意或取缔某个经济法主体的资格或经济行为的存在或消灭的权力；人事上的任免权，国家机构依法对有关经济管理职能部门的负责人和国营大中型企业主要负责人的任命与免除等。

4. 答案：经济监督权是指有关国家经济管理机关对国民经济活动进行督导和监察的权力。这种经济监督按照监督主体和监督内容的不同，可以划分为一般经济监督和专门经济监督。

一般经济监督又可划分为最高行政监督、地方各级行政监督以及职能监督。

专门经济监督是指国家经济机关系统内部设立的专门监督机关所实施的经济监督。包括：(1) 审计监督；(2) 金融监督；(3) 工商行政管理监督；(4) 技术监督；(5) 国有资产监督。

三、简答题

1. 答案：(1) 地位的法定性

国家经济管理机关的地位即法律地位，指它所具有的权力（权利）和义务的实际状态。广义的法律地位还应包括该主体的性质、职能与其他主体的关系等内容，而它的核心内容是自身所享有的权利和义务的实际内容。它的地位的法定性，首先表现为，它的产生和组成是由法律直接规定的。其次表现为，它的职权范围也是来自宪法相关组织法和有关经济法律的直接授权。

(2) 法律关系的单方面性和隶属性

关系的单方面性，主要反映在经济管理机关与其被管理对象之间法律关系的形成，往往是以经济管理机关单方面的意思表示为依据。在许多情况下，它所行使的经济职权，均来自法律的直接规定，即它可以单方面创设，变更和终止某种经济法律关系。这与民事法律关系的当事人之间的平等性、有偿性和双方意思表示一致显然是不同的。其关系隶属性主要表现在经济管理机关内部关系的隶属性上。经济管理机关的基本构成是享有国家经济管理机关经济职权的各级行政机关。

(3) 权责的一致性

国家经济管理主体与其他法律关系主体的一项主要区别，即它所享有的权利和义务是统一的，权力和责任是一致的，它们享有的经济职权既是权利，又是义务，既享有各项经济职权，同时也承担着恪尽职守的义务。不能抛弃，也不得自由处分。

2. 答案：国家经济管理机关的职权，又称经济职权，是指国家机构依法行使和组织经济建设职能时所享有的经济管理权力和经济管理责任。经济职权具有如下特征：

(1) 经济职权是由法律直接规定的

经济职权的产生，或国家机构取得经济职权的方式是由法律直接规定、法律直接赋予的。

(2) 经济职权为国家机构独有，是一种专

属的职务权限

经济职权的享有者只能是各级人民政府及其所属的经济管理机关，非国家机构的事业单位、企业所享有的经济权利只能是财产上的所有权及对财产的经营管理权，而不是经济职权。同时，规定这种权利的法律是属于强制性规范，国家机构依法执行这种权利时，不需要有关方面的同意和认可。这种职权行使时涉及的单位和个人必须执行，不得随意改变。

(3) 经济职权是以国家对国民经济的宏观调控为中心内容的

国家管理经济的职能主要是对国民经济宏观上的决策与管理。因此，国家机构的经济职权主要体现为国家对国民经济宏观上的控制权，而不应该对微观经济活动进行过多的控制和干预。

(4) 经济职权的行使受到法律严格的限制

因为经济职权有着明显的命令和服从性质，它是一种由单方的意志即可以发生执行效力的权利，所以经济职权必须严格按法律规定正确行使，以防止独断专行和权力的滥用。

3. 答案：(1) 宏观调控权

国家经济管理主体的宏观调控权主要有两方面的内容：国家经济管理主体的宏观决策执行权和经济调节权。

①宏观决策的执行权

宏观决策的执行权，是指国家经济管理机关为了实现国民经济和社会发展的中长期计划及年度计划，为了保证国民经济总量的平衡，经济布局、产业结构的优化组合，各类生产要素的优化配置，合理地划分中央和地方经济管理权限等而享有的一种权力，是一种法律赋予国家机构对国民经济发展目标和行动方案所享有的决定权。

②经济调节权

经济调节权，是指国家经济管理机关为了实现国民经济和社会发展计划目标以及应付重大事件过程中利用经济杠杆或者行政权力所实施的一种宏观上的调度与协调权力。

(2) 市场管理权

市场管理权，是指国家机构行使管理国民经济职能时，对某些经济关系、主体资格及经济行为行使的命令、批准、确认、许可、禁止和撤销的权力。

(3) 经济监督权

经济监督权，是指有关国家经济管理机关对国民经济活动进行监察和督导的权力。

(4) 经济法律规范的制定权

经济立法权是国家经济管理机关经济职权的重要内容。它是指国家机构根据宪法的规定以及最高权力机关的授权所享有的制定经济法律和经济法规的权力，是国家行使管理国民经济职能时进行宏观调控的一项重要职权。

第九章　市场中介组织法律制度

基础知识图解

- 市场中介组织法概述
  - 市场中介组织与市场中介组织法的概念
  - 市场中介组织的种类
    - 营利性市场中介组织与非营利性市场中介组织
    - 行业性中介组织与非行业性中介组织
    - 评价性服务中介组织与非评价性中介组织
    - 专业服务性中介组织与佣金服务性中介组织
- 关于行业中介组织的法律规定
  - 行业中介组织的概念和特征
  - 行业中介组织的设立与法律地位
  - 行业中介组织的自治权力
  - 行业中介组织的义务
  - 违反行业中介组织法律制度的责任
- 关于专业服务中介组织的法律规定
  - 专业服务中介组织的概念、特征和种类
  - 专业服务中介组织的组织形式与法律地位
  - 专业服务中介组织许可制度
  - 违反专业服务中介组织监管制度的责任

配套测试

一、不定项选择题

1. 市场中介组织具有以下哪些特征？(　　)

A. 市场中介组织必须符合有关法律规定的条件并履行法定手续才能正式成立

B. 市场中介组织在经济运行中充当政府与市场普通主体之间的中间主体

C. 市场中介组织所从事的事业是经济运行过程中的各种中间服务

D. 市场中介组织属于他律性组织，不具有自主性

2. 关于市场中介组织与非营利组织的关系说法正确的是(　　)。

A. 市场中介组织与非营利组织只有称谓上的不同

B. 市场中介组织与非营利组织有一定的联系，但二者不是同一概念

C. 市场中介组织中不以营利为目的的中介组织可以归类为非营利组织

D. 相当部分的市场中介组织不是非营利组织，而相当部分的非营利组织也不属于市场中介组织

3. 下列哪些行业中介组织不符合法定设立条件？(　　)

A. 某注册会计师协会有 20 个个人会员和 30 个单位会员

B. 某地方钢铁业协会有 30 个单位会员

C. 某中国外商投资企业协会有 15 万元活动资金

D. 某企业家协会没有固定的住所，由会员轮流提供住所

二、名词解释

1. 市场中介组织

2. 行业中介组织自治权力

三、简答题

1. 简述行业中介组织的法律地位。

2. 简述专业服务中介组织的组织形式及法律地位。

参考答案

一、不定项选择题

1. **答案**：ABC。市场中介组织属于社会自治性组织，即具有自主性和自律性，因此选项D错误。
2. **答案**：BCD。本题考查市场中介组织与非营利组织的关系。市场中介组织虽然与非营利组织有一定的联系，但二者并不是同一概念，故选项A错误。
3. **答案**：D。本题考查行业中介组织设立的条件。根据现行法律规定，成立行业协会必须有固定的住所，所以，选项D不符合法定设立条件。

二、名词解释

1. **答案**：市场中介组织，是指依法设立，在国家机关与市场主体之间以及市场主体相互之间从事经济运行的中介服务事业的自治性社会组织。在我国，市场中介组织包括行业协会、商会、消费者协会、律师机构、会计机构、社会审计机构、公证机构、资产与信用评估机构、认证机构、检验鉴定机构、保险公估机构、代理机构、经纪机构、职业介绍机构、拍卖企业、信息咨询服务机构、交易所以及其他市场中介组织。
2. **答案**：行业中介组织自治权力，是指行业中介组织拥有的就行业共同利益和行业内经济管理事务作出决策，并使行业内成员普遍遵循以及国家机关、社会公众予以尊重的社会能力。

三、简答题

1. **答案**：行业中介组织的法律地位包含的内容主要是：行业组织具有何种法律人格；行业组织的法律定性如何，即它具有何种主体资格；行业组织基于这种法律人格、主体资格在对内对外关系中的权利义务如何。

　　(1) 行业中介组织的基本法律人格是社会团体和社会团体法人。我国行业协会均须按照有关专门立法和国务院《社会团体登记管理条例》规定设立，具有社团法人资格。

　　(2) 行业中介组织具有经济法主体资格。行业中介组织在政府与行业之间提供市场中介服务时，参与其中而成为经济法主体。

　　(3) 行业中介组织依法享有与国家机关协商的权利，同时负有依法服从国家经济管理机关协调、管理的义务。

　　(4) 行业中介组织依法具有一定范围的经济管理职能。从国内外有关行业立法看，其中的“一定范围”通常限定在协调、维护及促进与行业有关的利益和行业协会会员利益的范围内。

　　(5) 行业中介组织负有依法自律的权利义务。行业自律一方面意味着行业中介组织必须在法律框架内以行规行约、行业管理规范等管理、约束业内成员；另一方面也意味着它在一定范围内有权排斥其他权力干扰其实行自我管治。

2. **答案**：(1) 组织形式

　　根据相关法律、法规和规章的规定，我国专业服务中介组织普遍可以采取的组织形式是有限责任公司和合伙企业。一些服务领域的专业服务中介组织还可以依法采取股份有限公司的形式，如检验鉴定机构、认证机构、保险公估机构等。除必须满足有关许可制度的特定条件外，其组织原则与一般企业的组织原则基本相同。

　　(2) 法律地位

　　根据我国相关法律规定，我国专业服务中介组织的法律地位可以概括如下：

　　①我国专业服务中介组织是依法设立的企业经营性组织，具有独立的法人或者合伙组织的法律人格。

　　②我国专业服务中介组织除享有一般企业的基本权利外，按照独立、客观、准确、公正、诚信的原则依法从事专业中介服务，不受任何机关、团体、企业及个人的非法干预。

　　③我国专业服务中介组织依法服从有关监管机关的监管，接受所属行业协会业务指导和执业纪律监督。

第十章　市场监管法的一般原理

基础知识图解

- 市场监管与市场监管法的概念
- 市场监管法的地位和体系
  - 市场监管法的地位
    - 市场监管法是经济法的部门法
    - 市场监管法的法域归属
    - 市场监管法与相邻法的关系
  - 市场监管法的体系
- 市场监管法的价值、宗旨和原则
  - 市场监管法的价值
    - 公平
    - 效率
    - 秩序
  - 市场监管法的宗旨
  - 市场监管法的原则
    - 监管法定原则
    - 监管公平原则
    - 监管绩效原则
    - 监管适度原则
- 市场监管法的主体及其权利和义务
  - 市场监管法主体
    - 监管主体
    - 监管对象——经营者、经营者利益的代表者
  - 市场监管法主体的权利和义务
    - 主体的权利
      - 市场监管权
      - 市场经营权
    - 主体的义务
- 违反市场监管法的法律责任
  - 归责基础
  - 责任形式
    - 财产性责任
    - 非财产性责任
  - 责任构成
  - 责任竞合

配套测试

一、不定项选择题

1. 市场监管行为的特征是(　　)。

A. 合法性　　B. 单方性

C. 强制性　　D. 双方性

2. 市场监管法的特定管理主体是（　　）。

A. 企业　　B. 政府

C. 法人　　D. 个人

3. 市场结构的基本形态包括(　　)。

A. 完全竞争　　B. 垄断竞争

C. 寡占　　D. 独占

二、名词解释

1. 市场监管权

2. 相关市场

3. 市场绩效

三、简答题

1. 简析市场监管法的价值。

2. 简述市场监管法的基本原则。

参考答案

一、不定项选择题

1. **答案**：ABC。市场管理行为是国家行政机关依照国家法定权力而实施的市场干预活动，具有权威性、强制性和优先性，无须市场管理相对人的意思表示一致，因此是单方的而不是多方的。
2. **答案**：B。市场监管行为，是指政府部门在其职权范围内依市场监管法实施具有法律效力的行为。因此，市场监管法的特定管理主体是政府。
3. **答案**：ABCD。市场结构是分析、判断经营者的市场行为的基础。市场结构形态可分为选项中的四种情形。

二、名词解释

1. **答案**：市场监管权是监管主体依法律的授权而享有的监管市场行为的权利。市场监管权具有法定性和一定的强制性，因而也是一种权力。

　　根据产生市场监管关系的市场监管行为、市场监管法的调整对象和市场监管法体系，市场监管权又分为反垄断权、反不正当竞争权等权力。

　　根据市场监管法实施的方式的不同，还可分为调查权、许可权、制裁权、一般调研权、规则制定权和起诉权。

2. **答案**：相关市场，是指与要分析的市场经营者有竞争关系的产品和服务的市场范围，包括产品种类上、时间上和空间上的相关市场。

　　影响相关市场的市场结构的因素主要有：市场的集中度；进入相关市场的障碍；产品的差异性。

3. **答案**：市场绩效，是对市场结构和市场行为的市场效果评价。市场绩效成为研究者政策建议的依据，也是决定反垄断措施的基础。市场绩效的评价，大多集中在资源利用效率、技术进步和分配公平等方面。

三、简答题

1. **答案**：市场监管法的价值，是市场监管法对于人类社会的有用性，是能否或在多大程度上满足人类社会需求的属性。

　　（1）市场监管法的公平价值

　　市场监管法的公平价值，是指市场监管法在增进社会公平上的有用性，也就是市场监管法能否或在多大程度上增进社会的公平。作为经济组成部分的市场监管法，其公平价值主要在于通过经济公平实现社会公平。经济公平，实质上是社会分配的公平。

　　市场监管法的公平价值有其显著的特殊性——侧重于实质公平、结果公平。它既是对私法制度长于机会公平、形式公平而短于结果公平、实质公平的纠偏，也是对私法制度公平价值不平衡的一种弥补。

　　（2）市场监管法的效率价值

　　市场监管法的效率价值，是指市场监管法在提高资源配置效率、促进技术进步和增进社会整体福利等方面的有用性。

　　一是各国和地区市场监管立法在确立其宗旨时，强调公平取向但从来不忽视效率。

　　二是市场监管立法中，在对既限制竞争、妨碍公平，又具有促进流通、提高竞争效率功能的行为规定监管措施时，既规定禁止的措施，又规定例外或适用除外的情形。

　　三是基于公平对效率的促进而实现效率价值。

　　（3）市场监管法的秩序价值

　　市场监管法的秩序价值，是指市场监管法在恢复、维护和增进市场秩序方面的有用性。

　　市场监管法的秩序价值主要体现在市场交易领域，是经济秩序的一个方面。市场监管法的秩序价值主要不是从无到有的秩序构建，而是从坏到好的改造。由于有秩序的状态能够增进人们的预期，更易形成均衡状态，从而有助于节约交易成本、提高交易效率。

2. **答案**：市场监管法的基本原则，是市场监管法制定和实施所应遵循的基本准则。市场监管法基本原则，应当统率市场监管法的各规则、各环节，并与宏观调控法原则相区别。

　　市场监管法的基本原则为：监管法定原则、监管公平原则、监管绩效原则和监管适度原则。

　　（1）监管法定原则

　　在法治之下，市场监管行为必须有法律的明确授权，同时还应当有明确的实体与程序的法律界定。

　　（2）监管公平原则

　　市场监管法具有人类社会所需要的公平价值，在制定、实施市场监管法规范时就应以实现公平、增进公平和彰显公平为基本准则，通过对市场交易法公平价值的矫正和恢复，均衡实现形式公平与实质公平、机会公平与结果公平。

(3) 监管绩效原则

追求并体现监管绩效的最大化，包括资源配置效率的最大化，技术进步速度和质量的最大化、社会福利提高的最大化等。绩效的最大化不仅应当考察单个市场或单个市场的局部，还应当全面考察各有关因素。

(4) 监管适度原则

监管所适之度在于：适应市场监管法的“法度”；追求经济和社会协调发展的“绩效之度”；均衡达成形式与实质公平和机会与结果公平的“公平之度”。市场监管法的制定和实施，均须在法定的范围内，以实现绩效的最大化和公平的均衡化作为制约监管手段的选择、节制监管权力运行的力度的基准。

第十一章　竞争法律制度

基础知识图解

- 竞争与竞争法概述
- 反垄断法
  - 垄断与反垄断法概述
  - 对垄断协议的法律
    - 垄断协议的含义
    - 垄断协议的法律规制
  - 对滥用市场支配地位的法律
    - 市场支配地位的含义
    - 滥用市场支配地位的表现形式及其危害
    - 滥用市场支配地位的法律规制
  - 对企业合并经济力量过度集中的法律规制
    - 企业合并经济力量过度集中的含义与危害
    - 企业合并经济力量过度集中的法律规制
  - 对行政垄断的法律规制
    - 行政垄断的含义与危害
    - 行政垄断的成因
    - 行政垄断的表现
    - 行政垄断的法律综合规制
  - 反垄断法的实施
    - 反垄断法实施原则
    - 反垄断法主管机关
    - 违反反垄断法的法律责任
    - 反垄断法适用除外
    - 反垄断法域外适用
- 反不正当竞争法
  - 不正当竞争与反不正当竞争法概述
    - 不正当竞争行为的概念及特征
    - 反不正当竞争法的概念
    - 反不正当竞争法与相邻法的关系
  - 不正当竞争行为的表现方式
    - 采用欺骗性标志从事交易行为
    - 强制交易行为
    - 滥用行政权力限制竞争行为
    - 商业贿赂行为
    - 虚假宣传行为
    - 侵犯商业秘密行为
    - 压价排挤竞争对手行为
    - 搭售和附加不合理交易条件行为
    - 不正当有奖销售行为
    - 诋毁商誉行为
    - 串通勾结投标行为

配套测试

一、单项选择题

1. 甲超市在各大报纸上做广告，称该超市到货一批美国聚酯漆组合家具。乙购买了一套，发现这些家具均产于北京，遂向市场监管局举报，经市场监管局查明该批家具确实使用了美国进口聚酯漆。市场监管局对甲超市作出了罚款的行政处罚。下列说法中正确的是(　　)。

A. 甲超市应向人民法院提起行政诉讼，提起行政复议不当

B. 甲超市的广告并无虚假内容，不构成不正当竞争

C. 甲超市的广告易使人误解，构成不正当竞争

D. 市场监管局对甲超市作出罚款的行政处罚缺乏法律依据

2. 甲期货交易所章程规定，对日交易量超过100手的客户，可以将手续费的2%作为折扣退还给他们，并办理完整的财务手续。其他交易所对此规定提出了异议。下列说法正确的是(　　)。

A. 交易所的行为不构成不正当竞争

B. 交易所的行为构成行贿

C. 甲交易所的行为既构成行贿又构成不正当竞争

D. 甲交易所的行为构成不正当竞争

3. 中秋节前夕，华丰市技术监督局对本市市场上的月饼进行了抽查，只有两家食品厂生产的月饼合格。技术监督局将该情况在《华丰晚报》上作了报道，致使很多食品厂家生产的月饼积压卖不出去。下列说法中正确的是(　　)。

A. 市技术监督局的行为不构成不正当竞争

B. 市技术监督局的行为虽有排挤其他经营者的意图，但并未指定消费者购买某种月饼，尚不构成不正当竞争

C. 市技术监督局的抽查行为是履行职责的正常管理行为，但在新闻媒介上公布抽查结果是限制其他经营者的不正当竞争行为

D. 市技术监督局抽查行为的背后是以排挤其他经营者为动机，故抽查行为与公布行为均构成不正当竞争

4. 甲化妆品厂工程师刘大胆利用到香飘化妆品厂找人的机会，偷拿了香飘厂新开发的一款香水配方，回厂后交给甲厂，甲厂立即向市场推出了这一新产品。香飘厂得知后向人民法院提起诉讼，要求甲厂赔偿，并停止生产这款香水。下列说法中正确的是(　　)。

A. 人民法院无权管辖此案

B. 甲厂不构成不正当竞争，因为刘大胆不能代表甲厂

C. 香飘厂的诉讼请求应予支持

D. 甲厂构成不正当竞争，但只能停止生产这款香水，不需赔偿损失

5. 某市一电器商场，在广告牌上写明：“凡在本商场购买××牌饮水机的，返还价款的8%，凡是介绍他人购买的，付给介绍者价款2%的佣金。”经另外一家电器商场的举报，有关部门调查后发现，该商场给付的返款和佣金在账上有明确记载。所售饮水机的成本为价款的70%。对于该公司的行为下列说法中正确的是(　　)。

A. 根据《反不正当竞争法》构成不正当竞争

B. 根据《反不正当竞争法》构成低价倾销

C. 根据《反不正当竞争法》构成商业贿赂

D. 正常销售行为

6. 某市的李某欲买“太月”牌的快餐方便面，在商场误购了商标不同而外包装十分近似的显著标明名称为“大月”的方便面，遂向“太月”公司投诉。“太月”公司发现，“大月”方便面的价格仅为“太月”的1/2。如果“太月”起诉“大月”，其纠纷的性质应当是下列哪一种？(　　)

A. 企业名称侵权纠纷

B. 欺骗性交易的不正当竞争纠纷

C. 低价倾销的不正当竞争纠纷

D. 诋毁商誉的侵权纠纷

7. 下列不属于限制竞争行为的是(　　)。

A. 某县文化局限定所有的中小学必须购买某一经营者的文化用品

B. 某省政府最近下发一通知，所有购买外地商品的本地商品经营者都必须交纳购买税

C. 某县邮电局通告全县人民，所有想装电话的用户都必须从邮电局买电话机

D. 某电影院进行有奖看电影活动，最高奖是一辆价值2000元的自行车

8. 下列行为不违法的是(　　)。

A. 以内定中奖人员的方式进行有奖销售

B. 利用有奖销售的手段推销商品

高校法学专业核心课程配套测试

中华人民共和国反不正当竞争法

中国法制出版社

中华人民共和国反不正当竞争法

（1993 年 9 月 2 日第八届全国人民代表大会常务委员会第三次会议通过　2017 年 11 月 4 日第十二届全国人民代表大会常务委员会第三十次会议修订　根据 2019 年 4 月 23 日第十三届全国人民代表大会常务委员会第十次会议《关于修改〈中华人民共和国建筑法〉等八部法律的决定》修正）

目　　录

第一章　总　　则
第二章　不正当竞争行为
第三章　对涉嫌不正当竞争行为的调查
第四章　法律责任
第五章　附　　则

第一章　总　　则

第一条　为了促进社会主义市场经济健康发展，鼓励和保护公平竞争，制止不正当竞争行为，保护经营者和消费者的合法权益，制定本法。

第二条　经营者在生产经营活动中，应当遵循自愿、平等、公平、诚信的原则，遵守法律和商业道德。

本法所称的不正当竞争行为，是指经营者在生产经营活动中，违反本法规定，扰乱市场竞争秩序，损害其他经营者或者消费者的合法权益的行为。

本法所称的经营者，是指从事商品生产、经营或者提供服务（以下所称商品包括服务）的自然人、法人和非法人组织。

第三条　各级人民政府应当采取措施，制止不正当竞争行为，为公平竞争创造良好的环境和条件。

国务院建立反不正当竞争工作协调机制，研究决定反不正当竞争重大政策，协调处理维护市场竞争秩序的重大问题。

第四条　县级以上人民政府履行工商行政管理职

责的部门对不正当竞争行为进行查处；法律、行政法规规定由其他部门查处的，依照其规定。

第五条 国家鼓励、支持和保护一切组织和个人对不正当竞争行为进行社会监督。

国家机关及其工作人员不得支持、包庇不正当竞争行为。

行业组织应当加强行业自律，引导、规范会员依法竞争，维护市场竞争秩序。

第二章 不正当竞争行为

第六条 经营者不得实施下列混淆行为，引人误认为是他人商品或者与他人存在特定联系：

（一）擅自使用与他人有一定影响的商品名称、包装、装潢等相同或者近似的标识；

（二）擅自使用他人有一定影响的企业名称（包括简称、字号等）、社会组织名称（包括简称等）、姓名（包括笔名、艺名、译名等）；

（三）擅自使用他人有一定影响的域名主体部分、网站名称、网页等；

（四）其他足以引人误认为是他人商品或者与他

人存在特定联系的混淆行为。

第七条 经营者不得采用财物或者其他手段贿赂下列单位或者个人，以谋取交易机会或者竞争优势：

（一）交易相对方的工作人员；

（二）受交易相对方委托办理相关事务的单位或者个人；

（三）利用职权或者影响力影响交易的单位或者个人。

经营者在交易活动中，可以以明示方式向交易相对方支付折扣，或者向中间人支付佣金。经营者向交易相对方支付折扣、向中间人支付佣金的，应当如实入账。接受折扣、佣金的经营者也应当如实入账。

经营者的工作人员进行贿赂的，应当认定为经营者的行为；但是，经营者有证据证明该工作人员的行为与为经营者谋取交易机会或者竞争优势无关的除外。

第八条 经营者不得对其商品的性能、功能、质量、销售状况、用户评价、曾获荣誉等作虚假或者引人误解的商业宣传，欺骗、误导消费者。

经营者不得通过组织虚假交易等方式，帮助其他经营者进行虚假或者引人误解的商业宣传。

第九条 经营者不得实施下列侵犯商业秘密的行为：

（一）以盗窃、贿赂、欺诈、胁迫、电子侵入或者其他不正当手段获取权利人的商业秘密；

（二）披露、使用或者允许他人使用以前项手段获取的权利人的商业秘密；

（三）违反保密义务或者违反权利人有关保守商业秘密的要求，披露、使用或者允许他人使用其所掌握的商业秘密；

（四）教唆、引诱、帮助他人违反保密义务或者违反权利人有关保守商业秘密的要求，获取、披露、使用或者允许他人使用权利人的商业秘密。

经营者以外的其他自然人、法人和非法人组织实施前款所列违法行为的，视为侵犯商业秘密。

第三人明知或者应知商业秘密权利人的员工、前员工或者其他单位、个人实施本条第一款所列违法行为，仍获取、披露、使用或者允许他人使用该商业秘密的，视为侵犯商业秘密。

本法所称的商业秘密，是指不为公众所知悉、具有商业价值并经权利人采取相应保密措施的技术信息、经营信息等商业信息。

第十条 经营者进行有奖销售不得存在下列情形：

（一）所设奖的种类、兑奖条件、奖金金额或者奖品等有奖销售信息不明确，影响兑奖；

（二）采用谎称有奖或者故意让内定人员中奖的欺骗方式进行有奖销售；

（三）抽奖式的有奖销售，最高奖的金额超过五万元。

第十一条 经营者不得编造、传播虚假信息或者误导性信息，损害竞争对手的商业信誉、商品声誉。

第十二条 经营者利用网络从事生产经营活动，应当遵守本法的各项规定。

经营者不得利用技术手段，通过影响用户选择或者其他方式，实施下列妨碍、破坏其他经营者合法提供的网络产品或者服务正常运行的行为：

（一）未经其他经营者同意，在其合法提供的网络产品或者服务中，插入链接、强制进行目标跳转；

（二）误导、欺骗、强迫用户修改、关闭、卸载其他经营者合法提供的网络产品或者服务；

（三）恶意对其他经营者合法提供的网络产品或者服务实施不兼容；

（四）其他妨碍、破坏其他经营者合法提供的网络产品或者服务正常运行的行为。

第三章　对涉嫌不正当竞争行为的调查

第十三条　监督检查部门调查涉嫌不正当竞争行为，可以采取下列措施：

（一）进入涉嫌不正当竞争行为的经营场所进行检查；

（二）询问被调查的经营者、利害关系人及其他有关单位、个人，要求其说明有关情况或者提供与被调查行为有关的其他资料；

（三）查询、复制与涉嫌不正当竞争行为有关的协议、账簿、单据、文件、记录、业务函电和其他资料；

（四）查封、扣押与涉嫌不正当竞争行为有关的财物；

（五）查询涉嫌不正当竞争行为的经营者的银行

账户。

采取前款规定的措施，应当向监督检查部门主要负责人书面报告，并经批准。采取前款第四项、第五项规定的措施，应当向设区的市级以上人民政府监督检查部门主要负责人书面报告，并经批准。

监督检查部门调查涉嫌不正当竞争行为，应当遵守《中华人民共和国行政强制法》和其他有关法律、行政法规的规定，并应当将查处结果及时向社会公开。

第十四条 监督检查部门调查涉嫌不正当竞争行为，被调查的经营者、利害关系人及其他有关单位、个人应当如实提供有关资料或者情况。

第十五条 监督检查部门及其工作人员对调查过程中知悉的商业秘密负有保密义务。

第十六条 对涉嫌不正当竞争行为，任何单位和个人有权向监督检查部门举报，监督检查部门接到举报后应当依法及时处理。

监督检查部门应当向社会公开受理举报的电话、信箱或者电子邮件地址，并为举报人保密。对实名举报并提供相关事实和证据的，监督检查部门应当将处理结果告知举报人。

第四章　法律责任

第十七条　经营者违反本法规定，给他人造成损害的，应当依法承担民事责任。

经营者的合法权益受到不正当竞争行为损害的，可以向人民法院提起诉讼。

因不正当竞争行为受到损害的经营者的赔偿数额，按照其因被侵权所受到的实际损失确定；实际损失难以计算的，按照侵权人因侵权所获得的利益确定。经营者恶意实施侵犯商业秘密行为，情节严重的，可以在按照上述方法确定数额的一倍以上五倍以下确定赔偿数额。赔偿数额还应当包括经营者为制止侵权行为所支付的合理开支。

经营者违反本法第六条、第九条规定，权利人因被侵权所受到的实际损失、侵权人因侵权所获得的利益难以确定的，由人民法院根据侵权行为的情节判决给予权利人五百万元以下的赔偿。

第十八条　经营者违反本法第六条规定实施混淆行为的，由监督检查部门责令停止违法行为，没收违法商品。违法经营额五万元以上的，可以并处违法经营额五倍以下的罚款；没有违法经营额或者违法经营额不足五万元的，可以并处二十五万元以下的罚款。情节严重的，吊销营业执照。

经营者登记的企业名称违反本法第六条规定的，应当及时办理名称变更登记；名称变更前，由原企业登记机关以统一社会信用代码代替其名称。

第十九条　经营者违反本法第七条规定贿赂他人的，由监督检查部门没收违法所得，处十万元以上三百万元以下的罚款。情节严重的，吊销营业执照。

第二十条　经营者违反本法第八条规定对其商品作虚假或者引人误解的商业宣传，或者通过组织虚假交易等方式帮助其他经营者进行虚假或者引人误解的商业宣传的，由监督检查部门责令停止违法行为，处二十万元以上一百万元以下的罚款；情节严重的，处一百万元以上二百万元以下的罚款，可以吊销营业执照。

经营者违反本法第八条规定，属于发布虚假广告的，依照《中华人民共和国广告法》的规定处罚。

第二十一条　经营者以及其他自然人、法人和非法人组织违反本法第九条规定侵犯商业秘密的，由监督检查部门责令停止违法行为，没收违法所得，处十万元以上一百万元以下的罚款；情节严重的，处五十万元以上五百万元以下的罚款。

第二十二条 经营者违反本法第十条规定进行有奖销售的，由监督检查部门责令停止违法行为，处五万元以上五十万元以下的罚款。

第二十三条 经营者违反本法第十一条规定损害竞争对手商业信誉、商品声誉的，由监督检查部门责令停止违法行为、消除影响，处十万元以上五十万元以下的罚款；情节严重的，处五十万元以上三百万元以下的罚款。

第二十四条 经营者违反本法第十二条规定妨碍、破坏其他经营者合法提供的网络产品或者服务正常运行的，由监督检查部门责令停止违法行为，处十万元以上五十万元以下的罚款；情节严重的，处五十万元以上三百万元以下的罚款。

第二十五条 经营者违反本法规定从事不正当竞争，有主动消除或者减轻违法行为危害后果等法定情形的，依法从轻或者减轻行政处罚；违法行为轻微并及时纠正，没有造成危害后果的，不予行政处罚。

第二十六条 经营者违反本法规定从事不正当竞争，受到行政处罚的，由监督检查部门记入信用记录，并依照有关法律、行政法规的规定予以公示。

第二十七条 经营者违反本法规定，应当承担民事责任、行政责任和刑事责任，其财产不足以支付的，优先用于承担民事责任。

第二十八条 妨害监督检查部门依照本法履行职责，拒绝、阻碍调查的，由监督检查部门责令改正，对个人可以处五千元以下的罚款，对单位可以处五万元以下的罚款，并可以由公安机关依法给予治安管理处罚。

第二十九条 当事人对监督检查部门作出的决定不服的，可以依法申请行政复议或者提起行政诉讼。

第三十条 监督检查部门的工作人员滥用职权、玩忽职守、徇私舞弊或者泄露调查过程中知悉的商业秘密的，依法给予处分。

第三十一条 违反本法规定，构成犯罪的，依法追究刑事责任。

第三十二条 在侵犯商业秘密的民事审判程序中，商业秘密权利人提供初步证据，证明其已经对所主张的商业秘密采取保密措施，且合理表明商业秘密被侵犯，涉嫌侵权人应当证明权利人所主张的商业秘密不属于本法规定的商业秘密。

商业秘密权利人提供初步证据合理表明商业秘密被侵犯，且提供以下证据之一的，涉嫌侵权人应当证明其不存在侵犯商业秘密的行为：

（一）有证据表明涉嫌侵权人有渠道或者机会获取商业秘密，且其使用的信息与该商业秘密实质上相同；

（二）有证据表明商业秘密已经被涉嫌侵权人披露、使用或者有被披露、使用的风险；

（三）有其他证据表明商业秘密被涉嫌侵权人侵犯。

第五章　附　　则

第三十三条　本法自 2018 年 1 月 1 日起施行。

C. 抽奖式的有奖销售，最高奖的金额超过五万元的

D. 谎称有奖而进行有奖销售

9. 中原妇女用品厂生产的仙女牌“月月舒”卫生巾在当地有较好的口碑，市场份额在该市达50%。邻县顺意纸品厂生产的顺心牌卫生巾名称亦为“月月舒”，并投放该市。中原妇女用品厂要求市场监督管理部门制止其违法行为。经查，该厂使用“月月舒”作为商品名称比顺意纸品厂早1年。下列理由中合理的是：( )

A. 侵犯中原妇女用品厂的商标专用权

B. 侵犯中原妇女用品厂的外观设计权

C. 侵犯中原妇女用品厂的知名商品特有名称权

D. 侵犯中原妇女用品厂的企业名称权

10. 甲公司使用在针织品上的“茸茸”商标尚未注册，为了防止其他企业在同类商品上使用该商标，甲公司应采取下列哪种合法行为？( )

A. 在包装上注明“注册商标 仿冒必究”

B. 在广告中说明“知名商品 不得仿冒”

C. 在产品上附加外观设计专利号

D. 向国家商标局提出注册申请

11. 下列行为中，属于违法行为的是哪一种？( )

A. 某超市以低于成本的价格销售保质期即将届满的食品

B. 某商场为促销，在春节期间在店内张贴布告：一日内在本店消费1000元以上的，给付20%作为回扣。经查，该商场给付的回扣在账面上都有明确的记载

C. 某燃气公司在安装管道煤气时，声称为了安全起见，建议用户购买其所属的经销公司销售的“太阳”牌燃气灶，自购的其他品牌的燃气灶需要检验，每户收取检验费50元

D. 第三人不知情披露他人的商业秘密的行为

12. 经营者的不正当竞争行为给被侵害的经营者造成的损失难以计算的，赔偿额如何确定？( )

A. 以受害人在被侵权期间所减少的利润为赔偿额

B. 以侵权人在侵权期间所获得的利润为赔偿额

C. 以侵权人因侵权所得的利益为赔偿额

D. 以侵权人在侵权期间所获得的利润的2倍为赔偿额

13. 擅自使用他人商品特有的名称，使购买者误认为是该商品。若构成不正当竞争行为，该他人商品是( )。

A. 任何商品

B. 药品

C. 有一定影响的商品

D. 儿童食品

14. 经营者利用广告，对商品作引人误解的虚假宣传。据此，监督检查部门可以根据情节对其处以多少罚款？( )

A. 违法所得1倍以上3倍以下的罚款

B. 违法所得1倍以上5倍以下的罚款

C. 5万元以上20万元以下的罚款

D. 20万元以上100万元以下的罚款

15. 甲酒厂生产的“太岁康”高粱酒，在本省市场上颇有名气。以后，乙酒厂推出“状元乐”高粱酒，其酒瓶形状和瓶贴标签的图样、色彩与“太岁康”几近一致，但使用的注册商标商品名称以及厂名厂址均不同。对此，下列表述中哪一个是正确的？( )

A. 因注册商标、商品名称以及厂名厂址均不相同，乙厂对甲厂不构成侵权

B. “太岁康”商标仅属省内知名，其标签又未获得专利，甲厂不能起诉乙厂侵权

C. 两种商品装潢外观近似，足以造成购买者产生误认，故乙厂的行为构成不正当竞争

D. 两种商品装潢虽外观近似，但常喝“太岁康”的人仔细辨认可以加以区别，故乙厂的行为不受法律禁止

16. 某啤酒厂在其产品的瓶颈上挂一标签，上印有“获柏林国际啤酒博览会金奖”字样和1个带外文的徽章。此奖项和徽章均属子虚乌有。对这一行为应当如何认定？( )

A. 根据《反不正当竞争法》，该行为构成虚假宣传行为

B. 根据《反不正当竞争法》，该行为构成虚假表示行为

C. 根据《民法典》，该行为构成欺诈的民事行为

D. 该行为违反商业道德，但不违反法律

17. 某电器销售公司甲与某电视机厂乙因货款纠纷而产生隔阂，甲不再经销乙的产品。当客户询问甲的营业人员是否有乙厂的电视机时，营业人员故意说道：“乙厂的电视机质量不好，价格又贵，所以我们不再卖他们的产品了。”下列有关该事例的哪一表述是正确的？( )

A. 甲侵犯了乙的名誉权

B. 甲的行为属于诋毁乙的商业信誉的不正当竞争行为

C. 甲的行为因未通过宣传媒介诋毁乙的商业信誉，故不构成诋毁商业信誉

D. 甲侵犯了乙的荣誉权

18. A企业在市场上推出一种多功能遥控器，名为“一按达”，产品设计成适应操作者手形的曲线外观；并配以反传统的香槟色。该多功能遥控器销售地区甚广，辅以大量的较长时间的广告宣传，使其在相关市场广受消费者欢迎。B企业仿冒A企业产品，也在市场推出“易安达”多功能遥控器，其外观、色彩与A企业的“一按达”相仿，引起混淆。该侵权行为属于(　　)。

A. 假冒、仿冒他人注册商标

B. 擅自使用知名商品特有的名称、包装、装潢

C. 侵犯外观设计专利权

D. 引人误解的不正当竞争行为

19. 回扣与折扣的本质区别在于(　　)。

A. 回扣是给予钱财，折扣则以多种形式让利

B. 折扣支付给对方的经办人，回扣支付给有影响的代理人

C. 回扣只能由买方支付

D. 折扣以明示方式支付，回扣是秘密支付

20. 经营者向消费者推销移动电话时，以优惠的价格说服消费者购买与移动电话机配套的电池、充电器等商品。消费者经说服同意并接受了经营者的推销，一并购买了几种商品。经营者的行为属于(　　)。

A. 引人误解的虚假宣传

B. 低价倾销

C. 搭售

D. 正当销售行为

21. A公司经销健身器材，规定每台售价为2000元，业务员按合同价5%提取奖金。业务员王某在与B公司洽谈时提出，合同定价按公司规定办，但自己按每台50元补贴B公司。B公司表示同意，遂与王某签订了订货合同，并将获得的补贴款入账。对王某的行为应如何定性？(　　)

A. 属于无权代理

B. 属于滥用代理权

C. 属于不正当竞争

D. 属于合法行为

22. 根据《反不正当竞争法》的规定，下列哪一行为属于不正当竞争行为中的混淆行为？(　　)

A. 甲厂在其产品说明书中作夸大其词的不实说明

B. 乙厂的矿泉水使用“清凉”商标，而“清凉矿泉水厂”是本地另一知名矿泉水厂的企业名称

C. 丙商场在有奖销售中把所有的奖券刮奖区都印上“未中奖”字样

D. 丁酒厂将其在当地评奖会上的获奖证书复印在所有的产品包装上

23. 对于国务院反垄断委员会的机构定位和工作职责，下列哪一选项是正确的？(　　)(司考2009.1.24)

A. 是承担反垄断执法职责的法定机构

B. 应当履行协调反垄断行政执法工作的职责

C. 可以授权国务院相关部门负责反垄断执法工作

D. 可以授权省、自治区、直辖市人民政府的相应机构负责反垄断执法工作

24. 某品牌白酒市场份额较大且知名度较高，因销量急剧下滑，生产商召集经销商开会，令其不得低于限价进行销售，对违反者将扣除保证金、减少销售配额直至取消销售资格。关于该行为的性质，下列哪一判断是正确的？(　　)(司考2013.1.27)

A. 维护品牌形象的正当行为

B. 滥用市场支配地位的行为

C. 价格同盟行为

D. 纵向垄断协议行为

25. 红心地板公司在某市电视台投放广告，称“红心牌原装进口实木地板为你分忧”，并称“强化木地板甲醛高、不耐用”。此后，本地市场上的强化木地板销量锐减。经查明，该公司生产的实木地板是用进口木材在国内加工而成。关于该广告行为，下列哪一选项是正确的？(　　)(司考2014.1.27)

A. 属于正当竞争行为

B. 仅属于诋毁商誉行为

C. 仅属于虚假宣传行为

D. 既属于诋毁商誉行为，又属于虚假宣传行为

26. 某燃气公司在办理燃气入户前，要求用户缴纳一笔“预付气费款”，否则不予供气。待不再用气时，用户可申请返还该款项。经查，该款项在用户日常购气中不能冲抵燃气费。根据《反垄断法》的规定，下列哪一说法是正确的？(　　)(司考2016.1.28)

A. 反垄断机构执法时应界定该公司所涉相关市场

B. 只要该公司在当地独家经营，就能认定其具有市场支配地位

C. 如该公司的上游气源企业向其收取预付款，该公司就可向客户收取“预付气费款”

D. 县政府规定了“一个地域只能有一家燃气供应企业”，故该公司行为不构成垄断

27. 某景区多家旅行社、饭店、商店和客运公司共同签订《关于加强服务协同　提高服务水平的决定》，约定了统一的收费方式、服务标准和收入分配方案。有人认为此举构成横向垄断协议。根据《反垄断法》，下列哪一说法是正确的？(　　)（司考 2017. 1. 28）

A. 只要在一个竞争性市场中的经营者达成协调市场行为的协议，就违反该法

B. 只要经营者之间的协议涉及商品或服务的价格、标准等问题，就违反该法

C. 如经营者之间的协议有利于提高行业服务质量和经济效益，就不违反该法

D. 如经营者之间的协议不具备排除、限制竞争的效果，就不违反该法

28. 某蛋糕店开业之初，为扩大影响，增加销售，出钱雇人排队抢购。不久，该店门口便时常排起长队，销售盛况的照片也频频出现于网络等媒体，附近同类店家生意随之清淡。对此行为，下列哪一说法是正确的？(　　)（司考 2017. 1. 29）

A. 属于正当的营销行为

B. 构成混淆行为

C. 构成虚假宣传行为

D. 构成商业贿赂行为

二、多项选择题

1. 区某是湖北省某县食品厂的厂长，他看到邻县巧媳妇食品有限公司制作的点心十分畅销，几次前去取经，均被婉言谢绝。他不甘心自己厂子面临破产境地，几经周折，终于认识了巧媳妇食品有限公司的糕点师魏某某。区某多次宴请魏某某，魏某某见区某对自己十分厚爱，便把巧媳妇公司制作点心的情况、经营方法都告诉了区某，区某如法炮制，生意大有起色。下列表述正确的是(　　)。

A. 区某采取的方法是为经营好企业，使食品厂免遭破产，解决了工人下岗的难题，值得肯定

B. 巧媳妇食品有限公司的点心制作配方没有申请专利，不受法律保护

C. 巧媳妇食品有限公司的点心配方、经营方法可以认为是商业秘密

D. 区某的行为构成了不正当竞争行为

2. 张聪慧发现夏娃服装厂生产的“夏娃”牌衬衫畅销，遂在百货大楼租赁一柜台用于销售“夏娃”牌衬衫，并采取了以下行为，其中属于不正当竞争行为的有(　　)。

A. 以明示的方式给购买者折扣，但没有入账

B. 未经百货大楼授权，让所雇用的销售人员都身穿百货大楼的工作服，佩戴百货大楼的营业标志

C. 以夏娃服装厂厂家的名义直销“夏娃”牌衬衣

D. 举办抽奖式销售活动，最高奖为价值 2000 元手表一块

3. 经营者侵犯商业秘密的形式是(　　)。

A. 以盗窃、欺诈、胁迫或者其他不正当手段获取权利人的商业秘密的

B. 披露、使用或允许他人使用以不正当手段获取的权利人的商业秘密的

C. 违反约定或权利人有关保守商业秘密的要求，披露、使用或允许他人使用其所掌握的商业秘密的

D. 第三人明知商业秘密取得不合法而获取、使用、披露他人的商业秘密的

4. 对于不正当竞争的经营者可给予以下(　　)行政处罚。

A. 责令改正，消除影响

B. 责令停止违法行为

C. 宣告合同无效

D. 没收非法所得

5. 下列哪些属于对不正当竞争行为的监管？(　　)

A. 受害者通过司法途径解决，追究经营者的民事责任

B. 受害人向监督检查机关投诉

C. 监督检查部门根据检举或指控，或依职权主动查处

D. 司法机关依刑事诉讼程序，追究违法者的刑事责任

6. 下列哪些行为属于不正当竞争行为？(　　)

A. 假冒他人有一定影响的外观设计专利

B. 擅自使用他人有一定影响的商品特有的名称、包装、装潢

C. 擅自制造、销售有一定影响的商品特有的包装、装潢

D. 经著作权人授权，将其美术作品印制在商品包装上用于宣传

7. 晓燕与他人合作开办了一个固体饮料厂，没有进行工商登记领取营业执照，也未办理卫生许可证。用淀粉、白糖等生产所谓的“麦乳精”“强身大补精”，销售中使用的是他人的注册商标标识，后被市场监督管理部门查获。请问，

如何认定其行为？（　）

A. 她没有领取营业执照，不是经营者，不适用《反不正当竞争法》

B. 她从事的是经营行为，应适用《反不正当竞争法》

C. 她假冒注册商标构成侵权行为

D. 她违反市场监督管理法规，构成无照经营的违法行为

8. 某单位是生产销售化妆品的专业公司，为提高某种护肤品的增白效果，该公司在其中添加了超过国家规定标准的对人体有害的增白剂。后因不满工资待遇，总工程师傅某离开该公司，将增白剂一事向媒体公布。该公司以侵犯商业秘密为由将傅某诉至法庭。根据有关法律，正确的意见是：（　）

A. 首先应判断该护肤品的配方是否属于商业秘密

B. 如果是商业秘密，应认定傅某侵犯公司商业秘密

C. 即使是商业秘密，根据公共利益原则，傅某行为不构成侵权

D. 即使考虑公共利益原则，傅某行为亦构成侵权

9. 甲公司销售的高档卫生用品适用于特定的人群。5 年来，由于该公司采取了有效的管理和保密措施，客户一直很稳定。2021 年 5 月，该公司的客户明显流失，经查几乎全部转向与其有竞争关系的乙公司。乙公司提出的可以接受的答辩理由是：（　）

A. 客户是业务员一个一个寻找、长期感情投资获得的

B. 丙公司的客户名单与甲公司基本吻合，乙公司与丙公司签有客源共享协议

C. 甲公司的客户名单不是商业秘密

D. 客户是不满意甲公司的产品和服务，自愿转向乙公司的

10. 春运期间，某省国有公路客运公司为缓解短途客运压力，在客运高峰到来前五天，宣布提高票价 50%。下列观点哪些正确？（　）

A. 属于公用企业滥用优势地位的不正当竞争行为

B. 违反了《消费者权益保护法》，侵犯了消费者的公平交易权

C. 不违反《消费者权益保护法》，乘客可以不乘坐该公司的客车或者上车后与之讨价还价

D. 因没有举行听证会，违反了《价格法》

11. 某娱乐中心为吸引顾客，采取下列诸多措施，其中属于不正当竞争行为的有：（　）

A. 将园内的儿童游乐场称作“迪斯尼”乐园

B. 将园内的竞赛项目结果称作中国“吉尼斯”

C. 设置奖品为圣诞老人，实际上是印有圣诞老人画像的一页日历

D. 广告宣传说 10 岁以下儿童免费入场，当家长们带领孩子们前来时，却要为自己购买比平时高出 50% 的票价

12. 某公司专门生产实木家具，因价格昂贵，市场占有量有限。而复合家具价格便宜，规格齐全，色彩多样，近几年销售量直线上升。为此，该实木家具公司通过广告并利用连环漫画形式长期宣传，以专家身份告诫用户，复合家具有两个缺点：一是容易变形，二是甲醛含量过高。一时间，宣传力度大的沪广两地，复合家具销量锐减。于是，沪四家复合家具生产商请国家技术监督局对其有关产品进行质量鉴定，证明上述危害并不存在。最终，四家复合家具生产企业状告该实木家具公司，提出了下列正确主张：（　）

A. 实木家具公司的广告为对比性广告

B. 实木家具公司并未在广告中明确指出哪一家企业生产的复合家具具有上述两个缺点，不构成商业诋毁行为

C. 实木家具公司的行为构成商业诋毁

D. 实木家具公司通过广告并利用连环漫画散布的复合家具所谓的两个缺点不是事实

13. 甲公司与乙公司都生产销售“吃饭香”营养精，消费者以为是一个企业生产的产品。实际上，乙公司生产、销售该产品比甲公司晚半年。而且甲公司这些年投入该产品的广告费达一百多万元。乙公司的产品来源于外地的丙公司，该公司在当地尚未进行广告投入。甲公司要求查处乙公司的不正当竞争行为，其合法理由可以是：（　）

A. 该产品是有一定影响的商品

B. “吃饭香”是有一定影响的商品特有名称

C. 乙公司擅自使用有一定影响的商品特有名称，造成消费者误认

D. 请求市场监督管理部门禁止乙公司销售一切营养精

14. 反不正当竞争行为的监督检查部门，在监督检查不正当竞争行为时，享有下列哪些职权？（　）

A. 询问权　　B. 查询复制权

C. 检查权　　D. 行政处罚权

15. 下列选择中，(　　)属于商业贿赂行为。

A. 经营者在账外暗中给对方单位回扣

B. 经营者以明示方式给对方折扣，并如实入账

C. 经营者为销售商品给对方提供免费旅游

D. 经营者为销售商品为对方免费进行房屋装修

16. 给被侵害的经营者造成损害的，应当承担损害赔偿责任，具体内容可能为(　　)。

A. 造成的实际损失

B. 因侵权获得的利益

C. 其他合理支出的费用

D. 1 万元以上 20 万元以下的赔偿

17. 以下行为，哪些构成不正当竞争行为？(　　)

A. 甲厂产品发生质量事故，舆论误指为乙厂产品，乙厂公开说明事实真相

B. 甲汽车厂不满乙钢铁厂起诉其拖欠货款，散布乙厂产品质量低劣的虚假事实

C. 甲冰箱厂散布乙冰箱厂售后服务差的虚假事实，虽未指名，但一般人可以推知

D. 甲灯具厂捏造乙灯具厂偷工减料的虚假事实，但只告诉了乙厂的几家客户

18. 依我国《反不正当竞争法》，所侵犯的商业秘密必须具备的条件是(　　)。

A. 秘密性　　B. 有价性

C. 保密性　　D. 技术性

19. 我国《反不正当竞争法》规范的行为包括(　　)。

A. 垄断行为

B. 不正当竞争行为

C. 部分限制竞争行为

D. 强制交易行为

20. 关于市场支配地位推定制度，下列哪些选项是符合我国《反垄断法》规定的？(　　)（司考 2008. 1. 71）

A. 经营者在相关市场的市场份额达到二分之一的，推定为具有市场支配地位

B. 两个经营者在相关市场的市场份额合计达到三分之二，其中有的经营者市场份额不足十分之一的，不应当推定该经营者具有市场支配地位

C. 三个经营者在相关市场的市场份额合计达到四分之三，其中有两个经营者市场份额合计不足五分之一的，不应当推定该两个经营者具有市场支配地位

D. 被推定具有市场支配地位的经营者，有证据证明不具有市场支配地位的，不应当认定其具有市场支配地位

21. 滥用行政权力排除、限制竞争的行为，是我国《反垄断法》规制的垄断行为之一。关于这种行为，下列哪些选项是正确的？(　　)（司考 2008. 1. 72）

A. 实施这种行为的主体，不限于行政机关

B. 实施这种行为的主体，不包括中央政府部门

C. 《反垄断法》对这种行为的规制，限定在商品流通和招投标领域

D. 《反垄断法》对这种行为的规制，主要采用行政责任的方式

22. 欣欣公司为了宣传其新开发的保健品，虚构保健品功效，并委托某广告公司设计了“谁吃谁明白”的广告，聘请大腕明星作代言人，邀请某社会团体向消费者推荐，在报刊和电视上高频率地发布引人误解的不实广告。根据《反不正当竞争法》的规定，下列哪些选项是正确的？(　　)（司考 2008. 1. 73）

A. 欣欣公司不论其主观状态如何，都必须对虚假广告承担法律责任

B. 广告公司只有在明知保健品功效虚假的情况下才承担法律责任

C. 明星代言人即使对厂商造假不知情，只要蒙骗了消费者，就应承担民事责任

D. 社会团体在虚假广告中向消费者推荐商品，应承担民事连带责任

23. 甲公司为宣传其“股神”股票交易分析软件，高价聘请记者发表文章，称“股神”软件是“股民心中的神灵”，贬称过去的同类软件“让多少股民欲哭无泪”，并称乙公司的软件“简直是垃圾”。根据《反不正当竞争法》的规定，下列哪些选项是正确的？(　　)（司考 2008. 2. 74）

A. 只有乙公司才能起诉甲公司的诋毁商誉行为

B. 甲公司的行为只有出于故意才能构成诋毁商誉行为

C. 只有证明记者拿了甲公司的钱财，才能认定其参与诋毁商誉行为

D. 只有证明甲公司捏造和散布了虚假事实，才能认定其构成不正当竞争

24. 根据《反垄断法》规定，下列哪些选项不构成垄断协议？(　　)（司考 2009. 1. 66）

A. 某行业协会组织本行业的企业就防止进口原料时的恶性竞争达成保护性协议

B. 三家大型房地产公司的代表聚会，就商品房价格达成共识，随后一致采取涨价行动

C. 某品牌的奶粉含有毒物质的事实被公布后，数家大型零售公司联合声明拒绝销售该产品

D. 数家大型煤炭企业就采用一种新型矿山安全生产技术达成一致意见

25. 根据《反垄断法》规定，关于经营者集中的说法，下列哪些选项是正确的？（　　）（*司考 2010. 1. 66*）

A. 经营者集中就是指企业合并

B. 经营者集中实行事前申报制，但允许在实施集中后补充申报

C. 经营者集中被审查时，参与集中者的市场份额及其市场控制力是一个重要的考虑因素

D. 经营者集中如被确定为可能具有限制竞争的效果，将会被禁止

26. 下列哪些选项属于不正当竞争行为？（　　）（*司考 2012. 1. 64*）

A. 甲灯具厂捏造乙灯具厂偷工减料的事实，私下告诉乙厂的几家重要客户

B. 甲公司发布高薪招聘广告，乙公司数名高管集体辞职前往应聘，甲公司予以聘用

C. 甲电器厂产品具有严重瑕疵，媒体误报道为乙电器厂产品，甲厂未主动澄清

D. 甲厂使用与乙厂知名商品近似的名称、包装和装潢，消费者经仔细辨别方可区别二者差异

27. 某县政府规定：施工现场不得搅拌混凝土，只能使用预拌的商品混凝土。2012 年，县建材协会组织协调县内 6 家生产企业达成协议，各自按划分的区域销售商品混凝土。因货少价高，一些施工单位要求县工商局处理这些企业的垄断行为。根据《反垄断法》，下列哪些选项是错误的？（　　）（*改编自司考 2013. 1. 64*）

A. 县政府的规定属于行政垄断行为

B. 县建材协会的行为违反了《反垄断法》

C. 有关部门有权对 6 家企业涉嫌垄断的行为进行调查和处理

D. 被调查企业承诺在反垄断执法机构认可的期限内采取具体措施消除该行为后果的，该机构可决定终止调查

28. 甲厂与工程师江某签订了保密协议。江某在劳动合同终止后应聘至同行业的乙厂，并帮助乙厂生产出与甲厂相同技术的发动机。甲厂认为保密义务理应包括竞业限制义务，江某不得到乙厂工作，乙厂和江某共同侵犯其商业秘密。关于此案，下列哪些选项是正确的？（　　）（*司考 2013. 1. 65*）

A. 如保密协议只约定保密义务，未约定支付保密费，则保密义务无约束力

B. 如双方未明确约定江某负有竞业限制义务，则江某有权到乙厂工作

C. 如江某违反保密协议的要求，向乙厂披露甲厂的保密技术，则构成侵犯商业秘密

D. 如乙厂能证明其未利诱江某披露甲厂的保密技术，则不构成侵犯商业秘密

29. 甲酒厂为扩大销量，精心摹仿乙酒厂知名白酒的包装、装潢。关于甲厂摹仿行为，下列哪些判断是错误的？（　　）（*司考 2014. 1. 65*）

A. 如果乙厂的包装、装潢未获得外观设计专利，则甲厂摹仿行为合法

B. 如果甲厂在包装、装潢上标明了自己的厂名、厂址、商标，则不构成混淆行为

C. 如果甲厂白酒的包装、装潢不足以使消费者误认为是乙厂白酒，则不构成混淆行为

D. 如果乙厂白酒的长期消费者留意之下能够辨别出二者差异，则不构成混淆行为

30. 某市甲、乙、丙三大零售企业达成一致协议，拒绝接受产品供应商丁的供货。丙向反垄断执法机构举报并提供重要证据，经查，三企业构成垄断协议行为。关于三企业应承担的法律责任，下列哪些选项是正确的？（　　）（*司考 2015. 1. 67*）

A. 该执法机构应责令三企业停止违法行为，没收违法所得，并处以相应罚款

B. 丙企业举报有功，可酌情减轻或免除处罚

C. 如丁因垄断行为遭受损失的，三企业应依法承担民事责任

D. 如三企业行为后果极为严重，应追究其刑事责任

31. 甲公司拥有“飞鸿”注册商标，核定使用的商品为酱油等食用调料。乙公司成立在后，特意将“飞鸿”登记为企业字号，并在广告、企业厂牌、商品上突出使用。乙公司使用违法添加剂生产酱油被媒体曝光后，甲公司的市场声誉和产品销量受到严重影响。关于本案，下列哪些说法是正确的？（　　）（*司考 2015. 1. 68*）

A. 乙公司侵犯了甲公司的注册商标专用权

B. 乙公司将“飞鸿”登记为企业字号并突出使用的行为构成不正当竞争行为

C. 甲公司因调查乙公司不正当竞争行为所支付的合理费用应由乙公司赔偿

D. 甲公司应允许乙公司在不变更企业名称的情况下以其他商标生产销售合格的酱油

32. 某县会计师行业自律委员会成立之初，达成统筹分配当地全行业整体收入的协议，要求当年市场份额提高的会员应分出自己的部分收入，补贴给市场份额降低的会员。事后，有会员向省级工商行政管理部门书面投诉。关于此事，下列哪些说法是正确的？（ ）（司考 2016. 1. 67）

A. 该协议限制了当地会计师行业的竞争，具有违法性

B. 抑强扶弱有利于培育当地会计服务市场，法律不予禁止

C. 此事不能由省级工商行政管理部门受理，应由该委员会成员自行协商解决

D. 即使该协议尚未实施，如构成违法，也可予以查处

33. 甲县善福公司（简称甲公司）的前身为创始于清末的陈氏善福铺，享誉百年，陈某继承祖业后注册了该公司，并规范使用其商业标识。乙县善福公司（简称乙公司）系张某先于甲公司注册，且持有“善福 100”商标权。乙公司在其网站登载善福铺的历史及荣誉，还在其产品包装标注“百年老牌”“创始于清末”等字样，但均未证明其与善福铺存在历史联系。甲、乙公司存在竞争关系。关于此事，下列哪些说法是正确的？（ ）（司考 2016. 1. 68）

A. 陈某注册甲公司的行为符合诚实信用原则

B. 乙公司登载善福铺历史及标注字样的行为损害了甲公司的商誉

C. 甲公司使用“善福公司”的行为侵害了乙公司的商标权

D. 乙公司登载善福铺历史及标注字样的行为构成虚假宣传行为

三、名词解释

1. 强制性交易行为

2. 谢尔曼法（中国人民大学 2010 年考研真题）

3. 不正当竞争行为（中国人民大学 2008 年考研真题）

4. 掠夺性定价（武汉大学 2009 年考研真题）

5. 相关市场（中国政法大学 2015 年考研真题）

四、简答题

1. 简述反垄断法所禁止的滥用市场支配地位行为的表现形式。（北京大学 2004 年考研真题、中国人民大学 2011 年考研真题）

2. 简述反垄断适用除外的情形。（中国人民大学 2010 年考研真题）

3. 简述横向限制竞争行为的主要表现形式。

4. 简析我国《反不正当竞争法》中的虚假宣传行为。（中南财经政法大学 2010 年考研真题）

5. 分析我国行政垄断的成因。

6. 简述反垄断法与反不正当竞争法的联系与区别。（武汉大学 2010 年考研真题）

7. 简述不正当有奖销售的表现。（中国人民大学 2013 年考研真题）

8. 试析不正当竞争行为的种类。

9. 试析反垄断法规制的垄断行为的种类。

10. 简述行政性垄断的表现形式。（华东政法大学 2017 年考研真题）

五、论述题

1. 论述《反垄断法》的政策功能。（中国人民大学 2008 年考研真题）

2. 从现代高科技发展和消费者运动看对滥用市场支配（优势）地位的规制。

3. 滴滴打车、中国优步等网约车市场的合并，有人认为这是经营者集中。请结合我国反不正当竞争法的相关法律规范，论述中国对经营者控制的基本制度和适用的特殊性。（华东政法大学 2017 年考研真题）

六、案例分析题

1. 甲食品厂生产的“幸福”牌营养液深受广大消费者的欢迎，2020 年甲食品厂将“幸福”商标进行了注册。2021 年甲食品厂与乙食品厂签订了商标许可使用合同，允许乙食品厂使用“幸福”牌注册商标。在“幸福”商标使用许可期满后，乙厂将自己的营养液配方略加修改，并注册了“福康”商标。为了使自己的产品能很快地打入市场，乙厂利用广告宣传，称“福康”营养液是“幸福”营养液的换代产品，是对“幸福”营养液的改进。该广告打出后，致使消费者认为“福康”营养液是新一代产品，一定比“幸福”营养液更高级，故转而购买“福康”营养液，使甲厂的产品滞销，经济损失巨大。甲厂得知此情况后要求制止乙厂的行为，并要求乙厂赔偿。

问题：（1）此案应如何处理？

（2）甲食品厂的要求正确吗？

2. 太阳实业总公司（以下简称太阳公司）2018 年开发成功某型输纱器产品并通过市级新产品鉴定。产品投放市场以后，获得了较好的经济效益。太阳公司制定了保密制度，并下达文件，将某型输纱器的技术资料、经营信息等列为保

密资料，且采取了保密措施。2020 年 5 月至 2021 年 5 月，曾在太阳公司技术科任技术员的王某利用职务之便，复制了太阳公司该型输纱器的生产用图、销售档案和综合计划各一份，于 2021 年 5 月调离太阳公司时，把上述资料擅自带回家中。2021 年 7 月，同城的机床厂在准备开发新产品过程中，向王某打听并索要有关该型输纱器的技术、经营信息资料。王某把从太阳公司窃取的该型输纱器生产图纸、综合计划、销售档案（包括用户名称、地址、联系人、电话号码等）给了机床厂，该厂厂长接受后承诺，项目上马后效益好即支付王某报酬。

问题：（1）机床厂的行为属于什么性质的行为？

（2）本案应如何处理？

3. 房地产开发商甲公司为投放市场的美美小区在该市发行的报纸上做广告宣传，最吸引人的是下列内容："该小区为商住两用的新型物业，5 栋塔楼呈五角星式排列；另有会所一栋，为三层板式建筑，一层为超市，二层为会客场所，三层为娱乐场所；小区中心绿地面积为 5000 平方米，有水系与绿地间隔。"购房者受广告引诱，纷纷到售楼处了解详情。售楼处的楼房沙盘模型显示与广告相符，政府有关部门的审批证书悬挂于墙上。出于对小区的环境和配套设施的满意，不少购房者与该公司签订了购房合同，并按约定一次交纳了房款。但入住后发现，除楼与楼之间的小块绿地外，开发商允诺的会所和中心绿地及水系均不存在。购房者皆呼上当受骗，有些人要求退房，有些人要求赔偿损失。请根据上述事实及相关法律规定，回答下列问题：

（1）开发商以《民法典》及有关合同的学说为依据，主张广告是要约邀请，广告主不受其约束；购房者的合同中没有关于会所及绿地面积的条款，所以购房者要求退房是违约行为，要求赔偿损失没有事实依据。你赞成这种观点吗？此案中开发商的广告是何种性质？请说明你的观点和理由。

（2）购房者以开发商发布的广告及沙盘模型为证据，指出开发商所作的有关该小区的房产及配套设施的内容应该成为购房合同的当然组成部分。否则，就是对《民法典》《反不正当竞争法》确立的诚实信用原则的违背，并要求按照《消费者权益保护法》给予双倍赔偿。你赞成这种观点吗？请说明理由。

（3）当地有关部门依照《广告法》的有关规定，责令开发商修正虚假广告，并给予罚款处理。你认为这种处罚合法吗？为什么？

4. 2020 年 12 月经过介绍人刘某介绍，某市 A 机械厂向某市 B 铸造厂订制车床主构架 100 套，单价 3 万元，总价款为 300 万元。B 厂为争取今后的业务发展，与 A 厂厂长协商一致，在订货合同上订明，B 厂给予 A 厂 10% 的优惠。2021 年 1 月 15 日 B 厂依照合同履行义务，发货至 A 厂；A 厂依照合同通过银行转账支付了 270 万元货款。B 厂也作为营业收入的抵减项目记了账。为酬谢介绍人，B 厂付给刘某"好处费"2000 元；A 厂向刘某支付"介绍费"1000 元。两厂又分别将"好处费""介绍费"支出入了账，并代为扣缴了刘某的个人所得税。试问：

（1）B 厂与 A 厂的"优惠"约定属什么性质，是否属于不正当竞争行为？为什么？

（2）两厂向刘某支付"好处费"等属于什么性质，是否属于不正当竞争行为？为什么？

（3）试说明在上述行为中，合法行为与违法行为的区别。

参考答案

一、单项选择题

1. **答案**：C。《反不正当竞争法》第8条第1款规定，经营者不得对其商品的性能、功能、质量、销售状况、用户评价、曾获荣誉等作虚假或者引人误解的商业宣传，欺骗、误导消费者。本题中，甲超市所称“美国聚酯漆组合家具”明显会引人误解为该批家具系“美国进口”或“美国生产”，但实际上该批家具产于北京。这种宣传行为属于上述规定中的“虚假或者引人误解的商业宣传”，因此构成不正当竞争行为。
2. **答案**：A。《反不正当竞争法》第7条第2款规定，经营者在交易活动中，可以以明示方式向交易相对方支付折扣，或者向中间人支付佣金。经营者向交易相对方支付折扣、向中间人支付佣金的，应当如实入账。接受折扣、佣金的经营者也应当如实入账。据此，本题中的交易所章程已明示折扣给付方法，并要求办理完整的财务手续，因此不属于《反不正当竞争法》规定的不正当竞争行为。
3. **答案**：A。《反不正当竞争法》第2条第2、3款规定，本法所称的不正当竞争行为，是指经营者在生产经营活动中，违反本法规定，扰乱市场竞争秩序，损害其他经营者或者消费者的合法权益的行为。本法所称的经营者，是指从事商品生产、经营或者提供服务（以下所称商品包括服务）的自然人、法人和非法人组织。据此，本题中市技术监督局的行为不构成不正当竞争。
4. **答案**：C。《反不正当竞争法》第9条第1款第1项规定，经营者不得以盗窃、贿赂、欺诈、胁迫、电子侵入或者其他不正当手段获取权利人的商业秘密。本题中，刘大胆和甲厂的行为明显侵犯了香飘厂的商业秘密，其诉讼请求应予支持。
5. **答案**：D。本题的测试点在于商业贿赂和低价倾销。《反不正当竞争法》第7条第2款规定，经营者在交易活动中，可以以明示方式向交易相对方支付折扣，或者向中间人支付佣金。经营者向交易相对方支付折扣、向中间人支付佣金的，应当如实入账。接受折扣、佣金的经营者也应当如实入账。本题中该公司的行为属于正常销售行为。只有D为正确答案。
6. **答案**：B。此题考查欺骗性交易行为。“太月”是知名商品特有的名称，故符合该不正当竞争行为的构成要件，不符合诋毁商誉行为的构成要件。据此D选项是不正确的。低价倾销行为的构成要件必须是低于成本价，但根据本题的题意，C选项也不正确。A选项规定为企业名称侵权纠纷，但根据本题的题意，“大月”与“太月”之争在于商品，与企业名称无直接关联，据此本题的A选项也不正确。故本题的正确选项是B。
7. **答案**：D。《反垄断法》第32条规定，行政机关和法律、法规授权的具有管理公共事务职能的组织不得滥用行政权力，限定或者变相限定单位或者个人经营、购买、使用其指定的经营者提供的商品；第33条规定，行政机关和法律、法规授权的具有管理公共事务职能的组织不得滥用行政权力，实施下列行为，妨碍商品在地区之间的自由流通：（一）对外地商品设定歧视性收费项目、实行歧视性收费标准，或者规定歧视性价格；（二）对外地商品规定与本地同类商品不同的技术要求、检验标准，或者对外地商品采取重复检验、重复认证等歧视性技术措施，限制外地商品进入本地市场；（三）采取专门针对外地商品的行政许可，限制外地商品进入本地市场；（四）设置关卡或者采取其他手段，阻碍外地商品进入或者本地商品运出；（五）妨碍商品在地区之间自由流通的其他行为。因此，A、B、C均是违法的限制竞争行为；D是合法的有奖销售行为，当选。
8. **答案**：B。见《反不正当竞争法》第10条。
9. **答案**：C。本题中仅提到知名商品特有名称权，而没有提到侵犯商标和外观设计等知识产权和企业名称权。
10. **答案**：D。未注册商标不受《商标法》保护。
11. **答案**：C。
12. **答案**：C。《反不正当竞争法》第17条第3款规定，因不正当竞争行为受到损害的经营者的赔偿数额，按照其因被侵权所受到的实际损失确定；实际损失难以计算的，按照侵权人因侵权所获得的利益确定。经营者恶意实施侵犯商业秘密行为，情节严重的，可以在按照上述方法确定数额的一倍以上五倍以下确定赔偿数额。赔偿数额还应当包括经营者为制止侵权行为所支付的合理开支。

13. 答案：C。《反不正当竞争法》第6条规定，经营者不得实施下列混淆行为，引人误认为是他人商品或者与他人存在特定联系：（一）擅自使用与他人有一定影响的商品名称、包装、装潢等相同或者近似的标识；（二）擅自使用他人有一定影响的企业名称（包括简称、字号等）、社会组织名称（包括简称等）、姓名（包括笔名、艺名、译名等）；（三）擅自使用他人有一定影响的域名主体部分、网站名称、网页等；（四）其他足以引人误认为是他人商品或者与他人存在特定联系的混淆行为。

14. 答案：D。《反不正当竞争法》第20条规定："经营者违反本法第八条规定对其商品作虚假或者引人误解的商业宣传，或者通过组织虚假交易等方式帮助其他经营者进行虚假或者引人误解的商业宣传的，由监督检查部门责令停止违法行为，处二十万元以上一百万元以下的罚款；情节严重的，处一百万元以上二百万元以下的罚款，可以吊销营业执照。经营者违反本法第八条规定，属于发布虚假广告的，依照《中华人民共和国广告法》的规定处罚。"

15. 答案：C。本题中甲厂的产品在本省具有一定的知名度，应当认定为有一定影响的商品，尽管其外观未申请专利，但依然会受到法律的保护。乙厂由于采用了与甲厂同类商品极为相似的外观装潢，其行为足以造成一般消费者的误认，故其行为已构成不正当竞争。因此，选项C的表述是正确的。

16. 答案：A。本题考点是不正当竞争行为。《反不正当竞争法》第8条第1款规定，经营者不得对其商品的性能、功能、质量、销售状况、用户评价、曾获荣誉等作虚假或者引人误解的商业宣传，欺骗、误导消费者。本题中厂方在未获奖的情况下，在瓶颈上虚挂标签，属于对产品质量的虚假宣传，既损害了消费者的利益，也损害了同类产品的其他经营者的利益。据此，选项A是正确的，选项D的表述是错误的。严格意义上讲选项B的表述也没有问题，但选项A的表述更加符合法律的规定，因为这种表示有可能在消费者之间传播开来，所以虚假宣传更加贴切。至于选项C的表述也有不妥之处，因为经营者的这种行为不单纯损害消费者的利益，还同时损害同类经营者的利益，以欺诈的民事行为定性没有能够全面地概括这种违法行为的实质。

17. 答案：B。《反不正当竞争法》第11条规定，经营者不得编造、传播虚假信息或者误导性信息，损害竞争对手的商业信誉、商品声誉。构成诋毁商誉有三个要件：一是实施的主体是经营者，非经营者如新闻单位被利用或被唆使的，仅构成一般侵害他人名誉权的行为；二是经营者客观上实施了诋毁商誉的行为，使用户、消费者不明真相产生怀疑的心理，不敢或不再与经营者进行交易活动；三是诋毁行为是针对一个或多个特定的经营者的。本题中诋毁商誉行为的三个构成要件全部具备，故选项B的表述是正确的，选项A、C、D的表述是错误的。①

18. 答案：D。因外观、色彩相仿，"一按达"与"易安达"名称发音相近，故不属于直接使用他人特有的名称、外观等，而属于易引人误解的不正当竞争行为。

19. 答案：D。折扣并如实记账是合法商业竞争手段，回扣是暗中支付并没有入账，是不正当竞争行为。

20. 答案：D。经营者销售商品，不得违背购买者的意愿搭售商品或者附加其他不合理的条件。本题中是以优惠的价格说服消费者购买，而非违背消费者的意愿，故属正当行为。

21. 答案：D。《反不正当竞争法》第7条第2款规定，经营者在交易活动中，可以以明示方式向交易相对方支付折扣，或者向中间人支付佣金。经营者向交易相对方支付折扣、向中间人支付佣金的，应当如实入账。接受折扣、佣金的经营者也应当如实入账。本题中，经营者是A公司而非王某，A公司作为经营者，其是按2000元的价格销售健身器材且已经依法入账。而王某给予B公司50元补贴的行为是其对自己财产权的合法处分行为和正当的竞争手段，因此并不构成不正当竞争。故应选D。

22. 答案：B。关于A，甲厂在其产品说明书中作夸大其词的不实说明，是虚假宣传的表现之一，并不是混淆行为。因此A项不选。关于B，乙厂的矿泉水使用"清凉"商标，构成了擅自使用他人的企业名称，引人误认为是他人的商品，构成了混淆行为，因此B项正确。关于C，构成不正当的有奖销售行为，并不构成

① **编者注**：只要客观上实施了诋毁商誉的行为，不管是否通过传播媒介，都不影响诋毁商誉的不正当竞争行为的构成，所影响的只是诋毁侵权的程度。至于名誉权与荣誉权的区分请见相关法律法规规定。

混淆行为。关于D，是正当的竞争行为，不构成不正当竞争行为，当然也就构不成混淆行为。

23. 答案：B。选项A错误。《反垄断法》第9条规定，国务院设立反垄断委员会，负责组织、协调、指导反垄断工作，履行下列职责：（一）研究拟订有关竞争政策；（二）组织调查、评估市场总体竞争状况，发布评估报告；（三）制定、发布反垄断指南；（四）协调反垄断行政执法工作；（五）国务院规定的其他职责。国务院反垄断委员会的组成和工作规则由国务院规定。从这些职责分析可知，反垄断委员会的定位应该属于调研智囊型宏观协调机构而非直接执法机构。选项C、D错误。本身不是承担反垄断执法职责的法定机构，也不可能授权其他机构执法。《反垄断法》第10条第2款规定，国务院反垄断执法机构根据工作需要，可以授权省、自治区、直辖市人民政府相应的机构，依照本法规定负责有关反垄断执法工作。

24. 答案：D。根据《反垄断法》第14条的规定，禁止经营者与交易相对人达成下列垄断协议：(1) 固定向第三人转售商品的价格；(2) 限定向第三人转售商品的最低价格；(3) 国务院反垄断执法机构认定的其他垄断协议。本题某品牌生产商的行为属于纵向垄断协议行为。

25. 答案：D。本题的关键点有两个方面：第一个方面是，红心地板公司宣传自己的地板是“原装进口实木地板”，而实际情况是“该公司生产的实木地板是用进口木材在国内加工而成”，其宣传行为容易让消费者产生该地板是国外生产的，因而属于违反《反不正当竞争法》第8条的规定，是对商品的产地、生产者作引人误解的虚假宣传的行为；第二个方面是，该公司在广告中宣称“强化木地板甲醛高、不耐用”，并且造成了当地市场上强化木地板销量锐减的情况，该行为对当地所有生产“强化木地板”的生产企业的商业信用带来了不利影响，违反《反不正当竞争法》第11条的规定。故本题的正确答案为D，其行为既构成虚假宣传行为，又构成诋毁商誉行为。

26. 答案：A。根据《反垄断法》第17条的规定，禁止具有市场支配地位的经营者从事下列滥用市场支配地位的行为：……（五）没有正当理由搭售商品，或者在交易时附加其他不合理的交易条件。题述案例燃气公司的行为涉嫌“在交易时附加其他不合理的交易条件”，但执法过程中认定该违法行为的前提，同样需要先认定该公司具有市场支配地位。要认定公司具有市场支配地位，首先就要界定公司所涉的相关市场，再根据市场中竞争格局和竞争态势来判断其是否具有市场支配地位，不能想当然地看到是燃气公司，就认定其具有市场支配地位。故本题的正确答案为A。

陷阱：由于题述案例用的是燃气公司的例子，考生可能会想当然地认为它就是一个垄断经营的主体，天然具有市场支配地位，而且大多数情况下燃气公司确实属于当地唯一一家具有经营燃气业务牌照的公司，因而具有对当地市场的支配地位。但是法律讲究逻辑严密，论证和推理要有章法，不能想当然。认定滥用市场支配地位，必须先认定是否具有市场支配地位，而认定是否有市场支配地位必须先划分清楚相关市场。故A项正确、B项错误。C项说法错误，上游气源企业向其收取预付款不是其向客户收取预付气费款的正当理由。D项说法错误，政府规定“一个地域只能有一家燃气供应企业”只能说明其自身经营资格的合法性，并不能说明其所有经营行为的合法性，具有合法的市场支配地位并不意味着它可以滥用这种市场支配地位。

27. 答案：D。根据《反垄断法》第13条的规定：“禁止具有竞争关系的经营者达成下列垄断协议：（一）固定或者变更商品价格；（二）限制商品的生产数量或者销售数量；（三）分割销售市场或者原材料采购市场；（四）限制购买新技术、新设备或者限制开发新技术、新产品；（五）联合抵制交易；（六）国务院反垄断执法机构认定的其他垄断协议。本法所称垄断协议，是指排除、限制竞争的协议、决定或者其他协同行为。”第15条规定：“经营者能够证明所达成的协议属于下列情形之一的，不适用本法第十三条、第十四条的规定：（一）为改进技术、研究开发新产品的；（二）为提高产品质量、降低成本、增进效率，统一产品规格、标准或者实行专业化分工的；（三）为提高中小经营者经营效率，增强中小经营者竞争力的；（四）为实现节约能源、保护环境、救灾救助等社会公共利益的；（五）因经济不景气，为缓解销售量严重下降或者生产明显过剩的；（六）为保障对外贸易和对外经济合作中的正当利益的；（七）法律和国务院规定的其他情形。属于前款第一项至第五项情形，不适用本法第十三条、第十四条规定的，经营者还应当证明所达成的协议不会严重限制相关市场的竞争，并且能够使消费者分享由此产生的利益。”根据上述规定，A、B项说法过于绝对，对于符合《反垄断法》第15条规定的行为，可以不适用前述第13条规定。C项说法错误，即使符合第15条第1款第2项的规定，也还需要经营者“证明所达成的协议不会严重限制相关市场的竞争，并且能够使消费者分享由此产生的利益”。因而只有D项符合垄断协议构成要件的落脚点，即排除、限制竞争的效果。

陷阱：关于垄断协议行为排除适用的情形大家一定要牢记《反垄断法》第15条第2款的规定，除了“为保障对外贸易和对外经济合作中的正当利益的”的情形以外，其他情形都需要经营者论证达成的协议不会严重限制相关市场的竞争，并且能够使消费者分享由此产生的利益，否则依然要适用《反垄断法》。

28. 答案：C。混淆行为需要造成消费者对实际生产者、服务者的误认，故B项不正确。题述案例并不是针对交易对方单位或有影响力的个人的贿赂行为，故D项不正确。题述案例经营者雇人排队抢购的行为营销了一种销售火爆的虚假信息，并通过媒体进行宣传，这符合《反不正当竞争法》第8条有关虚假宣传行为的构成要件，即经营者不得利用广告或者其他方法，对商品的质量、制作成分、性能、用途、生产者、有效期限、产地等作引人误解的虚假宣传。故C项说法正确。

二、多项选择题

1. 答案：CD。依《反不正当竞争法》第9条规定，以利诱等不正当方法获取权利人的商业秘密并使用该商业秘密的，构成不正当竞争行为。本题中巧媳妇有限公司的点心配方、经营方法均可视为商业秘密。

2. 答案：ABC。A项表述中的情形虽以明示的方法给购买者折扣，但没有入账，这种行为属于不正当竞争行为。

B属于，《反不正当竞争法》第8条第1款规定，经营者不得对其商品的性能、功能、质量、销售状况、用户评价、曾获荣誉等作虚假或者引人误解的商业宣传，欺骗、误导消费者。据此，B项表述中未经授权即让销售人员都身穿百货大楼的工作服并佩戴百货大楼的营业标志，属于引人误解的虚假宣传。

C属于，根据《反不正当竞争法》第6条第（2）项规定，经营者不得擅自使用他人的企业名称或者姓名，引入误认为是他人的商品。C项表述中的张聪慧擅自以夏娃服装厂的名义直销“夏娃”牌衬衣，已构成不正当竞争行为。

D不属于，《反不正当竞争法》第10条规定：“……（三）抽奖式的有奖销售，最高奖的金额超过五万元。”D项表述属于正常的商业竞争行为。

3. 答案：ABCD。《反不正当竞争法》第9条第1款规定，经营者不得实施下列侵犯商业秘密的行为：(一) 以盗窃、贿赂、欺诈、胁迫、电子侵入或者其他不正当手段获取权利人的商业秘密；(二) 披露、使用或者允许他人使用以前项手段获取的权利人的商业秘密；（三）违反保密义务或者违反权利人有关保守商业秘密的要求，披露、使用或者允许他人使用其所掌握的商业秘密；(四) 教唆、引诱、帮助他人违反保密义务或者违反权利人有关保守商业秘密的要求，获取、披露、使用或者允许他人使用权利人的商业秘密。该条第3款规定，第三人明知或者应知商业秘密权利人的员工、前员工或者其他单位、个人实施本条第一款所列违法行为，仍获取、披露、使用或者允许他人使用该商业秘密的，视为侵犯商业秘密。

4. 答案：ABD。不正当竞争的法律责任包括民事责任、行政责任、刑事责任。宣告合同无效属于民事制裁，是承担民事责任的一种方式。

5. 答案：ABCD。与不正当竞争行为的法律责任相对应的三种监督形式为：受害人追究经营者民事责任；监督检查机关依职权主动查处或根据举报查处；司法机关追究刑事责任。

6. 答案：ABC。《反不正当竞争法》第6条规定，经营者不得实施下列混淆行为，引人误认为是他人商品或者与他人存在特定联系：（一）擅自使用与他人有一定影响的商品名称、包装、装潢等相同或者近似的标识；（二）擅自使用他人有一定影响的企业名称（包括简称、字号等）、社会组织名称（包括简称等）、姓名（包括笔名、艺名、译名等）；（三）擅自使用他人有一定影响的域名主体部分、网站名称、网页等；（四）其他足以引人误认为是他人商品或者与他人存在特定联系的混淆行为。

7. 答案：BCD。《反不正当竞争法》第2条第3款规定，本法所称的经营者，是指从事商品生产、经营或者提供服务（以下所称商品包括服务）的自然人、法人和非法人组织。本题中该厂没有办理注册手续，但已经从事生产，应属经营者。

8. 答案：AC。如果配方构成商业秘密，根据公共利益原则，工程师的行为的违法性受到法律强制性地阻却，不构成侵权。

9. 答案：ABD。商业秘密可以是经营信息，故客户名单是商业秘密。见《反不正当竞争法》第9条。

10. 答案：ABD。因国有公路运输公司占据垄断性的优势地位，乘客缺乏选择其他的公路客运公司的可能性，同时因属格式合同，无法讨价还价。根据《价格法》第23条的规定，制定关系到群众切身利益的公用事业价格、公益性服务价格等，应当建立听证制度。

11. 答案：ABCD。选项中的行为违反了《反不正当竞争法》第6条和第8条。

12. 答案：ACD。《反不正当竞争法》第11条规定，经营者不得编造、传播虚假信息或者误导性信息，损害竞争对手的商业信誉、商品声誉。

13. 答案：ABC。《反不正当竞争法》第6条规定，经营者不得实施下列混淆行为，引人误认为是他人商品或者与他人存在特定联系：（一）擅自使用与他人有一定影响的商品名称、包装、装潢等相同或者近似的标识；（二）擅自使用他人有一定影响的企业名称（包括简称、字号等）、社会组织名称（包括简称等）、姓名（包括笔名、艺名、译名等）；（三）擅自使用他人有一定影响的域名主体部分、网站名称、网页等；（四）其他足以引人误认为是他人商品或者与他人存在特定联系的混淆行为。

14. 答案：ABCD。《反不正当竞争法》第13条规定了询问权、查询复制权和检查权，第18条至第26条、第28条都规定了行政处罚权。

15. 答案：ACD。《反不正当竞争法》第7条规定，经营者不得采用财物或者其他手段贿赂下列单位或者个人，以谋取交易机会或者竞争优势：（一）交易相对方的工作人员；（二）受交易相对方委托办理相关事务的单位或者个人；（三）利用职权或者影响力影响交易的单位或者个人。经营者在交易活动中，可以以明示方式向交易相对方支付折扣，或者向中间人支付佣金。经营者向交易相对方支付折扣、向中间人支付佣金的，应当如实入账。接受折扣、佣金的经营者也应当如实入账。经营者的工作人员进行贿赂的，应当认定为经营者的行为；但是，经营者有证据证明该工作人员的行为与为经营者谋取交易机会或者竞争优势无关的除外。

16. 答案：ABC。《反不正当竞争法》第17条第3、4款规定，因不正当竞争行为受到损害的经营者的赔偿数额，按照其因被侵权所受到的实际损失确定；实际损失难以计算的，按照侵权人因侵权所获得的利益确定。经营者恶意实施侵犯商业秘密行为，情节严重的，可以在按照上述方法确定数额的一倍以上五倍以下确定赔偿数额。赔偿数额还应当包括经营者为制止侵权行为所支付的合理开支。经营者违反本法第六条、第九条规定，权利人因被侵权所受到的实际损失、侵权人因侵权所获得的利益难以确定的，由人民法院根据侵权行为的情节判决给予权利人五百万元以下的赔偿。

17. 答案：CD。《反不正当竞争法》第2条规定，《反不正当竞争法》是用来规制经营者的经营行为的，这里的经营者是指处在同一领域中的经营者，分处不同领域的经营者不存在彼此之间竞争的问题，不受《反不正当竞争法》的限制。据此，选项C、D涉及的行为是不正当竞争行为。

注意：不同领域的经营者、新闻媒体客观上即使实施了一些损害经营者利益的行为，构成的仅仅是民事侵权，如侵犯名誉权、荣誉权等，但并不构成不正当竞争。

18. 答案：ABC。见《反不正当竞争法》第9条第4款。

19. 答案：BCD。垄断行为是《反垄断法》调整的范畴，因此A不选。

20. 答案：ABD。根据《反垄断法》第19条规定，有下列情形之一的，可以推定经营者具有市场支配地位：（一）一个经营者在相关市场的市场份额达到1/2的；（二）两个经营者在相关市场的市场份额合计达到2/3的；（三）三个经营者在相关市场的市场份额合计达到3/4的。有前款第（二）项、第（三）项规定的情形，其中有的经营者市场份额不足1/10的，不应当推定该经营者具有市场支配地位。被推定具有市场支配地位的经营者，有证据证明不具有市场支配地位的，不应当认定其具有市场支配地位。故ABD项符合该条的规定，C项不符合。本题的正确答案应当是ABD。

21. 答案：AD。根据《反垄断法》第32条规定，行政机关和法律、法规授权的具有管理公共事务职能的组织不得滥用行政权力，限定或者变相限定单位或者个人经营、购买、使用其指定的经营者提供的商品。故该行为的主体不限于行政机关，还包括法律、法规授权的具有管理公共事务职能的组织，故A项说法正确。《反垄断法》未对行政机关的范围进行限定，故B

项说法错误。C项说法错误，根据《反垄断法》的规定，滥用行政权力排除、限制竞争的表现形式不仅限于商品流通和招投标领域。根据《反垄断法》第51条第1款的规定，行政机关和法律、法规授权的具有管理公共事务职能的组织滥用行政权力，实施排除、限制竞争行为的，由上级机关责令改正；对直接负责的主管人员和其他直接责任人员依法给予处分。反垄断执法机构可以向有关上级机关提出依法处理的建议。故D项说法正确。本题的正确答案应当是AD。

22. 答案：AD。A项说法正确。《反不正当竞争法》第8条第1款规定，经营者不得对其商品的性能、功能、质量、销售状况、用户评价、曾获荣誉等作虚假或者引人误解的商业宣传，欺骗、误导消费者。B项说法错误，广告公司如果应知保健品功效虚假的话也应当承担法律责任。C项说法错误，《反不正当竞争法》并没有对明星代言人的法律责任进行规定。D项说法正确，根据《产品质量法》第58条的规定，社会团体、社会中介机构对产品质量作出承诺、保证，而该产品又不符合其承诺、保证的质量要求，给消费者造成损失的，与产品的生产者、销售者承担连带责任。正确答案应当是AD。

23. 答案：BD。《反不正当竞争法》第11条规定，经营者不得编造、传播虚假信息或者误导性信息，损害竞争对手的商业信誉、商品声誉。诋毁行为是针对一个或多个特定竞争对手的行为，故A项说法错误，由于甲公司在宣传中不仅诋毁了乙公司，还诋毁了其他公司的同类软件，因而这些公司都可以起诉。B项说法正确，因为诋毁商誉必须捏造并散布虚伪信息，故主观状态必然是故意。C项说法错误，不正当竞争行为的主体是市场经营活动中的经营者，新闻单位被利用和被唆使的，仅构成一般的侵害他人名誉权行为，而非不正当竞争行为。D项说法正确，捏造和散布虚假事实是该行为的构成要件。本题的正确答案应当是BD。①

24. 答案：ACD。《反垄断法》第13条规定，禁止具有竞争关系的经营者达成下列垄断协议：（一）固定或者变更商品价格；（二）限制商品的生产数量或者销售数量；（三）分割销售市场或者原材料采购市场；（四）限制购买新技术、新设备或者限制开发新技术、新产品；（五）联合抵制交易；（六）国务院反垄断执法机构认定的其他垄断协议。本法所称垄断协议，是指排除、限制竞争的协议、决定或者其他协同行为。第14条规定，禁止经营者与交易相对人达成下列垄断协议：（一）固定向第三人转售商品的价格；（二）限定向第三人转售商品的最低价格；（三）国务院反垄断执法机构认定的其他垄断协议。第15条规定，经营者能够证明所达成的协议属于下列情形之一的，不适用本法第十三条、第十四条的规定：（一）为改进技术、研究开发新产品的；（二）为提高产品质量、降低成本、增进效率，统一产品规格、标准或者实行专业化分工的；（三）为提高中小经营者经营效率，增强中小经营者竞争力的；（四）为实现节约能源、保护环境、救灾救助等社会公共利益的；（五）因经济不景气，为缓解销售量严重下降或者生产明显过剩的；（六）为保障对外贸易和对外经济合作中的正当利益的；（七）法律和国务院规定的其他情形。属于前款第一项至第五项情形，不适用本法第十三条、第十四条规定的，经营者还应当证明所达成的协议不会严重限制相关市场的竞争，并且能够使消费者分享由此产生的利益。选项A属于第15条第（6）项规定的“为保障对外贸易和对外经济合作中的正当利益的”情形，不构成垄断协议。选项B属于具有竞争关系的经营者达成的横向垄断协议。选项C不构成垄断协议。对于并非以限制竞争为目的或者为某种公共利益而达成的合意或者一致行动，反垄断法是允许的。选项D属于第15条第（1）项规定的“为改进技术、研究开发新产品的”情形，不构成垄断协议。

25. 答案：CD。选项A错误。《反垄断法》第20条规定，经营者集中是指下列情形：（一）经营者合并；（二）经营者通过取得股权或者资产的方式取得对其他经营者的控制权；（三）经营者通过合同等方式取得对其他经营者的控制权或者能够对其他经营者施加决定性影响。选项B错误。《反垄断法》第21条规定，经营者集中达到国务院规定的申报标准的，经营者应当事先向国务院反垄断执法机构

① **编者注**：一般而言，《反不正当竞争法》规范的是有竞争关系的经营者之间的关系，非经营者的主体（或没有竞争关系的经营者）是否与经营者共同构成不正当竞争行为一定要严格依照法律的规定，如虚假宣传中的广告的经营者、侵犯商业秘密中的个人。

申报，未申报的不得实施集中。所以不能在实施集中后补充申报。选项C正确。《反垄断法》第27条规定，审查经营者集中，应当考虑下列因素：（一）参与集中的经营者在相关市场的市场份额及其对市场的控制力；（二）相关市场的市场集中度；（三）经营者集中对市场进入、技术进步的影响；（四）经营者集中对消费者和其他有关经营者的影响；（五）经营者集中对国民经济发展的影响；（六）国务院反垄断执法机构认为应当考虑的影响市场竞争的其他因素。选项D正确。《反垄断法》第28条规定，经营者集中具有或者可能具有排除、限制竞争效果的，国务院反垄断执法机构应当作出禁止经营者集中的决定。但是，经营者能够证明该集中对竞争产生的有利影响明显大于不利影响，或者符合社会公共利益的，国务院反垄断执法机构可以作出对经营者集中不予禁止的决定。

26. 答案：AD。《反不正当竞争法》第11条规定，经营者不得编造、传播虚假信息或者误导性信息，损害竞争对手的商业信誉、商品声誉。A项符合上述诋毁商誉行为的构成要件。B项行为属于正当的市场竞争行为，选项中也未提及侵犯商业秘密等行为，故不属于不正当竞争行为。C项中甲电器厂产品具有严重瑕疵，但误报道为乙电器厂，甲电器厂并没有故意捏造或散布关于乙电器厂产品的虚伪事实，故不属于不正当竞争行为。根据《反不正当竞争法》第6条的规定，使用与他人有一定影响的商品近似的名称、包装、装潢，造成和他人有一定影响的商品相混淆，使购买者误认为是该有一定影响的商品的属于混淆行为，D项中甲厂产品与乙厂相似，并使得消费者仔细辨别才能区别，因而构成了不正当竞争行为。

27. 答案：AD。某县政府的规定并不是滥用行政权力限制市场竞争的行为，而是正常的对项目施工建设的管理要求，不是行政垄断行为。如果某县政府规定必须使用该地区某生产商的混凝土就属于行政垄断行为，故A项说法错误。B项说法正确，根据《反垄断法》第16条的规定，行业协会不得组织本行业的经营者从事本章禁止的垄断行为。县建材协会组织协调县内6家生产企业达成协议划分销售区域的行为违反了《反垄断法》，故B项说法正确。C项说法正确。D项说法错误，根据《反垄断法》第45条的规定，对反垄断执法机构调查的涉嫌垄断行为，被调查的经营者承诺在反垄断执法机构认可的期限内采取具体措施消除该行为后果的，反垄断执法机构可以决定中止调查。中止调查的决定应当载明被调查的经营者承诺的具体内容。反垄断执法机构决定中止调查的，应当对经营者履行承诺的情况进行监督。经营者履行承诺的，反垄断执法机构可以决定终止调查。故相应的承诺只能导致调查的“中止”，只有后续实际履行承诺后才会导致“终止”。

28. 答案：BC。根据《劳动合同法》第23条的规定，用人单位与劳动者可以在劳动合同中约定保守用人单位的商业秘密和与知识产权相关的保密事项。对负有保密义务的劳动者，用人单位可以在劳动合同或者保密协议中与劳动者约定竞业限制条款，并约定在解除或者终止劳动合同后，在竞业限制期限内按月给予劳动者经济补偿。劳动者违反竞业限制约定的，应当按照约定向用人单位支付违约金。故单纯的保密义务本身并不需要支付保密费用，只有在约定了竞业限制的情况下才需要支付补偿，而竞业限制的义务只有在双方约定的情况下才存在。故A项说法错误，B项说法正确。C项说法正确，江某违反保密协议披露的行为构成侵犯商业秘密。根据《反不正当竞争法》第9条的规定，就算乙厂没有采取利诱等手段从江某处获取保密技术，但它明知或者应知江某披露行为是违法的，那么它还是获取、使用了该商业秘密的话，也视为侵犯商业秘密。故D项说法错误。

29. 答案：ABD。根据《反不正当竞争法》第6条的规定，混淆行为包括擅自使用他人有一定影响的商品特有的名称、包装、装潢，或者使用与他人有一定影响的商品近似的名称、包装、装潢，造成和他人的有一定影响的商品相混淆，使购买者误认为是该他人有一定影响的商品。由此可以看出，混淆行为并不要求被仿冒的他人有一定影响的商品取得外观设计专利，A项判断错误；混淆的要素不仅限于厂名、厂址和商标，图案、色彩等因素也可能成为混淆的对象，故B项判断错误；一般的消费者能够分辨二者的区别，不会导致“混淆”的结果，就不会构成混淆行为，因而C项判断正确，D项判断错误。

30. 答案：ABC。根据《反垄断法》第46条第1、2款的规定：“经营者违反本法规定，达成并实施垄断协议的，由反垄断执法机构责令停止违法行为，没收违法所得，并处上一年度销售额百分之一以上百分之十以下的罚款；尚未实施所达成的垄断协议的，可以处五十万元以下的罚款。经营者主动向反垄断执法机构报告达成垄断协议的有关情况并提供重要证据的，反垄断执法机构可以酌情减轻或者免除对该经营者的处罚。”故 A、B 项说法正确。根据《反垄断法》第 50 条的规定：“经营者实施垄断行为，给他人造成损失的，依法承担民事责任。”故 C 项说法正确。根据《反垄断法》第 52 条和第 54 条的规定，只有针对不配合反垄断执法机构审查和调查，构成犯罪的会导致刑事责任，此外反垄断执法机构工作人员滥用职权、玩忽职守、徇私舞弊或者泄露执法过程中知悉的商业秘密，构成犯罪的，依法追究刑事责任。题述案例未提及不配合审查和调查的情形，故 D 项不正确。

31. 答案：ABC。根据《商标法》第 57 条第 7 项及《最高人民法院关于审理商标民事纠纷案件适用法律若干问题的解释》第 1 条第 1 项的规定，将与他人注册商标相同或者相近似的文字作为企业的字号在相同或者类似商品上突出使用，容易使相关公众产生误认的，构成侵犯商标权的行为。故 A 项说法正确。《反不正当竞争法》第 6 条规定，经营者不得实施下列混淆行为，引人误认为是他人商品或者与他人存在特定联系：（一）擅自使用与他人有一定影响的商品名称、包装、装潢等相同或者近似的标识；（二）擅自使用他人有一定影响的企业名称（包括简称、字号等）、社会组织名称（包括简称等）、姓名（包括笔名、艺名、译名等）；（三）擅自使用他人有一定影响的域名主体部分、网站名称、网页等；（四）其他足以引人误认为是他人商品或者与他人存在特定联系的混淆行为。故乙公司的行为会使得他人误认为是甲公司的酱油产品，造成混淆，属于不正当竞争行为。B 项说法正确。《反不正当竞争法》第 17 条第 3、4 款规定，因不正当竞争行为受到损害的经营者的赔偿数额，按照其因被侵权所受到的实际损失确定；实际损失难以计算的，按照侵权人因侵权所获得的利益确定。经营者恶意实施侵犯商业秘密行为，情节严重的，可以在按照上述方法确定数额的一倍以上五倍以下确定赔偿数额。赔偿数额还应当包括经营者为制止侵权行为所支付的合理开支。经营者违反本法第六条、第九条规定，权利人因被侵权所受到的实际损失、侵权人因侵权所获得的利益难以确定的，由人民法院根据侵权行为的情节判决给予权利人五百万元以下的赔偿。故 C 项说法正确。从乙公司的使用与甲公司注册商标字样同样的商号，并在广告、企业厂牌、商品上突出使用的行为，可以看出其有造成他人的混淆的故意，从而起到搭便车，不正当竞争的效果，故乙公司不仅应当停止在广告、企业厂牌、商品上突出使用相关字样的行为，也应该变更企业名称，不再使他人造成误认。故 D 项说法错误。

32. 答案：AD。根据《反垄断法》第 13 条的规定，禁止具有竞争关系的经营者达成下列垄断协议：（一）固定或者变更商品价格；（二）限制商品的生产数量或者销售数量；（三）分割销售市场或者原材料采购市场；（四）限制购买新技术、新设备或者限制开发新技术、新产品；（五）联合抵制交易；（六）国务院反垄断执法机构认定的其他垄断协议。本法所称垄断协议，是指排除、限制竞争的协议、决定或者其他协同行为。题述案例就是在会计师行业自律委员会组织下达成的排除、限制竞争的协议，这将使得当地的会计师事务所的竞争格局得以保持不变，让当地会计师失去竞争的动力。故 A 项说法正确，B 项说法错误。根据《反垄断法》第 46 条第 3 款的规定，行业协会违反本法规定，组织本行业的经营者达成垄断协议的，反垄断执法机构可以处五十万元以下的罚款；情节严重的，社会团体登记管理机关可以依法撤销登记。因而，C 项说法错误。根据《反垄断法》第 46 条第 1 款的规定，经营者违反本法规定，达成并实施垄断协议的，由反垄断执法机构责令停止违法行为，没收违法所得，并处上一年度销售额百分之一以上百分之十以下的罚款；尚未实施所达成的垄断协议的，可以处五十万元以下的罚款。因而 D 项说法正确。

33. 答案：AD。《反不正当竞争法》第 2 条第 1 款规定，经营者在生产经营活动中，应当遵循自愿、平等、公平、诚信的原则，遵守法律和商业道德。乙县善福公司并未因为自身的经营，而使得善福公司本身成为知名商品的商号，而陈某是通过继承祖业的方式获得老字号及商业标识，进而在不同地区注册同一商号的公司，并未侵犯他人的权益，符合诚实信用原则，故 A 项说法正确。B 项说法错误，乙公司登载善福铺历史及标注字样的行为并未诋毁善福铺的商誉（编造不实内容打击对手）。C 项说法错误，善福公司作为商号与“善福 100”商标并不存在冲突。D项说法正确，《反不正当竞争法》第8条第1款规定，经营者不得对其商品的性能、功能、质量、销售状况、用户评价、曾获荣誉等作虚假或者引人误解的商业宣传，欺骗、误导消费者。由于乙公司登载善福铺历史及标注字样的行为会让消费者误认为其生产者为善福铺，从而购买其商品，进而构成了虚假宣传行为。

三、名词解释

1. **答案**：强制性交易行为，是指公用企业或者其他依法具有独占地位的经营者，限定他人购买其指定的经营者的商品，排斥其他经营者的行为。公用企业是实施该行为的特定主体；其他处于公平交易地位的经营者的商品是公用企业强制性交易行为的客体；公用企业的行为带有强制性，使被强制者难以抗拒，不得不服从安排而与他人交易。

2. **答案**：谢尔曼法是1890年美国国会制定的第一部反托拉斯法，也是美国历史上第一个授权联邦政府控制、干预经济的法案。该法规定，凡以托拉斯形式订立契约、实行合并或阴谋限制贸易的行为，均属违法，旨在垄断州际商业和贸易的任何一部分的垄断或试图垄断、联合或共谋犯罪。违反该法的个人或组织，将受到民事的或刑事的制裁。该法奠定了反垄断法的坚实基础，至今仍然是美国反垄断的基本准则。但是，该法对什么是垄断行为、什么是限制贸易活动没作出明确解释，为司法解释留下了广泛的空间，而且这种司法解释要受到经济背景的深刻影响。

3. **答案**：不正当竞争行为，是指经营者在市场竞争中，采取非法的或者有悖于公认的商业道德的手段和方式，与其他经营者相竞争的行为。其包括混淆行为、商业贿赂行为、虚假宣传行为、侵犯商业秘密行为、低价倾销行为、不正当有奖销售行为、诋毁商誉行为。

4. **答案**：掠夺性定价又称劫掠性定价、掠夺价、有时亦称掠夺性定价歧视，是指一个厂商将价格定在牺牲短期利润以消除竞争对手并在长期获得高利润的行为。掠夺性定价是一种不公平的低价行为，实施该行为的企业占有一定的市场支配地位，他们具有资产雄厚、生产规模大、分散经营能力强等竞争优势，所以有能力承担暂时故意压低价格的利益损失，而一般的中小企业势单力薄，无力承担这种牺牲。掠夺性定价是以排挤竞争对手为目的的故意行为，实施该行为的企业以低价销售，会造成短期的利益损失，但是这样做的目的是吸引消费者，以此为代价挤走竞争对手，行为人在达到目的后，会提高销售价格，独占市场。

5. **答案**：相关市场，是指经营者就一定的商品或者服务从事竞争的范围或者区域，主要包含商品和地域两个要素。界定相关市场是反垄断执法的关键步骤，直接影响甚至决定着反垄断案件的处理结果。判定一个经营者是否居于垄断地位或者市场支配地位，是否排除、限制了市场竞争，都必须以界定相关市场为前提。

四、简答题

1. **答案**：滥用市场支配地位是指企业获得一定的市场支配地位之后滥用这种地位，对市场的其他主体进行不公平的交易或者排斥竞争对手的行为。受到禁止的滥用市场支配地位主要有以下几种表现形式：

(1) 不正当的价格行为。这是指占有支配地位的经营者不正当的确定、维持、变更商品价格的行为。占有支配地位的企业以获得超额垄断利润或者排挤竞争对手为目的，以高于或低于在正常竞争下可以实行的价格来销售其产品。该行为严重地损害了消费者的权益，使得消费者应当享有的部分福利转移给了垄断厂商，同时也妨碍了其他竞争者进入市场，对竞争构成实质限制。

(2) 差别对待。这是指处于市场支配地位的企业没有正当理由，对条件相同的交易对象，就其所提供的商品的价格或其他交易条件给予明显的区别对待的行为。差别对待实际上限制了交易对象之间的竞争。这里的“对待”包括价格、配给供应、交货速度、担保以及其他交易条件。对于占支配地位的企业来说，这是一种市场经营策略，但其对于市场的负面影响也是显著的，使消费者受到不应有的不公平待遇，也对经营者之间的公平竞争带来不利影响。

(3) 强制交易。这是指处于市场支配地位的企业采取利诱、胁迫或其他不正当方法，迫使其他企业违背其真实意愿与之交易或者促使其他企业从事限制竞争的行为。强制交易不仅违背交易相对人的真实意愿，给其造成损害，而且有悖公平竞争、平等自愿等交易原则，破坏了正常的市场交易秩序。

(4) 搭售和附加不合理交易条件。在商品交易过程中，拥有经济优势的一方利用自己的优势，强行搭配销售购买方不需要的另一种商品或服务，或附加其他不合理条件的行为。这种行为不仅违反了“交易自愿”的原则，而且对竞争造成了不利影响。

(5) 掠夺性定价。这是指处于市场支配地位的企业以排挤对手为目的，以低于成本的价格销售商品的行为。掠夺性定价虽然会给行为人带来短期利益损失，但是在其以此为代价挤走竞争对手后会独占市场，并最终损害消费者的利益。

(6) 独家交易。这是指处在市场支配地位的企业要求经销商在特定市场只经销自己的商品，不得经销其他企业的同种或同类商品，包括“独卖”和“独买”。独家交易会阻止其他竞争者进入市场，也会限制经销商的营业自由而损害效率，对消费者来说，会缺乏选择余地，销售者的垄断地位还可能损害消费者的利益。

2. 答案： 为适应经济生活的复杂性，各国反垄断法普遍保留对一些垄断或限制竞争行为的除外规定。国家基于社会经济发展和社会公共利益的考虑，立法上可能会对某些行业、某些行为或在特定时期、对特定情况给予反垄断法法律适用的豁免。豁免的意义在于实现社会整体效益和维护社会公共利益，避免某些行业内过度竞争可能会造成的资源浪费。

反垄断法适用除外的范围包括：

(1) 特定经济部门豁免。这一般是指具有一定自然垄断性质的公用公益企事业单位，如电力、交通运输、水、煤气、银行、保险等行业。

(2) 知识产权领域豁免。这主要指的是：涉及与知识产权无关的或无根据的贸易限制；用于协调互相竞争的知识产权所有者之间的卡特尔；压制竞争性知识产权的产生和发展的行为。

(3) 特定时期特定情况豁免。这些垄断是国家在特定时期特定情况下，为实现某一特定目的而实施的，具有国家垄断的性质，如经济不景气时期为调整产业结构而实施的合并、发生严重灾害及战争情况下的垄断行为。对企业间为技术进步与经济发展而实行的协作或联合行为也可予以豁免。

3. 答案： 横向限制竞争行为的主要表现形式有：横向限制价格行为、横向限制产量和销售量行为、横向分割销售市场行为、联合抵制、串通招投标以及其他横向限制竞争行为。

(1) 横向限制价格行为，又称价格卡特尔，指具有竞争关系的企业联合制定、维持或变更商品价格的行为。它是在较发达的商品经济和激烈的市场竞争条件下，具有竞争关系的经营者受经济利益最大化的驱动而实施的一种以共同商定价格为内容的违法行为。

(2) 横向限制产量和销售量行为，又称数量卡特尔，是指具有竞争关系的两个以上的企业共谋限定商品的生产或市场供应量的行为。

(3) 横向分割销售市场行为，又称分割市场的卡特尔，是指两个以上具有竞争关系的企业共谋划分其各自产品的销售市场的行为。

(4) 联合抵制（boycotts），又称集体拒绝交易，是指竞争者之间联合起来不与其他竞争对手、供应商或者客户交易的行为。

(5) 串通招投标是指在招标投标活动中，投标人之间或招标人和投标人之间恶意串通，以不正当的手段排挤、限制竞争，危害其他招投标活动参与人利益的行为。

(6) 其他横向限制竞争行为包括条件卡特尔、折扣卡特尔、结构危机卡特尔、合理化卡特尔、专业化卡特尔、中小企业合作卡特尔、出口卡特尔、进口卡特尔等。

4. 答案： 虚假宣传是指在商业活动中经营者利用广告或其他方法对商品或者服务做出与实际内容不相符的虚假信息，导致客户或消费者误解的行为。这种行为违反诚实信用原则，违反公认的商业准则，是一种严重的不正当竞争行为。《反不正当竞争法》第8条第1款规定，经营者不得对其商品的性能、功能、质量、销售状况、用户评价、曾获荣誉等作虚假或者引人误解的商业宣传，欺骗、误导消费者。这就是法律规定的虚假宣传行为，从法律规定看，这种行为的具体表现形式分为：经营者利用广告进行虚假宣传和经营者利用其他方法进行虚假宣传。

5. 答案：(1) 体制改革不彻底是行政性垄断产生的历史原因。

(2) 局部行政性利益集团的普遍性产生与扩张是行政性垄断产生的主要前提。

(3) 利益分配的不合理是行政性垄断产生的根源。

(4) 有效的反行政性垄断法律制度的缺位是行政性垄断产生和扩散的关键原因。

(5) 行政权运行规则及监督和救济机制的不完善是行政性垄断产生的重要原因。

6. 答案： 反垄断法与反不正当竞争法的联系主要表现在：

一是反垄断法与反不正当竞争法同属竞争法范畴。二是两法的目的一致，都是促进和保护竞争，规范市场竞争秩序，保护消费者的合法权益。三是垄断和不正当竞争也存在转化和因果关系，如不正当竞争行为可能会使竞争得到恶性发展，从而产生垄断，制止不正当竞争行为可以将一些垄断行为消灭在萌芽状态中。或许正是由于终极目的的统一性和行为的关联性，个别国家和地区如澳大利亚、匈牙利将反垄断和反不正当竞争合并立法。反垄断法解决的是有无竞争的问题，目的在于通过消除限制竞争的现象，为经营者的自由竞争提供一个舞台；反不当竞争法主要是维护商业伦理和公平竞争。

反垄断法与反不正当竞争法的主要区别表现在：

(1) 从法律关系主体的权利义务内容上看，反垄断法律关系的主体有依法自由参与竞争并抗拒垄断的权利和不从事垄断行为的义务；反不正当竞争法律关系的主体则有依法从事正当竞争、抵制不正当竞争的权利和不从事不正当竞争行为的义务。

(2) 从行为方式上看，垄断主要是企业（厂商）以独占、寡占及联合行为等控制市场，排斥或限制竞争，各种形式的垄断协议或垄断组织（托拉斯、卡特尔、辛迪加、康采恩等）是设置市场壁垒，阻碍他人进入市场的通常表现形式，因而垄断常表现为一种合同行为；不正当竞争行为的形式多种多样，常表现为一种侵权行为。

(3) 从行为的救济和制裁看，反垄断法自其诞生之初就强调国家或行政机关的主动干预，而无论大陆法国家还是英美法国家，对不正当竞争行为主要采取私法救济，国家对其采取不告不理的态度。不正当竞争行为相对于垄断行为来说，前者主要是侵害私人的利益，因而主要是通过私人诉讼来制止不正当竞争行为，而后者主要侵害的是公共利益，常通过行政程序来制止垄断行为，甚至用刑罚来惩罚严重垄断行为。

(4) 从法理的正义性及其具体规定的变化看，不正当竞争行为本身的违法性是永恒的，在人类法律哲学和道德规范中永远也不会有正名的时候。而垄断等一些限制竞争行为的违法性是会反复的，体现的是国家在产业政策上的变化。这就决定了反垄断法律制度是相对多变、需要经常修正的，而且这样的修正并非只增不改，常常会改变原本违法的一些行为的性质，对它们放宽限制。

(5) 从立法必要性及两法在法律体系中的地位和关系看，反垄断法从其调整对象和担负的责任角度应该自成体系，单独立法。反垄断法是调整涉及市场支配地位企业之间的竞争关系的，担负着维持企业自由和规范市场竞争秩序的双重保护任务，需要由专门机构和专门程序来适用它。因此，它需要不同于反不正当竞争法那样的独特的执法体系和机构，单独立法的做法更好些。反不正当竞争法虽可以单独立法，但民法中的侵权法、商标法、广告法、产品责任法等都可以成为反不正当竞争法的主要法律渊源。

(6) 从性质上看，反垄断法属于公法范畴，主要维护自由竞争的市场结构和公平竞争的机制，反不正当竞争法属于私法范畴，主要维护商业伦理道德和保护经营者的合法权益。反垄断立法与执法具有宏观特点和政策性，反不正当竞争立法与执法则属于微观领域，限于经营者或消费者。

7. 答案：有奖销售是指经营者以附带性地提供金钱、物品或其他利益的引诱方式，促销其商品或服务的行为。不正当有奖销售是指经营者违反反不正当竞争法规定进行有奖销售的行为。主要表现形式有：1. 欺骗性的有奖销售活动。主要包括：(1) 采用谎称有奖或者对所设奖的种类，中奖概率，最高奖金额，总金额，奖品种类、数量、质量、提供方法等作虚假不实的表示；(2) 故意让内定人员中奖的欺骗方式进行有奖销售；(3) 故意将设有中奖标志的商品、奖券不投放市场或者不与商品、奖券同时投放市场；(4) 故意将带有不同奖金金额或者奖品标志的商品、奖券按不同时间投放市场；(5) 其他欺骗性的有奖销售行为。2. 利用有奖销售的手段推销质次价高的商品。质次价高的商品是指经营者所销售的商品属于不合格的商品，或者质量与价格明显不符的合格商品，即商品虽然合格，但其价格明显高于同类商品的通常市场价格，而同类商品的通常市场价格是指政府定价、政府指导价或者同期市场同类商品的中等市场价格。3. 巨额有奖销售，是指有奖销售中最高奖的金额超过五万元人民币。

8. 答案：(1) 假冒、仿冒行为又称为商业混同行为或采用欺骗性标志从事交易行为，是指经营者假冒或仿冒他人的商业标志或名称，使自己的商品或服务与他人相混淆，欺骗社会公众和交易相对人的不正当竞争行为。包括：假冒他人的注册商标；仿冒他人有一定影响的商品特有的名称、包装、装潢；仿冒他人有一定影响的企业名称或者姓名；伪造使用产品质量标志和伪造产地。

(2) 强制性交易行为，是指公用企业或者其他依法具有独占地位的经营者，为了排除竞争，限定他人必须购买其指定的某一经营者的商品的行为。强制性交易是通过对竞争的非经济手段扼杀，减少竞争的压力，取得超经济利润。

(3) 限制竞争行为也被称为滥用行政权力限制竞争行为或行政垄断行为，它是指行政机关直接介入市场竞争活动，通过行政指示、命令或政策等方式限制他人购买特定经营者的商品，限制跨地区、跨部门交易的行为。限制竞争行为是违背市场公平竞争规律、破坏市场整体运行秩序、损害其他经营者和消费者合法权益之举。

(4) 商业贿赂行为，是指通过非法手段独占交易机会，排除或减少其他竞争对手的交易机会的行为，属典型的破坏公平竞争秩序的不正当竞争行为。商业贿赂不仅具有一般贿赂行为的共性，而且具有多重违法性和综合社会危害性的特征。

(5) 虚假宣传行为，是指经营者利用广告或者其他方法，对商品的质量、制作成分、性能、用途、价格、使用方法、产地等作引人误解的虚假宣示，误导消费者予以购买的行为。虚假广告宣传，是指通过报刊、广播、电视、网络、路牌、印刷品、实物等广告媒介不真实地宣传、介绍商品与服务的情况。其他虚假宣传，是指用广告和商品上标注以外的方式不真实宣传、介绍商品与服务的情况。这些方式主要有：在经营场地内对商品的演示、说明等；在召开产品鉴定会、座谈会、庆典及其他场所对商品或服务的介绍、宣传；指使假顾客进行销售诱导；利用隐性广告进行宣传等。虚假宣传行为本质上属于过错误导消费者购买经营者的商品和接受其服务，不仅构成了对消费者意志的欺诈、知情权与财产权的侵害，而且违反了诚信原则和商业道德，损害了竞争对手的合法权益。

(6) 侵犯商业秘密的行为，是指未经商业秘密权利人的许可，非法获取、披露或使用权利人商业秘密的行为。侵犯商业秘密的行为主要有以下几种：①以盗窃、利诱、胁迫或者其他不正当手段获取权利人的商业秘密。②披露、使用或者允许他人使用以前项手段获取的权利人的商业秘密。③违反约定或者违反权利人有关保守商业秘密的要求，披露、使用或者允许他人使用其所掌握的商业秘密。④第三人明知商业秘密的前手来源非法，仍获取、使用或者披露他人的商业秘密。

(7) 低价排挤行为，是指经营者为了将竞争对手排挤出市场，在一定的地域和一定的时期以低于成本的价格销售商品的行为。成本价是维持企业收支平衡的最低价格，低于成本价销售商品违反了价值规律，不符合经营目的。所以，正常情况下，经营者并不会如此定价。以低于成本价来销售产品要么是为了应对紧急情况，以减少损失；要么是为了进行不正当竞争，排挤竞争对手。应对紧急情况以减少损失的低价策略为法律所容许，而为排挤竞争对手的低价策略则为法律所禁止。

(8) 搭售行为也称为搭售和附条件交易行为，是指经营者销售某一种商品时，利用其经济优势，强行附加销售另一种商品或者附加其他不合理条件的行为。搭售行为一般出现在经营者的产品处于相对优势或紧俏的情况下，如特定经济发展阶段，通信、石油、名烟酒、电力、煤气等商品或服务较为紧俏，就容易出现搭售行为。搭售行为违反了自由交易的市场规则，排斥了其他竞争对手，限制了公平竞争的发展，因此反不正当竞争法应予以调整和规制。

(9) 不正当有奖销售，是指违反国家立法关于有奖销售的禁止性规定，损害竞争对手、消费者利益和扰乱市场秩序的行为。依据《反不正当竞争法》第10条的规定，不正当有奖销售行为有如下几种：①所设奖的种类、兑奖条件、奖金金额或者奖品等有奖销售信息不明确，影响兑奖；②采用谎称有奖或者故意让内定人员中奖的欺骗方式进行有奖销售；③抽奖式的有奖销售，最高奖的金额超过五万元。

(10) 诋毁商誉行为，是指经营者故意捏造和散布贬低竞争对手商誉的虚假事实，使竞争对手在市场竞争中处于不利地位，从而取得竞争优势的行为。诋毁商誉的行为多种多样，常见的有：①通过广告、信函、会议等方式捏造、散布损害他人商誉的虚假事实；②向客户、消费者直接散布贬低他人商誉的虚假事实；③利用商品说明书贬低竞争对手商誉的行为；④通过第三人捏造、散布损害竞争对手商誉的行为。

(11) 通谋投标行为，是指投标者相互串通投标损害招标人利益的行为，以及投标者与招标者相互勾结，排挤其他投标竞争对手的行为。

通谋投标行为从本质上看具有反竞争或限制竞争的特征，与投标活动的价值取向完全背道而驰，因此通谋投标行为应为法律所明确禁止。

9. 答案：垄断行为一般是由特定经营者实施的限制或禁止竞争的行为，特殊情况是指由行政机关实施的限制或禁止竞争的行为。受反垄断法规制的垄断行为包括：

(1) 独占。这是典型意义的垄断形态，是指一个或极少数经营者独占某种产品或服务的市场，使竞争无法开展或限制竞争的开展。独占垄断可以表现为经营者直接对生产和销售的独占控制，也可以表现为生产商与经销商合谋，由经销商在一定区域只经销该生产者的产品。在独占垄断的市场环境中，产品的产量、价格、质量及服务的内容、价格、质量都由独占经营者决定。如此一来，一方面阻碍了其他企业进入该市场参与竞争，另一方面又使消费者不得不接受质次价高的产品和服务，进一步破坏了市场经济中经济自由和民主的根本价值准则。因此，独占垄断历来都为各国竞争法所严格禁止。

(2) 企业合并。企业合并有广义和狭义之分，狭义的企业合并是指两个以上的独立企业，通过一定的形式合为一个企业的法律行为。广义的企业合并包括狭义的企业合并和一个企业能对另一企业发生支配性影响的所有方式。一个企业能对另一企业发生支配性影响的常见形式有：兼并控制；股份持有控制；人事联合控制等。兼并控制是指一个企业通过资产购买、承担债务、租赁承包等方式对另一个企业形成实质支配力。股份持有控制是指一个企业通过投资、购买、交换、受赠等方式持有另一企业具备支配力的股份，或两个企业相互持有对方具有支配力的股份。人事联合也称董事兼任，是指两个企业的主管人员或董事、法定代表人相互交叉、混同，实际上使两个企业相互产生控制性影响。企业合并只有达到垄断的程度，实质上阻碍、排斥了竞争的进行，才会被反垄断法限制和禁止。

(3) 联合限制竞争。联合限制竞争是指两个以上企业、企业联合组织通过订立协议、决议、密谋或实际上联合一致的行为共同限制市场竞争，对行业或产业的发展产生不利影响的行为。联合限制竞争行为依参与者所处的经济层来分类，可分为横向限制和纵向限制。

(4) 行政垄断。行政垄断是指各级行政机关滥用行政权力，对商品或服务的交易进行限定和限制，排斥市场竞争的行为。在我国较常见的行政垄断形式是地区垄断、行业垄断、强制购买、强制企业联合等。行政垄断应当由反垄断法规制，而不是由反不正当竞争法规制。

10. 答案：根据我国《反垄断法》的规定，行政性垄断是指行政机关和授权进行公共管理的组织滥用行政权力排除或者限制竞争而形成的垄断。其表现形式主要包括：

(1) 地区垄断：也被称为阻碍地区间商品流通行为，主要是指地方政府或者政府授权机构通过行政权力设置市场壁垒从而达到人为削弱地区外经营者竞争能力的行为。

(2) 部门垄断：政府行政部门，特别是行业主管部门利用其合法拥有的权力资源，如行政许可、生产要素的分配、投资审批等限制企业竞争的行为。

(3) 行政性强制交易：指行政垄断的主体直接以行政权力为根据而发生的经营行为，包括政府及其所属部门通过限定他人与其指定的市场主体进行交易，或者使得这些经济实体在同一市场中与其他经济实体相比处于更加优越的特权地位，而这种指定没有任何法律依据。

(4) 行政性限制竞争协议行为：指政府及其所属部门或者授权的公共组织与其他的行政机关或者经营实体签订控制价格、划分市场范围、限制其他经济实体进入市场或将其排除在市场之外的任何形式的协议，或者政府行政部门通过行政手段强制经济实体签订限制竞争的协议。

五、论述题

1. 答案：第一，预防和制止垄断行为，保护市场公平竞争，提高经济运行效率。

《反垄断法》的主要任务是维护市场竞争，发挥市场竞争机制的积极作用。现在，我国社会主义市场经济体制已经建立，但还不够健全，需要在深化改革开放中继续发展。通过市场竞争来优化资源配置，可以提高经济效率，增强经济的活力和竞争力，是推动经济又好又快发展的重要途径。制定《反垄断法》，建立健全市场竞争的不可缺少的游戏规则，制止经营者通过实施垄断行为，排除或者限制经营对手参与市场竞争，进而谋取不合理的利益。这种被称为垄断利益的不合理利益，它的存在和发生破坏了公平竞争的规则，损害了市场机制正常发挥作用，因此在整体上起的是“穷庙富方丈”的作用，对提高经济运行效率不利。《反垄断法》自然要将预防和制止垄断行为、保护市场机制放在首位。

第二，维护消费者利益和社会公共利益。

维护消费者利益是《反垄断法》的主要目的和功能之一。垄断的目的和结果，都在于限制甚至消除竞争，垄断者实现了垄断利益，而广大消费者失去了消费选择。在垄断条件下，经营者不需要技术创新，不需要下气力提高产品和服务的质量，就能获得可观的利润，而消费者却只能无奈地接受。从宏观意义上讲，没有比垄断更损害消费者权益的了。尽管《反垄断法》也保护受垄断行为伤害的经营者的利益，但其主旨在于维护市场竞争机制，而不在于保护这部分经营者的利益。所以，在我国《反垄断法》的立法目的和作用的规定中，不像《反不正当竞争法》那样规定“保护经营者和消费者的合法权益”，而只规定了“维护消费者利益”。

社会公共利益与宏观上的消费者利益有着相同的性质。作为个人或单位利益的对立面，社会公共利益自然具有其社会公共性，是为大多数公民的利益而存在并作为其出发点和归宿的。在目前条件下，有理由认为维护社会公共利益的行为，是符合法律和国家政策的行为。经营者从自身利益出发或行政机关的地方利益或部门利益出发实施的限制或消除竞争的行为，不能以社会公共利益为借口。在维护社会公共利益的同时，处理好公民、法人和其他组织合法权益保护之间的关系，是对现代法治国家的法律的基本要求。

第三，促进社会主义市场经济健康发展。

制定《反垄断法》是健全我国社会主义市场经济法律制度，形成中国特色社会主义法律体系的内在要求。其实质或者说最终目的，就是促进社会主义市场经济健康发展。改革开放以来，我国已制定了不少促进市场经济发展的法律。《反垄断法》的出台和实施，填补了我国已有的社会主义市场法律体系框架中的一个空白，对建立健全统一开放、竞争有序的市场体系将发挥重要作用。

2. 答案：(1) 在对企业兼并控制（结构）相对放松的同时，部分国家加强了对滥用市场优势地位等（行为）的规制，尤其是面对知识经济背景下的知识垄断带来的创新障碍以及日益强调消费者福利的当代，这种强化规制的趋势更加明显。

(2) 滥用市场支配（优势）地位的简要介绍。

界定：具有市场支配地位的企业凭借其这种地位，在一定的交易领域实质性地限制竞争，违背公共利益，明显损害消费者利益，从而为反垄断法所禁止的行为。

分解：何谓市场支配地位？一般指企业在特定市场上所具有的某种程度的支配或者控制力量，即在相关的产品市场、地域市场和时间市场上，拥有决定产品产量、价格和销售等各方面的控制能力。市场份额并不是决定市场支配地位的唯一标准，还须考虑其他因素，如对新的竞争者进入市场的障碍、企业的财力、企业垂直联合的程度、企业转向生产其他产品的可能性、交易对手转向其他企业的可能性以及市场行为等，但是市场份额在确定市场支配地位中仍然具有决定性的意义。此外，不同的形态或程度，如独占、准独占、寡头分占和绝对优势地位等，分别有不同认定标准。此外，还涉及相关市场的界定问题。何谓滥用？一般指有关企业凭借自身的优势地位通过采取与商业交易中产品和服务的正常竞争所不同的手段，而妨害现存市场上竞争程度的维持或者竞争发展的各类行为，如强制交易、维持转售价格、歧视、搭售、附加不合理交易条件等。任何企业在参加市场竞争的时候都要涉及同一经济阶段的竞争者（同业竞争者）和不同经济阶段的竞争者即交易相对人（包括供应者、顾客和最终消费者）。因此，滥用市场支配地位行为也可以分为两种基本类型：一类是针对同业竞争者所实施的滥用行为，另一类则是针对交易相对人所实施的滥用行为。前者主要包括低价倾销（掠夺性定价）、独家交易、搭售和附加其他不合理交易条件等；后者主要包括价格歧视等差别待遇、拒绝交易、强制交易和垄断性高价等。

行为危害及法律的态度：对竞争者、竞争秩序、消费者都构成侵害，一般受到各国反垄断法的严格控制。

(3) 高科技（知识产权垄断）与反垄断法规制滥用市场支配地位的强化。

知识产权制度本质是一种利益平衡机制，在激励创新和社会公益之间协调。但是如果某种本来被法律正当化的知识垄断，通过某种非技术的高门槛反过来抑制创新、阻碍进步，就不再受法律保护。界定合法的知识独占使用和非法垄断的界限是判断它是通过一般的科技创新形成的自然性技术障碍还是其他人为的高门槛、不公平的协议等非技术优势来维持自身的市场地位和份额。针对目前越来越复杂和突出的隐形竞争壁垒和花样翻新的限制竞争方法，应该强化对这种滥用知识产权行为的控制。除非企业能够主张其行为“合理”（合经济性、善意恰当或者符合法定豁免条件），否则就应该受到规制。

(4) 消费者运动与反垄断法规制滥用市场支配地位的强化。

现代竞争法的研究越来越倾向于保护“竞争”自身，也就是竞争者、竞争秩序、消费者利益的总和。消费者是市场竞争的最终指向和原动力，没有消费，竞争就没有评价标准和优胜劣汰的实现机制，社会发展和科学创新也无从谈起，因而消费者利益应该被高度重视。同时，消费者权利是基本人权的组成部分，“消费者主权”表明对人自身主体价值的觉醒和对商业伦理的再认识（保护弱者、公平正义、可持续性与和谐发展）。消费者运动的重要成果是在立法中，消费者的利益被放在非常重要的位置，得到法律的特别确认和保护。

消费者与强势的经营者相比处于明显的弱势：(信息严重不对称、经济地位和谈判力量对比悬殊、承担的经济和人身风险不同等)。这种劣势在高科技时代更加明显——信息获取成本升高、使用技能获取难度加大、对厂商的知识和技能依赖空前、商品潜在风险加剧。而处于优势地位的经营者又特别容易侵犯消费者的利益，尤其是侵犯他们的选择权、公平交易权、知情权等。因而，对滥用优势地位的行为加强控制，是保护消费者权益、实现竞争法宗旨的需要。

(5) 对滥用优势地位行为的法律规制以及在上述背景下的影响。

经营者被判定构成滥用优势地位，可能面临严重的制裁。例如，拆分、巨额损害赔偿、责任人承担刑事处罚等。

高科技和消费者运动背景下的反垄断法，在具体的认定上，以下的法律技术会加重经营者的负担、强化规制：“合理原则”举证责任的倒置和严格适用、相关市场认定上的“可替代性”标准严格掌握、优势地位的认定更注重市场影响力和对消费者替代性选择的影响而不拘泥于份额。

在法律责任方面，对消费者多倍赔偿的惩罚性赔偿制度，对主管人员的监禁刑罚规定等，也是主流和趋势。

启动程序上，除专门机关的刑事侦查和行政调查外，允许私人主体（消费者）的民事诉讼和社会团体的公益诉讼，也是一种强化控制的体现。

(6) 对我国反垄断立法的影响（认定标准、法律责任、处理程序等）。

3. 答案：经营者集中在各国法律中也被称为企业合并或联合、兼并、收购等。它不仅包括会计法与公司法关于资产转移型的合并，还扩大到一个企业能够对另一个企业发生支配性影响的所有方式，包括持有其他公司的股份、取得其他企业的资产、受让或承租其他企业全部或主要部分的营业或财产，与其他企业共同经营或受其他企业委托经营、干部兼任、直接或者间接控制其他企业的人事任免等实现市场力量集中之目的的所有行为，即一个或者多个企业对其他企业全部或者部分获得控制，从而导致持久的相互关系的一切可能性都是包括在内的。

现行法关于经营者集中的定义包括以下三种类型。

（一）经营者合并；

（二）经营者通过取得股权或者资产的方式取得对其他经营者的控制权；

（三）经营者通过合同等方式取得对其他经营者的控制权或者能够对其他经营者施加决定性影响。

经营者集中行为进行控制的基本制度和法律适用规定如下：

（一）事先申报制度

事先申报制度，是指各国反垄断法对市场竞争具有重大影响的集中事项必须事先向主管机关进行申报的强制性规定。

1. 申报义务的来源。我国《反垄断法》对大型的重要集中事项作出了必须申报的规定：

(1) 参与集中的所有经营者上一会计年度在全球范围内的营业额超过100亿元人民币，并且其中至少两个经营者上一会计年度在中国境内的营业额均超过4亿元人民币；(2) 参与集中的所有经营者上一会计年度在中国境内的营业额合计超过20亿元人民币，并且其中至少两个经营者上一会计年度在中国境内的营业额均超过4亿元人民币。

2. 申报义务的豁免。主要包括以下情况：(1) 参与集中的一个经营者拥有其他每个经营者50%以上有表决权的股份或者资产的；(2) 参与集中的每个经营者50%以上有表决权的股份或者资产被同一个未参与集中的经营者拥有的。

（二）调查与审查制度

审查程序包括集中审批机关对必要信息的调查取证、对于当事人表达意愿的听证以及进行初步或者进一步审查等阶段。

我国《经营者集中审查办法》规定，在经营者集中审查过程中，商务部可以召开听证会进行调查取证，听取有关各方的意见。在听证制度之外，还设立了“商谈制度”，经营者启动集中反垄断审查时从申报开始的，申报前商谈或联系能够增加反垄断执法机构对拟申报集中的事先了解，确保申报格式和内容从一开始即满足法律的完整性要求，并有助于双方初步确认集中的关键性议题和可能产生的竞争损害，为即将开展的反垄断调查做准备。

（三）审批与救济制度

（四）我国《反垄断法》对于不予禁止的经营者集中，国务院反垄断执法机构可以决定附加减少集中对竞争产生不利影响的限制性条件。因此，审批的结果分为三种：禁止、不予禁止、附条件不予禁止。

六、案例分析题

1. 答案：（1）应责令乙厂停止播放或刊登广告，并消除影响，同时根据情节处以罚款。

乙厂为打开市场，利用广告宣传，使消费者误以为乙厂的产品是新一代产品，致使甲厂的产品滞销。《反不正当竞争法》第8条第1款规定，经营者不得对其商品的性能、功能、质量、销售状况、用户评价、曾获荣誉等作虚假或者引人误解的商业宣传，欺骗、误导消费者。依据上述事实和法律规定，乙厂的行为构成不正当竞争，有权机关可根据《反不正当竞争法》第20条的规定，责令乙厂停止播放或刊登广告，通过各种途径说明事实真相，消除虚假广告的影响，并根据其情节处以20万元以上100万元以下的罚款。

（2）甲厂的要求是正确的，可要求乙厂赔偿损失。《反不正当竞争法》第17条第3、4款规定，因不正当竞争行为受到损害的经营者的赔偿数额，按照其因被侵权所受到的实际损失确定；实际损失难以计算的，按照侵权人因侵权所获得的利益确定。经营者恶意实施侵犯商业秘密行为，情节严重的，可以在按照上述方法确定数额的一倍以上五倍以下确定赔偿数额。赔偿数额还应当包括经营者为制止侵权行为所支付的合理开支。经营者违反本法第六条、第九条规定，权利人因被侵权所受到的实际损失、侵权人因侵权所获得的利益难以确定的，由人民法院根据侵权行为的情节判决给予权利人五百万元以下的赔偿。根据上述的法律规定，甲厂有权要求乙厂赔偿损失。如甲厂的损失额难以计算，可以乙厂因侵权所获利益为赔偿额。如果甲厂因调查乙厂的侵权行为而支付了合理的费用，此费用应由乙厂承担。

2. 答案：（1）商业秘密是指不为公众所知悉，能为权利人带来经济利益，具有实用性并经权利人采取保密措施的技术信息和经营信息。根据《反不正当竞争法》第9条第1款规定，经营者不得实施下列侵犯商业秘密的行为：（一）以盗窃、贿赂、欺诈、胁迫、电子侵入或者其他不正当手段获取权利人的商业秘密；（二）披露、使用或者允许他人使用以前项手段获取的权利人的商业秘密；（三）违反保密义务或者违反权利人有关保守商业秘密的要求，披露、使用或者允许他人使用其所掌握的商业秘密；（四）教唆、引诱、帮助他人违反保密义务或者违反权利人有关保守商业秘密的要求，获取、披露、使用或者允许他人使用权利人的商业秘密。该条第3款规定，第三人明知或者应知商业秘密权利人的员工、前员工或者其他单位、个人实施本条第一款所列违法行为，仍获取、披露、使用或者允许他人使用该商业秘密的，视为侵犯商业秘密。太阳公司所有的该型输纱器生产用图、销售档案、综合计划系公司的技术、经营信息，是不为公众所知悉，能为公司带来经济效益，并已采取保密措施的商业秘密。同城的机床厂以利诱手段非法获取太阳公司的商业秘密情况属实，已构成侵犯他人商业秘密的不正当竞争行为，违反了《反不正当竞争法》的规定。

（2）鉴于机床厂尚未使用该项商业秘密，没有造成太阳公司的经济损失，有权机关应根据《反不正当竞争法》第20条的规定，作出如下处罚：责令机床厂立即停止侵犯商业秘密的违法行为，没收违法所得，处10万元以上100万元以下的罚款；情节严重的，处50万元以上500万元以下的罚款。

3. 答案：（1）多数情况下，广告内容简短而概括，应归属于要约邀请。但是，如果广告的内容明确、具体，被广告接受者看作可以并且应该实现的许诺，那么该广告内容构成合同条款。只有如此，才符合要约与承诺的本意。此案中，开发商对绿地、会所的说明是具体而明确的，并且在小区沙盘模型中亦有准确的展示，购房者因此而选择在该小区买房。如果机械地套用“所有广告都是要约邀请”的论断，不仅放纵了狡诈商人，还会使无辜的购房者遭受不应有的损失。

(2) 房产交易是否适用《消费者权益保护法》，从现行法律看找不出否定的依据。只要证明购房者的身份和行为符合《消费者权益保护法》所说的个人生活消费，就应考虑优先适用。不能因为房产交易数额较大，就成为拒绝适用的理由。特别是在期房交易中，由于看不到所购房屋及其周围环境和配套设施，购房者只有相信广告和沙盘。如同购买家具，可以根据展示的样品质量要求卖方送货上门的家具必须达到同等质量，购房者有权要求开发商按照广告和沙盘提供房屋和各项配套设施。如有违背，都是对明示担保义务的违反，都是对消费者权益的侵害。是否双倍赔偿，取决于能否证明存在欺诈。

(3) 该广告是虚假广告，有关部门的处罚是正确的。责令改正广告内容，可以避免更多的人受骗；处以罚款，可以起到惩罚开发商，同时警诫其他类似违法行为的作用。但是，如果没有对消费者（此案中是购房的公民个人）损失的赔偿，行政处罚不足以制止虚假广告的盛行。

4. 答案：(1) 该行为不是不正当竞争行为，属于折扣，即让利。这是在成交的付款上给对方以一定比例的减让而返还给对方的一种交易上的优惠。但该款项并不能支付给当事人一方的经办人或代理人。

(2) 两厂支付的是佣金，是具有独立地位的中间人提供介绍而得到的报酬，可由买卖双方给付。

(3) 回扣是一种商业贿赂的不正当竞争行为。回扣的主要特征是在“账外暗中”给付。折扣和回扣的显著不同在于折扣以明示的方式给付对方，双方都如实入账。佣金的给付也须以明示方式进行，同时都要如实入账，A、B 两厂即是。

第十二章　消费者权益保护法律制度

基础知识图解

- 消费者权益保护法概述
  - 消费者的概念
  - 消费者权益保护法的概念
  - 消费者权益保护法的立法体例
  - 消费者权益保护法的原则
    - 依法提供商品或者服务的原则
    - 自愿、平等、公平、诚实信用原则
    - 保护消费者的合法权益不受侵犯的原则
    - 社会监督的原则
  - 消费者权益的国际保护
- 消费者的权利和经营者的义务
  - 消费者的权利
    - 保障安全权
    - 知情权
    - 自主选择权
    - 公平交易权
    - 依法求偿权
    - 依法结社权
    - 接受教育权
    - 获得尊重权
    - 监督批评权
    - 七天无理由退货权
  - 经营者的义务
    - 依法定或约定履行义务
    - 听取意见和接受监督
    - 保障人身和财产安全
    - 不做虚假宣传
    - 出具相应的凭证和单据
    - 提供符合要求的商品或服务
    - 不得从事不公平、不合理的交易
    - 不得侵犯消费者的人身权
    - 不得泄露消费者信息
- 消费者权益的国家保护和社会保护
  - 国家对消费者权益的保护
    - 国家对消费者权益的整体保护
    - 政府部门对消费者权益的专门保护
  - 社会对消费者权益的保护
- 权益争议的解决与法律责任的确定

配套测试

一、单项选择题

1. 下列关于《消费者权益保护法》调整对象的说法中正确的有(　　)。

A. 消费者为生活消费需要购买、使用商品或者接受服务而发生的法律关系

B. 消费者为营利而进行的购销活动

C. 消费者为生产需要购买、使用商品或接受服务时所发生的法律关系

D. 各商家为经营需要而发生的购销关系

2. 关于《消费者权益保护法》的适用范围，下列表述正确的是(　　)。

A. 农民购买、使用直接用于农业生产的生产资料时不适用《消费者权益保护法》

B. 农民购买、使用直接用于农业生产的生产资料，参照《消费者权益保护法》执行

C. 农民的消费活动，不适用《消费者权益保护法》

D. 所有消费活动均适用《消费者权益保护法》

3. 下列关于消费者协会的说法中正确的有(　　)。

A. 是各级人民政府的一个分支机构

B. 是依法成立的对商品和服务进行社会监督的保护消费者权益的社会组织

C. 国家依法设立的具有行政权力的国家机关

D. 是对消费者合法权益进行保护的具有强制执行力的团体

4. 张典在A大厦买了1台电脑，使用不到2个月，即发生爆炸，共损失5万元。经查属于质量事故，张典要求A大厦赔偿其经济损失。A大厦认为产品质量责任在生产厂家，与其无关，应由生产厂家予以赔偿。依照有关法律规定，张典应向谁提出赔偿？(　　)

A. 应向A大厦请求赔偿

B. 可以向A大厦也可以向生产者请求赔偿

C. 应向生产者请求赔偿

D. 找不到生产者时，才能向A大厦请求赔偿

5. 牛本山到美容店美容，美容店用某名牌面膜为其美容，用后其感到不适，当天夜里，脸就肿了起来。经质量监督部门取样检验，认定所用面膜是假冒某名牌的劣质产品，此面膜是美容店的老板在批发市场买来的。下列判断正确的是(　　)。

A. 美容店不是劣质产品的生产者，不应承担责任

B. 美容店不是劣质产品的销售者，不应承担责任

C. 美容店也是受害者，所以不应承担责任

D. 若美容店明知是假冒名牌产品仍用于服务中，则应当承担相应的责任

6. 李四在波顿超市购买了一台磁疗仪，后发现该磁疗仪说明书中标明有10种功能，但实际上只有6种功能。对此，李四可(　　)。

A. 要求生产厂家退换

B. 要求超市或生产厂家退换均可

C. 不能要求退换

D. 要求超市退换

7. 下列哪一种行为违反了《消费者权益保护法》？(　　)

A. 某市消费者协会向社会推荐优质廉价灭蚊器，但未收取任何费用

B. 某皮鞋厂在某大型百货商场内租赁一柜台，但未标明厂名及厂址

C. 某饭店实行先收费后提供饮料的做法

D. 某商店打折出售库存有缺陷的大衣，这些缺陷是很明显的

8. 某市一医药经销处新购进一种名叫“奇快”的生发药，为打开这种药的销路，经销处便到电视台做广告，宣称该药具有神奇的效力。但消费者使用后，不同程度地出现脱屑、头皮发炎等症状。经鉴定，该药有明显的副作用，不宜使用。对此，消费者可以怎样保护自己的权益？(　　)

A. 消费者可以向医药公司要求赔偿损失，电视台如果不能提供医药公司的真实名称、地址的，也可以向电视台要求赔偿损失

B. 消费者对电视台的虚假广告行为没有任何请求惩处的权利

C. 消费者要求电视台赔偿损失，必须证明广告与购买行为有联系

D. 消费者要求电视台赔偿损失，只需证明电视台主观上有过错

9. 王某在新兴商场选购速冻饺子，售货员向其推荐三鲜馅儿饺子，说是刚进的货，保鲜保香、价廉物美。王某问：“是不是猪肉馅儿的？我只要猪肉馅儿的。”售货员回答：“是猪肉馅儿的。”于是王某购买了2斤三鲜馅儿速冻饺子，

支付价款36元。该饺子包装上的生产日期模糊不清，但售货员向王某保证是“刚进的货”。待王某把饺子煮熟后，才发现该饺子不但不是猪肉馅儿的，而且馅儿已变质不能入口。下列表述中，不正确的一项是(　　)。

A. 新兴商场违反了依照法律、法规应尽的义务和依双方约定应尽的义务

B. 新兴商场违反了经营者向消费者提供有关商品与服务的真实信息的义务

C. 新兴商场违反了不得单方作出对消费者不利规定的不作为义务

D. 新兴商场违反了保证商品或服务的质量义务

10. 下列各项行为不属于消费者协会正确履行其职责的是(　　)。

A. 为了帮助消费者基金的建立，协会决定对捐款的企业可以以协会名义推荐其商品

B. 参加物价局举行的提高自来水费的听证会并表示支持

C. 将消费者王某受劣质商品伤害的事反映给大众媒介，使劣质商品的销售者——一大型商场声誉大受影响

D. 因为调解消费者李某与销售者的纠纷未成功，就支持李某起诉

11. 王妹从旺旺超市买了一箱麦香厂生产的山花牌啤酒，在开瓶时啤酒瓶突然爆炸，将王妹眼睛炸伤。下列说法中正确的有(　　)。

A. 王妹只能向消费者协会投诉，请其确定向谁索赔

B. 王妹只能向旺旺超市索赔

C. 王妹既可向麦香厂，也可向旺旺超市索赔

D. 王妹只能向麦香厂索赔

12. 消费者结社权的内容是(　　)。

A. 消费者有权结成各种团体

B. 消费者有权参加各种团体

C. 消费者有权结成与经营者对抗的团体

D. 消费者有权依法成立维护自身合法权益的社会团体

13. 下列属于消费者协会的职能的是(　　)。

A. 就损害消费者合法权益的行为，支持受害的消费者提起诉讼

B. 从事商品生产

C. 向消费者有偿提供消费信息

D. 以牟利为目的向社会推荐商品和服务

14. 消费者在购买、使用商品时，其合法权益受损的，可向(　　)要求赔偿。

A. 经营者　　B. 销售者

C. 生产者与销售者　　D. 生产者

15. 使用他人营业执照的违法经营者提供的商品或服务，损害消费者合法权益的，消费者可向(　　)要求赔偿。

A. 使用他人营业执照的违法经营者

B. 营业执照的持有人

C. 使用他人营业执照的违法经营者或营业执照的持有人

D. 生产者

16. 消费者王某购买了某一型号的燃气灶，安装使用后没有出现问题。有一天，王某在中央电视台第二套节目发布的产品抽查结果中发现，其购买的该厂生产的这一型号的燃气灶被国家质量监督部门抽检确定为不合格产品。对此，(　　)。

A. 王某可以要求退货，经营者应当负责退货

B. 王某可以要求退货，但因其购买的产品未出现质量问题，经营者有权拒绝退货

C. 王某无权要求退货，因其购买的产品未出现质量问题

D. 王某无权要求退货，因其没有造成损害

17. 任某在一商场的修表柜台修理一块“OMEGA”金表，修理后不到半个月该表即出了问题。再到该商场已找不到修表的柜台，经询问才得知，修表柜台是出租柜台，租期已满，承租人即修表者已不知去向。后经他人对该“OMEGA”金表拆开发现，机芯已被换掉。任某与商场交涉，商场拒绝承担任何责任。对此，正确的处理方式是(　　)。

A. 修表者是真正的加害者，任某只能向修表者主张权利

B. 因修表柜台是商场的，任某只能向商场主张权利

C. 因柜台租期已满，任某可以向商场主张权利，商场不得拒绝

D. 因柜台租期已满，又找不到修表者，责任只能由任某自负

18. 范某去肉食品市场买肉，卖肉的商贩用自制的杆秤为范某称肉，范某对商贩使用的称表示不信任而拒绝接受称好的肉，因此与商贩发生争议。对此，下列说法错误的是(　　)。

A. 消费者享有公平交易条件，计量器具是消费者实现这一条件必须具备的，因此消费者认为有问题即有权拒绝

B. 自制杆秤不能保证公平交易，消费者有权拒绝商贩由此提供的商品

C. 只要商贩证明不缺斤少两，消费者即无权拒绝

D. 度量衡应由国家有关机关认可的部门制作并经检测合格才能使用，任何个人都无权自行制作，所以题中消费者的做法是正确的

19. 某市一药店出售假药，被消费者发现并向有关执法部门举报。当地卫生部门的工作人员得知此事后，在新闻媒体上声称："对药品市场上的违法行为的监督管理是卫生部门依法享有的专有职权，消费者的上述行为是错误的。"对此，下列说法正确的是(　　)。

A. 该消费者的行为是正确的，一切组织和个人对损害消费者合法权益的行为都有实施社会监督的权利

B. 该消费者的行为是错误的，因为他不一定受害

C. 该消费者的行为是错误的，因为药品是特殊商品，不受《消费者权益保护法》调整，而只受《药品管理法》调整

D. 该消费者的行为是错误的，因为他不享有监督管理权

20. 消费者协会的下列哪一行为违反《消费者权益保护法》？(　　)

A. 向消费者提供信得过的卫生纸品牌名单

B. 某市消协设一商店，专营消费者信得过的商品

C. 与技术监督部门一起进行牛奶质量的检查

D. 在网络上对某公司侵害消费者权益的行为进行揭露

21. 王某在某商店购买了一台电冰箱，使用5个月后，制冷系统发生故障，在保修期内进行了2次修理，不久又发生了故障。请问：王某应如何维护自己的权益？(　　)

A. 应要求再次进行修理，不用承担修理费用

B. 应要求更换或者退货

C. 因使用了一段时间，不能要求退货，只能请求更换

D. 要求退货也可以，但应承担一部分折旧费用

22. 经营者不得以格式合同、通知、声明、店堂告示等方式减轻、免除其损害消费者合法权益应承担的民事责任，这是经营者的什么义务？(　　)

A. 保证人身、财产安全的义务

B. 确保宣传内容真实的义务

C. 公平合理交易的义务

D. 保证商品或者服务符合要求的义务

23. 经营者以预收款方式提供商品，应按(　　)提供。

A. 经营者的规定

B. 经营者与消费者之间的约定

C. 消费者的要求

D. 消费者协会的要求

24. 有关行政部门依法认定为不合格的商品，消费者要求退货的，(　　)。

A. 经更换能使消费者得到合格商品的，经营者只负责更换

B. 经修理能合格的，经营者只负责修理，不可以退货

C. 经营者可选择修理、更换、退货方式，为消费者提供合格商品

D. 经营者应当按消费者要求退货

25. 对包修、包换、包退的大件商品，消费者要求经营者修理、更换、退货的，(　　)。

A. 消费者应当承担运输费用

B. 经营者应当承担运输费用

C. 经营者与消费者平均分担运输费用

D. 生产者与经营者分担运输费用

26. 经营者的下列哪项行为，未违反《消费者权益保护法》规定的义务？(　　)

A. 店堂告示"商品一旦售出概不退换"

B. 店堂告示"未成年人须由成人陪伴方可退换货"

C. 顾客购买两条毛巾索要发票，经营者以"小额商品，不开发票"为由加以拒绝

D. 蛋类食品的价格经常变化

27. 王某在A公司购买皮鞋，因鞋的质量问题要求退货与经理发生争执。经理指令公司保安人员将王某强行拖到一仓库里禁闭两个小时。第二天王某将此过程告知当地报社，当天晚报载文对A公司及经理进行了抨击。王某的行为属于(　　)。

A. 消费者维护自身权益的行为

B. 诋毁商誉行为

C. 新闻媒体损害竞争对手商业信誉行为

D. 王某侵犯经理名誉权的行为

28. 下列表述中符合我国《消费者权益保护法》对消费者协会职能的有关规定的是(　　)。

A. 受理消费者的投诉，并对投诉事项进行调解

B. 受理消费者的投诉，并对投诉事项进行审理

C. 受理消费者的投诉，并对投诉事项进行裁定

D. 受理消费者的投诉，并对投诉事项进行鉴定

29. 农民贾某从某种子站购买了五种农作物良种，正常耕种后有三种农作物分别减产30%、40%和50%。经鉴定，这三种种子部分属于假良种。对此，下列哪一选项不正确？(　　)

A. 贾某可以向消费者协会投诉

B. 贾某只能要求种子站退还购良种款

C. 贾某可以要求种子站赔偿减产损失

D. 贾某可以向当地有权机关举报要求对种子站进行罚款

30. 甲经贸公司租赁乙大型商场柜台代销丙厂名牌床罩。为提高销售额，甲公司采取了多种促销措施。下列措施哪一项违反了法律规定？(　　)

A. 在摊位广告牌上标明“厂家直销”

B. 在商场显著位置摆放该产品所获的各种奖牌

C. 开展“微利销售”，实行买一送一或者买100元返券50元

D. 对顾客一周之内来退货“不问理由一概退换”

31. 钟某为其3岁儿子购买某品牌的奶粉，小孩喝后上吐下泻，住院7天才恢复健康。钟某之子从此见任何奶类制品都拒食。经鉴定，该品牌奶粉属劣质品。为此，钟某欲采取维权行动。钟某亲友们提出的下列建议哪一项缺乏法律依据？(　　)（司考2005.1.22）

A. 请媒体曝光，并要求工商管理机关严肃查处

B. 向出售该奶粉的商场索赔，或向生产该奶粉的厂家索赔

C. 直接提起诉讼，要求商场赔偿医疗费、护理费、误工费、交通费等

D. 直接提起仲裁，要求商场和厂家连带赔偿钟某全家所受的精神损害

32. 某美容店向王某推荐一种“雅兰牌”护肤产品。王某对该品牌产品如此便宜表示疑惑，店家解释为店庆优惠。王某买回使用后，面部出现红肿、瘙痒，苦不堪言。质检部门认定系假冒劣质产品。王某遂向美容店索赔。对此，下列哪一选项是正确的？（　）（司考2008.1.24）

A. 美容店不知道该产品为假名牌，不应承担责任

B. 美容店不是假名牌的生产者，不应承担责任

C. 王某对该产品有怀疑仍接受了服务，应承担部分责任

D. 美容店违反了保证商品和服务安全的义务，应当承担全部责任

33. 郭某与10岁的儿子到饭馆用餐，如厕前将手提包留在座位上嘱咐儿子看管，回来后发现手提包丢失。郭某要求饭馆赔偿被拒绝，遂提起民事诉讼。根据消费者安全保障权，下列哪一说法是正确的？(　　)（司考2009.1.25）

A. 饭馆应保障顾客在接受服务时的财产安全，并承担顾客随身物品遗失的风险

B. 饭馆应保证其提供的饮食服务符合保障人身、财产安全的要求，但并不承担对顾客随身物品的保管义务，也不承担顾客随身物品遗失的风险

C. 饭馆应对顾客妥善保管随身物品作出明显提示，否则应当对顾客的物品丢失承担赔偿责任

D. 饭馆应确保其服务环境绝对安全，应当对顾客在饭馆内遭受的一切损失承担赔偿责任

34. 赵某从某商场购买了某厂生产的高压锅，烹饪时邻居钱某到其厨房聊天，高压锅爆炸致2人受伤。下列哪一选项是错误的？(　　)（司考2012.1.28）

A. 钱某不得依据《消费者权益保护法》请求赔偿

B. 如高压锅被认定为缺陷产品，赵某可向该厂也可向该商场请求赔偿

C. 如高压锅未被认定为缺陷产品则该厂不承担赔偿责任

D. 如该商场证明目前科技水平尚不能发现缺陷存在则不承担赔偿责任

35. 甲在A银行办理了一张可异地跨行存取款的银行卡，并曾用该银行卡在A银行一台自动取款机上取款。甲取款数日后，发现该卡内的全部存款被人在异地B银行的自动取款机上取走。后查明：甲在A银行取款前一天，某盗卡团伙已在该自动取款机上安装了摄像和读卡装置（一周后被发现）；甲对该卡和密码一直妥善保管，也从未委托他人使用。关于甲的存款损失，下列哪一说法是正确的？(　　)（司考2015.1.27）

A. 自行承担部分损失

B. 有权要求A银行赔偿

C. 有权要求A银行和B银行赔偿

D. 只能要求复制盗刷银行卡的罪犯赔偿

二、多项选择题

1. 2020 年 12 月甲到市百货大楼购买一枚钻戒，标明产地为美国。后经检验，它其实是国产货。甲欲提出索赔。下列说法中正确的有(　　)。
A. 市百货大楼的行为构成了欺诈，甲有权得到加倍赔偿
B. 市百货大楼的行为违反了《消费者权益保护法》的规定，侵犯了消费者享有知悉其购买、使用的商品或者接受的服务的真实情况的权利
C. 市百货大楼有权以"从乙公司进货，不知其为假冒"为抗辩理由，得以免责
D. 甲只能先找市百货大楼索赔，索赔不成的，再经消协调解，如调解不成的，再到人民法院起诉

2. 经营者侵害消费者的人格尊严或者侵犯消费者人身自由的，应负(　　)责任。
A. 停止侵害　　B. 恢复名誉
C. 消除影响　　D. 赔礼道歉

3. 王某于 2020 年 12 月 20 日到甲商场购物，想选购一把剃须刀，在男士用品柜台前选了几分钟，总觉得不满意，欲离开。此时售货员一脸怒气地说："你试了这么久，耽搁我多少时间，不买恐怕不成！"王某与其理论，旁边保安人员一听吵声，也气势汹汹地跑过来，最后，王某在违背自己意愿的情况下购买了一把剃须刀。王某离开该商场时，商场一名工作人员问他是否多拿了一把剃须刀，王某坚决否认，工作人员仍不相信，还说"拿了就拿了""不必抵赖"之类的话。王某十分恼火，不得不摘下帽子解开衣服，打开背包，由该工作人员搜查，直到未查出任何结果，工作人员才向王某道歉并放行。该商场侵犯了王某哪些合法权益？(　　)
A. 消费者公平交易权
B. 消费者知悉商品或服务的真情权
C. 消费者获得相关知识权
D. 消费者人格尊严受尊重权

4. 某厂商出售家用电脑时，向消费者声明：本店对机内预装软件是否有合法版权概不负责，机器售出后发生任何版权纠纷，概与本店无关。厂商所作上述声明的做法属于什么行为？(　　)
A. 产品侵权行为
B. 无效民事行为
C. 单方免责声明行为
D. 民事欺诈行为

5. 下列属于消费者的权利的有(　　)。
A. 知悉真情权　　B. 公平交易权
C. 获取相关知识权　　D. 监督批评权

6. 求偿权的主体包括(　　)。
A. 商品购买者　　B. 商品使用者
C. 服务接受者　　D. 其他受害人

7.《消费者权益保护法》不适用于(　　)。
A. 生产资料公司生产的种子
B. 农民购买并直接用于农业生产的生产资料
C. 同生产企业签订的合同所指向的轧钢
D. 王某买了两台饮水机，准备将之送给自己的岳父

8. 消费者自主选择权的具体内容应当包括(　　)。
A. 自主选择经营者
B. 自主选择商品的品种或者服务方式
C. 自主决定购买或者不购买商品、接受或者不接受服务
D. 对商品或服务有比较、鉴别和挑选的权利

9. 在经营者实施的下列行为中，错误的是(　　)。
A. 地铁公司在各地铁站都贴有如下警示牌："未成年儿童和精神病患者乘坐地铁，必须有成年人陪伴"
B. 超市在其营业厅的墙上贴有"禁止吸烟"的警示牌
C. 超市在其营业厅的墙上贴有"不买别碰"的警示牌
D. 某服装市场某日贴出一声明："从即日起，所有售出商品概不退换"

10. 以下各项中，属于经营者承担责任的是(　　)。
A. 使用商品的受害者的医疗费
B. 使用商品造成伤害的残疾者的轮椅费
C. 使用商品的受害者今后全部的营养费
D. 使用商品造成伤害的残疾者抚养的无劳动能力人的生活费

11. 依照《消费者权益保护法》和《产品质量法》的规定，经营者有下列情形之一的，依法承担民事责任(　　)。
A. 产品存在缺陷的
B. 以低于成本的价格销售商品的
C. 销售的商品数量不足的
D. 无理拒绝履行"三包"责任的

12. 一消费者在某商场买了一台某品牌的微波炉，用了 2 个月后微波发射管损坏，经该消费者要求，商场给该消费者换了另一台微波炉，但使用了半年后这一台微波炉又不能正常使用，在半年之内连续修理两次，后又出现问题。经鉴定排除了消费者使用不当的可能。那么，以下

说法正确的是(　　)。

A. 该微波炉的"三包"期限从换货之日起重新计算

B. 对后换的微波炉消费者要求换货的，商场必须换货

C. 消费者要求退货的，经营者必须退货

D. 商场对消费者换货或者退货的合理费用应当负责支付

13. 某青年通过一报纸发布的广告向北京某婚姻介绍所按广告要求邮寄400元用于征婚，但是钱寄出后如石沉大海，后经多方了解，根本没有这家婚介所。对该青年受到的损害，以下说法正确的是(　　)。

A. 该青年只能找实施征婚欺诈的人要求赔偿

B. 该青年首先向实施征婚欺诈的人主张权利，同时有权要求发布征婚广告的报纸及广告的经营者提供实施征婚欺诈者的详细名称和地址

C. 如果发布广告的报纸和广告的经营者不能提供实施征婚欺诈者的名称和详细地址，即有义务对该青年给予赔偿

D. 实施征婚欺诈的人与广告的发布者和广告的经营者对该青年承担连带责任

14. 甲借用朋友乙的营业执照，在展销会上出售了一批劣质的童车，顾客丙为其儿子丁买了一辆，骑了不久，自行车的横梁发生断裂，这时展销会早已经结束，顾客丙可以向谁要求赔偿？(　　)

A. 生产厂家

B. 甲

C. 乙

D. 展销会的举办者

15.《消费者权益保护法》规定的经营者的义务与《产品质量法》中规定的生产者、销售者的产品质量义务有许多内容实质是一样的，下列各项经营者的义务中哪些是《消费者权益保护法》中特别规定的？(　　)

A. 标明真实名称与标记的义务

B. 出具凭证与单据的义务

C. 保证人身和财产安全的义务

D. 尊重消费者人格尊严的义务

16. 根据《消费者权益保护法》，经营者和消费者进行交易时应当遵循哪些基本原则？(　　)

A. 自愿、平等、公平、诚实信用原则

B. 国家保护消费者合法权益不受侵犯的原则

C. 经营者不得滥用竞争权利的原则

D. 全社会共同保护消费者合法权益的原则

17. 消费者合法权益受到损害时，最终承担损害赔偿责任的主体包括下列哪些种类？(　　)

A. 由变更后的企业承担

B. 由生产者、销售者和服务者承担

C. 由从事虚假广告行为的经营者和广告的经营者承担

D. 由营业执照的使用人或持有人承担

18. 依《消费者权益保护法》，消费者协会不得(　　)。

A. 从事商品经营

B. 从事咨询服务

C. 从事营利性服务

D. 以牟利为目的向社会推荐商品和服务

19. 消费者和经营者发生消费者权益争议的，解决争议的途径包括(　　)。

A. 与经营者协商和解

B. 向人民法院提起诉讼

C. 请求消费者协会调解

D. 向有关行政部门投诉

20. 经营者的下列哪些行为违反了《消费者权益保护法》的规定？(　　)

A. 商家在商场内多处设置监控录像设备，其中包括服装销售区的试衣间

B. 商场的出租柜台更换了承租商户，新商户进场后，未更换原商户设置的名称标牌

C. 顾客以所购商品的价格高于同城其他商店的同类商品的售价为由要求退货，商家予以拒绝

D. 餐馆规定，顾客用餐结账时，餐费低于5元的不开发票

21. 某大型商场在商场各醒目处张贴海报：本商场正以3折的价格处理一批因火灾而被水浸过的商品。消费者葛某见后，以488元购买了一件原价1464元的名牌女皮衣。该皮衣穿后不久，表面出现严重的泛碱现象。葛某要求商场退货，被拒绝。下列哪些说法是正确的？(　　)

A. 商场不承担退货责任

B. 商场应当承担退货责任

C. 商场可以不退货，但应当允许葛某用该皮衣调换一件价值488元的其他商品

D. 商场可以对该皮衣进行修复处理并收取适当的费用

22. 某公司生产销售一款新车，该车在有些新设计上不够成熟，导致部分车辆在驾驶中出现故障，甚至因此造成交通事故。事后，该公司拒绝就故障原因做出说明，也拒绝对受害人提供赔偿。该公司的行为侵犯了消费者的哪些权

利？(　　)

A. 安全保障权

B. 知悉真情权

C. 公平交易权

D. 获取赔偿权

23. 甲公司租赁乙公司大楼举办展销会，向众商户出租展台，消费者李某在其中丙公司的展台购买了一台丁公司生产的家用电暖器，使用中出现质量问题并造成伤害，李某索赔时遇上述公司互相推诿。上述公司的下列哪些主张是错误的？(　　)(司考 2010. 1. 68)

A. 丙公司认为属于产品质量问题，应找丁公司解决

B. 乙公司称自己与产品质量问题无关，不应承担责任

C. 丁公司认为产品已交丙公司包销，自己不再负责

D. 甲公司称展销会结束后，丙公司已撤离，自己无法负责

24. 某省发现有大米被镉污染的情况，立即部署各地成立联合执法组，彻查市场中的大米及米制品。对此，下列哪些说法是正确的？(　　)(司考 2013. 1. 67)

A. 大米、米制品的质量安全管理须以《食品安全法》为依据

B. 应依照《食品安全法》有关规定公布大米、米制品安全有关信息

C. 县有关部门进入某米粉加工厂检查时，该厂不得以商业秘密为由予以拒绝

D. 虽已构成重大食品安全事故，但影响仅限于该省，可由省卫生行政部门公布有关食品安全信息

25. 张某从某网店购买一套汽车坐垫。货到拆封后，张某因不喜欢其花色款式，多次与网店交涉要求退货。网店的下列哪些回答是违法的？(　　)(司考 2014. 1. 66)

A. 客户下单时网店曾提示“一经拆封，概不退货”，故对已拆封商品不予退货

B. 该商品无质量问题，花色款式也是客户自选，故退货理由不成立，不予退货

C. 如网店同意退货，客户应承担退货的运费

D. 如网店同意退货，货款只能在一个月后退还

26. 曾某在某超市以 80 元购买酸奶数盒，食用后全家上吐下泻，为此支付医疗费 800 元。事后发现，其所购的酸奶在出售时已超过保质期，曾某遂要求超市赔偿。对此，下列哪些判断是正确的？(　　)(司考 2014. 1. 67)

A. 销售超过保质期的食品属于违反法律禁止性规定的行为

B. 曾某在购买时未仔细查看商品上的生产日期，应当自负其责

C. 曾某有权要求该超市退还其购买酸奶所付的价款

D. 曾某有权要求该超市赔偿 800 元医疗费，并增加赔偿 800 元

27. 彦某将一套住房分别委托甲、乙两家中介公司出售。钱某通过甲公司看中该房，但觉得房价太高。双方在看房前所签协议中约定了防“跳单”条款：钱某对甲公司的房源信息负保密义务，不得利用其信息撇开甲公司直接与房主签约，否则支付违约金。事后钱某又在乙公司发现同一房源，而房价比甲公司低得多。钱某通过乙公司买得该房，甲公司得知后提出异议。关于本案，下列哪些判断是错误的？(　　)(司考 2014. 1. 68)

A. 防“跳单”条款限制了消费者的自主选择权

B. 甲公司抬高房价侵害了消费者的公平交易权

C. 乙公司的行为属于不正当竞争行为

D. 钱某侵犯了甲公司的商业秘密

28. 甲在乙公司办理了手机通信服务，业务单约定：如甲方(甲)预付费使用完毕而未及时补交款项，乙方(乙公司)有权暂停甲方的通信服务，由此造成损失，乙方概不担责。甲预付了费用，1 年后发现所用手机被停机，经查询方得知公司有“话费有效期满暂停服务”的规定，此时账户尚有余额，遂诉之。关于此事，下列哪些说法是正确的？(　　)(司考 2016. 1. 69)

A. 乙公司侵犯了甲的知情权

B. 乙公司提供格式条款时应提醒甲注意暂停服务的情形

C. 甲有权要求乙公司退还全部预付费

D. 法院应支持甲要求乙公司承担惩罚性赔偿的请求

三、不定项选择题

1. 2021 年 1 月 10 日大勇电器超市贴出一布告，布告上写明：“本超市降价处理一批电饭锅，望顾客在 4 日内前来选购。”王阿婆看到布告后于第 3 天前去购买，被告知电饭锅已卖完。问：

(1) 大勇电器超市打出的布告是否构成要

约？大勇电器超市是否应就此承担责任？(　　)

A. 大勇电器超市的布告已构成要约，超市应对王阿婆没买到电饭锅承担相应责任

B. 大勇电器超市的布告已构成要约，但由于电饭锅已卖完，超市与王阿婆的买卖合同未成立，因此超市对阿婆没买到电饭锅不承担责任

C. 大勇电器超市的布告不构成要约，因此超市对王阿婆未买到该电饭锅不承担责任

D. 大勇电器超市的布告构成要约，应赔偿王阿婆一个电饭锅

（2）假设该超市知道这批电饭锅普遍存在质量问题，但未向顾客明示，只是注重宣传该批电饭锅为特价销售，而已购买该电饭锅的顾客张阿公在使用该电饭锅时被漏电击伤，张阿公可采取下列哪种方式索赔？(　　)

A. 张阿公可选择向大勇电器超市或生产厂家之一索赔

B. 张阿公应直接向生产厂家索赔

C. 张阿公只能向消费者协会申诉要求索赔

D. 张阿公应直接向大勇电器超市索赔

（3）假设超市在布告中指出该电饭锅没有内在缺陷，只因是老产品，保温效果不好而清仓处理，不退不换。消费者在使用过程中发现电饭锅保温效果不好的，应(　　)。

A. 消费者不可要求退货，但可要求超市给予一定赔偿

B. 消费者可要求超市退货，但不可要求赔偿损失

C. 消费者不可要求退货，也不可要求超市给予赔偿

D. 消费者可要求超市退货，并要求赔偿损失

2. 某超市的入口处写有“包不得带入，本超市保留对顾客进行检查的权利”的标牌。购物者朱某走出收银台后，被超市保安拦住，说刚才收银台检测机信号响了，因此需对朱某进行检查。朱某无奈，遂随保安来到超市的办公室，脱下外衣，打开手提包让保安检查，结果一无所获。朱某要求商家道歉并赔偿精神损失。商家答复说：本店在入口处明确写着保留对顾客进行检查的权利，朱某既然已经进入超市购物，表明其已同意这一声明，视同在双方之间已达成一项约定，超市不应承担责任，并且对朱某的检查是在商家办公室里进行，没有第三人在场，不构成对朱某的侮辱。问：

（1）本案超市门口所写的声明是否有效？(　　)

A. 该声明有效，它是商家向顾客发出的要约

B. 该声明无效，因为它只是商家单方意思表示

C. 该声明无效，因为其内容违法

D. 该声明无效，因为它的内容侵犯了顾客的人格尊严

（2）朱某可通过下列哪些途径解决自己与该超市的争议？(　　)

A. 请求消费者协会调解

B. 向人民法院起诉

C. 向有关行政部门申诉

D. 与经营者协商解决

3. 某消费者在北京某商场买了一双高跟鞋，第二天其穿此鞋到浙江杭州旅游，在西湖游玩时因鞋跟突然断裂造成脚腕严重扭伤。根据我国相关法律的规定回答下列问题。

（1）如果该消费者发现该鞋就是杭州某鞋厂生产的，以下说法正确的有(　　)。

A. 该消费者只能向北京的商场主张权利

B. 该消费者只能向杭州的鞋厂主张权利

C. 该消费者可以向北京的商场主张权利，也可以向杭州的鞋厂主张权利

D. 该消费者可以向旅游公司主张权利

（2）该消费者主张权利的途径为(　　)。

A. 同经营者协商

B. 请求消费者协会调解

C. 同经营者协商后双方申请仲裁

D. 向法院起诉

（3）该消费者提出主张的内容包括(　　)。

A. 医疗费、医疗期间的护理费、因误工减少的收入

B. 医疗费、因误工减少的收入、其抚养的人所必需的生活费

C. 医疗费、因误工减少的收入、其他合理费用

D. 医疗费、精神损害赔偿

（4）该消费者主张权利时，下列各项正确的是(　　)。

A. 如果该消费者向法院提起诉讼，诉讼时效期间为其权益受到损害之日起 1 年

B. 如果该消费者向法院提起诉讼，诉讼时效期间为其知道或者应当知道权益受到损害之日起 2 年

C. 其要求赔偿的请求权的最长时间为自买鞋之日起 10 年

D. 其要求赔偿的请求权的最长时间为自买鞋之日起 20 年

4. 居住在某市南区的唐某向该市电信局支付 2000 元初装费安装电话一部，2 个月后，唐某发现

话费单上出现自己从未打过的长途电话，长途话费150余元，遂找电信局交涉，经查系电信局设备技术故障所致，唐某多次要求电信局作进一步的解释并保证以后不再发生此类事情，电信局未予确认。不久，此类事情再次发生，唐某再次找电信局交涉，并要求电信局双倍返还多收的话费共计600余元。电话局遂派人到唐某所在单位，要求其单位领导做唐某的工作，让唐某不要再去电信局纠缠。此举引起唐某单位同事、邻居多人围观，议论纷纷，有人认为唐某意图趁机讹诈电信局。唐某甚怒，遂又找到电信局。电信局负责接待的人说："我们把多收的话费退给你，你不要，那你去法院告我们好了。你不是想要钱吗？开个价，10万元、20万元都可以。"唐某恼羞成怒，决意起诉电信局，请根据以上案情，回答下列问题：

（1）唐某的诉讼请求中有拆机终止电话服务合同，退还初装费2000元的要求。电信局以上级主管部门有文件规定为由，只同意退还70%，对此应如何判断？（　　）

A. 电信局应退还全部初装费

B. 电信局应退还70%的初装费

C. 如电信局承担多收的300元话费，则只退还70%的初装费

D. 如电信局不承担多收的300元话费，则应退还全部初装费

（2）对于因技术故障而多收的300元话费，正确的处理方法是什么？（　　）

A. 因是技术故障所致，电信局无须退还给唐某

B. 电信局无须全额退还给唐某

C. 电信局应全额退还给唐某，并承担其利息损失

D. 电信局应双倍退还给唐某

（3）对于电信局多收电话费和与唐某交涉中的一系列行为，应当如何定性？（　　）

A. 电信局已侵犯唐某的荣誉权

B. 电信局已侵犯唐某作为消费者的知悉真情权

C. 电信局已侵犯唐某作为消费者的公平交易权

D. 电信局已侵犯唐某作为消费者的人格尊严受尊重权

（4）若唐某仅提起终止电信服务合同的诉讼，则享有管辖权的法院应当是：（　　）

A. 某市南区人民法院

B. 电信局所在地的北区人民法院

C. 某市中级人民法院

D. A、B、C中的任何一个

（5）法院可以判令本案被告承担何种民事责任？（　　）

A. 赔偿损失　　B. 赔礼道歉

C. 返还财产　　D. 消除危险

5. 某商场使用了由东方电梯厂生产、亚林公司销售的自动扶梯。某日营业时间，自动扶梯突然逆向运行，造成顾客王某、栗某和商场职工薛某受伤，其中栗某受重伤，经治疗半身瘫痪，数次自杀未遂。现查明，该型号自动扶梯在全国已多次发生相同问题，但电梯厂均通过更换零部件、维修进行处理，并未停止生产和销售。回答下列问题。（司考2015.1.95～96）

（1）关于赔偿主体及赔偿责任，下列选项正确的是：（　　）

A. 顾客王某、栗某有权请求商场承担赔偿责任

B. 受害人有权请求电梯厂和亚林公司承担赔偿责任

C. 电梯厂和亚林公司承担连带赔偿责任

D. 商场和电梯厂承担按份赔偿责任

（2）关于顾客王某与栗某可主张的赔偿费用，下列选项正确的是：（　　）

A. 均可主张为治疗支出的合理费用

B. 均可主张因误工减少的收入

C. 栗某可主张精神损害赔偿

D. 栗某可主张所受损失2倍以下的惩罚性赔偿

四、名词解释

1. 消费者权益

2. 知悉真情权

3. 公平交易权

4. 消费者（复旦大学2016年考研真题）

五、简答题

1. 简述经营者的信息提供义务。

2. 简述消费者协会的职能。

3. 简述消费者的安全保障权。

4. 简述消费者权益保护法关于经营者收集、使用消费者个人信息的主要义务。（华东政法大学2016年考研真题）

六、论述题

试述消费者权益保护法的价值取向。

七、案例分析题

1. 张某在某超市购物时，看了几瓶化妆品，觉得不太满意，又放到货架上。在离开超市时，超市的保安人员怀疑张某拿了化妆品而没有结账，拦住张某并强行对张某进行搜身，还打开张某

的包进行检查。因没有发现化妆品，保安人员当即对张某道歉，并解释说："我们超市采取开架售货方式，免不了要丢东西，因此要求保安人员加强管理，对有偷窃嫌疑的人保安人员有权进行搜查，这个规定在商场门口贴了告示。"张某认为商场侵犯了她的权利，向人民法院提起诉讼，要求超市赔礼道歉、赔偿损失。

问题：(1) 超市是否侵犯了张某的权益？

(2) 超市的保安人员当即对张某道歉，超市是否可免除对张某的赔偿责任？

2. 赵某到商场去购买电子按摩器，售货员林某拿出一种产品，并告诉他该产品的各种功能。赵某要求试一试，林某说赵某不熟悉该产品，怕他弄坏了，叫他回家看了说明书之后再试。林某说了该"迷尔"按摩器的各种功能，赵某看说明书上的介绍写得很好，就买了一台。当赵某拿着产品回家一试，发现与说明书上介绍的不一样，许多功能欠缺。赵某拿着"迷尔"按摩器到商场要求退货。商场负责人说经过检验，该产品质量合格，不予退货。赵某遂向有关部门提出申诉。

问题：(1) 什么是消费者知情权？

(2) 该商场是否应当退货？

3. 消费者付某向市消委会投诉：他在长安商场购买了"优质瓷砖"8 箱，没开箱验收，运回家即开始砌用。后来发现各瓷砖颜色差异很大，旋即向经营者吴某交涉。吴某即叫来生产厂方现场鉴定，确认有 154 块瓷砖颜色不对板。厂方承认出厂检验不严，但只愿赔偿 10%。付某对此不满意，便向市消委会投诉。

市消委会根据争议情况组织消费者、经营者、生产者三方共同开了个调解会。经调解，消费者付某与生产者、经营者各承担一半责任。

问题：调解结果中付某承担一半责任是基于何种理由？

4. 家住北京某区的曾某出差外地 1 个月，在此期间，其手机被停机。曾某从外地回来后到运营商查询，运营商工作人员的答复是：因欠费停机，你必须在规定的时间内补交电话费并支付滞纳金才能恢复，否则该手机号码将被取消。曾某为证实自己并未欠费拿出了交费的所有收据。运营商的工作人员再次检查发现，是其自己搞错了，将另一个未交费的人误认为是曾某。对此，曾某提出，运营商必须立即对其恢复服务，并赔偿其因停机一个月造成的损失 1000 元。运营商不以为然，只同意恢复服务，断然拒绝了曾某要求赔偿损失的要求，认为曾某也有未尽到注意义务的过错。根据题中给出的条件，回答下列问题。

(1) 曾某可以通过哪些途径保护自己的权利？

(2) 运营商对自己的行为应否承担赔偿责任？

参考答案

一、单项选择题

1. 答案：A。消费者，是指为生活消费需要而购买、使用商品或者接受服务的个人。《消费者权益保护法》是保护消费者合法权益的法律规范的总称，其所调整的对象是消费者为生活消费需要购买、使用商品或者接受服务而发生的法律关系。

2. 答案：B。《消费者权益保护法》第 2 条规定："消费者为生活消费需要购买、使用商品或者接受服务，其权益受本法保护；本法未作规定的，受其他有关法律、法规保护。"《消费者权益保护法》第 62 条规定："农民购买、使用直接用于农业生产的生产资料，参照本法执行。"据此，B 项表述正确。

3. 答案：B。《消费者权益保护法》第 36 条规定："消费者协会和其他消费者组织是依法成立的对商品和服务进行社会监督的保护消费者合法权益的社会组织。"

4. 答案：B。《消费者权益保护法》第 40 条第 2 款规定："消费者或者其他受害人因商品缺陷造成人身、财产损害的，可以向销售者要求赔偿，也可以向生产者要求赔偿。属于生产者责任的，销售者赔偿后，有权向生产者追偿。属于销售者责任的，生产者赔偿后，有权向销售者追偿。"

5. 答案：D。《消费者权益保护法》第 23 条第 1 款规定："经营者应当保证在正常使用商品或者接受服务的情况下其提供的商品或者服务应当具有的质量、性能、用途和有效期限；但消费者在购买该商品或者接受该服务前已经知道其存在瑕疵，且存在该瑕疵不违反法律强制性规定的除外。"第 40 条第 3 款规定："消费者在接受服务时，其合法权益受到损害的，可以向服务者要求赔偿。"

6. 答案：D。《消费者权益保护法》第 48 条第（4）项规定："经营者提供商品或者服务有下列情形之一的，除本法另有规定外，应当依照其他有关法律、法规的规定，承担民事责任：……（四）不符合商品说明、实物样品等方式表明的质量状况的……"

《产品质量法》第 40 条第 1 款规定："售出的产品有下列情形之一的，销售者应当负责修理、更换、退货；给购买产品的消费者造成损失的，销售者应当赔偿损失：（一）不具备产品应当具备的使用性能而事先未作说明的；（二）不符合在产品或者其包装上注明采用的产品标准的；（三）不符合以产品说明、实物样品等方式表明的质量状况的。"

《产品质量法》第 40 条第 2 款规定："销售者依照前款规定负责修理、更换、退货、赔偿损失后，属于生产者的责任或者属于向销售者提供产品的其他销售者（以下简称供货者）的责任的，销售者有权向生产者、供货者追偿。"

综上所述，本题中的李四可要求超市退货，根据合同相对性原则，销售者应承担违约责任，不能直接要求生产厂家退货。

7. 答案：B。消协向社会公众无偿推荐某种商品，不属于违反《消费者权益保护法》规定的消协不作为义务；经营者租用柜台的，必须标明自己的厂名厂址；是先收费后服务还是先服务后收费，一般由当事人平等自愿地协商，法律不加干涉；如果缺陷商品在出售时是明显的，则经营者不负物的瑕疵担保责任。参见《消费者权益保护法》第 21、23、38 条。

8. 答案：A。根据《消费者权益保护法》第 45 条第 1 款规定："消费者因经营者利用虚假广告或者其他虚假宣传方式提供商品或者服务，其合法权益受到损害的，可以向经营者要求赔偿。广告经营者、发布者发布虚假广告的，消费者可以请求行政主管部门予以惩处。广告经营者、发布者不能提供经营者的真实名称、地址和有效联系方式的，应当承担赔偿责任。"因此，选项 A 正确。

9. 答案：C。本案中王某明确表示只买猪肉馅儿饺子，而商场卖给她的却不是猪肉馅儿的，商场违反了双方约定的义务；售货员向王某隐瞒了该速冻饺子的真实保质期，未尽到告知真实情况的义务；商场所售水饺因馅儿已变质而不能入口，违反了保证商品或服务的质量义务；从题意看，该商场并未单方作出不利于消费者的规定，故选 C。参见《消费者权益保护法》第 20、23、26 条。

10. 答案：A。《消费者权益保护法》第 37 条规定："消费者协会履行下列公益性职责：（一）向消费者提供消费信息和咨询服务，提高消费者维护自身合法权益的能力，引导文明、健康、节约资源和保护环境的消费方式；（二）参与制定有关消费者权益的法律、法规、规章和强制性标准；（三）参与有关行政部门对商品和服务的监督、检查；（四）就有关消费者合法权益的问题，向有关部门反映、查询，提出建议；（五）受理消费者的投诉，并对投诉事项进行调查、调解；（六）投诉事项涉及商品和服务质量问题的，可以委托具备资格的鉴定人鉴定，鉴定人应当告知鉴定意见；（七）就损害消费者合法权益的行为，支持受损害的消费者提起诉讼或者依照本法提起诉讼；（八）对损害消费者合法权益的行为，通过大众传播媒介予以揭露、批评。各级人民政府对消费者协会履行职责应当予以必要的经费等支持。消费者协会应当认真履行保护消费者合法权益的职责，听取消费者的意见和建议，接受社会监督。依法成立的其他消费者组织依照法律、法规及其章程的规定，开展保护消费者合法权益的活动。”依此，BCD项中的做法是正确的。

第38条规定：“消费者组织不得从事商品经营和营利性服务，不得以收取费用或者其他牟取利益的方式向消费者推荐商品和服务。”依此，A项行为是不合法的。故只有A项为正确选项。

11. 答案：C。《消费者权益保护法》第40条第2款规定：“消费者或者其他受害人因商品缺陷造成人身、财产损害的，可以向销售者要求赔偿，也可以向生产者要求赔偿。属于生产者责任的，销售者赔偿后，有权向生产者追偿。属于销售者责任的，生产者赔偿后，有权向销售者追偿。”本题中的情形属侵权责任，消费者既可向销售者主张权利，也可向生产者主张权利。

12. 答案：D。《消费者权益保护法》第12条：“消费者享有依法成立维护自身合法权益的社会组织的权利。”

13. 答案：A。参见《消费者权益保护法》第37条。

14. 答案：B。《消费者权益保护法》第40条：“消费者在购买、使用商品时，其合法权益受到损害的，可以向销售者要求赔偿。销售者赔偿后，属于生产者的责任或者属于向销售者提供商品的其他销售者的责任的，销售者有权向生产者或者其他销售者追偿。消费者或者其他受害人因商品缺陷造成人身、财产损害的，可以向销售者要求赔偿，也可以向生产者要求赔偿。属于生产者责任的，销售者赔偿后，有权向生产者追偿。属于销售者责任的，生产者赔偿后，有权向销售者追偿。消费者在接受服务时，其合法权益受到损害的，可以向服务者要求赔偿。”

15. 答案：C。《消费者权益保护法》第42条：“使用他人营业执照的违法经营者提供商品或者服务，损害消费者合法权益的，消费者可以向其要求赔偿，也可以向营业执照的持有人要求赔偿。”

16. 答案：A。《消费者权益保护法》第54条：“依法经有关行政部门认定为不合格的商品，消费者要求退货的，经营者应当负责退货。”

17. 答案：C。《消费者权益保护法》第43条：“消费者在展销会、租赁柜台购买商品或者接受服务，其合法权益受到损害的，可以向销售者或者服务者要求赔偿。展销会结束或者柜台租赁期满后，也可以向展销会的举办者、柜台的出租者要求赔偿。展销会的举办者、柜台的出租者赔偿后，有权向销售者或者服务者追偿。”

18. 答案：C。《消费者权益保护法》第4条：“经营者与消费者进行交易，应当遵循自愿、平等、公平、诚实信用的原则。”第10条：“消费者享有公平交易的权利。消费者在购买商品或者接受服务时，有权获得质量保障、价格合理、计量正确等公平交易条件，有权拒绝经营者的强制交易行为。”

19. 答案：A。《消费者权益保护法》第6条：保护消费者的合法权益是全社会的共同责任。国家鼓励、支持一切组织和个人对损害消费者合法权益的行为进行社会监督。大众传播媒介应当做好维护消费者合法权益的宣传，对损害消费者合法权益的行为进行舆论监督。第15条第2款：消费者有权检举、控告侵害消费者权益的行为和国家机关及其工作人员在保护消费者权益工作中的违法失职行为，有权对保护消费者权益工作提出批评、建议。

20. 答案：B。见《消费者权益保护法》第38条：“消费者组织不得从事商品经营和营利性服务，不得以收取费用或者其他牟取利益的方式向消费者推荐商品和服务。”

21. 答案：B。见《消费者权益保护法》第24条：“经营者提供的商品或者服务不符合质量要求的，消费者可以依照国家规定、当事人约定退货，或者要求经营者履行更换、修理等义务。没有国家规定和当事人约定的，消费者可以自收到商品之日起七日内退货；七日后符合法定解除合同条件的，消费者可以及时退货，不符合法定解除合同条件的，可以要求经营者履行更换、修理等义务。依照前款规定进行退货、更换、修理的，经营者应当承担运输等必要费用。”

22. 答案：C。见《消费者权益保护法》第 26 条：“经营者在经营活动中使用格式条款的，应当以显著方式提请消费者注意商品或者服务的数量和质量、价款或者费用、履行期限和方式、安全注意事项和风险警示、售后服务、民事责任等与消费者有重大利害关系的内容，并按照消费者的要求予以说明。经营者不得以格式条款、通知、声明、店堂告示等方式，作出排除或者限制消费者权利、减轻或者免除经营者责任、加重消费者责任等对消费者不公平、不合理的规定，不得利用格式条款并借助技术手段强制交易。格式条款、通知、声明、店堂告示等含有前款所列内容的，其内容无效。”格式合同、通知、声明、店堂告示等含有前款所列内容的，其内容无效。格式合同侵犯的是公民的公平交易权。这是对经营者不得从事不公平、不合理交易义务的规定，故选 C。

23. 答案：B。《消费者权益保护法》第 53 条：“经营者以预收款方式提供商品或者服务的，应当按照约定提供……”

24. 答案：D。《消费者权益保护法》第 54 条：“依法经有关行政部门认定为不合格的商品，消费者要求退货的，经营者应当负责退货。”

25. 答案：B。《消费者权益保护法》第 24 条：“经营者提供的商品或者服务不符合质量要求的，消费者可以依照国家规定、当事人约定退货，或者要求经营者履行更换、修理等义务。没有国家规定和当事人约定的，消费者可以自收到商品之日起七日内退货；七日后符合法定解除合同条件的，消费者可以及时退货，不符合法定解除合同条件的，可以要求经营者履行更换、修理等义务。依照前款规定进行退货、更换、修理的，经营者应当承担运输等必要费用。”

26. 答案：D。本题关于经营者义务，涉及的知识点有：店堂告示内容的效力、发票或服务收据的开具。《消费者权益保护法》第 22 条规定：“经营者提供商品或者服务，应当按照国家有关规定或者商业惯例向消费者出具发票等购货凭证或者服务单据；消费者索要发票等购货凭证或者服务单据的，经营者必须出具。”据此，选项 C 是错误的。《消费者权益保护法》第 26 条规定：“经营者在经营活动中使用格式条款的，应当以显著方式提请消费者注意商品或者服务的数量和质量、价款或者费用、履行期限和方式、安全注意事项和风险警示、售后服务、民事责任等与消费者有重大利害关系的内容，并按照消费者的要求予以说明。经营者不得以格式条款、通知、声明、店堂告示等方式，作出排除或者限制消费者权利、减轻或者免除经营者责任、加重消费者责任等对消费者不公平、不合理的规定，不得利用格式条款并借助技术手段强制交易。格式条款、通知、声明、店堂告示等含有前款所列内容的，其内容无效。”据此，选项 A、B 是错误的。依据《消费者权益保护法》的规定，经营者与消费者进行交易应当遵循平等、公平的原则，同时依据《价格法》，经营者有定价的权利，因此，选项 D 是正确的。

27. 答案：A。根据《消费者权益保护法》第 15 条的规定，消费者有权检举、控告侵害消费者权益的行为。

28. 答案：A。本题关于消费者协会职能，见《消费者权益保护法》第 37 条：“消费者协会履行下列公益性职责：（一）向消费者提供消费信息和咨询服务，提高消费者维护自身合法权益的能力，引导文明、健康、节约资源和保护环境的消费方式；（二）参与制定有关消费者权益的法律、法规、规章和强制性标准；（三）参与有关行政部门对商品和服务的监督、检查；（四）就有关消费者合法权益的问题，向有关部门反映、查询，提出建议；（五）受理消费者的投诉，并对投诉事项进行调查、调解；（六）投诉事项涉及商品和服务质量问题的，可以委托具备资格的鉴定人鉴定，鉴定人应当告知鉴定意见；（七）就损害消费者合法权益的行为，支持受损害的消费者提起诉讼或者依照本法提起诉讼；（八）对损害消费者合法权益的行为，通过大众传播媒介予以揭露、批评。各级人民政府对消费者协会履行职责应当予以必要的经费等支持。消费者协会应当认真履行保护消费者合法权益的职责，听取消费者的意见和建议，接受社会监督。依法成立的其他消费者组织依照法律、法规及其章程的规定，开展保护消费者合法权益的活动。”

29. 答案：B。《消费者权益保护法》第 37 条规定：“消费者协会履行下列公益性职责……（五）受理消费者的投诉，并对投诉事项进行调查、调解……”贾某作为消费者可以向消费者协会投诉。

《消费者权益保护法》第 11 条规定：“消

费者因购买、使用商品或者接受服务受到人身、财产损害的，享有依法获得赔偿的权利。”第40条第1款规定：“消费者在购买、使用商品时，其合法权益受到损害的，可以向销售者要求赔偿。销售者赔偿后，属于生产者的责任或者属于向销售者提供商品的其他销售者的责任的，销售者有权向生产者或者其他销售者追偿。”贾某有权要求销售者种子站因出售假良种对其造成的财产损失承担赔偿责任，也可以向生产者或者其他销售者进行追偿，因此选项B不正确。第15条规定，消费者享有对商品和服务以及保护消费者权益工作进行监督的权利，消费者有权检举、控告侵害消费者权益的行为。因此，贾某有权举报要求对种子站进行罚款。

30. 答案：A。甲公司是代销，标明“厂家直销”构成欺诈，A项应选。《反不正当竞争法》第8条规定，经营者销售或购买商品，可以以明示方式给对方回扣，可以给中间人佣金。C项不选。

31. 答案：D。《消费者权益保护法》第32条规定，各级人民政府工商行政管理部门和其他有关行政部门应当依照法律法规的规定，在各自的职责范围内，采取措施保护消费者的合法权益。有关行政部门应当听取消费者及其社会团体对经营者交易行为、商品和服务质量问题的意见，及时调查处理。因此钟某有权请媒体曝光，并要求工商管理机关严肃查处。A正确。《消费者权益保护法》第40条第2款规定，消费者或者其他受害人因商品缺陷造成人身、财产损害的，可以向销售者要求赔偿，也可以向生产者要求赔偿。B正确。《消费者权益保护法》第41条规定，经营者提供商品或服务，造成消费者或者其他受害人人身伤害的，应当支付医疗费、治疗期间的护理费、因误工减少的收入等费用，C正确。当事人提起仲裁需要有仲裁协议或仲裁条款。本题不符合这一规定，故D没有法律依据，应选。

32. 答案：D。根据《消费者权益保护法》第7条的规定，消费者在购买、使用商品和接受服务时享有人身、财产安全不受损害的权利。消费者有权要求经营者提供的商品和服务，符合保障人身、财产安全的要求。美容店应当对其提供的商品和服务负有保障其安全的义务，因而不论该美容店是否知道该产品为假名牌，都应当承担全部责任。故本题的正确答案应当是D。

33. 答案：B。《消费者权益保护法》第18条第1款规定，经营者应当保证其提供的商品或者服务符合保障人身、财产安全的要求。据此可知，经营者仅对自己为消费者提供的商品或服务负有安保义务。本案中，饭馆为郭某提供的是饮食服务，而非保管财物的服务，因此，饭店仅对自己为郭某提供的食品负有保障其人身安全的义务。

《民法典》第1198条规定，宾馆、商场、银行、车站、机场、体育场馆、娱乐场所等经营场所、公共场所的经营者、管理者或者群众性活动的组织者，未尽到安全保障义务，造成他人损害的，应当承担侵权责任。因第三人的行为造成他人损害的，由第三人承担侵权责任；经营者、管理者或者组织者未尽到安全保障义务的，承担相应的补充责任。经营者、管理者或者组织者承担补充责任后，可以向第三人追偿。据此可知，饭店应对消费者在自己经营范围内遭受的人身伤害负担安保义务。本题中，消费者郭某是因第三人的行为造成的财产损失，而非人身伤害。对此饭馆不承担安保义务。另外，根据上述规定可知，饭馆没有为消费者负担保管财物的法定责任，除非双方事先有保管协议。本题中，郭某进餐之前并没有将其财物交给饭馆保管，两者之间没有达成保管协议，因此饭馆不对郭某丢失的财物承担赔偿责任。综上，本题的正确答案是B，ACD项说法错误。

34. 答案：D。钱某不属于购买和使用高压锅的“消费者”，因而不能依据《消费者权益保护法》请求赔偿，故A项说法正确。根据《消费者权益保护法》第40条的规定，消费者或者其他受害人因商品缺陷造成人身、财产损害的，可以向销售者要求赔偿，也可以向生产者要求赔偿，故B项说法正确。如果高压锅不是缺陷产品，系赵某操作不当导致的损害，则生产者没有承担赔偿的法律责任，故C项说法正确。根据《产品质量法》第41条的规定，因产品存在缺陷造成人身、缺陷产品以外的其他财产损害的，生产者应当承担赔偿责任。生产者能够证明有下列情形的，不承担赔偿责任：将产品投入流通时的科学技术水平尚不能发现缺陷的存在的。该条规定并不是销售者——商场的免责事由，故D项说法错误。

35. 答案：B。《消费者权益保护法》第7条规定：“消费者在购买、使用商品和接受服务时享有人身、财产安全不受损害的权利。消费者有权要求经营者提供的商品和服务，符合保障人身、财产安全的要求。”自动取款机是银行为客户提供服务的一种延伸手段和设施，银行有义务确保消费者在尽到合理注意义务前提下的存取款的安全。在题述案例中，银行有义务确保其自动取款机的安全性，且甲对其银行卡和密码一直妥善保管，因而银行有义务承担由于其自动取款机未能排除犯罪团伙的不良装置而导致的损失。故B正确。

二、多项选择题

1. **答案**：AB。A对，根据《消费者权益保护法》第55条第1款规定：“经营者提供商品或者服务有欺诈行为的，应当按照消费者的要求增加赔偿其受到的损失，增加赔偿的金额为消费者购买商品的价款或者接受服务的费用的三倍；增加赔偿的金额不足五百元的，为五百元。法律另有规定的，依照其规定。”据此，本题中的市百货大楼的行为构成了欺诈，甲有权得到加倍赔偿。

   B对，《消费者权益保护法》第8条规定：“消费者享有知悉其购买、使用的商品或者接受的服务的真实情况的权利。消费者有权根据商品或者服务的不同情况，要求经营者提供商品的价格、产地、生产者、用途、性能、规格、等级、主要成份、生产日期、有效期限、检验合格证明、使用方法说明书、售后服务，或者服务的内容、规格、费用等有关情况。”据此，消费者的知悉真情权包含两层意思：①消费者在购买、使用商品或者接受服务时，有权询问、了解商品或服务的有关情况；②经营者提供的商品或服务的情况必须是真实的。对消费者来说，知情是消费活动中必不可少的，它是消费者决定购买某种商品、接受某项服务的前提。

   C错，《消费者权益保护法》第40条第1款规定：“消费者在购买、使用商品时，其合法权益受到损害的，可以向销售者要求赔偿。销售者赔偿后，属于生产者的责任或者属于向销售者提供商品的其他销售者的责任的，销售者有权向生产者或者其他销售者追偿。”

   D错，《消费者权益保护法》第39条规定：“消费者和经营者发生消费者权益争议的，可以通过下列途径解决：（一）与经营者协商和解；（二）请求消费者协会或者依法成立的其他调解组织调解；（三）向有关行政部门投诉；（四）根据与经营者达成的仲裁协议提请仲裁机构仲裁；（五）向人民法院提起诉讼。”上述5种途径由消费者自主选择，无顺位之分。

2. **答案**：ABCD。《消费者权益保护法》第50条规定：“经营者侵害消费者的人格尊严、侵犯消费者人身自由或者侵害消费者个人信息依法得到保护的权利的，应当停止侵害、恢复名誉、消除影响、赔礼道歉，并赔偿损失。”

3. **答案**：AD。王某受商场售货员及保安人员胁迫而非出于自愿地购买了商品，商场违反公平、自愿、平等原则，侵害了消费者公平交易权；商场迫使王某解开衣服等由其工作人员搜查，侵犯了王某人格尊严。参见《消费者权益保护法》第4、9、10、14条。

4. **答案**：BC。《消费者权益保护法》第26条规定：“经营者在经营活动中使用格式条款的，应当以显著方式提请消费者注意商品或者服务的数量和质量、价款或者费用、履行期限和方式、安全注意事项和风险警示、售后服务、民事责任等与消费者有重大利害关系的内容，并按照消费者的要求予以说明。经营者不得以格式条款、通知、声明、店堂告示等方式，作出排除或者限制消费者权利、减轻或者免除经营者责任、加重消费者责任等对消费者不公平、不合理的规定，不得利用格式条款并借助技术手段强制交易。格式条款、通知、声明、店堂告示等含有前款所列内容的，其内容无效。”因此，选项BC是正确答案。

5. **答案**：ABCD。消费者权利有安全保障权、知悉真情权、公平交易权、获取赔偿权、结社权、获取相关知识权、受尊重权、监督批评权。

6. **答案**：ABCD。《消费者权益保护法》第40条：“消费者在购买、使用商品时，其合法权益受到损害的，可以向销售者要求赔偿。销售者赔偿后，属于生产者的责任或者属于向销售者提供商品的其他销售者的责任的，销售者有权向生产者或者其他销售者追偿。消费者或者其他受害人因商品缺陷造成人身、财产损害的，可以向销售者要求赔偿，也可以向生产者要求赔偿。属于生产者责任的，销售者赔偿后，有权向生产者追偿。属于销售者责任的，生产者赔偿后，有权向销售者追偿。消费者在接受服务时，其合法权益受到损害的，可以向服务者要求赔偿。”

7. **答案**：AC。《消费者权益保护法》适用于消费品、直接用于农业生产的生产资料。

8. **答案**：ABCD。《消费者权益保护法》第9条：“消费者享有自主选择商品或者服务的权利。消费者有权自主选择提供商品或者服务的经营者，自主选择商品品种或者服务方式，自主决定购买或者不购买任何一种商品、接受或者不接受任何一项服务。消费者在自主选择商品或者服务时，有权进行比较、鉴别和挑选。”

9. **答案**：CD。《消费者权益保护法》第26条："经营者在经营活动中使用格式条款的，应当以显著方式提请消费者注意商品或者服务的数量和质量、价款或者费用、履行期限和方式、安全注意事项和风险警示、售后服务、民事责任等与消费者有重大利害关系的内容，并按照消费者的要求予以说明。经营者不得以格式条款、通知、声明、店堂告示等方式，作出排除或者限制消费者权利、减轻或者免除经营者责任、加重消费者责任等对消费者不公平、不合理的规定，不得利用格式条款并借助技术手段强制交易。格式条款、通知、声明、店堂告示等含有前款所列内容的，其内容无效。”

10. **答案**：ABD。《消费者权益保护法》第49条："经营者提供商品或者服务，造成消费者或者其他受害人人身伤害的，应当赔偿医疗费、护理费、交通费等为治疗和康复支出的合理费用，以及因误工减少的收入。造成残疾的，还应当赔偿残疾生活辅助具费和残疾赔偿金。造成死亡的，还应当赔偿丧葬费和死亡赔偿金。”

11. **答案**：ACD。《消费者权益保护法》第48条："经营者提供商品或者服务有下列情形之一的，除本法另有规定外，应当依照其他有关法律、法规的规定，承担民事责任：（一）商品或者服务存在缺陷的；（二）不具备商品应当具备的使用性能而出售时未作说明的；（三）不符合在商品或者其包装上注明采用的商品标准的；（四）不符合商品说明、实物样品等方式表明的质量状况的；（五）生产国家明令淘汰的商品或者销售失效、变质的商品的；（六）销售的商品数量不足的；（七）服务的内容和费用违反约定的；（八）对消费者提出的修理、重作、更换、退货、补足商品数量、退还货款和服务费用或者赔偿损失的要求，故意拖延或者无理拒绝的；（九）法律、法规规定的其他损害消费者权益的情形。经营者对消费者未尽到安全保障义务，造成消费者损害的，应当承担侵权责任。”故ACD对。

12. **答案**：ABCD。《消费者权益保护法》第24条："经营者提供的商品或者服务不符合质量要求的，消费者可以依照国家规定、当事人约定退货，或者要求经营者履行更换、修理等义务。没有国家规定和当事人约定的，消费者可以自收到商品之日起七日内退货；七日后符合法定解除合同条件的，消费者可以及时退货，不符合法定解除合同条件的，可以要求经营者履行更换、修理等义务。依照前款规定进行退货、更换、修理的，经营者应当承担运输等必要费用。”

13. **答案**：BCD。《消费者权益保护法》第45条："消费者因经营者利用虚假广告或者其他虚假宣传方式提供商品或者服务，其合法权益受到损害的，可以向经营者要求赔偿。广告经营者、发布者发布虚假广告的，消费者可以请求行政主管部门予以惩处。广告经营者、发布者不能提供经营者的真实名称、地址和有效联系方式的，应当承担赔偿责任。广告经营者、发布者设计、制作、发布关系消费者生命健康商品或者服务的虚假广告，造成消费者损害的，应当与提供该商品或者服务的经营者承担连带责任。社会团体或者其他组织、个人在关系消费者生命健康商品或者服务的虚假广告或者其他虚假宣传中向消费者推荐商品或者服务，造成消费者损害的，应当与提供该商品或者服务的经营者承担连带责任。”

14. **答案**：ABCD。见《消费者权益保护法》第42条："使用他人营业执照的违法经营者提供商品或者服务，损害消费者合法权益的，消费者可以向其要求赔偿，也可以向营业执照的持有人要求赔偿。”

第43条："消费者在展销会、租赁柜台购买商品或者接受服务，其合法权益受到损害的，可以向销售者或者服务者要求赔偿。展销会结束或者柜台租赁期满后，也可以向展销会的举办者、柜台的出租者要求赔偿。展销会的举办者、柜台的出租者赔偿后，有权向销售者或者服务者追偿。”

15. **答案**：BD。见《消费者权益保护法》第22条："经营者提供商品或者服务，应当按照国家有关规定或者商业惯例向消费者出具发票等购货凭证或者服务单据；消费者索要发票等购货凭证或者服务单据的，经营者必须出具。”

第27条："经营者不得对消费者进行侮辱、诽谤，不得搜查消费者的身体及其携带的物品，不得侵犯消费者的人身自由。”

16. **答案**：ABD。见《消费者权益保护法》第4、5、6条。第4条："经营者与消费者进行交易，应当遵循自愿、平等、公平、诚实信用的原则。"第5条："国家保护消费者的合法权益不受侵害。国家采取措施，保障消费者依法行使权利，维护消费者的合法权益。国家倡导文明、健康、节约资源和保护环境的消费方式，反对浪费。”第6条第1款：“保护消费者的合法权益是全社会的共同责任。”

17. 答案：ABCD。见《消费者权益保护法》第40、41、42、45条。第40条：“消费者在购买、使用商品时，其合法权益受到损害的，可以向销售者要求赔偿……消费者或者其他受害人因商品缺陷造成人身、财产损害的，可以向销售者要求赔偿，也可以向生产者要求赔偿……消费者在接受服务时，其合法权益受到损害的，可以向服务者要求赔偿。”故B对。第41条：“……因原企业分立、合并的，可以向变更后承受其权利义务的企业要求赔偿。”故A对。第42条：“使用他人营业执照的违法经营者提供商品或者服务，损害消费者合法权益的，消费者可以向其要求赔偿，也可以向营业执照的持有人要求赔偿。”故D对。第45条：“消费者因经营者利用虚假广告或者其他虚假宣传方式提供商品或者服务，其合法权益受到损害的，可以向经营者要求赔偿。广告经营者、发布者发布虚假广告的，消费者可以请求行政主管部门予以惩处。广告经营者、发布者不能提供经营者的真实名称、地址和有效联系方式的，应当承担赔偿责任。广告经营者、发布者设计、制作、发布关系消费者生命健康商品或者服务的虚假广告，造成消费者损害的，应当与提供该商品或者服务的经营者承担连带责任。社会团体或者其他组织、个人在关系消费者生命健康商品或者服务的虚假广告或者其他虚假宣传中向消费者推荐商品或者服务，造成消费者损害的，应当与提供该商品或者服务的经营者承担连带责任。”故C对。

18. 答案：ACD。《消费者权益保护法》第38条：“消费者组织不得从事商品经营和营利性服务，不得以收取费用或者其他牟取利益的方式向消费者推荐商品和服务。”

19. 答案：ABCD。见《消费者权益保护法》第39条。

20. 答案：ABD。《消费者权益保护法》第27条规定：“经营者不得对消费者进行侮辱、诽谤，不得搜查消费者的身体及其携带的物品，不得侵犯消费者的人身自由。”商场内公共区域设置监控录像设备合情合理，但是在试衣间设置监控录像设备侵犯了消费者的人身权，故选A；第20条第1款规定：“经营者向消费者提供有关商品或者服务的质量、性能、用途、有效期限等信息，应当真实、全面，不得作虚假或者引人误解的宣传。”柜台更换承租商户却未更换名称标牌，极易引起消费者的误解，故选B；第22条规定：“经营者提供商品或者服务，应当按照国家有关规定或者商业惯例向消费者出具发票等购货凭证或者服务单据；消费者索要发票等购货凭证或者服务单据的，经营者必须出具。”《消费者权益保护法》只规定了经营者出具服务单据的义务，并没有对经营者开具服务单据的最低限额作出规定，因此即便是消费额很低，经营者也不能以此为由，拒绝开具服务单据，故选D。关于C属于正常的市场经营行为，商家不承担退货义务，故C不入选。由此可知，本题答案为ABD。

21. 答案：AD。《消费者权益保护法》第20条规定，经营者应当向消费者提供有关商品或者服务的真实信息，不得作引人误解的虚假宣传。第23条规定，经营者应当保证在正常使用商品或接受服务的情况下其提供的商品或者服务应当具有的质量、性能、用途和有效期限；但消费者在购买商品或接受服务之前已经知道其存在瑕疵的除外。本题中，商场已经以张贴海报方式明示告知皮衣被水浸过的瑕疵事实，故无需承担退货责任。由此可知，本题答案为AD。

22. 答案：ABD。《消费者权益保护法》第8条第1款规定：“消费者享有知悉其购买、使用的商品或者接受的服务的真实情况的权利。”第10条规定：“消费者享有公平交易的权利。消费者在购买商品或者接受服务时，有权获得质量保障、价格合理、计量正确等公平交易条件，有权拒绝经营者的强制交易行为。”第11条：“消费者因购买、使用商品或者接受服务受到人身、财产损害的，享有依法获得赔偿的权利。”汽车公司拒绝就故障原因做出说明，侵犯了消费者的知悉真情权，故B正确。它拒绝对受害人提供赔偿，侵犯了消费者获取赔偿权，故D正确。关于A，《消费者权益保护法》还规定了消费者有获得安全保障的权利，因此A也是正确的。

23. 答案：ACD。根据《消费者权益保护法》第43条的规定，消费者在展销会、租赁柜台购买商品或者接受服务，其合法权益受到损害的，可以向销售者或者服务者要求赔偿。展销会结束或者柜台租赁期满后，也可以向展销会的举办者、柜台的出租者要求赔偿。展销会的举办者、柜台的出租者赔偿后，有权向销售者或者服务者追偿。选项A、C说法错误。丙公司是销售者，丁公司是生产者，李某可以向这两个公司要求赔偿。选项B说法正确。乙公司并不是家用电暖器的生产者和销售者，也不是展销会的举办者，不属于责任主体。选项D说法错误。展销会结束后，李某可以向展销会的举办者甲公司要求赔偿。

24. 答案：BCD。根据《食品安全法》第2条的规定，供食用的源于农业的初级产品（以下称食用农产品）的质量安全管理，遵守《中华人民共和国农产品质量安全法》的规定。但是，制定有关食用农产品的质量安全标准、公布食用农产品安全有关信息，应当遵守本法的有关规定。大米属于供食用的源于农业的初级产品，故A项说法错误，B项正确。根据《食品安全法》第77条的规定，县级以上质量监督、工商行政管理、食品药品监督管理部门履行各自食品安全监督管理职责，有权采取下列措施：（一）进入生产经营场所实施现场检查，故C项说法正确。根据《食品安全法》第82条的规定，国家建立食品安全信息统一公布制度。下列信息由国务院卫生行政部门统一公布：（一）国家食品安全总体情况；（二）食品安全风险评估信息和食品安全风险警示信息；（三）重大食品安全事故及其处理信息；（四）其他重要的食品安全信息和国务院确定的需要统一公布的信息。前款第二项、第三项规定的信息，其影响限于特定区域的，也可以由有关省、自治区、直辖市人民政府卫生行政部门公布。故D项说法正确。

25. 答案：ABD。根据本题的案例描述，可以确认张某从某网店购买的汽车坐垫并不存在质量问题，因而不适用《消费者权益保护法》第24条有关质量问题引起的退换货的规定。根据《消费者权益保护法》第25条的规定，经营者采用网络、电视、电话、邮购等方式销售商品，消费者有权自收到商品之日起7日内退货，且无需说明理由，但下列商品除外：(1) 消费者定作的；(2) 鲜活易腐的；(3) 在线下载或者消费者拆封的音像制品、计算机软件等数字化商品；(4) 交付的报纸、期刊。除前款所列商品外，其他根据商品性质并经消费者在购买时确认不宜退货的商品，不适用无理由退货。消费者退货的商品应当完好。经营者应当自收到退回商品之日起7日内返还消费者支付的商品价款。退回商品的运费由消费者承担；经营者和消费者另有约定的，按照约定。故A项说法错误，汽车坐垫不属于音像制品、计算机软件等数字化商品，不能以拆封作为拒绝退换的理由；B项说法错误，网店7日内退货不需要理由。C项说法正确。D项说法错误，经营者应当自收到退回商品之日起7日内返还消费者支付的商品价款。

26. 答案：ACD。根据《食品安全法》第54条的规定，食品经营者应当按照保证食品安全的要求贮存食品，定期检查库存食品，及时清理变质或者超过保质期的食品。故A项说法正确，B项说法错误。根据《消费者权益保护法》第49条的规定，经营者提供商品或者服务，造成消费者或者其他受害人人身伤害的，应当赔偿医疗费、护理费、交通费等为治疗和康复支出的合理费用，以及因误工减少的收入。造成残疾的，还应当赔偿残疾生活辅助具费和残疾赔偿金。造成死亡的，还应当赔偿丧葬费和死亡赔偿金。根据《消费者权益保护法》第55条第2款的规定，经营者明知商品或者服务存在缺陷，仍然向消费者提供，造成消费者或者其他受害人死亡或者健康严重损害的，受害人有权要求经营者依照本法第四十九条、第五十一条等法律规定赔偿损失，并有权要求所受损失2倍以下的惩罚性赔偿。根据《消费者权益保护法》第52条的规定，经营者提供商品或者服务，造成消费者财产损害的，应当依照法律规定或者当事人约定承担修理、重作、更换、退货、补足商品数量、退还货款和服务费用或者赔偿损失等民事责任。故C项说法正确，D项说法正确。

27. 答案：ABCD。本题需要参照最高人民法院指导案例1号的精神来作出判断。即彦某已经委托甲、乙两家中介公司出售，该信息并不属于甲公司的商业秘密，钱某通过正当途径在不同的中介公司了解到房源信息，并自主选择价格低、服务好的中介公司属于合法行为，因而C、D项说法均是错误的。单纯地来看防“跳单”条款本身并不是违法的，并不属于限制消费者自主选择权的行为，而甲公司根据彦某的委托发布房源的价格信息本身也并未侵害消费者的公平交易权，故A、B项说法也是错误的。

28. 答案：AB。根据《消费者权益保护法》第8条的规定，消费者享有知悉其购买、使用的商品或者接受的服务的真实情况的权利。消费者有权根据商品或者服务的不同情况，要求经营者提供商品的价格、产地、生产者、用途、性能、规格、等级、主要成份、生产日期、有效期限、检验合格证明、使用方法说明书、售后服务，或者服务的内容、规格、费用等有关情况。乙公司在甲办理手机通信服务时未能全面说明有关业务的重要规定，导致甲未能获知与服务有关的重要规定，属于侵犯消费者知情权的情形，乙公司理应在甲方办理业务时说明有关暂停服务等情形的特别规定。故A、B项说法正确。根据《消费者权益保护法》第53条的规定，经营者以预收款方式提供商品或者服务的，应当按照约定提供。未按照约定提供的，应当按照消费者的要求履行约定或者退回预付款；并应当承担预付款的利息、消费者必须支付的合理费用。本案例中乙方提供了服务，只是没有提醒甲有关暂停服务的特殊规定，故C项说法错误。乙公司在交易过程中并没有欺诈行为，因而不适用惩罚性赔偿的规定，故D项说法错误。

三、不定项选择题

1. 答案：（1）C。大勇电器超市发布布告的目的在于招揽顾客选购自己的商品，布告中没有合同得以成立的主要条款，也没有发布人希望订立合同并愿受其拘束的意思表示，因此该布告只是要约邀请，不构成要约。

（2）A。《消费者权益保护法》第40条第2款规定："消费者或者其他受害人因商品缺陷造成人身、财产损害的，可以向销售者要求赔偿，也可以向生产者要求赔偿。属于生产者责任的，销售者赔偿后，有权向生产者追偿。属于销售者责任的，生产者赔偿后，有权向销售者追偿。"

（3）C。该电饭锅所存在的瑕疵并不导致对人身的健康或安全造成危害，只是在某些功能上达不到新产品的要求。如果超市在销售过程中已经明示消费者，则不再承担质量保证责任，消费者在购买此类处理品时，有自己的意思判断，应自己承担责任，不可要求退货，也不可要求超市给予赔偿。

2. 答案：（1）BCD。《消费者权益保护法》第26条："经营者在经营活动中使用格式条款的，应当以显著方式提请消费者注意商品或者服务的数量和质量、价款或者费用、履行期限和方式、安全注意事项和风险警示、售后服务、民事责任等与消费者有重大利害关系的内容，并按照消费者的要求予以说明。经营者不得以格式条款、通知、声明、店堂告示等方式，作出排除或者限制消费者权利、减轻或者免除经营者责任、加重消费者责任等对消费者不公平、不合理的规定，不得利用格式条款并借助技术手段强制交易。格式条款、通知、声明、店堂告示等含有前款所列内容的，其内容无效。"

《消费者权益保护法》第14条规定："消费者在购买、使用商品和接受服务时，享有人格尊严、民族风俗习惯得到尊重的权利，享有个人信息依法得到保护的权利。"

综上所述，本题中的超市在入口处的标牌上所写内容违背了《消费者权益保护法》第26条的规定。超市以店堂告示的方式作出侵犯消费者人格尊严的意思表示，同时也违反了《消费者权益保护法》第14条规定。

（2）ABCD。《消费者权益保护法》第39条规定："消费者和经营者发生消费者权益争议的，可以通过下列途径解决：（一）与经营者协商和解；（二）请求消费者协会或者依法成立的其他调解组织调解；（三）向有关行政部门投诉；（四）根据与经营者达成的仲裁协议提请仲裁机构仲裁；（五）向人民法院提起诉讼。"据此，本题中的消费者朱某与超市的经营者协商不成，可以向消费者协会反映，如消协调解不成，则朱某可以向工商行政主管部门申诉，也可以直接向人民法院起诉。另外，如能与该商家达成仲裁协议，也可以提请仲裁机构仲裁解决。

3. 答案：（1）C。《消费者权益保护法》第40条第2款："消费者或者其他受害人因商品缺陷造成人身、财产损害的，可以向销售者要求赔偿，也可以向生产者要求赔偿。属于生产者责任的，销售者赔偿后，有权向生产者追偿。属于销售者责任的，生产者赔偿后，有权向销售者追偿。"

（2）ABCD。参见《消费者权益保护法》第39条。

（3）C。《消费者权益保护法》第49条："经营者提供商品或者服务，造成消费者或者其他受害人人身伤害的，应当赔偿医疗费、护理费、交通费等为治疗和康复支出的合理费用，以及因误工减少的收入。造成残疾的，还应当赔偿残疾生活辅助具费和残疾赔偿金。造成死亡的，还应当赔偿丧葬费和死亡赔偿金。"

（4）BC。《产品质量法》第45条："因产品存在缺陷造成损害要求赔偿的诉讼时效期间为二年，自当事人知道或者应当知道其权益受到损害时起计算。因产品存在缺陷造成损害要求赔偿的请求权，在造成损害的缺陷产品交付最初消费者满十年丧失；但是，尚未超过明示的安全使用期的除外。”

4. **答案**：（1）A。本题涉及终止服务合同具体承担的民事责任。依据《消费者权益保护法》，经营者提供服务，造成消费者财产损害的，应当按照消费者的要求，以退还服务费用或者赔偿损失等方式承担民事责任。本题中唐某与电信局是电信服务关系，因电信局的行为损害了唐某的权益，现唐某提出终止电信服务，电信局再继续占有双方建立服务关系时唐某缴纳的2000元的电话初装费，便没有法律上的依据，因此依法应全部予以退还。故选项A是正确的，B、C、D是错误的。

（2）C。本题涉及经营者提供服务造成消费者损失的具体责任承担。依据《消费者权益保护法》的规定，经营者提供服务，造成消费者损害的，应当赔偿消费者的损失。本题中电信局并未提供长途电信服务，却多收了300元的话费，造成了唐某300元直接经济损失和一定数额的利息间接损失，这种损失是电信局的行为所致，依据过错责任原则，应由电信局全部赔偿，故选项C是正确的。本题造成多收费的原因是技术故障，不存在欺诈行为，因此选项D是错误的。

（3）BD。本题涉及消费者权利。依据《消费者权益保护法》的规定，消费者有知情权和受尊重权。知情权是指消费者有知悉其接受服务的真实情况的权利，受尊重权是指消费者接受服务时享有其人格尊严受到尊重的权利。本题中首次出现话费多收时，唐某多次找到电信局请求作出解释并保证以后不再出现此类事情，电信局均未予确认，致使此后再次出现此类事情，而后唐某才知道是因技术故障造成的，这严重侵犯了唐某的知悉真情的权利。在唐某提出赔偿的请求后，电信局持异议，这本属于民事赔偿的纠纷，电信局却找到唐某的单位，在此后双方的交涉中电信局却称唐某讹诈，这对消费者而言是一种侮辱，因此电信局侵犯了消费者的受尊重权。荣誉与名誉是两个不同的概念。本案中，有人认为唐某意图讹诈电信局、动机不纯，唐某受损的是名誉、而不是荣誉。A项不选。电信收费在我国有统一的标准，造成多收的原因是技术故障，不是乱定收费标准，因此电信局侵犯唐某的公平交易权的表述错误。

（4）AB。本题涉及民事诉讼地域管辖。《民事诉讼法》第23条规定：“因合同纠纷提起的诉讼，由被告住所地或者合同履行地人民法院管辖。”本题中合同履行地在唐某的电话安装地点，即某市南区，因此该区人民法院有管辖权，A选项正确。本题中电信局作为被告，其经营场所为某市北区，因此按照原告就被告的原则，北区人民法院也有管辖权，故B选项也正确。唐某与电信局之间的纠纷属于一般的民事纠纷，不在《民事诉讼法》第18条确定的中级人民法院的受案范围之内，因此某市中级人民法院不会受理。故C、D选项错误。

（5）ABC。本题涉及经营者违反《消费者权益保护法》承担的民事责任。本题中消费者选择终止合同的原因是经营者提供服务损害了消费者的权益，依据《消费者权益保护法》第50条、第52条的规定，人格尊严受到侵害的，应当停止侵害、恢复名誉、消除影响、赔礼道歉，并赔偿损失。经营者提供服务造成消费者财产损害的，应当以退还服务费用、赔偿损失等方式承担责任。因此，选项A、B、C是正确的。消除危险与消除影响是不同的，本题中对于唐某而言不存在任何人身、财产方面的危险，故选项D是错误的。

5. **答案**：（1）ABC。《消费者权益保护法》第18条第2款规定：“宾馆、商场、餐馆、银行、机场、车站、港口、影剧院等经营场所的经营者，应当对消费者尽到安全保障义务。”故王某、栗某作为消费者有权要求商场承担赔偿责任。故A正确。根据《产品质量法》第43条的规定：“因产品存在缺陷造成人身、他人财产损害的，受害人可以向产品的生产者要求赔偿，也可以向产品的销售者要求赔偿。属于产品的生产者的责任，产品的销售者赔偿的，产品的销售者有权向产品的生产者追偿。属于产品的销售者的责任，产品的生产者赔偿的，产品的生产者有权向产品的销售者追偿。”故B、C项说法正确。本题案例中产品缺陷是电梯厂造成的，因而即使亚林公司被要求赔偿后，其也可以向电梯厂追偿，且法律依据均为《产品质量法》，根据《消费者权益保护法》商场有义务保障消费者的安全，但在题述案例并未提到商场在对电梯运营管理过程中存在过错，因而商场不承担赔偿责任。故D项说法错误。

（2）ABCD。《消费者权益保护法》第49条规定：“经营者提供商品或者服务，造成消费者或者其他受害人人身伤害的，应当赔偿医疗费、护理费、交通费等为治疗和康复支出的合理费用，以及因误工减少的收入。造成残疾的，还应当赔偿残疾生活辅助具费和残疾赔偿金。造成死亡的，还应当赔偿丧葬费和死亡赔偿金。”故AB项正确。《民法典》第1183条第1款规定，侵害自然人人身权益造成严重精神损害的，被侵权人有权请求精神损害赔偿。故C项说法正确。根据《消费者权益保护法》第55条第2款的规定：“经营者明知商品或者服务存在缺陷，仍然向消费者提供，造成消费者或者其他受害人死亡或者健康严重损害的，受害人有权要求经营者依照本法第四十九条、第五十一条等法律规定赔偿损失，并有权要求所受损失二倍以下的惩罚性赔偿。”故D项说法正确。

四、名词解释

1. **答案**：消费者权益是指消费者依法享有的权利以及该权利受到保护时而给消费者带来的应得的利益。消费者权益的核心是消费者的权利，其有效实现是消费者权益从应然状态转化为实然状态的前提和基础；而对于消费者权利的实现直接提供法律保障的，则是消费者权益保护法。

2. **答案**：知悉真情权，又称获取信息权、知情权、了解权，是消费者享有的知悉其购买、使用的商品或者接受的服务的真实情况的权利。依据法律规定，消费者有权根据商品或服务的不同情况，要求经营者提供商品的价格、产地、生产者、用途、性能、规格、等级、主要成分、生产日期、有效期限、检验合格证明、使用方法说明书、售后服务，或者服务的内容、规格、费用等有关情况。

3. **答案**：公平交易权，是指消费者在购买商品或者接受服务时所享有的获得质量保障和价格合理、计量正确等公平交易条件的权利。为了保障消费者的公平交易权的实现，必须依反垄断法和反不正当竞争法等对劣质销售、价格不公、计量失度等不公平交易行为加以禁止。

4. **答案**：从法学的角度看，消费者是指为非营利性目的而购买、使用商品，接受服务的人员认定消费者须具备以下条件：第一，消费者应当是公民为生活目的而进行的消费，如果消费的目的是用于生产，则不属于消费者范畴；第二，消费者应当是商品或服务的受用者；第三，消费的客体既包括商品，也包括服务；第四，消费者主要是指个人消费。但是也有例外，如我国《消费者权益保护法》并没有明确规定消费者是指消费者个人，实质上就是既包括消费者个人，也包括单位或集体，只要是用于生活消费的，都属于消费者范畴。在我国，农业生产者为农业生产需要购买生产资料的也属于法律意义上的消费者。

   由于消费者在市场交易中的弱势地位，法律对“消费者”这一主体予以特别保护。

五、简答题

1. **答案**：经营者有义务提供一切真实信息，不作虚假宣传，这是消费者实现知情权的保障。这一义务包括：（1）经营者应当向消费者提供有关商品或者服务的真实信息不得作引人误解的虚假宣传；（2）经营者对消费者就其提供的商品或者服务的质量和使用方法等问题所提出的询问，应当作出真实、明确的答复；（3）商店提供的商品应当明码标价；（4）经营者应当标明其真实名称和标记；（5）租赁他人柜台或者场地的经营者，应当标明其真实名称和标记。

2. **答案**：消费者协会的职能包括以下几个方面：向消费者提供消费信息和咨询服务；参与有关行政部门对商品和服务的监督、检查；就有关消费者合法权益的问题，向有关行政部门反映、查询，提出建议；受理消费者的投诉，并对投诉事项进行调查、调解；投诉事项涉及商品和服务质量问题的，可以提请鉴定部门，鉴定部门应当告知鉴定结论；就损害消费者合法权益的行为，支持受损害的消费者提起诉讼；对损害消费者合法权益的行为，通过大众传播媒介予以揭露、批评。

3. **答案**：《消费者权益保护法》第7条规定，消费者在购买、使用商品和接受服务时享有人身、财产安全不受损害的权利，消费者有权要求经营者提供的商品和服务，符合保障人身、财产安全的要求。据此，消费者不但有权要求经营者提供的商品和服务本身是符合人身、财产安全要求的，而且有权要求经营者在其购买商品、接受服务时保障其人身、财产的安全。

   安全保障权是指消费者在购买、使用商品或者接受服务时，享有人身、财产安全不受侵犯的权利。为保障消费者安全保障权的实现，消费者有权要求经营者提供的商品或者服务，符合保障人身、财产安全的要求。

   安全保障权包括两个方面的内容：一是人

身安全权。人身权是我国宪法、民法等法律赋予公民最基本的生命安全权和消费者的健康安全权；二是财产安全权，消费者的财产不受损失的权利。

为保障消费者安全权的实现，经营者应当注意：第一，提供的商品或者服务应当符合人体健康和人身安全的国家标准或者行业标准；第二，对于暂时没有标准的，应当符合人体健康和人身安全要求；第三，对可能危及人体健康和安全的商品和服务，要事先向消费者作出真实的说明和明确的警示，并且表明或者说明正确的使用方法；第四，发现提供的商品或者服务有严重缺陷，即使消费者采用正确使用方法仍可能导致危害的，应当及时告诉，并且采取切实可行的措施。

4. **答案**：经营者收集、使用消费者个人信息，应当遵循合法、正当、必要的原则，明示收集、使用信息的目的、方式和范围，并经消费者同意。经营者收集、使用消费者个人信息，应当公开其收集、使用规则，不得违反法律、法规的规定和双方的约定收集、使用信息。

经营者及其工作人员对收集的消费者个人信息必须严格保密，不得泄露、出售或者非法向他人提供。经营者应当采取技术措施和其他必要措施，确保信息安全，防止消费者个人信息泄露、丢失。在发生或者可能发生信息泄露、丢失的情况时，应当立即采取补救措施。

六、论述题

答案：法律的价值是指法律规范所体现的立法者所追求的基本目标，亦即立法者通过这种法律规范对社会关系调整所要达到的目的。消费者权益保护法作为一种类型的法律，亦有其明确的价值取向，即消费者的人身、财产安全、交易安全和消费者福利。

1. 安全价值

安全是消费者权益保护法最基本的价值追求。安全包括人身安全和财产安全。消费者的人身安全是指消费者在购买、使用商品或接受服务时，其身体健康状况不会因经营者或其提供的商品、服务受到不良的影响。基本内容包括：不受不合理危险的侵害；不受不卫生因素的侵害；人身安全不受侵害。消费者安全是消费者的最基本利益形态，现代各国消费者权益保护法无一不是从消费者安全保护这一原点发展起来的。

消费者权益保护法主要是通过以下方式实现这一基本价值的：第一，从保护消费者的安全出发，对各种消费品的生产、销售、保管及消费服务的提供方式等提出基本的安全要求，促使经营者严格按这些要求从事生产、经营活动。第二，通过各种市场管理制度，防止不安全、不卫生的商品流入市场，及时清除消费市场中的不安全商品和隐患，使消费者的安全获得充分的保障。第三，通过各种消费教育和消费信息提供制度，促进消费信息的传播，提高消费者的素质，保证消费者掌握使用、消费商品、服务的方法，防止不安全事故的发生。第四，通过产品责任制度及其他消费者救济制度，加重经营者的责任，使经营者在经营活动中充分考虑消费者安全，并为消费者提供获得充分补偿的机会。

2. 交易公平价值

交易公平是指消费者在与经营者的交易中能够获得公平、平等的对待，消费者获得商品和服务与其支付的货币价值相当。由于市场的垄断、信息的不适当分布、现代消费交易形式的变化，消费者在消费交易中往往得不到公平的对待，因而必须通过法律对消费交易关系进行适度矫正。正视消费者与经营者的现实差异，通过规范经营者的行为来实现公平，正是消费者权益保护法的基本价值所在。

交易公平首先要求在消费交易中消费者能获得公正、平等的对待。第一，消费交易关系的建立与否，应当由消费者自主地作出决定，不得进行强迫交易。第二，消费者进行交易是在其对交易条件充分了解的基础上自愿作出的。第三，在交易过程中，消费者的意志应当得到充分的体现，即便采取标准合同的形式，亦应当给予消费者表达自己意思的机会。

交易公平还要求交易的结果对消费者公平。它主要有以下内容：第一，消费者支付的代价与其获得的商品的服务价值相当。是否相当，应根据市场平均价格水平或一般价格水平来进行判断。第二，对消费者不得施加交易之外的其他附加条件。

消费者权益保护法中公平交易价值主要是通过以下途径实现的：第一，通过各种市场竞争制度，维护公平竞争的市场环境，使消费者能在充分竞争的市场中获得有利于自己的交易环境。第二，通过消费合同等法律制度，直接规定交易条件，使经营者按照法律规定的条件与消费者进行交易。第三，通过各种市场管理制度，取缔各种不诚实的交易行为和交易习惯，使经营者依法诚实地进行各种经营活动。

3. 福利价值

增进消费者福利亦是消费者权益保护法最基本的价值追求。从广义上说，消费者安全和消费者交易的公平属于消费者福利的重要内容。

消费者福利是人类公共福利的一个重要组成部分。消费者权益保护法以此作为其基本的价值取向，便意味着它应从消费者的利益出发，通过对消费关系的法律调整，使得能够不断提高消费者的生活质量，提高消费者的物质、文化生活水平。

消费者福利的基本内容是消费需求满足。消费者需求的满足包括两个方面的内容：第一，从量的角度来看，应当有能够满足消费者某种需求的消费品或服务的存在。第二，从质的角度来看，各种消费资料和消费服务应能最大限度地满足消费者的需求。经营者要获得自身利益的实现，首先必须获得顾客，而要获得顾客，就必须不断地提高商品、服务质量。但这种机制的作用有可能受阻。市场垄断状态下，垄断经营者可以坐收垄断利润，而消费者由于缺乏选择，只能接受其经营的劣质商品。消费者权益保护法对消费者福利的促进主要侧重于保障消费者上述第二个方面需求的实现。

消费者权益保护法主要通过两种方式实现其促进消费者福利价值：第一，通过直接规定消费品和服务要求，迫使经营者生产的消费品和提供的服务符合这些要求；第二，通过各种市场管理制度，遏制影响市场促进商品服务质量机制发挥作用的各种因素，使市场本身固有的促进经营者改善经营管理、提高商品服务质量的功能能够充分地发挥出来。

七、案例分析题

1. 答案：（1）根据《消费者权益保护法》的规定，消费者在购买、使用商品或接受服务时享有人身、财产安全不受损害的权利，享有其人格尊严、民族风俗习惯得到尊重的权利。对经营者来说，经营者不得以格式合同、通知、声明、店堂告示等方式作出对消费者不公平、不合理的规定，或者减轻、免除其损害消费者合法权益应当承担的民事责任。根据以上规定，该商场没有权利搜查张某，也没有权利检查张某的物品，尽管该超市有告示在先，但该告示没有法律依据，并不受法律保护。因此，该超市侵犯了张某的人身权利和名誉权、维护安全权和保障安全权。

（2）虽然超市的保安人员当即对张某道歉，但这不能改变超市对张某权利侵犯的事实。根据《消费者权益保护法》的规定，该超市应当停止侵害、恢复名誉、消除影响、赔礼道歉，并赔偿损失。

2. 答案：（1）消费者知情权，是指消费者在购买商品、使用商品或接受服务时，知悉商品或服务的真实情况的权利。它有以下几层含义：第一，消费者有权要求经营者按照法律、法规规定的方式标明商品或服务的真实情况。如商品的价格，实行明码标价的制度。经营者必须做到价签、价目齐全，标价明确，字迹清晰；对于零售商业和个体工商户的商品价格标签，应包括品名、货号、规格、等级、计量单位、零售价格等主要内容；农副产品批发市场的产品，也应实行明码标价。此外，消费者有权要求经营者提供生产者、用途性能、主要成分等信息。第二，消费者在购买、使用商品或者接受服务时，有权询问和了解商品或服务的有关情况。第三，经营者在向消费者推出其商品或者服务时，应向消费者提供真实情况。《消费者权益保护法》第8条第2款规定："消费者有权根据商品或者服务的不同情况，要求经营者提供商品的价格、产地、生产者、用途、性能、规格、等级、主要成份、生产日期、有效期限、检验合格证明、使用方法说明书、售后服务，或者服务的内容、规格、费用等有关情况。"经营者应当向消费者提供有关商品或者服务的真实信息，对商品或者服务的质量等应当承担保证义务。

（2）应当退货。根据《消费者权益保护法》第24条和《产品质量法》第40条的规定，经营者售出的产品不符合以产品说明的方式表明的质量状况的，应承担修理、更换、退货的义务，造成损失的，应赔偿损失。

3. 答案：因为付某在此项争议中存在过失行为，即没有开箱验货后就直接砌用，致使修砌瓷砖无法退换，有过失责任。根据民法的基本原则，民事活动应该自愿、公平、等价有偿、诚实信用。在调解消费者和经营者、生产者权益争议时，各个平等主体都应讲究"自愿、公平、等价有偿、诚实信用”的原则，使各方都得到公平对待。

本案从一个新的角度说明了消费者与生产者、经营者争议的处理方法，即发生质量问题的纠纷并非全部为生产者、经营者的责任，在其中若存在消费者个人的过失行为，消费者对损失也应承担部分责任，这也是符合民法基本原则的。

4. 答案：（1）根据《消费者权益保护法》第34条的规定，曾某与运营商协商不成时，还可以通过请求消费者协会调解、向有关行政部门申诉以及向人民法院提起诉讼等途径保护自己的权利。如果争议双方协商一致，还可以向仲裁机构申请仲裁。

（2）违反了法定义务，运营商对自己的行为应当向消费者曾某承担民事责任。

第十三章　产品质量法律制度

基础知识图解

- 产品质量法概述
  - 产品与产品质量
  - 产品质量立法与产品质量法
  - 产品质量法与相关法的关系
  - 产品质量法的作用
- 产品质量监督管理体制
  - 产品质量监督管理体制
  - 产品质量检验制度
  - 产品质量标准制度
  - 企业质量体系认证和产品质量认证制度
  - 产品质量监督检查制度
  - 建立全社会对产品质量的监督管理系统
- 生产者、销售者的产品质量义务
  - 生产者的产品质量义务
    - 作为的义务
      - 产品应当符合内在质量的要求
      - 产品或其包装上的标识应当符合要求
      - 特殊产品的包装必须符合特定要求
    - 不作为的义务
  - 销售者的产品质量义务
    - 作为的义务
    - 不作为的义务
- 违反产品质量法的法律责任
  - 判断产品质量责任的依据
  - 损害赔偿
    - 产品瑕疵责任
    - 产品缺陷责任
  - 行政处罚
  - 刑事责任
  - 产品质量争议处理

配套测试

一、单项选择题

1. 下列关于《产品质量法》的叙述中错误的是：(　　)

A. 产品质量认证制度对于国内企业而言是强制性的

B. 国家对产品质量实行以抽查为主要方式的监督检查制度

C. 销售者应当执行进货检查制度，验明产品合格证明和其他标识

D. 剧毒、危险、易碎、储运中不能倒置以及有其他特殊要求的产品，其包装必须符合相应要求，有警示标志或者中文警示说明

2. 下列产品中哪一种应依照《产品质量法》的标准予以规范？(　　)

A. 某公司生产的 DVD

B. 家庭住宅

C. 某研究所正在研制的纳米材料

D. 坦克大炮

3. 美味公司发运一批鸡蛋，用印有“皮神牌皮鞋”的纸箱包装，在运输过程中，由于装卸工未轻拿轻放而损坏若干件，该损失应由下列哪个部门承担？(　　)

A. 美味公司　　　　B. 装卸公司

C. 运输公司　　　　　　D. 装卸工

4. 张颠在家看电视时，电视机突然爆炸，张颠被炸中头部，双目失明。后据质量检测专家鉴定，电视机发生爆炸的直接原因是电路设计问题。据此，应以下列何种依据判定生产者承担责任？(　　)

A. 产品默示担保条件　　B. 产品明示担保条件
C. 产品存在的缺陷　　D. 产品买卖合同约定

5. 佳美公司开发一种新化妆品，在送样检测时，发现存在重大缺陷，于是佳美公司将这批产品封存。后在准备销毁时，发现丢失 10 件化妆品，不久，即有人因使用了该公司丢失的化妆品而毁容，该人要求佳美公司赔偿损失。佳美公司不同意赔偿，下列最能支持佳美公司的理由是(　　)。

A. 该人如何得到化妆品的事实不清
B. 该人应向提供给其化妆品的人索赔
C. 该人偷盗化妆品，由此造成的损失应由其自负
D. 该化妆品尚未投入流通

6. 在中国内地设立的某外商独资企业主要生产某名牌高压锅系列产品。在投入中国内地市场前，该企业已在该产品的包装上用中文载明了产品名称、注册商标标识，该企业的具体地址及邮政编码、企业名称以及有奖销售广告，则该产品包装上还应当载明：(　　)。

A. 用英文标明上述题中已列出的项目
B. 该高压锅的生产日期及保质期
C. 该高压锅所用原料不锈钢的生产厂家及其技术指标
D. 警示说明，提出在何种情况下可能发生危险

7. 下列关于因产品缺陷造成受害人死亡，侵害人应当赔偿的范围的表述哪一项是正确的？(　　)

A. 以丧葬费和抚恤费为限
B. 以医疗费、丧葬费为限
C. 以丧葬费、死亡赔偿金以及死者生前扶养的人必要的生活费为限
D. 医疗费、治疗期间的护理费、因误工减少的收入、丧葬费、死亡赔偿金以及由死者生前扶养的人所必需的生活费等费用

8. 下列因产品缺陷导致人身受到伤害要求赔偿的诉讼时效期间的表述正确的是(　　)。

A. 诉讼时效期间应由人民法院在审判案件时决定
B.《产品质量法》规定，因产品缺陷导致人身受到伤害要求赔偿的诉讼时效期间为 2 年，因此《民法典》的规定是错误的
C.《产品质量法》与《民法典》的关系是特别法与普通法的关系，因产品缺陷导致人身受到伤害要求赔偿时，其诉讼时效期间应适用《产品质量法》的规定
D.《民法通则》规定，身体受到伤害要求赔偿的诉讼时效期间为 1 年

9. 根据《产品质量法》的规定，某食品加工厂生产袋装奶粉，应当在奶粉的包装袋上标明：(　　)。

A. 奶粉的生产日期即可
B. 奶粉的保质期即可
C. 奶粉的生产日期、保质期和失效日期必须同时具备，缺一不可
D. 奶粉的生产日期和安全使用期或失效日期

10. 国家根据国际通用的质量管理标准，推行(　　)。

A. 产品质量体系认证制度
B. 企业质量体系认证制度
C. 先进企业质量体系认证制度
D. 合格产品质量体系认证制度

11. 产品质量检验机构必须经(　　)人民政府市场监督管理部门或其授权的部门考核合格后，方可承担产品质量检验工作。

A. 县级以上
B. 设区的市级以上
C. 省级以上
D. 设区的市或省级以上

12. 产品责任，即违反产品质量义务的法律责任，是指(　　)违反产品质量义务应承担的法律后果。

A. 生产者、销售者
B. 经营者
C. 生产者、销售者、储运者
D. 生产者、销售者、储运者和对产品质量负有直接责任的人员

13. 因产品质量侵权而使生产者承担民事责任时，应遵循(　　)归责原则。

A. 无过错责任原则　　B. 过错推定原则
C. 过错责任原则　　D. 公平分担原则

14. 销售者承担产品质量侵权责任的归责原则是(　　)。

A. 无过错责任原则　　B. 过错推定原则
C. 过错责任原则　　D. 公平、合理原则

15. 生产者的法定免责事由不包括(　　)。

A. 未将产品投入流通的
B. 产品投入流通时，引起损害的缺陷尚不存在

C. 将产品投入流通时的科技水平尚不能发现缺陷的存在的
D. 其他法律规定的应该免责的

16. 甲公司是一家建筑公司，与建材公司乙签订了水泥和原沙的买卖合同。甲公司发现乙公司的水泥不符合合同约定的标号，原沙也不符合合同约定的压强标准，双方因此发生争议。关于此争议适用的法律，以下说法正确的是(　　)。
A. 这两种建材都适用《产品质量法》
B. 水泥适用《产品质量法》，原沙适用其他法律
C. 原沙适用《产品质量法》，水泥适用其他法律
D. 这两种建材都不适用《产品质量法》

17. 根据《产品质量法》的规定，对产品抽查的原则是(　　)。
A. 地方抽查的产品，国家不得另行重复抽查；下级抽查的产品，上级不得另行重复抽查
B. 只有国家有权抽查，地方无权抽查
C. 国家抽查的产品，地方不得另行重复抽查；上级抽查的产品，下级不得另行重复抽查
D. 国家和地方享有平等的抽查权

18. 某县市场监督管理部门对其辖区内市场上销售的酱油进行抽查时，发现三种品牌的酱油的卫生指标严重不合格，在对其生产者和销售者做出处罚的同时，又通过新闻媒体向社会发布了抽查结果。被处罚者对处罚无异议，但对发布抽查结果提出异议。以下几种说法正确的是(　　)。
A. 县级市场监督管理部门不享有监督抽查权，当然也没有对其抽查结果的公告发布权
B. 县级市场监督管理部门依法享有监督抽查权，同时也有对其抽查结果的公告发布权
C. 县级市场监督管理部门依法享有监督抽查权，但是其是否享有对其抽查结果的公告发布权，由其上级市场监督管理部门决定
D. 县级市场监督管理部门依法享有监督抽查权，但是没有对其抽查结果的公告发布权

19. 胡某购买一种品牌的保健品，但是该保健品的包装上及内部没有检验合格证明，在包装上只有保质期的标识，而没有生产日期；包装上列有主要成分，但是没有含量标识。胡某因此主张退货。对此，下列说法正确的是(　　)。
A. 因无法判断该产品是不合格产品，故退货理由不成立，经营者可不予退货
B. 因没有造成任何损害，经营者可不予退货
C. 标识与产品质量无关，不是退货的充分理由
D. 该保健品的标识不符合法律规定的要求，经营者应当退货

20. 某销售者销售的奶粉经市场监督管理部门抽查检验为不合格产品，该销售者对这一抽查结果有异议，决定向实施抽查检验的部门的上一级市场监督管理部门申请复检，那么，申请复检的法定时间是(　　)。
A. 自收到检验结果之日起 15 日内
B. 自收到检验结果之日起 20 日内
C. 自收到检验结果之日起 30 日内
D. 自收到检验结果之日起 45 日内

21. 关于产品质量检验机构，以下表述错误的是(　　)。
A. 产品质量检验机构必须经省级以上人民政府的市场监督管理部门或者其授权的部门考核合格才能从事产品质量检验、认证工作
B. 产品质量检验机构隶属于同级市场监督管理部门
C. 产品质量检验机构依法有权取消经营者使用认证标志的资格
D. 产品质量检验机构是社会中介组织

22. 张某在某商场购买一台全自动洗衣机，回家使用后发现该产品无法自动完成洗涤，于是向商场要求退换，商场认为洗衣机进货时无法检查验收，无法自动完成洗涤属于生产者的责任，顾客应向厂家索赔。问：张某应向谁要求退换？(　　)
A. 只能向生产者要求退换
B. 只能向销售者要求退换
C. 既可以向生产者要求退换，也可以向销售者要求退换
D. 由于张某在购买时没有开箱要求试验，所以不能要求退换

23. 依据《产品质量法》，根据产品标准和相应的技术要求由认证机构确认某一产品符合相应标准和相应技术要求的活动，是下列哪一项？(　　)
A. 企业质量体系认证　B. 产品质量认证
C. 安全认证　D. 合格认证

24.《产品质量法》规定，吊销营业执照的行政处罚由(　　)决定。
A. 市场监督管理部门
B. 技术监督管理部门
C. 人民法院
D. 仲裁机构

25. 当事人因产品质量发生纠纷时（　　）。
A. 必须向人民法院起诉
B. 必须首先通过协商或调解解决
C. 可以通过当事人各方的协议向仲裁机构申请仲裁
D. 必须先经过仲裁程序，不服仲裁的，才可向人民法院起诉

26. 在市场监督管理体制方面，我国采取的是(　　)。
A. 国务院和省政府两级
B. 国务院和省、市政府三级
C. 国务院和省、市、县政府四级
D. 国务院和县政府两级

27. 某酒厂用食用酒精勾兑制成白酒，使用本厂酿制的粮食白酒“幸福特曲”的包装及标贴向社会销售。该种勾兑制成的白酒理化、卫生指标符合国家标准，每瓶售价仅为“幸福特曲”的1/4，销售状况甚好。对该厂的上述做法应如何定性？（　　）
A. 属于以假充真行为
B. 有关指标符合国家标准，不属以假充真行为
C. 与“幸福特曲”差价显著，不属以假充真行为
D. 国家允许生产代粮白酒，不属以假充真行为

28. 关于产品缺陷责任，下列哪一选项符合《产品质量法》的规定？（　　）（司考 2008. 1. 25）
A. 基于产品缺陷的更换、退货等义务属于合同责任，因产品缺陷致人损害的赔偿义务属于侵权责任
B. 产品缺陷责任的主体应当与受害者有合同关系
C. 产品缺陷责任一律适用过错责任原则
D. 产品质量缺陷责任一律适用举证责任倒置

29. 根据《产品质量法》规定，下列哪一说法是正确的？（　　）（司考 2010. 1. 24）
A.《产品质量法》对生产者、销售者的产品缺陷责任均实行严格责任
B.《产品质量法》对生产者产品缺陷实行严格责任，对销售者实行过错责任
C. 产品缺陷造成损害要求赔偿的诉讼时效期间为二年，从产品售出之日起计算
D. 产品缺陷造成损害要求赔偿的请求权在缺陷产品生产日期满十年后丧失

30. 某企业明知其产品不符合食品安全标准，仍予以销售，造成消费者损害。关于该企业应承担的法律责任，下列哪一说法是错误的？（　　）（司考 2010. 1. 25）
A. 除按消费者请求赔偿实际损失外，并按消费者要求支付所购食品价款十倍的赔偿金
B. 应当承担民事赔偿责任和缴纳罚款、罚金的，优先支付罚款、罚金
C. 可能被采取的强制措施种类有责令改正、警告、停产停业、没收、罚款、吊销许可证
D. 如该企业被吊销食品生产许可证，其直接负责的主管人员五年内不得从事食品生产经营管理工作

31. 关于食品添加剂管制，下列哪一说法符合《食品安全法》的规定？（　　）（司考 2011. 1. 28）
A. 向食品生产者供应新型食品添加剂的，必须持有省级卫生行政部门发放的特别许可证
B. 未获得食品添加剂销售许可的企业，不得销售含有食品添加剂的食品
C. 生产含有食品添加剂的食品的，必须给产品包装加上载有“食品添加剂”字样的标签
D. 销售含有食品添加剂的食品的，必须在销售场所设置载明“食品添加剂”字样的专柜

32. 霍某在靓顺公司购得一辆汽车，使用半年后前去靓顺公司维护保养。工作人员告诉霍某该车气囊电脑存在故障，需要更换。霍某认为此为产品质量问题，要求靓顺公司免费更换，靓顺公司认为是霍某使用不当所致，要求其承担更换费用。经查，该车气囊电脑不符合产品说明所述质量。对此，下列哪一说法是正确的？（司考 2017. 1. 30）
A. 霍某有权请求靓顺公司承担违约责任
B. 霍某只能请求该车生产商承担免费更换责任
C. 霍某有权请求靓顺公司承担产品侵权责任
D. 靓顺公司和该车生产商应当连带承担产品侵权责任

二、多项选择题

1. 下列产品中适用《产品质量法》的有哪些？（　　）
A. 大地牌面粉
B. 光明牌牛奶
C. 长江大桥
D. 长江大桥上所用的水泥

2. 天山市市场监督管理部门抽查了本市的食品企业，并在媒体上公布了检查结果。美之味公司因对其产品被公布为不合格产品不服，对此，

黄律师提出以下意见。其中正确的是(　　)。

A. 当企业有异议时，市场监督管理部门应在复检之后再公布检查结果

B. 食品质量应由卫生检验部门进行检查，市场监督管理部门没有管辖权

C. 市场监督管理部门有管辖权

D. 电视台播放美之味公司食品不合格的行为，侵犯了美之味公司的名誉权

3. 张三在超市购买一个玻璃花瓶，回家后发现花瓶上的花纹实际上是裂缝，花瓶漏水，并被花瓶的裂缝划伤，于是要求超市退货并赔偿损失。超市与生产商交涉，生产商称此类花瓶是专用于插装塑料花，裂缝是专门制作出来的，有特殊的美学效果，且裂缝不影响使用，拒绝承担责任。经查，消费者所述属实。下列答案中正确的有(　　)。

A. 超市应予退换并赔偿损失

B. 超市在退换并赔偿损失后可向生产商追偿

C. 超市无过错，不应当对此负责

D. 张三被花瓶裂缝划伤，可向生产商直接索赔

4. 下列产品均未附加产品标识，其中不违反《产品质量法》的是(　　)。

A. 水果　　　　B. 大米

C. 木材　　　　D. 白酒

5. 某商店盘点库存一批过期罐头，经理指示，换上新标签继续出售，结果导致许多消费者上吐下泻，花费医药费甚巨，社会影响极为恶劣，对该行为可给予的处罚是：(　　)

A. 没收商店销售过期罐头

B. 处违法销售产品的价值金额 2 倍的罚款

C. 吊销营业执照

D. 责令立即停止销售

6. 生产者生产的产品质量应当符合(　　)。

A. 不存在危及人身、财产安全的不合理的危险，有国家标准、行业标准的，应符合该标准

B. 具备产品应具备的使用性能，但对存在的瑕疵作出说明的除外

C. 符合说明采用的产品标准及表明的质量状况

D. 所有的产品都必须附加产品标识

7. 下列关于产品或其包装上的标识正确的是(　　)。

A. 应有产品质量检验合格证明

B. 应有产品名称、生产厂家名称和厂址

C. 生产者在限期使用的产品上，标明生产日期和安全使用期或失效日期

D. 使用不当，易造成产品本身损坏或可能危及人身、财产安全的产品，应有警示标志或中文警示说明

8. 生产者必须遵循的义务包括(　　)。

A. 不得伪造产地

B. 应对其生产的产品质量负责

C. 不得生产国家明令淘汰的产品

D. 不得伪造或冒用认证标志

9. 判令承担产品质量责任的依据是(　　)。

A. 违反默示担保　　　　B. 违反明示担保

C. 产品质量有缺陷　　　D. 违约责任

10. 下列说法正确的有(　　)。

A. 因产品存在缺陷造成损害要求赔偿的诉讼时效期间为二年

B. 诉讼时效期间自当事人知道或应当知道其权益受损害时起计算

C. 这种损害赔偿请求权在造成损害的缺陷产品交付最初消费者满十年丧失

D. 十年的除斥期间不适用于尚未超过明示的安全使用期的

11. 侵犯消费者权益，造成人身损害，赔偿的具体范围包括(　　)。

A. 造成人身损害的，应支付医疗费、治疗期间的护理费、误工费及其他费用

B. 造成残疾的，还应支付残疾者生活自助用具费、生活补助费、残疾赔偿金以及由其扶养的人所必需的生活费

C. 造成死亡的，还应支付丧葬费、死亡赔偿金以及由死者生前扶养的人所必需的生活费等

D. 侵犯人格尊严或人身自由的，还应停止侵害、恢复名誉、消除影响、赔礼道歉，并赔偿损失

12. 某体育器材厂生产的拉力器，成品出厂前经检验员的严格检测，将有严重缺陷的产品存入废品库房。该库房的管理员从废品库房中私自拿了一件拉力器送给了其朋友。其朋友在正常使用的情况下因产品断裂而受到严重损害。对该损害的处理，以下说法正确的是(　　)。

A. 体育器材厂对受害者的损害不承担任何责任，库房管理员承担责任

B. 体育器材厂承担主要责任，库房管理员承担次要责任

C. 体育器材厂和库房管理员承担连带责任

D. 体育器材厂如果能举出充分证据证明受害者的产品不是在市场上购买的就免责

13. 下列各选项中，属于生产者必须承担的默示担保责任的是(　　)。

A. 电冰箱应当有冷冻和冷藏功能

B. 电热水器应当符合保障人身、财产安全的国家标准

C. 家具的质量状况应当和经营者展示的实物样品的质量状况相符

D. 使用不当容易造成人身、财产损害的产品应当有警示标识和中文警示说明

14. 下列各项中生产者依法可以免除责任的是(　　)。

A. 进口产品有缺陷，但是现有科技无法发现其缺陷的存在

B. 某产品是一个小偷从生产厂家的库房里偷出来以正常的价格卖给一消费者，该消费者在正常使用的情况下因产品缺陷造成损害

C. 一产品在运输过程中因承运人野蛮装卸造成损坏给用户造成损害

D. 某企业开发的新产品在投入市场流通之前赠送给部分消费者试用，因缺陷给消费者造成损害

15. 依照我国现行法律的规定，在下列主张中错误的是(　　)。

A.《产品质量法》规定，建设工程不适用本法，建设工程所用的管线是建设工程不可缺少的组成部分，因此也不适用《产品质量法》

B. 展销会的举办者与参展商签订了书面协议，约定参展产品造成买者损害的，其后果完全由参展者承担，因约定效力高于法律规定，故展销会的举办者可以据此免除一切责任

C. 某超市将严重变质、食用后必然危害人体健康的面条照样放于其货架上出售，但是其用醒目的标志注明“过期商品，一折出售”，因为超市已告知商品的瑕疵，所以超市即免除了对该面条的质量担保责任

D. 一消费者在购买的香肠里发现一根稻草，因为稻草并不是有毒有害物质，不会对人体造成损害，所以经营者可不承担产品质量责任

16. 依据《产品质量法》，下列哪些机构不得向社会推荐生产者的产品？(　　)

A. 市场监督管理局

B. 消费者协会

C. 产品质量检验机构

D. 产品质量研究学会

17. 依据《产品质量法》，下列有关产品责任归责原则的表述中，哪些是正确的？(　　)

A. 对生产者的产品责任采用严格责任的归责原则

B. 对生产者的产品责任采用过错责任的归责原则

C. 对销售者的产品责任采用严格责任的归责原则

D. 对销售者的产品责任采用过错责任的归责原则

18. 依据《产品质量法》，国家对产品质量实行以抽查为主要方式的监督检查制度，选项所列哪些产品是重点抽查的对象？(　　)

A. 影响国计民生的重要工业产品

B. 可能危及人体健康和人身、财产安全的产品

C. 消费者协会反映有质量问题的产品

D. 建设工程

19. 某合资企业生产的皮鞋，其包装上写有产品名称、鞋的型号、颜色，依据《产品质量法》对商品或其包装上标识的要求，还应写明下列哪些事项？(　　)

A. 应有皮鞋质量检验合格证明和皮鞋使用保养说明书

B. 应该标明生产日期

C. 应该有英文标明的产品名称、颜色及使用保养说明书

D. 生产厂家的名称和厂址

20. 依据《产品质量法》，销售者不得从事的行为包括下列哪些？(　　)

A. 降价销售即将到保质期的奶粉

B. 从河北购进一批葡萄，在商品标签上却标明新疆

C. 低于购进价格销售不太新鲜的水果

D. 销售的进口商品没有中文标识

21. 关于产品侵权责任的承担，下列说法中哪些是正确的？(　　)

A. 缺陷是由生产者造成的，生产者承担侵权责任

B. 缺陷是由销售者造成的，销售者承担侵权责任

C. 缺陷产品引起损害的，由生产者首先赔偿，然后根据情况向销售者或者其他责任者追偿

D. 缺陷不是由销售者造成的，但销售者不能指明生产者、供货者的，销售者应当承担责任

22. 关于产品质量合同责任与产品质量侵权责任的比较，下列说法中哪些是正确的？(　　)

A. 产品质量合同责任要求当事人之间有合同关系，而产品侵权责任则不一定要求当事人之间有合同关系

B. 产品质量合同责任的主体限于合同当事人，产品侵权责任的主体不限于合同当事人
C. 产品质量合同责任与产品质量侵权责任均适用过错责任原则
D. 产品质量合同责任与产品质量侵权责任均实行举证责任倒置

23.《产品质量法》所指的“不合格产品”包括下列哪几种？(　　)
A. 不符合以实物样品方式表明的质量状况的产品
B. 不符合在产品或其包装上注明产品标准的产品
C. 存在危及人身、财产安全的危险的产品
D. 不具备产品应当具备的使用性能的产品

24. 处理产品质量纠纷的方式有(　　)。
A. 协商　　B. 调解
C. 仲裁　　D. 诉讼

25. 下面有关销售者的义务的表述，正确的有(　　)。
A. 销售者应当执行进货检查验收制度，验明产品合格证明和其他标识
B. 销售者应当采取措施，保持销售产品的质量
C. 销售者不得销售失效、变质的产品
D. 销售者不得销售低性能的产品

26. 因产品存在缺陷造成人身、缺陷产品以外的其他财产损害的，在下述哪些情况下，生产者不承担赔偿责任？(　　)
A. 产品的修理者对其进行改装前没有缺陷的
B. 事故是由于外购件存在缺陷引起的
C. 产品是按国家标准组织生产并达到标准要求的
D. 产品投入流通时的科技水平尚不能发现缺陷存在的

27.《产品质量法》对生产者的产品质量义务规定有(　　)。
A. 产品质量应当具备应有的使用性能
B. 产品质量应当符合明示的质量状况
C. 不合格的产品不准出厂
D. 没有产品质量标准、未经质量检验机构检验的产品不准生产

28. 构成产品质量法律责任的要件有(　　)。
A. 生产者主观上有过错
B. 生产或销售了不符合产品质量要求的产品
C. 必须有人身伤亡或财产损失的事实
D. 产品质量不合格与财产损害事实之间有因果关系

29. 张某到一美容院进行护理，美容院使用甲厂生产的“水洁”牌护肤液为其做脸部护理，结果该护肤液系劣质产品，导致张某脸部皮肤严重灼伤，张某为此去医院治疗，花去近5000元医药费。关于此案例，下列哪些选项是正确的？(　　)
A. 张某有权要求美容院赔偿医药费
B. 张某有权要求甲厂赔偿医药费
C. 张某若向美容院索赔，可同时请求精神损害赔偿
D. 美容院若向张某承担了责任，则其可以向甲厂追偿

30. 孙某从某超市买回的跑步机在使用中出现故障并致其受伤。经查询得知，该型号跑步机数年前已被认定为不合格产品，超市从总经销商煌煌商贸公司依正规渠道进货。下列哪些选项是正确的？(　　)(司考2013.1.66)
A. 孙某有权向该跑步机生产商索赔
B. 孙某有权向煌煌商贸公司、超市索赔
C. 超市向孙某赔偿后，有权向该跑步机生产商索赔
D. 超市向孙某赔偿后，有权向煌煌商贸公司索赔

31. 某家具店出售的衣柜，如未被恰当地固定到墙上，可能发生因柜子倾倒致人伤亡的危险。关于此事，下列哪些说法是正确的？(　　)(司考2016.1.70)
A. 该柜质量应符合产品安全性的要求
B. 该柜本身或其包装上应有警示标志或者中文警示说明
C. 质检部门对这种柜子进行抽查，可向该店收取检验费
D. 如该柜被召回，该店应承担购买者因召回支出的全部费用

32. 李某从超市购得橄榄调和油，发现该油标签上有“橄榄”二字，侧面标示“配料：大豆油、橄榄油”，吊牌上写明“添加了特等初榨橄榄油”，遂诉之。经查，李某事前曾多次在该超市“知假买假”。关于此案，下列哪些说法是正确的？(　　)(司考2016.1.71)
A. 该油的质量安全管理，应遵守《农产品质量安全法》的规定
B. 该油未标明橄榄油添加量，不符合食品安全标准要求
C. 如李某只向该超市索赔，该超市应先行赔付
D. 超市以李某“知假买假”为由进行抗辩的，法院不予支持

三、名词解释

1. 产品质量认证制度（中国人民大学2013年考研真题）
2. 产品瑕疵（中国人民大学2011年考研真题）
3. 产品责任

四、简答题

1. 简述我国产品质量法关于产品责任时效的规定。
2. 简述产品责任的性质及归责原则。
3. 产品责任的概念和构成要件。（西南政法大学2010年考研真题）
4. 简述产品召回与产品三包的区别。（中国政法大学2015年考研真题）

五、论述题

试说明产品质量（瑕疵）责任与产品（缺陷）责任的区别。

六、案例分析题

1. 某天上午，王某从某商场买回一高压锅。回家后发现高压锅的气垫圈坏了，因中午家里来了客人，王某便决定下午有空之后再去商场换一个。王妻买菜回家后，看见地上新买的锅非常高兴，在仔细看过各说明文书等文件、合格证后，按照说明书的规定开始做饭。不料却发生爆炸，使王妻眼睛被炸伤，治疗花出医药费2000多元。王某知道后与其妻共同向人民法院提起诉讼，要求商场赔偿自己买锅花销、医药费与精神损失费等。问：人民法院是否会支持王某的诉讼请求？
2. 某企业为了表示慰问，过年前将自产经检验合格但未投入流通的一批洗衣机作为福利分给职工。职工甲拿到厂里分的洗衣机后非常高兴，将洗衣机拉回家。恰逢妻子乙在，便让其帮忙用该洗衣机把家里的沙发罩等洗一下。结果，因洗衣机漏电，乙被当场电死。于是，甲向人民法院提起诉讼。问：甲若起诉该企业，能否胜诉？为什么？
3. 消费者李某到商店买了一个热水瓶，回到家后，他认真阅读了使用说明书，然后按照说明书上讲的方法冲水使用。当他把开水倒满以后，热水瓶突然发生爆炸。由于爆炸很突然，而且又是在他意料之外，尽管他尽力躲闪，可还是躲闪不及，他的手和脚均被开水烫伤，花去医疗费数百元。事后，李某找到出售热水瓶的商店，要求其赔偿，但商店营业员说："热水瓶爆炸是质量问题，不是商店造成的，商店不负赔偿损失。你应去找生产厂家。"李某认为，既然我从商店买了东西，商店就应该负责，于是向法院起诉，要求商店赔偿其因治疗烫伤而花费的医疗费用。问：商店是否应负赔偿责任？
4. 某市建筑公司从某建材进出口公司购进大理石15万吨。在验收时，发现有断头、裂痕等现象。经技术鉴定部门鉴定，该批大理石多方面的技术标准达不到国家标准的要求。后技术监督局经调查发现该建材进出口公司还有该种大理石20多万吨库存，决定予以查封。建材进出口公司的负责人提出该批大理石是根据某国进口商所提供的样品的指标制造的，后因该国外贸政策的变动，致使该批产品不能出口，于是转内销处理，因此其技术标准不能按照我国的质量标准来衡量。

   问题：(1) 对出口转内销的商品是否应适用《产品质量法》？

   (2) 如何确定我国《产品质量法》的适用范围？
5. 李某在商场购买了一台电冰箱，冰箱附有产品合格证。李某买回冰箱3天后，发现冰箱噪声太大，就去商场要求退换，商场称冰箱的质量是合格的，稍有一些噪声在刚开始使用时是正常的。几天后，李某又发现冰箱的制冷性能不佳，后来则完全丧失了制冷性，李某又去找商场交涉，商场称冰箱不是他们生产的，冰箱不制冷属于冰箱的技术问题，要李某找生产厂家去解决。因生产厂家距离太远，李某不愿向厂家要求退换，坚持要求商场负责修理或退换，商场则不予理睬。双方僵持不下，李某向法院提起诉讼。

   问题：(1) 销售者即商场应对售出的有瑕疵的产品负责吗？

   (2) 本案中，商场应承担何种责任？
6. 2019年9月5日，吴某从某商场买回一台彩电，保修期为一年。开始，该彩电的图像、音响效果都不错。2021年2月3日，当吴某全家人正在收看节目时，发现彩电后面突然冒出黑烟，吴某赶紧叫家人都躲开，自己上前去拔电源。但是，还未等吴某切断电源，电视"轰"的一声发生了爆炸，将家中的家具和冰箱等炸坏，吴某由于躲避及时，只受了一点轻伤。事故发生后，吴某找到彩电生产厂家要求赔偿；该厂家认为吴某买的彩电早已过了保修期，因此对发生的损害不负责任。后吴某经多次交涉未果，向人民法院提起诉讼。

问：《产品质量法》对产品责任的诉讼时效是如何规定的？彩电生产厂家的理由是否成立？

7. 2020 年 3 月 20 日，李女士在人民商场购买了一只电吹风机。当日，李女士在正常使用该电吹风机过程中，因电吹风机漏电而被电流击伤，虽救治及时但仍造成手指残废。2021 年 4 月 2 日，李女士以人民商场为被告向法院提起诉讼，请求法院判令人民商场对其因触电致残承担赔偿责任。人民商场在答辩状中称：第一，根据《民法通则》的规定，因身体伤害要求赔偿的诉讼时效期间为一年，因此原告的起诉已过诉讼时效；第二，原告触电是由于电吹风机存在质量缺陷，被告作为产品销售者没有过错，因此原告无权要求人民商场承担赔偿责任，而应向电吹风机的生产者某省 B 电器厂要求赔偿。法院认为，被告的两条答辩理由均不成立，最后判人民商场败诉。

问：(1) 被告人民商场的第一条答辩理由为什么不成立？

(2) 被告人民商场的第二条答辩理由为什么不成立？

(3) 被告人民商场应承担哪些赔偿责任？

(4) 如果经鉴定，电吹风机漏电确系由于该产品的设计与制造工艺缺陷所致，人民商场赔偿后，对某省 B 电器厂享有什么权利？

参考答案

一、单项选择题

1. **答案**：A。《产品质量法》第14条第2款规定："国家参照国际先进的产品标准和技术要求，推行产品质量认证制度。企业根据自愿原则可以向国务院市场监督管理部门认可的或者国务院市场监督管理部门授权的部门认可的认证机构申请产品质量认证。经认证合格的，由认证机构颁发产品质量认证证书，准许企业在产品或者其包装上使用产品质量认证标志。"第15条第1款规定："国家对产品质量实行以抽查为主要方式的监督检查制度，对可能危及人体健康和人身、财产安全的产品，影响国计民生的重要工业产品以及消费者、有关组织反映有质量问题的产品进行抽查。抽查的样品应当在市场上或者企业成品仓库内的待销产品中随机抽取。监督抽查工作由国务院市场监督管理部门规划和组织。县级以上地方市场监督管理部门在本行政区域内也可以组织监督抽查。法律对产品质量的监督检查另有规定的，依照有关法律的规定执行。"第28条规定："易碎、易燃、易爆、有毒、有腐蚀性、有放射性等危险物品以及储运中不能倒置和其他有特殊要求的产品，其包装质量必须符合相应要求，依照国家有关规定作出警示标志或者中文警示说明，标明储运注意事项。"第33条规定："销售者应当建立并执行进货检查验收制度，验明产品合格证明和其他标识。"依此，只有A项的表述错误，对于产品质量认证是企业自愿进行的。
2. **答案**：A。《产品质量法》第2条规定："在中华人民共和国境内从事产品生产、销售活动，必须遵守本法。本法所称产品是指经过加工、制作，用于销售的产品。建设工程不适用本法规定；但是，建设工程使用的建筑材料、建筑构配件和设备，属于前款规定的产品范围的，适用本法规定。"A项属于用于销售的产品，B项属于建设工程，不属于《产品质量法》调整的范围，C、D项不属于用来销售的产品。
3. **答案**：A。《产品质量法》第28条规定："易碎、易燃、易爆、有毒、有腐蚀性、有放射性等危险物品以及储运中不能倒置和其他有特殊要求的产品，其包装质量必须符合相应要求，依照国家有关规定作出警示标志或者中文警示说明，标明储运注意事项。"本题中由于美味公司的包装没有警示标志或中文警示说明，故应自己承担损失。
4. **答案**：C。《产品质量法》第41条规定："因产品存在缺陷造成人身、缺陷产品以外的其他财产（以下简称他人财产）损害的，生产者应当承担赔偿责任……"
5. **答案**：D。《产品质量法》第41条规定："因产品存在缺陷造成人身、缺陷产品以外的其他财产（以下简称他人财产）损害的，生产者应当承担赔偿责任。生产者能够证明有下列情形之一的，不承担赔偿责任：（一）未将产品投入流通的；（二）产品投入流通时，引起损害的缺陷尚不存在的；（三）将产品投入流通时的科学技术水平尚不能发现缺陷的存在的。"
6. **答案**：D。不管是外资企业还是中资企业，其产品投入中国市场都应用中文标识，而不要求用外文标识；高压锅是耐用品，不属于限期使用产品，故不必在其包装上注明保质期，生产者也无义务说明产品原料及进货渠道，这实际上属于商业秘密范畴。但因高压锅可能发生爆炸等危险，故应作充分的中文警示说明。参见《产品质量法》第26、27条。
7. **答案**：D。《产品质量法》第44条规定："因产品存在缺陷造成受害人人身伤害的，侵害人应当赔偿医疗费、治疗期间的护理费、因误工减少的收入等费用；造成残疾的，还应当支付残疾者生活自助具费、生活补助费、残疾赔偿金以及由其扶养的人所必需的生活费等费用；造成受害人死亡的，并应当支付丧葬费、死亡赔偿金以及由死者生前扶养的人所必需的生活费等费用。

   因产品存在缺陷造成受害人财产损失的，侵害人应当恢复原状或者折价赔偿。受害人因此遭受其他重大损失的，侵害人应当赔偿损失。"
8. **答案**：C。《民法通则》已被废止，D项不选。《民法典》第188条第1款规定："向人民法院请求保护民事权利的诉讼时效期间为三年。法律另有规定的，依照其规定。"《产品质量法》第45条规定："因产品存在缺陷造成损害要求赔偿的诉讼时效期间为二年，自当事人知道或者应当知道其权益受到损害时起计算。因产品存在缺陷造成损害要求赔偿的请求权，在造成损害的缺陷产品交付最初消费者满十年丧失；但是，尚未超过明示的安全使用期的除外。”

9. **答案**：D。《产品质量法》第 27 条规定：“产品或者其包装上的标识必须真实，并符合下列要求：（一）有产品质量检验合格证明；（二）有中文标明的产品名称、生产厂厂名和厂址；（三）根据产品的特点和使用要求，需要标明产品规格、等级、所含主要成份的名称和含量的，用中文相应予以标明；需要事先让消费者知晓的，应当在外包装上标明，或者预先向消费者提供有关资料；（四）限期使用的产品，应当在显著位置清晰地标明生产日期和安全使用期或者失效日期；（五）使用不当，容易造成产品本身损坏或者可能危及人身、财产安全的产品，应当有警示标志或者中文警示说明。裸装的食品和其他根据产品的特点难以附加标识的裸装产品，可以不附加产品标识。”

10. **答案**：B。《产品质量法》第 14 条第 1 款规定：“国家根据国际通用的质量管理标准，推行企业质量体系认证制度。企业根据自愿原则可以向国务院市场监督管理部门认可的或者国务院市场监督管理部门授权的部门认可的认证机构申请企业质量体系认证。经认证合格的，由认证机构颁发企业质量体系认证证书。”

11. **答案**：C。《产品质量法》第 19 条：“产品质量检验机构必须具备相应的检测条件和能力，经省级以上人民政府市场监督管理部门或者其授权的部门考核合格后，方可承担产品质量检验工作。法律、行政法规对产品质量检验机构另有规定的，依照有关法律、行政法规的规定执行。”

12. **答案**：D。《产品质量法》第 61 条：“知道或者应当知道属于本法规定禁止生产、销售的产品而为其提供运输、保管、仓储等便利条件的，或者为以假充真的产品提供制假生产技术的，没收全部运输、保管、仓储或者提供制假生产技术的收入，并处违法收入百分之五十以上三倍以下的罚款；构成犯罪的，依法追究刑事责任。”故，除生产者、销售者外，储运者和对产品质量负有直接责任的人员，违反产品质量义务，亦应承担法律后果。

13. **答案**：A。《民法典》第 1202 条规定，因产品存在缺陷造成他人损害的，生产者应当承担侵权责任。这表明其适用的是无过错责任。

14. **答案**：C。由于销售者的过错使产品存在缺陷，造成他人人身、他人财产损害的，销售者应当承担赔偿责任。

15. **答案**：D。《产品质量法》第 41 条：“因产品存在缺陷造成人身、缺陷产品以外的其他财产（以下简称他人财产）损害的，生产者应当承担赔偿责任。生产者能够证明有下列情形之一的，不承担赔偿责任：（一）未将产品投入流通的；（二）产品投入流通时，引起损害的缺陷尚不存在的；（三）将产品投入流通时的科学技术水平尚不能发现缺陷的存在的。”

16. **答案**：B。《产品质量法》第 2 条第 2 款：“本法所称产品是指经过加工、制作，用于销售的产品。”水泥是经过加工的产品；原沙没有经过加工。

17. **答案**：C。《产品质量法》第 15 条第 2 款：“国家监督抽查的产品，地方不得另行重复抽查；上级监督抽查的产品，下级不得另行重复抽查。”

18. **答案**：D。《产品质量法》第 18 条规定，县级以上市场监督管理部门根据已经取得的违法嫌疑证据或者举报，对涉嫌违反本法规定的行为进行查处时，可以行使下列职权：（一）对当事人涉嫌从事违反本法的生产、销售活动的场所实施现场检查；（二）向当事人的法定代表人、主要负责人和其他有关人员调查、了解与涉嫌从事违反本法的生产、销售活动有关的情况；（三）查阅、复制当事人有关的合同、发票、帐簿以及其他有关资料；（四）对有根据认为不符合保障人体健康和人身、财产安全的国家标准、行业标准的产品或者有其他严重质量问题的产品，以及直接用于生产、销售该项产品的原辅材料、包装物、生产工具，予以查封或者扣押。第 24 条规定，国务院和省、自治区、直辖市人民政府的市场监督管理部门应当定期发布其监督抽查的产品的质量状况公告。

19. **答案**：D。本题关于产品包装的义务。《产品质量法》第 27 条：“产品或者其包装上的标识必须真实，并符合下列要求：（一）有产品质量检验合格证明；（二）有中文标明的产品名称、生产厂厂名和厂址；（三）根据产品的特点和使用要求，需要标明产品规格、等级、所含主要成份的名称和含量的，用中文相应予以标明；需要事先让消费者知晓的，应当在外包装上标明，或者预先向消费者提供有关资料；（四）限期使用的产品，应当在显著位置清晰地标明生产日期和安全使用期或者失效日期；（五）使用不当，容易造成产品本身损坏或者可能危及人身、财产安全的产品，应当有警示标志或者中文警示说明。裸装的食品和其他根据产品的特点难以附加标识的裸装产品，可以不附加产品标识。”

《消费者权益保护法》第16条：“经营者向消费者提供商品或者服务，应当依照本法和其他有关法律、法规的规定履行义务。经营者和消费者有约定的，应当按照约定履行义务，但双方的约定不得违背法律、法规的规定。经营者向消费者提供商品或者服务，应当恪守社会公德，诚信经营，保障消费者的合法权益；不得设定不公平、不合理的交易条件，不得强制交易。”可见，消费者对于包装不符合要求的产品可以要求退货。

20. 答案：A。《产品质量法》第15条第4款规定：“生产者、销售者对抽查检验的结果有异议的，可以自收到检验结果之日起十五日内向实施监督抽查的市场监督管理部门或者其上级市场监督管理部门申请复检，由受理复检的市场监督管理部门作出复检结论。”

21. 答案：B。《产品质量法》第19条：“产品质量检验机构必须具备相应的检测条件和能力，经省级以上人民政府市场监督管理部门或者其授权的部门考核合格后，方可承担产品质量检验工作。法律、行政法规对产品质量检验机构另有规定的，依有关法律、行政法规的规定执行。”故A对。第20条：“从事产品质量检验、认证的社会中介机构必须依法设立，不得与行政机关和其他国家机关存在隶属关系或者其他利益关系。”故B错误，D正确。第21条：“产品质量检验机构、认证机构必须依法按照有关标准，客观、公正地出具检验结果或者认证证明。产品质量认证机构应当依照国家规定对准许使用认证标志的产品进行认证后的跟踪检查；对不符合认证标准而使用认证标志的，要求其改正；情节严重的，取消其使用认证标志的资格。”故C对。

22. 答案：B。见《产品质量法》第40条：“售出的产品有下列情形之一的，销售者应当负责修理、更换、退货；给购买产品的消费者造成损失的，销售者应当赔偿损失：（一）不具备产品应当具备的使用性能而事先未作说明的；（二）不符合在产品或者其包装上注明采用的产品标准的；（三）不符合以产品说明、实物样品等方式表明的质量状况的。销售者依照前款规定负责修理、更换、退货、赔偿损失后，属于生产者的责任或者属于向销售者提供产品的其他销售者（以下简称供货者）的责任的，销售者有权向生产者、供货者追偿。销售者未按照第一款规定给予修理、更换、退货或者赔偿损失的，由市场监督管理部门责令改正……”

23. 答案：B。见《产品质量法》第14条的规定，国家参照国际先进的产品标准和技术要求，推行产品质量认证制度。

24. 答案：A。根据《产品质量法》第70条的规定，吊销营业执照的行政处罚由市场监督管理部门决定。

25. 答案：C。《产品质量法》第47条：“因产品质量发生民事纠纷时，当事人可以通过协商或者调解解决。当事人不愿通过协商、调解解决或者协商、调解不成的，可以根据当事人各方的协议向仲裁机构申请仲裁；当事人各方没有达成仲裁协议或者仲裁协议无效的，可以直接向人民法院起诉。”故除诉讼外，还有其他的方法解决民事纠纷，仲裁和诉讼均不是必经程序。

26. 答案：C。《产品质量法》第8条第1、2款：“国务院市场监督管理部门主管全国产品质量监督工作。国务院有关部门在各自的职责范围内负责产品质量监督工作。县级以上地方市场监督管理部门主管本行政区域内的产品质量监督工作。县级以上地方人民政府有关部门在各自的职责范围内负责产品质量监督工作。”

27. 答案：A。本题关于产品质量责任与义务。《产品质量法》第27条规定：“产品或者其包装上的标识必须真实……根据产品的特点和使用要求，需要标明产品规格、等级、所含主要成份的名称和含量的，用中文相应予以标明；需要事先让消费者知晓的，应当在外包装上标明，或者预先向消费者提供有关材料……”本题中酒厂用勾兑白酒冒充粮食白酒，使用粮食白酒的包装与标识向社会销售，违反了《产品质量法》的产品与包装真实性的要求，欺骗了消费者，构成了以假充真行为，故选项A是正确的。

28. 答案：A。根据《产品质量法》第41条规定，因产品存在缺陷造成人身、缺陷产品以外的其他财产损害的，生产者应当承担赔偿责任。生产者能够证明有下列情形之一的，不承担赔偿责任：（一）未将产品投入流通的；（二）产品投入流通时，引起损害的缺陷尚不存在的；（三）将产品投入流通时的科学技术水平尚不能发现缺陷的存在的。可以看出，产品缺陷责任并不强调产品缺陷责任主体与受害者之间是否存在合同关系，也不强调责任主体是否具有过错，其构成要件只是产品存在缺陷、造成人身或财产损失两个要件，采用的是严格责任原则，因而B项、C项的说法是错误的。另据《产品质量法》第42条的规定，由于销售者的过错使产品存在缺陷，造成人身、他人财产损害的，销售者应当承担赔偿责任。销售者不能指明缺陷产品的生产者也不能指明缺陷产品的供货者的，销售者应当承担赔偿责任。可见对于销售者的产品缺陷责任又是适用过错责任原则。D项说法错误，产品质量缺陷责任并不是一律适用举证责任倒置，受害人要证明产品存在缺陷。更换、退货属于对合同义务的违反，而缺陷致人损害的赔偿则属于特殊侵权行为的法律后果，故本题的正确答案是A。

29. 答案：B。选项A错误，选项B正确。我国《产品质量法》对生产者、销售者的产品缺陷责任分别作了不同的规定，对生产者实行严格责任，对销售者实行过错责任。选项C、D错误。《产品质量法》第45条规定，因产品存在缺陷造成损害要求赔偿的诉讼时效期间为二年，自当事人知道或者应当知道其权益受到损害时起计算。因产品存在缺陷造成损害要求赔偿的请求权，在造成损害的缺陷产品交付最初消费者满十年丧失；但是，尚未超过明示的安全使用期的除外。

30. 答案：B。选项A说法正确。《食品安全法》第148条第2款规定，生产不符合食品安全标准的食品或者经营明知是不符合食品安全标准的食品，消费者除要求赔偿损失外，还可以向生产者或者经营者要求支付价款十倍或者损失三倍的赔偿金；增加赔偿的金额不足一千元的，为一千元。但是，食品的标签、说明书存在不影响食品安全且不会对消费者造成误导的瑕疵的除外。

选项B说法错误。《食品安全法》第147条规定，违反本法规定，造成人身、财产或者其他损害的，依法承担赔偿责任。生产经营者财产不足以同时承担民事赔偿责任和缴纳罚款、罚金时，先承担民事赔偿责任。

选项C说法正确。《消费者权益保护法》第56条规定，经营者有下列情形之一，《产品质量法》和其他有关法律、法规对处罚机关和处罚方式有规定的，依照法律、法规的规定执行；法律、法规未作规定的，由工商行政管理部门责令改正，可以根据情节单处或者并处警告、没收违法所得、处以违法所得一倍以上五倍以下的罚款，没有违法所得的，处以一万元以下的罚款；情节严重的，责令停业整顿、吊销营业执照：（一）生产、销售的商品不符合保障人身、财产安全要求的……

选项D说法正确。《食品安全法》第135条第1款规定，被吊销许可证的食品生产经营者及其法定代表人、直接负责的主管人员和其他直接责任人员自处罚决定作出之日起五年内不得申请食品生产经营许可，或者从事食品生产经营管理工作、担任食品生产经营企业食品安全管理人员。

31. 答案：C。《食品安全法》第37条规定，利用新的食品原料生产食品，或者生产食品添加剂新品种、食品相关产品新品种，应当向国务院卫生行政部门提交相关产品的安全性评估材料。国务院卫生行政部门应当自收到申请之日起六十日内组织审查；对符合食品安全要求的，准予许可并公布；对不符合食品安全要求的，不予许可并书面说明理由。故A项说法错误，应当取得国务院卫生行政部门的许可。《食品安全法》第39条规定，国家对食品添加剂生产实行许可制度。从事食品添加剂生产，应当具有与所生产食品添加剂品种相适应的场所、生产设备或者设施、专业技术人员和管理制度，并依照本法第三十五条第二款规定的程序，取得食品添加剂生产许可。生产食品添加剂应当符合法律、法规和食品安全国家标准。也就是说，食品添加剂的生产是实行许可制度的，食品添加剂的销售并未要求实行许可制度，故B项说法错误。《食品安全法》第70条规定，食品添加剂应当有标签、说明书和包装。标签、说明书应当载明本法第六十七条第一款第一项至第六项、第八项、第九项规定的事项，以及食品添加剂的使用范围、用量、使用方法，并在标签上载明"食品添加剂"字样。故C项说法正确。D项说法错误，《食品安全法》并未要求销售含有食品添加剂的食品的，必须在销售场所设置载明"食品添加剂"字样的专柜。

32. 答案：A。根据《消费者权益保护法》第40条规定："消费者在购买、使用商品时，其合法权益受到损害的，可以向销售者要求赔偿。销售者赔偿后，属于生产者的责任或者属于向销售者提供商品的其他销售者的责任的，销售者有权向生产者或者其他销售者追偿。消费者或者其他受害人因商品缺陷造成人身、财产损害的，可以向销售者要求赔偿，也可以向生产者要求赔偿。属于生产者责任的，销售者赔偿后，有权向生产者追偿。属于销售者责任的，生产者赔偿后，有权向销售者追偿……”另外，《消费者权益保护法》第48条规定：“经营者提供商品或者服务有下列情形之一的，除本法另有规定外，应当依照其他有关法律、法规的规定，承担民事责任：……（四）不符合商品说明、实物样品等方式表明的质量状况的；……”因而A项说法正确，霍某与靓顺公司存在机动车的买卖合同，且车载气囊电脑存在质量问题，因而可以要求其承担违约责任。B项说法错误，虽然气囊电脑的质量问题不是销售者造成的，但是根据《消费者权益保护法》的前述规定，霍某可以向销售者靓顺公司主张维修、更换。C项说法错误，产品侵权责任成立的前提是消费者遭受了人身或财产损失。D项说法错误，销售者和生产者并不是连带责任，销售者有先行承担赔付责任的义务，如果是生产者的责任，则接下来由销售者向生产者追责。

二、多项选择题

1. **答案**：ABD。《产品质量法》第2条：“……本法所称产品是指经过加工、制作，用于销售的产品。建设工程不适用本法规定；但是，建设工程使用的建筑材料、建筑构配件和设备，属于前款规定的产品范围的，适用本法规定。”
2. **答案**：AC。BD项错误，《产品质量法》第24条规定：“国务院和省、自治区、直辖市人民政府的市场监督管理部门应当定期发布其监督抽查的产品的质量状况公告。”
3. **答案**：ABD。《产品质量法》第26条规定：“生产者应当对其生产的产品质量负责。产品质量应当符合下列要求：（一）不存在危及人身、财产安全的不合理的危险，有保障人体健康和人身、财产安全的国家标准、行业标准的，应当符合该标准；（二）具备产品应当具备的使用性能，但是，对产品存在使用性能的瑕疵作出说明的除外；（三）符合在产品或者其包装上注明采用的产品标准，符合以产品说明、实物样品等方式表明的质量状况。”据此，该花瓶存在危及人身安全的不合理的危险，属于产品质量问题，生产者应承担责任。

   《产品质量法》第43条规定：“因产品存在缺陷造成人身、他人财产损害的，受害人可以向产品的生产者要求赔偿，也可以向产品的销售者要求赔偿。属于产品的生产者的责任，产品的销售者赔偿的，产品的销售者有权向产品的生产者追偿。属于产品的销售者的责任，产品的生产者赔偿的，产品的生产者有权向产品的销售者追偿。”
4. **答案**：ABC。《产品质量法》第27条规定：“产品或者其包装上的标识必须真实，并符合下列要求：（一）有产品质量检验合格证明；（二）有中文标明的产品名称、生产厂厂名和厂址；（三）根据产品的特点和使用要求，需要标明产品规格、等级、所含主要成份的名称和含量的，用中文相应予以标明；需要事先让消费者知晓的，应当在外包装上标明，或者预先向消费者提供有关资料；（四）限期使用的产品，应当在显著位置清晰地标明生产日期和安全使用期或者失效日期；（五）使用不当，容易造成产品本身损坏或者可能危及人身、财产安全的产品，应当有警示标志或者中文警示说明。裸装的食品和其他根据产品的特点难以附加标识的裸装产品，可以不附加产品标识。”
5. **答案**：ABCD。《产品质量法》第52条规定，销售失效、变质的产品的，责令停止销售，没收违法销售的产品，并处违法销售产品货值金额二倍以下的罚款；有违法所得的，并处没收违法所得；情节严重的，吊销营业执照；构成犯罪的，依法追究刑事责任。本案中，商店的做法极为恶劣，且造成严重后果，可以予以以上所有处罚。依此，本题ABCD四项均属正确答案。
6. **答案**：ABC。《产品质量法》第26条：“生产者应当对其生产的产品质量负责。产品质量应当符合下列要求：（一）不存在危及人身、财产安全的不合理的危险，有保障人体健康和人身、财产安全的国家标准、行业标准的，应当符合该标准；（二）具备产品应当具备的使用性能，但是，对产品存在使用性能的瑕疵作出说明的除外；（三）符合在产品或者其包装上注明采用的产品标准，符合以产品说明、实物样品等方式表明的质量状况。”
7. **答案**：ABCD。《产品质量法》第27条：“产品或者其包装上的标识必须真实，并符合下列要求：（一）有产品质量检验合格证明；（二）有中文标明的产品名称、生产厂厂名和厂址；（三）根据产品的特点和使用要求，需要标明产品规格、等级、所含主要成份的名称和含量的，用中文相应予以标明；需要事先让消费者知晓的，应当在外包装上标明，或者预先向消费者提供有关资料；（四）限期使用的产品，应当在显著位置清晰地标明生产日期和安全使用期或者失效日期；（五）使用不当，容易造成产品本身损坏或者可能危及人身、财产安全的产品，应当有警示标志或者中文警示说明。裸装的食品和其他根据产品的特点难以附加标识的裸装产品，可以不附加产品标识。”

8. **答案**：ABCD。生产者的产品质量义务包括作为义务和不作为义务。作为义务有：产品质量符合要求；包装及产品标识符合要求。不作为义务有：不得生产国家明令淘汰的产品；不得伪造产地，冒用、伪造厂名、厂址；不得伪造或冒用认证标志、名优标志等质量标志。

9. **答案**：ABC。产品质量责任是指产品的生产者、销售者以及对产品质量负有直接责任的人违反《产品质量法》规定的产品质量义务应承担的法律后果。判定上述主体应承担产品质量责任的依据有三：一是违反默示担保义务。默示担保义务是指法律法规对产品质量作的强制性规定。二是违反明示担保义务。明示担保义务是指生产者、销售者以各种公开的方式就产品质量向消费者所做的说明或陈述。三是产品存在缺陷。产品缺陷是指产品存在危及人身、他人财产安全的不合理的危险，产品有保障人体健康和人身、财产安全的国家标准的，是指不符合该标准。

10. **答案**：ABCD。《产品质量法》第45条：“因产品存在缺陷造成损害要求赔偿的诉讼时效期间为二年，自当事人知道或者应当知道其权益受到损害时起计算。因产品存在缺陷造成损害要求赔偿的请求权，在造成损害的缺陷产品交付最初消费者满十年丧失；但是，尚未超过明示的安全使用期的除外。”

11. **答案**：ABCD。《产品质量法》第44条：“因产品存在缺陷造成受害人人身伤害的，侵害人应当赔偿医疗费、治疗期间的护理费、因误工减少的收入等费用；造成残疾的，还应当支付残疾者生活自助具费、生活补助费、残疾赔偿金以及由其扶养的人所必需的生活费等费用；造成受害人死亡的，并应当支付丧葬费、死亡赔偿金以及由死者生前扶养的人所必需的生活费等费用。因产品存在缺陷造成受害人财产损失的，侵害人应当恢复原状或者折价赔偿。受害人因此遭受其他重大损失的，侵害人应当赔偿损失。”

12. **答案**：AD。《产品质量法》第41条：“因产品存在缺陷造成人身、缺陷产品以外的其他财产（以下简称他人财产）损害的，生产者应当承担赔偿责任。生产者能够证明有下列情形之一的，不承担赔偿责任：（一）未将产品投入流通的；（二）产品投入流通时，引起损害的缺陷尚不存在的；（三）将产品投入流通时的科学技术水平尚不能发现缺陷的存在的。”

13. **答案**：ABCD。《产品质量法》第26条：生产者应当对其生产的产品质量负责。产品质量应当符合下列要求：（一）不存在危及人身、财产安全的不合理的危险，有保障人体健康和人身、财产安全的国家标准、行业标准的，应当符合该标准；（二）具备产品应当具备的使用性能，但是，对产品存在使用性能的瑕疵作出说明的除外；（三）符合在产品或者其包装上注明采用的产品标准，符合以产品说明、实物样品等方式表明的质量状况。第27条：……（五）使用不当，容易造成产品本身损坏或者可能危及人身、财产安全的产品，应当有警示标志或者中文警示说明。

14. **答案**：ABCD。参见《产品质量法》第41条、第26条的相关规定（具体见12、13题）。

15. **答案**：ABCD。《产品质量法》第2条第3款：“建设工程不适用本法规定；但是，建设工程使用的建筑材料、建筑构配件和设备，属于前款规定的产品范围的，适用本法规定。”故A应选。

《消费者权益保护法》第43条：“消费者在展销会、租赁柜台购买商品或者接受服务，其合法权益受到损害的，可以向销售者或者服务者要求赔偿。展销会结束或者柜台租赁期满后，也可以向展销会的举办者、柜台的出租者要求赔偿。展销会的举办者、柜台的出租者赔偿后，有权向销售者或者服务者追偿。”故B应选。

《消费者权益保护法》第18、19条：“经营者应当保证其提供的商品或者服务符合保障人身、财产安全的要求。对可能危及人身、财产安全的商品和服务，应当向消费者作出真实的说明和明确的警示，并说明和标明正确使用商品或者接受服务的方法以及防止危害发生的方法。宾馆、商场、餐馆、银行、机场、车站、港口、影剧院等经营场所的经营者，应当对消费者尽到安全保障义务。”“经营者发现其提供的商品或者服务存在缺陷，有危及人身、财产安全危险的，应当立即向有关行政部门报告和告知消费者，并采取停止销售、警示、召回、无害化处理、销毁、停止生产或者服务等措施。采取召回措施的，经营者应当承担消费者因商品被召回支出的必要费用。”故C应选。

第30条：“国家制定有关消费者权益的法律、法规、规章和强制性标准，应当听取消费者和消费者协会等组织的意见。”稻草非香肠国家标准中的原料，也非产品标注的原料，故D应选。

16. 答案：AC。见《产品质量法》第25条：“市场监督管理部门或者其他国家机关以及产品质量检验机构不得向社会推荐生产者的产品；不得以对产品进行监制、监销等方式参与产品经营活动。”

17. 答案：AD。见《产品质量法》第41条规定：因产品存在缺陷造成人身、缺陷产品以外的其他财产损害的，生产者应当承担赔偿责任。本条规定的是严格责任。生产者能够证明有下列情形之一的，不承担赔偿责任：（一）未将产品投入流通的；（二）产品投入流通时，引起损害的缺陷尚不存在的；（三）将产品投入流通时的科学技术水平尚不能发现缺陷的存在的。第42条：“由于销售者的过错使产品存在缺陷，造成人身、他人财产损害的，销售者应当承担赔偿责任。销售者不能指明缺陷产品的生产者也不能指明缺陷产品的供货者的，销售者应当承担赔偿责任。”

18. 答案：ABC。见《产品质量法》第15条的规定，国家对产品质量实行以抽查为主要方式的监督检查制度，对可能危及人体健康和人身、财产安全的产品，影响国计民生的重要工业产品以及消费者、有关组织反映有质量问题的产品进行抽查。

19. 答案：AD。见《产品质量法》第27条第1款：“产品或者其包装上的标识必须真实，并符合下列要求：（一）有产品质量检验合格证明；（二）有中文标明的产品名称、生产厂厂名和厂址；（三）根据产品的特点和使用要求，需要标明产品规格、等级、所含主要成份的名称和含量的，用中文相应予以标明；需要事先让消费者知晓的，应当在外包装上标明，或者预先向消费者提供有关资料；（四）限期使用的产品，应当在显著位置清晰地标明生产日期和安全使用期或者失效日期；（五）使用不当，容易造成产品本身损坏或者可能危及人身、财产安全的产品，应当有警示标志或者中文警示说明。”

20. 答案：BD。见《产品质量法》第36条：“销售者销售的产品的标识应当符合本法第二十七条的规定。”第37条：“销售者不得伪造产地，不得伪造或者冒用他人的厂名、厂址。”

21. 答案：ABD。见《产品质量法》第41条：“因产品存在缺陷造成人身、缺陷产品以外的其他财产（以下简称他人财产）损害的，生产者应当承担赔偿责任。生产者能够证明有下列情形之一的，不承担赔偿责任：（一）未将产品投入流通的；（二）产品投入流通时，引起损害的缺陷尚不存在的；（三）将产品投入流通时的科学技术水平尚不能发现缺陷的存在的。”

第42条：“由于销售者的过错使产品存在缺陷，造成人身、他人财产损害的，销售者应当承担赔偿责任。销售者不能指明缺陷产品的生产者也不能指明缺陷产品的供货者的，销售者应当承担赔偿责任。”

22. 答案：AB。产品质量责任是无过错责任，实行举证责任倒置原则；而产品质量合同责任是过错责任，实行谁主张谁举证原则。生产者免责条件的根据是《产品质量法》第41条第2款：“生产者能够证明有下列情形之一的，不承担赔偿责任：（一）未将产品投入流通的；（二）产品投入流通时，引起损害的缺陷尚不存在的；（三）将产品投入流通时的科学技术水平尚不能发现缺陷的存在的。”

23. 答案：ABCD。《产品质量法》第26条第2款：“产品质量应当符合下列要求：（一）不存在危及人身、财产安全的不合理的危险，有保障人体健康和人身、财产安全的国家标准、行业标准的，应当符合该标准；（二）具备产品应当具备的使用性能，但是，对产品存在使用性能的瑕疵作出说明的除外；（三）符合在产品或者其包装上注明采用的产品标准，符合以产品说明、实物样品等方式表明的质量状况。”

24. 答案：ABCD。《产品质量法》第47条：“因产品质量发生民事纠纷时，当事人可以通过协商或者调解解决。当事人不愿通过协商、调解解决或者协商、调解不成的，可以根据当事人各方的协议向仲裁机构申请仲裁；当事人各方没有达成仲裁协议或者仲裁协议无效的，可以直接向人民法院起诉。”

25. 答案：ABC。《产品质量法》第33、34、35条。

第33条：“销售者应当建立并执行进货检查验收制度，验明产品合格证明和其他标识。”

第34条：“销售者应当采取措施，保持销售产品的质量。”

第35条：“销售者不得销售国家明令淘汰并停止销售的产品和失效、变质的产品。”

26. 答案：AD。本题关于产品质量责任。依据

《产品质量法》第41条的规定，“因产品存在缺陷造成人身、缺陷产品以外的其他财产（以下简称他人财产）损害的，生产者应当承担赔偿责任。生产者能够证明有下列情形之一的，不承担赔偿责任：（一）未将产品投入流通的；（二）产品投入流通时，引起损害的缺陷尚不存在的；（三）将产品投入流通时的科学技术水平尚不能发现缺陷的存在的”。据此，选项A、D是正确的。

27. 答案：ABCD。见《产品质量法》第26条：“生产者应当对其生产的产品质量负责。产品质量应当符合下列要求：（一）不存在危及人身、财产安全的不合理的危险，有保障人体健康和人身、财产安全的国家标准、行业标准的，应当符合该标准；（二）具备产品应当具备的使用性能，但是，对产品存在使用性能的瑕疵作出说明的除外；（三）符合在产品或者其包装上注明采用的产品标准，符合以产品说明、实物样品等方式表明的质量状况。”

28. 答案：BCD。产品质量法律责任与一般侵权责任不同，即产品质量法律责任不要求生产者、销售者在主观上有过错（过失或故意），实行无过错责任原则。

29. 答案：ABCD。《产品质量法》第43条规定：“因产品存在缺陷造成人身、他人财产损害的，受害人可以向产品的生产者要求赔偿，也可以向产品的销售者要求赔偿。属于产品的生产者的责任，产品的销售者赔偿的，产品的销售者有权向产品的生产者追偿。属于产品的销售者的责任，产品的生产者赔偿的，产品的生产者有权向产品的销售者追偿。”故A、B、D正确。《民法典》第996条规定：“因当事人一方的违约行为，损害对方人格权并造成严重精神损害，受损害方选择请求其承担违约责任的，不影响受损害方请求精神损害赔偿。”张某身体受到侵害，他若向美容院索赔，可同时请求精神损害赔偿。因此C正确。

30. 答案：ABCD。根据《产品质量法》第46条的规定，本法所称缺陷，是指产品存在危及人身、他人财产安全的不合理的危险；产品有保障人体健康和人身、财产安全的国家标准、行业标准的，是指不符合该标准。题中的不合格产品一般是指不符合国家标准或行业标准，因而属于产品缺陷。根据《产品质量法》第42、43条的规定，由于销售者的过错使产品存在缺陷，造成人身、他人财产损害的，销售者应当承担赔偿责任。销售者不能指明缺陷产品的生产者也不能指明缺陷产品的供货者的，销售者应当承担赔偿责任。因产品存在缺陷造成人身、他人财产损害的，受害人可以向产品的生产者要求赔偿，也可以向产品的销售者要求赔偿。属于产品的生产者的责任，产品的销售者赔偿的，产品的销售者有权向产品的生产者追偿。属于产品的销售者的责任，产品的生产者赔偿的，产品的生产者有权向产品的销售者追偿。本题属于产品缺陷责任，故孙某既可以向生产者也可以向销售者要求赔偿，故A、B项正确。由于缺陷不是超市造成的，故超市赔偿后可以向其供货者或直接向生产者索赔，C、D项正确。

31. 答案：AB。根据《产品质量法》第13条的规定，可能危及人体健康和人身、财产安全的工业产品，必须符合保障人体健康和人身、财产安全的国家标准、行业标准；未制定国家标准、行业标准的，必须符合保障人体健康和人身、财产安全的要求。故A项说法正确。根据《产品质量法》第27条的规定，使用不当，容易造成产品本身损坏或者可能危及人身、财产安全的产品，应当有警示标志或者中文警示说明。故B项说法正确。根据《产品质量法》第15条第3款的规定，根据监督抽查的需要，可以对产品进行检验。检验抽取样品的数量不得超过检验的合理需要，并不得向被检查人收取检验费用。监督抽查所需检验费用按照国务院规定列支。故C项说法错误。因为并不是产品本身存在缺陷，而是安装方法有特定的要求，所以不应该召回，也不应当由经营者承担相关费用，故D项说法错误。

32. 答案：BCD。根据《农产品质量安全法》第2条的规定，本法所称农产品，是指来源于农业的初级产品，即在农业活动中获得的植物、动物、微生物及其产品。由于食用油不属于初级加工产品，故A项说法错误。根据《食品安全法》第67条的规定，预包装食品的包装上应当有标签。标签应当标明下列事项：（一）名称、规格、净含量、生产日期；（二）成分或者配料表……故B项说法正确，应当标明橄榄油添加量。根据《食品安全法》第148条的规定，消费者因不符合食品安全标准的食品受到损害的，可以向经营者要求赔偿损失，也可以向生产者要求赔偿损失。接到消费者赔偿要求的生产经营者，应当实行首负责任制，先行赔付，不得推诿；属于生产者责任的，经营者赔偿后有权向生产者追偿；属于经营者责任的，生产者赔偿后有权向经营者追偿。故C项说法正确。根据《最高人民法院关于审理食品药品纠纷案件适用法律若干问题的规定》，因食品、药品质量问题发生纠纷，购买者向生产者、销售者主张权利，生产者、销售者以购买者明知食品、药品存在质量问题而仍然购买为由进行抗辩的，人民法院不予支持。故D项说法正确。

三、名词解释

1. **答案**：产品质量认证制度是指依据产品标准和相应的技术要求，经认证机构确认，并通过颁发认证证书和认证标志来证明某一产品符合相应标准和技术要求的制度。

2. **答案**：产品瑕疵，广义地说，是指产品不符合其应当具有的质量要求；狭义地说，仅指一般性的质量问题，如产品外观、使用性能等方面的质量问题。

3. **答案**：产品责任是指产品生产者和销售者因违反产品质量法规定的产品质量要求而应当承担的责任，狭义的产品责任则仅指由于产品存在缺陷而导致的损害赔偿责任，其性质为侵权责任，各国大都实行严格责任原则。

四、简答题

1. **答案**：(1) 关于产品责任请求权时效

《产品质量法》第45条第2款规定："因产品存在缺陷造成损害要求赔偿的请求权，在造成损害的缺陷产品交付最初消费者满十年丧失；但是，尚未超过明示的安全使用期的除外。"

(2) 关于产品责任诉讼时效的特别规定

诉讼时效是平衡生产经营者利益和用户、消费者利益从而稳定社会经济关系的重要法律手段。我国《产品质量法》在借鉴各国经验的基础上，对产品责任诉讼时效作出了与美国《统一产品责任示范法》基本相同的规定。

(3) 关于抗辩事由

我国立足自己的国情，借鉴国外经验，规定了生产者对产品缺陷的免责事由：①未将产品投入流通。产品未进入流通，不可能对消费者产生损害。②产品投入流通时缺陷尚不存在。缺陷是在产品脱离生产者控制后，由其他人造成的。③产品投入流通时的科学技术尚不能发现缺陷存在。这是对发展风险免除责任的规定。在判定是否属于发展风险时，应以当时社会具有的科技水平为依据，不是依据生产者掌握的科技水平。如此规定，有助于鼓励科技进步，激励生产者开发新产品，使用新技术，将科技成果转化为现实生产力。

2. **答案**：产品责任是指产品生产者、销售者因生产、销售有缺陷产品致使他人遭受人身伤害、财产损失所应承担的民事赔偿责任。产品质量责任是指生产者、销售者以及对产品质量负有直接责任的责任者，因违反产品质量法所规定的产品质量义务所应承担的法律责任的制度。

产品责任包含在广义的"产品质量责任"概念中，仅限于因产品缺陷招致受害人人身、财产损害而发生的特殊侵权责任。两者是属概念与种概念的关系，是共性与个性的关系。一般认为产品责任的性质是民事责任中的一种特殊侵权责任，但也有学者认为是一种合同责任。

我国《产品质量法》采用过错责任原则与无过错责任原则并存的立法模式。《产品质量法》允许对销售缺陷产品造成人身、他人财产损害的销售者适用过错原则，在有关一般质量担保和瑕疵责任的条款中也适用过错原则。对缺陷产品致人损害的生产者以及不能指明缺陷产品生产者的销售者，均适用无过错责任原则。

3. **答案**：产品责任是指与产品有关的制造商、批发商或零售商等各方对产品因存在缺陷而在被正常使用过程中发生意外并造成用户或他人人身伤害和财产损失，依法应承担的经济赔偿责任。在责任保险领域内，产品责任保险是发展较为迅速的险种。零售商、批发商和制造商对由离开销售和生产场所的商品的使用或消费引起的伤害被认为是负有法律责任的。

构成要件：(1) 生产或销售了不符合产品质量要求的产品。即产品存在危及人身、他人财产安全的不合理的危险，或产品不符合保障人体健康和人身、财产安全的国家标准、行业标准。这里所说的产品是指经过加工、制作，用于销售的产品。建设工程、初级农产品等不包括在内；这里所说的产品缺陷包括设计缺陷、制造缺陷和警示说明缺陷。

(2) 不合格产品造成了他人财产、人身损害。这里所指的他人财产，是指缺陷产品以外的财产，至于缺陷产品自身的损害，购买者可以根据合同法律规定要求销售者承担违约责任，而非产品责任。遭受人身损害的受害者，可以是购买者、消费者，也可以是购买者、消费者之外的第三人。

(3) 产品缺陷与受害人的损害事实间存在因果关系。确认该种因果关系，一般应由受害人举证，受害人举证的事项为缺陷产品被使用或被消费、使用或者消费缺陷产品导致了损害的发生，但是对于高科技产品，理论上认为应有条件地适用因果关系推定理论。

4. 答案：三包是零售商对所售商品实行“包修、包换、包退”服务的简称。是指商品进入消费领域后，销售方对所售商品在一定期间内提供信用保证，即只要不是因为用户使用、保管不当，而是因为产品质量问题发生故障的，对所有的商品一律提供“包修、包换、包退”服务。从表面上看，缺陷产品召回和三包都是为了解决产品质量问题，维护消费者的合法权益，但两者在目的、适用对象、适用期间、适用范围上还是有很大的区别：

（1）目的不同。缺陷产品召回具有预防的功能，其目的是消除缺陷产品带来的安全隐患，维护公共利益。三包在本质上是物的瑕疵担保责任，其目的是通过提供一定期间内的信用保证，保护作为个体的消费者利益。

（2）适用对象不同。缺陷产品召回主要针对系统性、同一性的与安全有关的缺陷，这种缺陷一般是在一批产品上都存在，而且是与公共安全相关的。而三包主要针对的是随机偶然因素造成的产品不合格，这种不合格一般具有偶然性，也不一定与公共安全相关。

（3）适用期间不同。缺陷产品召回一般没有期间限制，只要发现产品存在可能导致消费者人身和财产损害的不合理危险，生产商就应该召回。而三包制度一般有明确的期间限制，如30日等，超过规定的期间，消费者就不能再享受三包服务。

（4）适用范围不同。虽然我国目前有明确规范的缺陷产品召回只限于汽车召回、儿童玩具召回、食品召回等，但原则上缺陷产品召回可以适用所有消费类产品。而三包制度有明确的使用范围，实行三包的产品目录由国务院有关部门规定和调整，未纳入三包范围的产品，不适用三包规定。

五、论述题

答案：产品责任又称产品侵权损害赔偿责任，是指产品存在可能危及人身、财产安全的不合理危险，造成消费者人身或者除缺陷产品外的其他财产损失后，缺陷产品的生产者、销售者应当承担的特殊的侵权法律责任。《产品质量法》规定的产品责任大致可以分为两类：一是生产者应当承担的产品责任，即产品存在缺陷，造成人身或者除缺陷产品外的其他财产损失后，缺陷产品的生产者应当承担的赔偿责任；二是销售者应当承担的产品责任，即销售者的过错使产品存在缺陷造成人身或者除缺陷产品外的其他财产损失后，销售者应当承担的责任。销售者不能指明缺陷产品的生产者或不能指明缺陷产品的供货人的，销售者也应当承担赔偿责任。适用严格责任原则确定和追究产品责任要符合以下要件：1. 产品有缺陷。产品缺陷，我国的产品质量法将其定义为“产品存在危及人身，他人财产安全的不合理的危险；产品有保障人体健康、人身、财产安全的国家标准、行业标准的，是指不符合该标准”。2. 有损害事实存在。即产品因缺陷造成了人身，缺陷产品以外的其他财产的损害。3. 产品缺陷与损害后果之间有因果关系。即是说损害的结果是由产品缺陷直接导致的。

产品质量责任是指生产者、销售者以及其他对产品质量负有责任的人违反我国《产品质量法》规定的产品义务所应当承担的法律责任。产品质量责任是一种综合的法律责任，《产品质量法》明确规定了认定产品质量责任的依据，主要有三个方面：一是国家法律、行政法规明确规定的对于产品质量必须满足的条件；二是明示了采用的标准，作为认定产品质量是否合格以及确定产品质量责任的依据；三是产品缺陷。其一，产品不具有产品应当具备的使用性能而事先未说明的；其二，产品质量不符合在产品或者其包装上注明采用的产品标准的；产品质量不符合产品说明书，实物样品等对产品质量状况所做说明或表明的。凡是出售的产品有上述情形之一的，销售者应当负责修理，更换，退货，给用户、消费者造成损失的，应当负责赔偿损失。

由此可见，产品质量责任与产品责任不是同一概念，两者有着明显的区别：首先，性质不同。产品责任是一种特殊的民事侵权，承担侵权责任；产品质量责任是生产者、销售者以及对产品质量有直接责任的人违反了法律、行政法规规定的质量要求，对其作为或不作为所应承担的法律后果。违反者承担的是违约责任。其次，责任主体不同。产品责任的主体只限于生产者和销售者，通常与生产者和销售者的雇员无关；但产品质量责任的责任主体除生产者和销售者外，还包括对产品质量负有直接责任的人。再次，两者的责任范围不同。产品责任是一种民事责任，生产者和销售者只承担侵权的损害赔偿责任；而产品质量责任除侵权损害赔偿责任以外，其责任形式还有合同责任、行政责任和刑事责任。另外，责任产生的时间不同。产品责任只能产生于损害结果发生之后，没有损害的事实就不可能产生产品责任；而产品质量责任则产生于产品的生产、销售、管理、使用、消费等任何一个环节，只要上述任何一个环节出现违反《产品质量法》规定的产品质量义务的行为或事实，就有可能产生产品质量责任。最后，产品责任由国家法律强制规定，在任何情况下都不得以当事人之间的协议变更；然而产品质量责任除一些情况外，不得以当事人的协议变更，即是说，存在一些当事人意思自治的可能性。这点上比产品责任规定要宽泛得多。

可以说，产品质量责任是包含产品责任概念在内的综合责任概念，产品责任是产品质量责任的内容之一。

六、案例分析题

1. **答案**：我国《产品质量法》第26条规定，产品质量应符合以下要求：（1）不存在危及人身、财产安全的不合理危险，有保障人体健康，人身、财产安全的国家标准、行业标准的，应当符合该标准；（2）具备产品应当具备的使用性能，但对产品存在使用性能的瑕疵作出说明的除外；（3）符合在产品或其包装上注明采用的产品标准，符合以产品说明、实物样品等方式表明的质量状况。在本案中，销售者在出售其商品时并未说明高压锅存在缺陷，即没有对产品存在的瑕疵作出说明，尽管王某已发现瑕疵，但王妻作为使用者已仔细读过所有的说明，也未发现产品瑕疵，已尽到了合理的注意义务。因而不产生使用不当的责任。《产品质量法》第43条规定，因产品存在缺陷造成人身、他人财产损害的，受害者可以向产品生产者要求赔偿，也可以向产品销售者要求赔偿，因而王某及王妻可以向商场提出赔偿请求。而《产品质量法》第41条规定因产品存在缺陷造成他人损害，侵害人应当赔偿医疗费、因误工减少的费用等，而没有规定对精神损害的赔偿。因而，人民法院可以判决商场赔偿王某买锅费用及王妻的医疗费用，而对其精神损害赔偿请求不予支持。

2. **答案**：我国《产品质量法》第41条规定，因产品存在缺陷造成人身、缺陷产品以外的其他财产（以下简称他人财产）损害的，生产者应承担赔偿责任。生产者能证明有下列情形之一的，不承担赔偿责任：（1）未将产品投入流通的；（2）产品投入流通时，引起损害的缺陷尚不存在的；（3）将产品投入流通时的科学技术水平尚不能发现缺陷存在的。本案中，产品尚未投入流通，因此生产者不承担赔偿责任。但因甲、乙均没有过错，故人民法院可以根据民法中的公平原则，判决该企业适当补偿甲。

3. **答案**：商店应负赔偿责任。《产品质量法》规定，销售者应当对其销售的产品质量负责，因产品存在缺陷造成人身、缺陷产品以外的其他财产损害的，销售者应承担赔偿责任。根据上述规定，商店应对其销售的产品造成的损害负赔偿责任。

4. **答案**：（1）出口转内销的商品应当遵循《产品质量法》。《产品质量法》第2条第1款规定："在中华人民共和国境内从事产品生产、销售活动，必须遵守本法。"

（2）《产品质量法》规定："本法所称产品是指经过加工、制作，用于销售的产品。""建设工程不适用本法规定。"国外的产品质量法基本不调整初级矿产品、农产品及不动产。为了与国际接轨并兼顾涉外产品责任的民事赔偿问题，所以本法也不调整初级农产品、矿产品及不动产。对于军工产品的质量，由国务院、中央军委另行制定办法进行监督管理，但军工企业生产的民用产品适用本法调整。

《产品质量法》规定的"从事产品生产、销售活动，必须遵守本法"，即本法调整的行为范畴。产品的经营活动，一般包括如下几个环节，即生产、运输、仓储、销售，本法只调整发生在生产和销售环节中的质量问题，不调整产品在运输和仓储活动中发生的质量问题，用户、消费者发现购买的产品有质量问题，也不可能直接向产品的承运人或仓储保管人查询，而只能向产品的生产者和销售者进行索赔。然后再由产品的生产者、销售者向运输和保管单位追偿，其权利义务关系由《民法典》进行调整。

5. **答案**：（1）商场应对售出的有瑕疵的产品负责。根据《产品质量法》规定，销售者在产品质量方面承担民事责任的具体形式主要是对售出的产品质量修理、更换、退货，给他人造成损害的，应承担损害赔偿责任。

（2）依照《产品质量法》的规定，商场应承担下列责任：修理、更换、退货。如因冰箱的质量不合格而导致其毁损或灭失，不能修理、更换或退货的，李某有权要求商场赔偿损失。商场应对售出的产品承担产品瑕疵担保责任。

6. 答案：《产品质量法》规定产品质量诉讼时效期间为2年。产品责任的2年诉讼时效从当事人知道或应当知道其权益受到损害时起计算，即因产品存在缺陷，造成人身伤害和财产损失后，受害人必须在2年的期限内向人民法院提起诉讼，否则就丧失了损害赔偿的胜诉权。需要注意的是，《产品质量法》是特别法，根据特别法优于普通法的原则，产品责任的诉讼时效应依《产品质量法》的规定。

因产品存在缺陷造成损害要求赔偿的请求权，在造成损害的缺陷产品交付最初用户、消费者满10年丧失。"交付最初用户、消费者"指侵害人将具有缺陷的产品交付给第一个使用该产品的人。自产品交付给最初用户和消费者时起10年内，如果因产品的缺陷造成了人身、财产损害，产品生产者、销售者应承担赔偿责任。超过10年，即使产品发生损害，受害人也丧失了请求赔偿的权利，侵害人也无承担赔偿责任的义务。

"尚未超过明示的安全使用期除外"，是指在有关产品的说明中，明确规定安全使用期限超过10年的，这时的请求权期限适用安全期的期限。《产品质量法》关于请求权期间为10年的规定，与《民法典》规定的最长诉讼时效期间为20年不同，应优先适用《产品质量法》。故，彩电生产厂家以已过保修期为由，拒不承担责任理由不成立。

7. 答案：(1)《产品质量法》规定，因产品存在缺陷造成损害，要求赔偿的诉讼时效为2年。《产品质量法》是特别法，应适用《产品质量法》。

(2)《产品质量法》规定，因产品缺陷造成人身、他人财产损害的，受害人可以向产品的生产者要求赔偿，也可以向产品的销售者要求赔偿。《消费者权益保护法》也规定，消费者或者其他受害人因商品缺陷而造成人身、财产损害的，可以向销售者要求赔偿，也可以向生产者要求赔偿。

(3) 人民商场应向李女士赔偿医疗费、因误工减少的收入，以及残疾者生活补助费等费用。

(4) 人民商场赔偿后，有权向某省B电器厂追偿。

第十四章　广告法律制度

基础知识图解

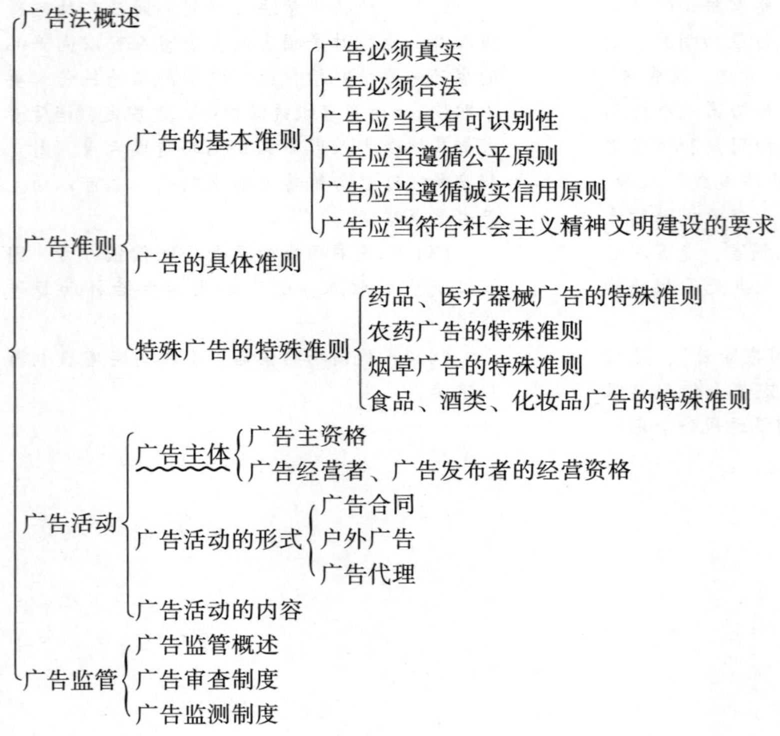

配套测试

一、不定项选择题

1. 我国广告的监管模式是（　　）。

A. 市场调节性

B. 自律主导型

C. 国家主导型

D. 协会监管性

2. 按广告合同的内容不同，可以将广告合同分为（　　）。

A. 发布业务广告合同

B. 市场调查广告合同

C. 经营者广告合同

D. 设计制作广告合同

二、名词解释

1. 广告主体

2. 广告活动

3. 广告代理

4. 广告审查

三、论述题

1. 试论广告法律制度中的基本准则。

2. 试论广告监管的模式。

参考答案

一、不定项选择题

1. **答案**：C。我国的广告监管模式采用国家主导型，即以政府监管为主，行业自律和社会监督为辅的模式。

2. **答案**：ABD。广告合同以内容为标准，可以分为发布业务合同、设计制作合同、市场调查合同与广告代理合同等。

二、名词解释

1. **答案**：广告主体又称广告活动主体，具体是指广告主、广告经营者和广告发布者。

2. **答案**：广告活动，是指广告主、广告经营者、广告发布者设计、制作、发布广告过程中的一系列行为的总称。

3. **答案**：广告代理，是指在广告活动中，广告主委托广告经营者设计、策划广告，广告发布者通过广告经营者承揽广告发布业务的形式。

4. **答案**：广告审查，是指在广告发布前对广告的内容依照法律、行政法规的规定进行审核的活动。它是广告监管中的事前预防机制，目的在于通过审查，防患于未然，确保广告的真实、合法，从而防止广告违法行为的发生。

三、论述题

1. **答案**：广告的基本准则，是指反映广告本质及内容的指导原则，也是广告法律制度进行监管的基本准则。

（一）广告必须真实

1. 广告真实性，是指广告内容必须客观、准确地介绍商品、服务的情况，不能含有虚假不实、引人误解的内容，不能欺骗和误导消费者。

广告不能含有虚假、夸大不实的内容。所谓虚假不实，是指捏造与商品内容不符的事实，从而使消费者形成与商品的实际情况不同的印象、认知。具体来说，虚假广告的表现形式有：(1) 对产品（含劳务、服务）的功能、功效、内在价值、有用性进行夸大性虚假宣传；(2) 对产品的价格、用料、品牌、产品质感进行虚假陈述；(3) 对围绕产品的服务作出的虚假承诺，如承诺给予售前、售中与售后的服务，而事实上并没有这些服务。

2. 广告不得引人误解。所谓引人误解，是指广告陈述内容并不一定虚假，但因为表达方式不当，或标示不全或未标示，而使消费者误认为商品的品质或规格等同或优胜于实际的商品。令人误解的广告包括：(1) 表达方式不当，有含糊不清、模棱两可内容的广告。这类广告容易使消费者产生错误的联想。(2) 标示不全或未标示的广告。即广告虽然表述的内容是真实的，但没有或未完全反映产品本质属性，实易导致消费者对产品全貌形成错误认识。

实务上，一项广告的陈述或表示，可能在文义表面上完全是真实的，但整体上却能产生虚假不实、引人误解的效果。

（二）广告必须合法

广告的合法性包括两个方面的内容：

1. 广告的内容和形式必须合法。即必须符合我国有关法律、法规及国家其他有关规定的要求，不得损害国家、民族利益和尊严，不得损害社会公共利益，妨碍社会公共秩序和有悖社会善良风俗。

2. 相关的广告行为必须合法。《广告法》明文规定，广告主、广告经营者、广告发布者从事广告活动，应当遵守法律、行政法规。即广告活动主体的广告设计、制作、发布行为都不能违反广告法律制度的规定，这是将广告经营活动纳入法制轨道和保障正常社会经济秩序的必要条件。

（三）广告应当具有可识别性

广告应当具有可识别性，是国际上公认的广告基本准则之一。我国《广告法》规定，广告应当具有可识别性，能够使消费者辨明其为广告。具体来讲，有三个方面的内容：

1. 形式上具有能使消费者辨明其为广告的特征，而不能在形式上使消费者误认为是艺术作品。

2. 内容上具有能使消费者辨明其为广告的特征，而不能在内容上使消费者误认为是其他的信息传播方式。

3. 在发布方式上具有能使消费者辨明其为广告的特征，如利用电视、报刊发布广告时，应当有专门的广告标记。

（四）广告应当遵循公平原则

我国《广告法》第5条规定，广告主、广告经营者、广告发布者从事广告活动应公平竞争，主要体现在以下三个方面：

1. 广告活动必须体现平等自愿的准则。

2. 广告活动必须坚持等价有偿的准则。

3. 广告活动必须符合公平竞争的原则。

（五）广告应当遵循诚实信用原则

1. 应当诚实。就是在广告中不得蓄意滥用消费者的信任，或利用消费者的缺乏经验和知识贫乏而使用如省略、含糊其词、夸大的方法误导消费者。

2. 应当有信用。即广告活动主体要遵守诺言、实践成约，从而获得相对人的信任。

（六）广告应当符合社会主义精神文明建设的要求

该准则要求广告必须符合社会主义思想道德建设，教育科学文化建设的要求。

2. 答案：广告监管，是指有关行政主管部门依法对广告活动进行监督管理行为的总称。

广告的监管是对广告活动的全过程、全方位的监督管理。它是对广告的设计、制作、发布、代理活动的监管，以及对从事广告活动的法人、其他经济组织和个人的监管。此外，凡是通过各种媒介或形式刊播、设置、张贴广告，也都属于广告监管的范围。

广告监管工作应该是以工商行政管理部门的监管为主，其他的有关行政管理部门为辅配合进行工作。

各国基于不同的国情和法律制度，对广告监管采用不同的模式。最典型的是自律主导型和国家主导型两种广告监管模式。

（1）自律主导型，是指以行业自律为主，国家监管、社会监管为辅的广告监管模式。

（2）国家主导型，是指以政府监管为主，行业自律和社会监管为辅的广告监管模式。

基于实际国情，我国的广告监管模式也应采用国家主导型，即以政府（有关行政主管部门）监管为主，行业自律和社会监督为辅的模式。与自律主导型广告监管模式不同，我国广告监管要求有关行政主管部门担负更为艰巨的监管职责，发挥更为重要的经济管理职能。其主要体现在事前预防、事中监管和事后救济三个方面。

目前我国已初步形成了以广告审查制度为事前预防，以广告监测制度为事中监督，以查处违法广告为事后救济的动态监管机制。

第十五章　城市房地产管理法律制度

基础知识图解

- 城市房地产管理法概述
- 城市房地产的开发及其用地管理
  - 房地产开发的概念和管理原则
    - 概念和种类
    - 管理原则
      - 严格执行城市规划的原则
      - 坚持经济效益社会效益和环境效益相统一的原则
      - 坚持“全面规划、合理布局、综合开发、配套建设”的原则
  - 房地产开发企业的设立与资质管理
  - 房地产开发的土地使用权出让与划拨
    - 土地使用权出让的概念
    - 土地使用权出让的方式
    - 土地使用权出让的法律管制
    - 土地使用权的终止和续期
    - 土地使用权划拨
- 城市房地产交易管理
  - 房地产交易管理的概念
  - 房地产的价格管理
  - 房地产转让及其管理
  - 房地产抵押及其管理
  - 房屋租赁及其管理
  - 房地产中介服务机构的管理
- 房地产权属登记管理
  - 房地产权属登记管理的概念
  - 国有土地使用权和房屋所有权登记
    - 国有土地使用权登记
    - 房屋所有权登记
    - 房地产权属统一登记
  - 房地产的变更登记和抵押登记
- 违反城市房地产管理法的法律责任

配套测试

一、单项选择题

1. 以出让方式取得土地使用权的，转让房地产后，其土地使用权的年限是(　　)。

A. 由转让双方具体约定

B. 按原土地出让合同约定的使用年限计算

C. 按该类土地用途的法定最高使用年限计算

D. 按原土地使用权出让合同约定的使用年限减去原土地使用者已经使用年限后的剩余年限计算

2. 房地产抵押合同签订后，土地上新增的房屋如何处理？(　　)

A. 应认定其为抵押财产，抵押权实现时，与抵押财产一同拍卖

B. 应认定其不属于抵押财产，抵押权实现时，不与抵押财产一同拍卖

C. 应认定其属于抵押财产，但抵押权实现时，不与抵押财产一同拍卖

D. 应认定其不属于抵押财产，可以依法将土地上新增的房屋与抵押财产一同拍卖，但对拍卖新增房屋所得，抵押权人无权优先受偿

3. 某发展商以出让方式取得一宗国有土地使用权，其超过出让合同约定的动工开发期限满 2 年未动工开发，政府（出让方）可依法采取哪项措施？（　　）

A. 征收相当于土地使用权出让金 20% 以下的土地闲置费

B. 征收相当于土地使用权出让金 20% 以上的土地闲置费

C. 无偿收回土地使用权

D. 退还出让金，收回土地使用权

4. 依据《城市房地产管理法》，下列关于房屋的定义正确的是：（　　）

A. 地上附着物

B. 土地上的建筑物

C. 土地上的构筑物

D. 土地上的建筑物及构筑物

5. 土地使用权出让合同由谁与土地使用者签订？（　　）

A. 市、县人民政府

B. 省、自治区、直辖市人民政府

C. 市、县人民政府土地管理部门

D. 省、自治区、直辖市人民政府土地管理部门

6. 以出让方式取得土地使用权进行房地产开发的，超过出让合同约定的动工开发期限满 1 年未动工开发的，如何处置？（　　）

A. 可以征收相当于土地使用权出让金 20% 以下的土地闲置费

B. 可以征收相当于土地使用权出让金 20% 以上的土地闲置费

C. 可以无偿收回土地使用权

D. 可以处以行政罚款

7. 政府房产管理部门对房屋租赁合同如何实施管理？（　　）

A. 依法批准

B. 依法登记公示

C. 依法登记备案

D. 依法确定租金标准

8. 房屋交付使用应具备下列哪项条件？（　　）

A. 房地产开发项目封顶

B. 房地产开发项目完成土建工程和配套设施工程

C. 房地产开发项目完成装修、装饰工程

D. 房地产开发项目经竣工验收合格

9. 设定房地产抵押权的土地使用权是以划拨方式取得的，应当（　　）。

A. 先办理出让手续并补交出让金，然后再设定抵押

B. 经过有审批权的政府批准

C. 在抵押权实现时，从拍卖所得款项中优先缴纳出让金

D. 再设定其他担保

10. 我国《城市房地产管理法》的适用范围是（　　）。

A. 城市市区的土地

B. 城市市区和城市郊区的土地

C. 城市规划区的国有土地

D. 国有土地

11. 未取得营业执照擅自从事房地产开发业务的，由哪一机构处理？（　　）

A. 县级以上人民政府

B. 县级以上人民政府土地行政主管部门

C. 县级以上人民政府房产管理部门

D. 县级以上人民政府工商行政管理部门

12. 土地使用权出让的年限（　　）。

A. 由国务院统一规定

B. 由出让方与受让方约定

C. 由出让方确定

D. 由出让方与受让方在法定最高年限以下约定

13. 下列各项中不适用土地使用权划拨的情形是（　　）。

A. 国家机关用地　　B. 大学校园用地

C. 国有商业企业用地　　D. 军队营房用地

14. 房屋所有权人以营利为目的，将以划拨方式取得使用权的国有土地之上建成的房屋出租，其租金中所含土地收益依法应如何处理？（　　）

A. 租金中所含土地收益归承租人

B. 应当将租金中所含的土地收益上缴国家

C. 租金中所含土地收益归出租人

D. 应当在租金中扣除所含土地收益

15. 甲企业将其房屋一幢转让于乙企业，由此发生的土地使用权转移，应通过何种方式实现？（　　）

A. 当事人之间进行土地使用证交付

B. 当事人之间进行土地使用证交付，并经公证机关公证

C. 到土地管理部门备案，并在土地使用证上作变更记载

D. 到土地管理部门申请土地使用权变更登记，并更换土地使用证

16. 根据我国现行法律的规定，以行政划拨方式取得的土地使用权发生转让时，必须先（　　）。

A. 报规划部门批准

B. 报有批准权的人民政府审批

C. 报原批准机关批准

D. 向政府补交出让金

17. 根据我国现行有关法律的规定，房屋产权的取得、转移、变更和他项权利设定的法定生效要件是(　　)。

A. 签订书面合同

B. 经有关主管部门批准

C. 办理房屋产权登记

D. 办理公证

18. 书面租赁合同签订后，向房产管理部门办理登记备案手续的人是(　　)。

A. 出租人　　B. 承租人

C. 出租人和承租人　　D. 出租人或承租人

19. 申请不动产登记时，下列哪一情形应由当事人双方共同申请？(　　)(司考 2015.1.29)

A. 赵某放弃不动产权利，申请注销登记

B. 钱某接受不动产遗赠，申请转移登记

C. 孙某将房屋抵押给银行以获得贷款，申请抵押登记

D. 李某认为登记于周某名下的房屋为自己所有，申请更正登记

20. 某镇拟编制并实施镇总体规划，根据《城乡规划法》的规定，下列哪一说法是正确的？(　　)(司考 2016.1.30)

A. 防灾减灾系镇总体规划的强制性内容之一

B. 在镇总体规划确定的建设用地范围以外，可设立经济开发区

C. 镇政府编制的镇总体规划，报上一级政府审批后，再经镇人大审议

D. 建设单位报批公共垃圾填埋场项目，应向国土部门申请核发选址意见书

二、多项选择题

1. 设立房地产开发企业，应当具备下列哪些条件？(　　)

A. 有符合国务院规定的注册资本

B. 有自己的名称、组织机构和固定的经营场所

C. 有符合国务院规定的投资总额

D. 有足够的专业技术人员

2. 下列哪些房地产权利可用于设定抵押？(　　)

A. 房屋所有权连同房屋占用范围内的划拨土地使用权

B. 以出让方式取得的土地使用权

C. 房屋所有权连同房屋占用范围内的出让土地使用权

D. 以划拨方式取得的土地使用权

3. 以出让方式取得的土地使用权转让时，应同时符合哪些条件？(　　)

A. 按照出让合同的约定已经支付全部土地使用权出让金

B. 取得土地使用权证书

C. 按照出让合同约定进行投资开发，属于房屋建设工程的，完成开发投资总额的25%以上

D. 按照出让合同约定进行投资开发，属于房屋建设工程的，完成开发投资总额的20%以上

4. 某发展商以出让方式取得一宗国有土地使用权，其超过出让合同约定的动工开发期限满 2 年未动工开发，如何处置？(　　)

A. 由出让方征收相当于土地使用权出让金20%以下的土地闲置费

B. 由出让方无偿收回土地使用权

C. 因不可抗力造成动工开发迟延，给予宽免

D. 因政府有关部门的行为造成动工开发迟延，给予宽免

5. 哪些房地产权利可用于设定抵押？(　　)

A. 未建地上建筑物的出让土地使用权

B. 房屋所有权连同房屋占用范围内的划拨土地使用权

C. 未建地上建筑物的划拨土地使用权

D. 房屋所有权连同房屋占用范围内的出让土地使用权

6. 出让土地使用权可因哪些原因而终止？(　　)

A. 土地灭失

B. 国家根据需要提前收回土地使用权

C. 土地使用权年限届满土地使用者未申请续期

D. 土地使用权年限届满土地使用者申请续期未获批准

7. 房屋建设完成后进行房地产转让时，应如何办理产权变更登记？(　　)

A. 同时办理土地使用权和房屋所有权变更登记

B. 先办理土地使用权变更登记，再办理房屋所有权变更登记

C. 先办理房屋所有权变更登记，再办理土地使用权变更登记

D. 在实行房地统管的行政区域，统一办理房地产权利变更登记

8. 下列哪些房地产不得转让？(　　)

A. 国家依法收回土地使用权的

B. 权属有争议的

C. 未依法登记领取权属证书的

D. 行政机关依法查封的

9. 以划拨方式取得土地使用权的，转让房地产时，应当(　　)。

A. 报有批准权的人民政府批准

B. 由转让方向市、县人民政府土地管理部门交

纳土地使用权出让金并办理出让手续

C. 由受让方向市、县人民政府土地管理部门交纳土地使用权出让金并办理土地使用权出让手续

D. 由转让方将转让房地产所获收益中的土地收益上缴国家

10. 以出让方式取得土地使用权的，转让房地产后，受让人改变原土地使用权出让合同约定的土地用途的，应当具备哪些条件？（　　）

A. 取得原出让方同意

B. 取得市、县人民政府城市规划行政主管部门的同意

C. 取得市、县人民政府土地行政主管部门的同意

D. 签订土地使用权出让合同变更协议或者重新签订土地使用权出让合同，相应调整土地使用权出让金

11. 土地使用者未按出让合同约定支付土地使用权出让金的，出让方有权（　　）。

A. 对土地使用者处以罚款

B. 解除出让合同

C. 没收定金

D. 请求违约赔偿

12. 以出让方式取得土地使用权进行房地产开发的，必须按照土地使用权出让合同约定的土地用途、动工开发期限开发土地，若满二年未动工开发的，可以无偿收回土地使用权，但有下列哪些情形的除外？（　　）

A. 不可抗力

B. 政府、政府有关部门的行为

C. 动工开发必需的前期工作造成动工开发迟延的

D. 因资金不到位无法启动而申请延期的

13. 下列哪些机构属于房地产中介服务机构？（　　）（司考 2011. 1. 72）

A. 房地产咨询机构

B. 房地产经纪机构

C. 房地产职业培训机构

D. 房地产价格评估机构

14. 根据我国《城市房地产管理法》的规定，该法所称的房地产交易包括哪些内容？（　　）

A. 房地产转让　　B. 房地产抵押

C. 房地产开发　　D. 房屋租赁

15. 房地产开发公司预售商品房应当具备的条件是：（　　）

A. 已交付全部土地使用权出让金，取得土地使用权证书

B. 持有建设工程规划许可证

C. 按提供预售的商品房计算，投入开发建设的资金达到工程建设总投资的 25% 以上，并已经确定施工进度和竣工交付日期

D. 向县级以上人民政府房地产管理部门办理预售登记，取得商品房预售许可证明

16. 甲企业欲将其房屋一幢转让给乙企业。下列有关土地使用权转移的方式中，哪些是不符合法律规定的？（　　）

A. 当事人之间直接进行土地使用证交付

B. 当事人之间直接进行土地使用证交付，并到公证机关公证

C. 到土地部门备案，并在土地使用证上作变更记载

D. 到土地部门申请土地使用权变更登记，并更换土地使用证

17. 关于以划拨方式取得土地使用权的房地产转让时适用的《房地产管理法》特殊规定，下列哪些表述是正确的？（　　）（司考 2009. 1. 76）

A. 应当按照国务院规定，报有批准权的人民政府审批

B. 有批准权的人民政府准予转让的，可以决定由受让方办理土地使用权出让手续，也可以允许其不办理土地使用权出让手续

C. 办理土地使用权出让手续的，受让方应缴纳土地使用权出让金

D. 不办理土地使用权出让手续的，受让方应缴纳土地使用权转让费，转让方应当按规定将转让房地产所获收益中的土地收益上缴国家

18. 某市政府在土地管理中的下列哪些行为违反了《土地管理法》的规定？（　　）（司考 2011. 1. 70）

A. 甲公司在市郊申请使用一片国有土地修建经营性墓地，市政府批准其以划拨方式取得土地使用权

B. 乙公司投标取得一块商品房开发用地的出让土地使用权，市政府同意其在房屋建成销售后缴纳土地出让金

C. 丙公司以出让方式在本市规划区取得一块工业用地，市国土局在未征得市规划局同意的情况下，将该土地的用途变更为住宅建设用地

D. 丁公司在城市规划区取得一块临时用地，使用已达 6 年，并在该处修建了永久性建筑，市政府未收回土地，还为该建筑发放了房屋产权证

19. 甲公司以出让方式取得某地块 50 年土地使用权，用于建造写字楼。土地使用权满 3 年时，甲公司将该地块的使用权转让给乙公司，但将该地块上已建成的一幢楼房留作自用。对此，下列哪些选项是正确的？（　　）（司考 2013. 1. 72）

A. 如该楼房已取得房屋所有权证，则甲公司可只转让整幅地块的使用权而不转让该楼房

B. 甲公司在土地使用权出让合同中载明的权利、义务应由乙公司整体承受

C. 乙公司若要改变原土地使用权出让合同约定的土地用途，取得原出让方的同意即可

D. 乙公司受让后，可以在其土地使用权的使用年限满 46 年之前申请续期

20. 甲企业将其厂房及所占划拨土地一并转让给乙企业，乙企业依法签订了出让合同，土地用途为工业用地。5 年后，乙企业将其转让给丙企业，丙企业欲将用途改为商业开发。关于该不动产权利的转让，下列哪些说法是正确的？（　　）（司考 2015. 1. 72）

A. 甲向乙转让时应报经有批准权的政府审批

B. 乙向丙转让时，应已支付全部土地使用权出让金，并取得国有土地使用权证书

C. 丙受让时改变土地用途，须取得有关国土部门和规划部门的同意

D. 丙取得该土地及房屋时，其土地使用年限应重新计算

21. 在加大房地产市场宏观调控的形势下，某市政府对该市房地产开发的管理现状进行检查，发现以下情况，其中哪些做法是需要纠正的？（　　）（司考 2017. 1. 74）

A. 房地产建设用地的供应，在充分利用现有建设用地的同时，放宽占用农用地和开发未利用地的条件

B. 土地使用权出让，符合土地利用总体规划、城市规划或年度建设用地计划之一即可

C. 预售商品房，要求开发商交清全部土地使用权出让金，取得土地使用权证书，并持有建设工程规划许可证等

D. 采取税收减免等方面的优惠措施，鼓励房地产开发企业开发建设商业办公类住宅，方便市民改作居住用途

三、不定项选择题

1. 下列有关房地产抵押的表述，不正确的是：（　　）

A. 房地产抵押是指抵押人以其合法的房地产以转移占有的方式向抵押权人提供债务履行担保的行为

B. 债务人不履行债务时，抵押权人既可以依法以抵押的房地产拍卖所得的价款优先受偿，也可以将抵押的房地产转归自己所有以充抵债务

C. 以出让方式取得的土地使用权，不可以设定抵押权

D. 依法取得的房屋所有权与该房屋占用范围内的土地使用权，可以设定抵押权

2. 金泰公司以出让方式获得大连市中心一块黄金地段的土地使用权。双方在出让合同中约定，金泰公司将该土地用于公共娱乐设施及公园建设。2021 年 7 月，由于商品房市场行情看涨，该公司决定将该黄金地段土地用于商品房开发建设。下列表述正确的是：（　　）

A. 必须征得大连市人民政府同意

B. 必须征得大连市人民政府城市规划行政主管部门的同意

C. 该公司应与大连市政府签订土地使用权出让合同变更协议

D. 该黄金地段的土地使用权出让金应该相应调整

3. 万文房地产开发公司与长城机电公司签订房地产合作开发协议，由长城公司出资金，利用万文公司已依法缴纳全部出让金并领取土地使用权证的一宗土地使用权，合作开发一项低密度住宅项目。请根据下列各题中给定的条件回答问题。

（1）该开发项目具备哪些条件，才能预售商品房？（　　）

A. 持有建设工程规划许可证

B. 按提供预售的商品房计算，投入开发建设的资金达到工程建设总投资的 25% 以上

C. 已经确定施工进度和竣工交付日期

D. 向县级以上人民政府房产管理部门办理预售登记，取得商品房预售许可证

（2）假设该项目已具备法定可预售条件，且已与 128 位预购人签订了商品房预售合同，那么应将该合同向有关部门登记进行备案的法定义务人是谁？（　　）

A. 预售人　　B. 预购人

C. 预售人与预购人　　D. 预售人或预购人

4. 某市人民政府土地管理部门欲出让一幅位于该市北区的土地，志远房地产公司因拟开发商品住宅小区而需用土地。请根据下列各题中给定

的条件回答问题：

（1）志远房地产公司欲取得该幅土地的使用权，可以通过下列何种方式取得？（　　）

A. 由市人民政府划拨取得

B. 由志远公司与市人民政府土地管理部门协商取得

C. 由市人民政府土地管理部门招标，志远公司参加投标取得

D. 由市人民政府土地管理部门拍卖，志远公司参加竞买取得

（2）假设志远公司已取得该幅土地的使用权，土地使用权期限为70年，其将来可采取以下何种方式处分其土地使用权？（　　）

A. 因借款而抵押给甲公司

B. 无偿赠与乙公司

C. 将土地使用权出租给丙公司

D. 与丁公司的土地使用权交换

（3）假设志远公司与甲公司签订土地使用权转让合同，但尚未办理土地使用权变更登记。1年后，在合同约定的转让金支付期到来之前，志远公司又与不知情的乙公司签订土地使用权转让协议，双方办理土地使用权变更登记。甲公司提出异议。对此情况的下列判断正确的是：（　　）

A. 因甲公司与志远公司的土地转让合同签订在先，故乙公司不能取得土地使用权

B. 因甲公司对土地使用权属提出异议，故乙公司的土地使用权变更登记应予撤销，待查清事实后再予确认登记

C. 乙公司已有效取得土地使用权

D. 甲公司现在只能主张债权保护，而不能取得土地使用权

5. 2010年1月，高某与某房地产开发公司签订了一份《预售商品房认购书》。该认购书约定，公司为高某预留所选房号，双方于公司取得商品房预售许可证时正式签订商品房预售合同。该认购书还约定，认购人于签订认购书时缴纳“保证金”1万元，该款于双方签订商品房预售合同时自动转为合同定金，如认购人接到公司通知后七日内不签订商品房预售合同，则该款不予退还。同年2月，高某接到公司已经取得商品房预售许可证的通知，立即前往公司签订了商品房预售合同，并当场缴纳了首期购房款80万元。同年5月，高某接到公司通知：房屋预售合同解除。经了解，该套房屋已经被公司以更高价格出售给第三人。双方发生争议。请回答下列问题：

（1）公司主张，双方在签订《预售商品房认购书》时，公司尚未取得商品房预售许可证，故该认购书无效，以此为基础订立的商品房预售合同也应无效。对此，下列判断正确的是（　　）。（司考2010.1.95）

A. 法律规定，取得商品房预售许可证是商品房预售的必备条件之一

B.《预售商品房认购书》不是商品房预售合同，不以取得商品房销售许可证为条件

C. 双方签订商品房预售合同时，公司已具备商品房预售的法定条件，该合同有效

D. 因施工进度及竣工交付日期变化的，房屋可另售他人

（2）公司还主张，公司在解除商品房预售合同时，该合同尚未报区政府房地产管理局备案，故不受法律保护。对此，下列判断正确的是（　　）。（司考2010.1.96）

A. 登记备案是商品房预售合同的法定生效要件，该合同未经登记备案不受法律保护

B. 登记备案是商品房预售人的法定义务，但不是合同的生效条件，该合同应受法律保护

C. 登记备案是商品房预售合同当事人的权利，未登记备案不影响该合同的效力

D. 商品房预售合同无需登记备案，当事人在房屋交付时办理产权登记即可

（3）经双方协商，高某同意解除商品房预售合同。但在款项支付问题上，双方发生分歧。高某要求返还80万元首期房款本息并双倍返还定金。公司主张只退还80万元首期房款和一万元“保证金”。对此，下列判断正确的是（　　）。（司考2010.1.97）

A. 商品房预售合同无约束力，只能按公司的意见办理退款

B. 商品房预售合同有效，但《预售商品房认购书》无效，故应按公司的意见办理退款

C.《预售商品房认购书》和商品房预售合同均有效，应该支持高某的主张

D. 开发商违约，高某有权请求赔偿损失

四、名词解释

1. 土地使用权出让

2. 土地使用权划拨

五、简答题

房地产开发企业的设立条件及程序。

六、案例分析题

1. 原告：某单位甲（简称甲）、某单位乙（简称乙）；被告：某单位丙（简称丙）

2019年1月，甲与被告丙签订一商品房预售合同，规定甲购买被告商品房30套共2000平方米，售价300万元，交付日期为2020年12月。合同签订后，甲支付了全部房价款，但合同签订时被告丙尚未交付土地使用权出让金，未取得建设工程规划许可证，开发建设资金尚未实际投入，未取得预售许可证，该预售合同亦未办理登记。

2020年1月，被告丙又与乙签订了一商品房预售合同，由乙购买同一标的商品房，售价500万元，交付日期为2020年12月。合同签订后，乙按合同规定交付了定金及首期房款共200万元，此时，被告丙已交付了全部土地使用权出让金，建设投资已达50%，取得了预售许可证，并在有关部门办理了预售合同登记。

2020年11月，两原告得知被告丙"一房卖二家"的做法后，均向被告丙主张权利，协商不成，两原告于2021年3月分别向法院起诉，法院决定合并审理。

试分析：（1）本案两个合同的效力如何？

（2）本案应如何处理？

2. 原告：李甲、李乙；被告：赵某

案情：原告李甲、李乙诉称，原、被告三人共同继承父母遗产旧房三间，被告背着二原告擅自将该房产以20万元卖给王某，二原告请求法院确认此合同无效，返还该房产。被告辩称，此房购买时90%的钱来自被告生父的遗产，因此，该房产的90%部分应归被告所有；因无法按实物分割，才将此房卖出，拟从卖房得款中拿出10%即2万元给二原告，其余归被告所有。法院查明：二原告与被告系同母异父关系，买房时三人均未成年，产权原为二原告生父及被告生母夫妻共有，原产权人去世时未留遗嘱，房产为原、被告三人共同继承。被告在卖房时假造了二原告的授权委托书，将房屋卖给王某，并办理了产权转移登记。被告对90%购房款来自其生父留下的遗产无法举证。

试分析：（1）原、被告三人与本案房产是何种产权关系？

（2）被告售房的行为应如何认定？

（3）被告关于购房款90%来自其生父遗产的说法如何认定？

（4）本案购房者王某是否必须返还该房屋？

（5）被告的行为可能产生哪些其他法律后果？

参考答案

一、单项选择题

1. **答案**：D。《城市房地产管理法》第 43 条规定："以出让方式取得土地使用权的，转让房地产后，其土地使用权的使用年限为原土地使用权出让合同约定的使用年限减去原土地使用者已经使用年限后的剩余年限。"
2. **答案**：D。《城市房地产管理法》第 52 条规定："房地产抵押合同签订后，土地上新增的房屋不属于抵押财产。需要拍卖该抵押的房地产时，可以依法将土地上新增的房屋与抵押财产一同拍卖，但对拍卖新增房屋所得，抵押权人无权优先受偿。"
3. **答案**：C。《城市房地产管理法》第 26 条："以出让方式取得土地使用权进行房地产开发的，必须按照土地使用权出让合同约定的土地用途、动工开发期限开发土地。超过出让合同约定的动工开发日期满一年未动工开发的，可以征收相当于土地使用权出让金百分之二十以下的土地闲置费；满二年未动工开发的，可以无偿收回土地使用权；但是，因不可抗力或者政府、政府有关部门的行为或者动工开发必需的前期工作造成动工开发迟延的除外。"
4. **答案**：D。《城市房地产管理法》第 2 条第 2 款：本法所称房屋，是指土地上的房屋等建筑物及构筑物。
5. **答案**：C。《城市房地产管理法》第 15 条：土地使用权出让，应当签订书面出让合同。土地使用权出让合同由市、县人民政府土地管理部门与土地使用者签订。
6. **答案**：A。《城市房地产管理法》第 26 条："以出让方式取得土地使用权进行房地产开发的，必须按照土地使用权出让合同约定的土地用途、动工开发期限开发土地。超过出让合同约定的动工开发日期满一年未动工开发的，可以征收相当于土地使用权出让金百分之二十以下的土地闲置费；满二年未动工开发的，可以无偿收回土地使用权；但是，因不可抗力或者政府、政府有关部门的行为或者动工开发必需的前期工作造成动工开发迟延的除外。"
7. **答案**：C。《城市房地产管理法》第 54 条："房屋租赁，出租人和承租人应当签订书面租赁合同，约定租赁期限、租赁用途、租赁价格、修缮责任等条款，以及双方的其他权利和义务，并向房产管理部门登记备案。"
8. **答案**：D。《城市房地产管理法》第 27 条："房地产开发项目的设计、施工，必须符合国家的有关标准和规范。房地产开发项目竣工，经验收合格后，方可交付使用。"
9. **答案**：C。《城市房地产管理法》第 51 条：设定房地产抵押权的土地使用权是以划拨方式取得的，依法拍卖该房地产后，应当从拍卖所得的价款中缴纳相当于应缴纳的土地使用权出让金的款额后，抵押权人方可优先受偿。
10. **答案**：C。《城市房地产管理法》第 2 条：在中华人民共和国城市规划区国有土地（以下简称国有土地）范围内取得房地产开发用地的土地使用权，从事房地产开发、房地产交易，实施房地产管理，应当遵守本法。
11. **答案**：D。《城市房地产管理法》第 65 条：未取得营业执照擅自从事房地产开发业务的，由县级以上人民政府工商行政管理部门责令停止房地产开发业务活动，没收违法所得，可以并处罚款。
12. **答案**：D。《城市房地产管理法》第 14 条：土地使用权出让最高年限由国务院规定。第 15 条：……土地使用权出让合同由市、县人民政府土地管理部门与土地使用者签订。这里未说是"最高年限"，所以答案应选 D。
13. **答案**：C。《城市房地产管理法》第 24 条："下列建设用地的土地使用权，确属必需的，可以由县级以上人民政府依法批准划拨：（一）国家机关用地和军事用地；（二）城市基础设施用地和公益事业用地；（三）国家重点扶持的能源、交通、水利等项目用地；（四）法律、行政法规规定的其他用地。"
14. **答案**：B。本题考查的是土地使用权收益的有关规定。《城市房地产管理法》第 56 条："以营利为目的，房屋所有权人将以划拨方式取得使用权的国有土地上建成的房屋出租的，应当将租金中所含土地收益上缴国家。具体办法由国务院规定。"故 B 选项是正确答案。

    划拨和出让是获得国有土地使用权的两种方式，但划拨有法定情形，如果土地使用人利用划拨土地进行营利活动，则其中的土地收益应归土地的所有权人，因为通过划拨形式获得土地使用权的主体在最初得到土地使用权时未支付任何费用。

15. 答案：D。本题考查的是房屋转让时进行土地使用权变更登记的有关规定。《城市房地产管理法》第61条第3款："房地产转让或者变更时，应当向县级以上地方人民政府房产管理部门申请房产变更登记，并凭变更后的房屋所有权证书向同级人民政府土地管理部门申请土地使用权变更登记，经同级人民政府土地管理部门核实，由同级人民政府更换或者更改土地使用权证书。"D选项正确。由于国有土地的所有权属于国家，因此当使用权发生转移时，所有权人（国家）要进行必要的监督，故A、B、C选项错误。

16. 答案：B。《城市房地产管理法》第40条：以划拨方式取得土地使用权的，转让房地产时，应当按照国务院规定，报有批准权的人民政府审批。有批准权的人民政府准予转让的，应当由受让方办理土地使用权出让手续，并依照国家有关规定缴纳土地使用权出让金。

17. 答案：C。《城市房地产管理法》第36条：房地产转让、抵押，当事人应当依照本法第五章的规定办理权属登记。

18. 答案：C。《城市房地产管理法》第54条：房屋租赁，出租人和承租人应当签订书面租赁合同，约定租赁期限、租赁用途、租赁价格、修缮责任等条款，以及双方的其他权利和义务，并向房产管理部门登记备案。

19. 答案：C。根据《不动产登记暂行条例》第14条的规定："因买卖、设定抵押权等申请不动产登记的，应当由当事人双方共同申请。属于下列情形之一的，可以由当事人单方申请：（一）尚未登记的不动产首次申请登记的；（二）继承、接受遗赠取得不动产权利的；（三）人民法院、仲裁委员会生效的法律文书或者人民政府生效的决定等设立、变更、转让、消灭不动产权利的；（四）权利人姓名、名称或者自然状况发生变化，申请变更登记的；（五）不动产灭失或者权利人放弃不动产权利，申请注销登记的；（六）申请更正登记或者异议登记的；（七）法律、行政法规规定可以由当事人单方申请的其他情形。"故C项说法正确。

20. 答案：A。根据《城乡规划法》第17条第2款的规定，规划区范围、规划区内建设用地规模、基础设施和公共服务设施用地、水源地和水系、基本农田和绿化用地、环境保护、自然与历史文化遗产保护以及防灾减灾等内容，应当作为城市总体规划、镇总体规划的强制性内容。故A项说法正确。根据《城乡规划法》第30条第2款规定，在城市总体规划、镇总体规划确定的建设用地范围以外，不得设立各类开发区和城市新区。故B项说法错误。根据《城乡规划法》第16条第2款的规定，镇人民政府组织编制的镇总体规划，在报上一级人民政府审批前，应当先经镇人民代表大会审议，代表的审议意见交由本级人民政府研究处理。故C项说法错误。根据《城乡规划法》第36条的规定，按照国家规定需要有关部门批准或者核准的建设项目，以划拨方式提供国有土地使用权的，建设单位在报送有关部门批准或者核准前，应当向城乡规划主管部门申请核发选址意见书。前款规定以外的建设项目不需要申请选址意见书。故D项说法错误。

二、多项选择题

1. 答案：ABD。《城市房地产管理法》第30条规定："房地产开发企业是以营利为目的，从事房地产开发和经营的企业。设立房地产开发企业，应当具备下列条件：（一）有自己的名称和组织机构；（二）有固定的经营场所；（三）有符合国务院规定的注册资本；（四）有足够的专业技术人员……"投资总额与注册资本并非同一概念，因此C项有误。

2. 答案：ABC。《城市房地产管理法》第32条规定："房地产转让、抵押时，房屋的所有权和该房屋占用范围内的土地使用权同时转让、抵押。"

《城市房地产管理法》第48条规定："依法取得的房屋所有权连同该房屋占用范围内的土地使用权，可以设定抵押权。以出让方式取得的土地使用权，可以设定抵押权。"

3. 答案：ABC。《城市房地产管理法》第16条：土地使用者必须按照出让合同约定，支付土地使用权出让金；未按照出让合同约定支付土地使用权出让金的，土地管理部门有权解除合同，并可以请求违约赔偿。

第39条："以出让方式取得土地使用权的，转让房地产时，应当符合下列条件：（一）按照出让合同约定已经支付全部土地使用权出让金，并取得土地使用权证书；（二）按照出让合同约定进行投资开发，属于房屋建设工程的，完成开发投资总额的百分之二十五以上，属于成片开发土地的，形成工业用地或者其他建设用地条件。转让房地产时房屋已经建成的，还应当持有房屋所有权证书。”

4. **答案**：BCD。《城市房地产管理法》第26条：以出让方式取得土地使用权进行房地产开发的，必须按照土地使用权出让合同约定的土地用途、动工开发期限开发土地。超过出让合同约定的动工开发日期满一年未动工开发的，可以征收相当于土地使用权出让金百分之二十以下的土地闲置费；满二年未动工开发的，可以无偿收回土地使用权；但是，因不可抗力或者政府、政府有关部门的行为或者动工开发必需的前期工作造成动工开发迟延的除外。

5. **答案**：ABD。《城市房地产管理法》第48条：“依法取得的房屋所有权连同该房屋占用范围内的土地使用权，可以设定抵押权。以出让方式取得的土地使用权，可以设定抵押权。”

　　第51条：“设定房地产抵押权的土地使用权是以划拨方式取得的，依法拍卖该房地产后，应当从拍卖所得的价款中缴纳相当于应缴纳的土地使用权出让金的款额后，抵押权人方可优先受偿。”

　　由此可见，可以设立房地产抵押的有两种情况：①以出让方式取得的国有土地使用权。该类土地使用权地上房屋或地上房屋未建成时可单独成为抵押权客体，而划拨土地使用权则只能同地上房屋一同成为抵押权客体。②依法取得房屋所有权连同该房屋所占用范围内的国有土地使用权，该土地使用权包括出让、划拨等各种国有土地使用权。因此，C项不选。

6. **答案**：ACD。《城市房地产管理法》第21条：土地使用权因土地灭失而终止。故A对。第22条：土地使用权出让合同约定的使用年限届满，土地使用者需要继续使用土地的，应当至迟于届满前一年申请续期，除根据社会公共利益需要收回该幅土地的，应当予以批准。经批准准予续期的，应当重新签订土地使用权出让合同，依照规定支付土地使用权出让金。土地使用权出让合同约定的使用年限届满，土地使用者未申请续期或者虽申请续期但依照前款规定未获批准的，土地使用权由国家无偿收回。故CD对。

7. **答案**：CD。《城市房地产管理法》第61条第3款、第4款：“房地产转让或者变更时，应当向县级以上地方人民政府房产管理部门申请房产变更登记，并凭变更后的房屋所有权证书向同级人民政府土地管理部门申请土地使用权变更登记，经同级人民政府土地管理部门核实，由同级人民政府更换或者更改土地使用权证书。法律另有规定的，依照有关法律的规定办理。”第63条：“经省、自治区、直辖市人民政府确定，县级以上地方人民政府由一个部门统一负责房产管理和土地管理工作的，可以制作、颁发统一的房地产权证书，依照本法第六十一条的规定，将房屋的所有权和该房屋占用范围内的土地使用权的确认和变更，分别载入房地产权证书。”

8. **答案**：ABCD。《城市房地产管理法》第38条：“下列房地产，不得转让：（一）以出让方式取得土地使用权的，不符合本法第三十九条规定的条件的；（二）司法机关和行政机关依法裁定、决定查封或者以其他形式限制房地产权利的；（三）依法收回土地使用权的；（四）共有房地产，未经其他共有人书面同意的；（五）权属有争议的；（六）未依法登记领取权属证书的；（七）法律、行政法规规定禁止转让的其他情形。”

9. **答案**：ACD。《城市房地产管理法》第40条第1款：“以划拨方式取得土地使用权的，转让房地产时，应当按照国务院规定，报有批准权的人民政府审批。有批准权的人民政府准予转让的，应当由受让方办理土地使用权出让手续，并依照国家有关规定缴纳土地使用权出让金。”

10. **答案**：ABD。《城市房地产管理法》第44条：“以出让方式取得土地使用权的，转让房地产后，受让人改变原土地使用权出让合同约定的土地用途的，必须取得原出让方和市、县人民政府城市规划行政主管部门的同意，签订土地使用权出让合同变更协议或者重新签订土地使用权出让合同，相应调整土地使用权出让金。”

11. **答案**：BD。《城市房地产管理法》第16条：“土地使用者必须按照出让合同约定，支付土地使用权出让金；未按照出让合同约定支付土地使用权出让金的，土地管理部门有权解除合同，并可以请求违约赔偿。”

12. **答案**：ABC。《城市房地产管理法》第26条：“……满二年未动工开发的，可以无偿收回土地使用权；但是，因不可抗力或者政府、政府有关部门的行为或者动工开发必需的前期工作造成动工开发迟延的除外。”

13. **答案**：ABD。本题考查的是房地产中介业务的表现形式。《城市房地产管理法》第57条：“房地产中介服务机构包括房地产咨询机构、房地产价格评估机构、房地产经纪机构等。”故A、B、D选项是正确的。

14. **答案**：ABD。本题考查的是房地产交易的种类。

《城市房地产管理法》第四章“房地产交易”的有关规定，故A、B、D选项是正确的选项。

房地产开发本身不会引起房地产所有权、使用权的任何变化，而交易是指所有权或使用权等发生变化或存在发生变化的可能，因此C选项不能选。

15. 答案：ABCD。本题考查的是商品房预售的条件。《城市房地产管理法》第45条第1款：“商品房预售，应当符合下列条件：（一）已交付全部土地使用权出让金，取得土地使用权证书；（二）持有建设工程规划许可证；（三）按提供预售的商品房计算，投入开发建设的资金达到工程建设总投资的百分之二十五以上，并已经确定施工进度和竣工交付日期；（四）向县级以上人民政府房产管理部门办理预售登记，取得商品房预售许可证明。”故A、B、C、D选项是正确的。

16. 答案：ABC。本题考查的是房屋转让时进行土地使用权变更登记的有关规定。《城市房地产管理法》第61条第3款：“房地产转让或者变更时，应当向县级以上地方人民政府房产管理部门申请房产变更登记，并凭变更后的房屋所有权证书向同级人民政府土地管理部门申请土地使用权变更登记，经同级人民政府土地管理部门核实，由同级人民政府更换或者更改土地使用权证书。”没有经过政府主管部门的审批是错误的，故A、B、C选项应选。

17. 答案：ABC。《城市房地产管理法》第40条规定，以划拨方式取得土地使用权的，转让房地产时，应当按照国务院规定，报有批准权的人民政府审批（选项A正确）。有批准权的人民政府准予转让的，应当由受让方办理土地使用权出让手续（选项B正确），并依照国家有关规定缴纳土地使用权出让金（选项C正确）。以划拨方式取得土地使用权的，转让房地产报批时，有批准权的人民政府按照国务院规定决定可以不办理土地使用权出让手续的，转让方应当按照国务院规定将转让房地产所获收益中的土地收益上缴国家或者作其他处理（选项D错误）。

18. 答案：ABCD。根据《土地管理法》第54条的规定，建设单位使用国有土地，应当以出让等有偿使用方式取得；但是，下列建设用地，经县级以上人民政府依法批准，可以以划拨方式取得：（一）国家机关用地和军事用地；（二）城市基础设施用地和公益事业用地；（三）国家重点扶持的能源、交通、水利等基础设施用地；（四）法律、行政法规规定的其他用地。A项“经营性”墓地不属于公益事业用地，故A项行为违反了法律规定。根据《土地管理法》第55条第1款的规定，以出让等有偿使用方式取得国有土地使用权的建设单位，按照国务院规定的标准和办法，缴纳土地使用权出让金等土地有偿使用费和其他费用后，方可使用土地。故B项说法违反了法律规定。根据《土地管理法》第56条的规定，建设单位使用国有土地的，应当按照土地使用权出让等有偿使用合同的约定或者土地使用权划拨批准文件的规定使用土地；确需改变该幅土地建设用途的，应当经有关人民政府自然资源主管部门同意，报原批准用地的人民政府批准。其中，在城市规划区内改变土地用途的，在报批前，应当先经有关城市规划行政主管部门同意。故C项说法违反了法律规定。根据《土地管理法》第57条的规定，建设项目施工和地质勘查需要临时使用国有土地或者农民集体所有的土地的，由县级以上人民政府自然资源主管部门批准。其中，在城市规划区内的临时用地，在报批前，应当先经有关城市规划行政主管部门同意。土地使用者应当根据土地权属，与有关自然资源主管部门或者农村集体经济组织、村民委员会签订临时使用土地合同，并按照合同的约定支付临时使用土地补偿费。临时使用土地的使用者应当按照临时使用土地合同约定的用途使用土地，并不得修建永久性建筑物。临时使用土地期限一般不超过二年。故D项说法违反了多项法律规定。

19. 答案：BD。根据《城市房地产管理法》第32条的规定，房地产转让、抵押时，房屋的所有权和该房屋占用范围内的土地使用权同时转让、抵押。故A项说法错误。根据《城市房地产管理法》第42条的规定，房地产转让时，土地使用权出让合同载明的权利、义务随之转移。故B项说法正确。C项说法错误，根据《城市房地产管理法》第44条的规定，以出让方式取得土地使用权的，转让房地产后，受让人改变原土地使用权出让合同约定的土地用途的，必须取得原出让方和市、县人民政府城市规划行政主管部门的同意，签订土地使用权出让合同变更协议或者重新签订土地使用权出让合同，相应调整土地使用权出让金。D项说法正确，根据《城市房地产管理法》第22、43条的规定，以出让方式取得土地使用权的，转让房地产后，其土地使用权的使用年限为原土地使用权出让合同约定的使用年限减去原土地使用者已经使用年限后的剩余年限。土地使用权出让合同约定的使用年限届满，土地使用者需要继续使用土地的，应当至迟于届满前一年申请续期，除根据社会公共利益需要收回该幅土地的外，应当予以批准。

20. 答案：ABC。根据《城市房地产管理法》第40条的规定："以划拨方式取得土地使用权的，转让房地产时，应当按照国务院规定，报有批准权的人民政府审批。有批准权的人民政府准予转让的，应当由受让方办理土地使用权出让手续，并依照国家有关规定缴纳土地使用权出让金。以划拨方式取得土地使用权的，转让房地产报批时，有批准权的人民政府按照国务院规定决定可以不办理土地使用权出让手续的，转让方应当按照国务院规定将转让房地产所获收益中的土地收益上缴国家或者作其他处理。"故A项说法正确。根据《城市房地产管理法》第39条的规定："以出让方式取得土地使用权的，转让房地产时，应当符合下列条件：（一）按照出让合同约定已经支付全部土地使用权出让金，并取得土地使用权证书；（二）按照出让合同约定进行投资开发，属于房屋建设工程的，完成开发投资总额的百分之二十五以上，属于成片开发土地的，形成工业用地或者其他建设用地条件。转让房地产时房屋已经建成的，还应当持有房屋所有权证书。"故B项说法正确。根据《城市房地产管理法》第44条规定："以出让方式取得土地使用权的，转让房地产后，受让人改变原土地使用权出让合同约定的土地用途的，必须取得原出让方和市、县人民政府城市规划行政主管部门的同意，签订土地使用权出让合同变更协议或者重新签订土地使用权出让合同，相应调整土地使用权出让金。"故C项说法正确。根据《城市房地产管理法》第43条的规定："以出让方式取得土地使用权的，转让房地产后，其土地使用权的使用年限为原土地使用权出让合同约定的使用年限减去原土地使用者已经使用年限后的剩余年限。"故D项说法错误。

21. 答案：ABD。根据《土地管理法》第4条第1、2款的规定，国家实行土地用途管制制度。国家编制土地利用总体规划，规定土地用途，将土地分为农用地、建设用地和未利用地。严格限制农用地转为建设用地，控制建设用地总量，对耕地实行特殊保护。故A项做法需要纠正。根据《城市房地产管理法》第10条的规定，土地使用权出让，必须符合土地利用总体规划、城市规划和年度建设用地计划。故B项做法需要纠正。根据《城市房地产管理法》第45条的规定："商品房预售，应当符合下列条件：（一）已交付全部土地使用权出让金，取得土地使用权证书；（二）持有建设工程规划许可证；（三）按提供预售的商品房计算，投入开发建设的资金达到工程建设总投资的百分之二十五以上，并已经确定施工进度和竣工交付日期；（四）向县级以上人民政府房产管理部门办理预售登记，取得商品房预售许可证明。商品房预售人应当按照国家有关规定将预售合同报县级以上人民政府房产管理部门和土地管理部门登记备案。商品房预售所得款项，必须用于有关的工程建设。"故C项做法正确。D项做法错误，土地用途在出让时就已经明确，不得随意改变用途。

三、不定项选择题

1. 答案：AB。《城市房地产管理法》第47、48条规定："房地产抵押，是指抵押人以其合法的房地产以不转移占有的方式向抵押权人提供债务履行担保的行为。债务人不履行债务时，抵押权人有权依法以抵押的房地产拍卖所得的价款优先受偿。""依法取得的房屋所有权连同该房屋占用范围内的土地使用权，可以设定抵押权。以出让方式取得的土地使用权，可以设定抵押权。"

2. 答案：BCD。依《城市房地产管理法》第44条规定，受让人改变原土地使用权出让合同约定的土地用途的，必经取得原出让方和市、县人民政府城市规划行政主管部门的同意，签订土地使用权出让合同变更协议或重新签订土地使用权出让合同，相应调整土地使用权出让金。据此，本题应选BCD项。

3. 答案：（1）ABCD。《城市房地产管理法》第45条："商品房预售，应当符合下列条件：（一）已交付全部土地使用权出让金，取得土地使用权证书；（二）持有建设工程规划许可证；（三）按提供预售的商品房计算，投入开发建设的资金达到工程建设总投资的百分之二十五以上，并已经确定施工进度和竣工交付日期；（四）向县级以上人民政府房产管理部门办理预售登记，取得商品房预售许可证明。商品房预售人应当按照国家有关规定将预售合同报县级以上人民政府房产管理部门和土地管理部门登记备案。商品房预售所得款项，必须用于有关的工程建设。”

（2）A。《城市房地产管理法》第45条（见上）。

4. 答案：（1）BCD。本题考查的是国有土地使用权的取得方式。《城市房地产管理法》第13条第1款：“土地使用权出让，可以采取拍卖、招标或者双方协议的方式。”

房地产公司想取得土地使用权，不属于无偿取得土地使用权的情形，故本题考查的实际上是国有土地使用权出让的具体方式，划拨必须是法定的情形，房地产开发不包括在内。故A选项不能选。

（2）ABCD。本题考查的是土地使用权发生变化的合法方式。《城市房地产管理法》第37条：“房地产转让，是指房地产权利人通过买卖、赠与或者其他合法方式将其房地产转移给他人的行为。”而土地使用权作为一种财产权利，抵押、赠与、交换、出租都是处分的方式，故A、B、C、D选项均是正确的。

（3）CD。本题考查的是国有土地使用权转让的要件。《城市房地产管理法》的有关规定和物权法的有关知识。我国土地使用权的转让以登记为取得要件，未办理变更登记手续就不能产生土地使用权转让的法律效果，所以甲公司只能以志远公司违约为由，要求志远公司承担违约责任。A、B选项不能选，C、D选项应选。

5. 答案：（1）ABC。选项A正确。《城市房地产管理法》第45条第1款规定，商品房预售，应当符合下列条件：（一）已交付全部土地使用权出让金，取得土地使用权证书；（二）持有建设工程规划许可证；（三）按提供预售的商品房计算，投入开发建设的资金达到工程建设总投资的百分之二十五以上，并已经确定施工进度和竣工交付日期；（四）向县级以上人民政府房产管理部门办理预售登记，取得商品房预售许可证明。选项B正确。《预售商品房认购书》是一个独立于商品房预售合同的合同，《预售商品房认购书》规定的条件具备时，当事人应当签订商品房预售合同。这个合同并不以取得商品房销售许可证为条件。选项C正确。题干中给出“高某在接到公司已经取得商品房预售许可证的通知后，立即前往公司签订了商品房预售合同”，据此可知，公司与高某签订商品房预售合同时，公司已具备商品房预售的法定条件，则该预售合同有效。选项D错误。当事人应当按照约定全面履行自己的义务。房地产开发公司也应当按照合同约定履行义务，不得将房屋另售他人。

（2）B。《城市房地产管理法》第45条第2款规定，商品房预售人应当按照国家有关规定将预售合同报县级以上人民政府房产管理部门和土地管理部门登记备案。依据《民法典》第502条第1款、第2款的规定，依法成立的合同，自成立时生效，但是法律另有规定或者当事人另有约定的除外。依照法律、行政法规的规定，合同应当办理批准等手续的，依照其规定。未办理批准等手续影响合同生效的，不影响合同中履行报批等义务条款以及相关条款的效力。所以，登记备案是商品房预售人的法定义务，但备案与否不影响合同生效。

（3）CD。由上面题目分析可知，《预售商品房认购书》和商品房预售合同均有效。《民法典》第577条规定，当事人一方不履行合同义务或者履行合同义务不符合约定的，应当承担继续履行、采取补救措施或者赔偿损失等违约责任。第587条规定，债务人履行债务的，定金应当抵作价款或者收回。给付定金的一方不履行债务或者履行债务不符合约定，致使不能实现合同目的的，无权请求返还定金；收受定金的一方不履行债务或者履行债务不符合约定，致使不能实现合同目的的，应当双倍返还定金。所以，应当支持高某的主张。

四、名词解释

1. 答案：土地使用权出让，是指国家将国有土地使用权在一定年限内出让给土地使用者，由土地使用者向国家支付土地使用权出让金的行为。土地使用权出让为土地的一级市场，国家对城镇土地的一级市场实行垄断；土地使用权出让必须符合土地利用总体规划、城市规划和年度建设用地计划；土地使用权出让，应当签订书面出让合同。

2. 答案：土地使用权划拨，是指县级以上人民政府依法批准，在土地使用者缴纳补偿、安置等费用后将该幅土地交付其使用，或者将土地使用权无偿交付给土地使用者使用的行为。以划拨方式取得土地使用权的，除法律、行政法规另有规定者外，没有使用期限的限制。

五、简答题

答案：根据《城市房地产管理法》和《城市房地产开发经营管理条例》的规定，设立房地产开发企业，除应当符合有关法律、行政法规规定的企业设立条件外，还应当具备下列条件：（1）有100万元以上的注册资本；（2）有4名以上持有资格证书的房地产专业、建筑工程专业的专职技术人员，2名以上持有资格证书的专职会计人员。

外商投资设立房地产开发企业的，除应当符合上述基本条件外，还应当依照外商投资企业法律、行政法规的规定，办理有关审批手续。

设立房地产开发企业的程序包括如下几个步骤：

(1) 办理工商企业的登记程序。设立房地产开发企业，应当向县级以上人民政府工商行政管理部门申请登记，工商行政管理部门对符合规定条件的，应当自收到申请之日起30日内予以登记；对不符合条件不予登记的，应当说明理由。

(2) 向房地产主管部门备案。房地产开发企业应当自领取营业执照之日起30日内，持本条规定的文件到登记机关所在地的房地产开发主管部门备案。

(3) 申请获取资质等级的核定。房地产开发主管部门，应当根据房地产开发企业的资产、专业技术人员和开发经营业绩等，对备案的房地产开发企业核定资质等级。房地产开发企业应当按照核定的资质等级，承担相应的房地产开发项目。

六、案例分析题

1. 答案：(1) 本案所涉及的两个合同中，甲与被告丙所签订的商品房预售合同为无效合同；乙与被告丙所签订的商品房预售合同为有效合同。《城市房地产管理法》第45条第1款规定："商品房预售，应当符合下列条件：(一) 已交付全部土地使用权出让金，取得土地使用权证书；(二) 持有建设工程规划许可证；(三) 按提供预售的商品房计算，投入开发建设的资金达到工程建设总投资的百分之二十五以上，并已经确定施工进度和竣工交付日期；(四) 向县级以上人民政府房产管理部门办理预售登记，取得商品房预售许可证明。"同时第2款规定："商品房预售人应当按照国家有关规定将预售合同报县级以上人民政府房产管理部门和土地管理部门登记备案。"

本案中，甲与被告丙签订商品房预售合同时，被告丙尚未交付土地使用权出让金，未取得建设工程规划许可证、开发建设资金尚未实际投入，未取得预售许可证，该预售合同亦未办理登记，因此被告丙此时并不符合商品房预售的条件，两人签订的合同因此而无效。

乙与被告丙签订商品房预售合同时，被告丙已交付了全部土地使用权出让金，建房投资已达50%，取得了预售许可证，并在有关部门办得了预售合同登记，而乙按规定交付了定金及首期房款共200万元，因此符合商品房预售的条件，两人签订的合同为有效合同。

(2) 在本案中，人民法院应判令被告丙向乙履行商品房预售合同，并由被告丙承担因迟延履行给乙造成的损失；同时，人民法院应判令被告丙与甲所签订的商品房预售合同为无效合同，由被告丙返还甲交付的房价款300万元，如果甲在该无效合同中无过错，被告丙还应承担甲因此遭受的损失。

2. 答案：(1) 原、被告三人与本案房产是共同所有关系。《民法典》第1072条第2款规定，继父或者继母和受其抚养教育的继子女间的权利义务关系，适用本法关于父母子女关系的规定。二原告与被告是同父异母关系，买房时三人均未成年，因此与其继母、继父之间形成了抚养关系，构成法律上的父母、子女关系。因为产权为二原告生父及被告生母夫妻共有，原产权人去世时未留遗嘱，所以应适应法定继承，为原被告三人共同所有之物。同时，因为该房产无法按实物分割，所以应当认为是共同共有的房产。

(2) 被告售房的行为对第三人王某来说，可以主张该行为有效。我国《城市房地产管理法》第38条规定："下列房地产，不得转让……(四) 共有房地产，未经其他共有人书面同意的……"本案中，被告未征得两原告同意，就擅自将该房产以20万元卖给了王某，但被告并非没有其他共有人书面同意的文件，而是该文件是被告假造的二原告的授权委托书。《民法典》第311条第1款规定："无处分权人将不动产或者动产转让给受让人的，所有权人有权追回；除法律另有规定外，符合下列情形的，受让人取得该不动产或者动产的所有权：(一) 受让人受让该不动产或者动产时是善意；(二) 以合理的价格转让；(三) 转让的不动产或者动产依照法律规定应当登记的已经登记，不需要登记的已经交付给受让人。"被告售房的行为虽未经两原告同意，但第三人王某为善意有偿取得该房屋，并办理了产权登记，因此应认定被告售房的行为是有效的。

(3) 被告关于购房款90%来自其生父遗产的说法，因无法举证，故应认定该说法不成立。按照"谁主张，谁举证"的原则，被告应对自己的主张承担举证责任，否则应承担败诉后果。在本案中，被告如不能举证其购房款90%来自其生父遗产，则应认定该房产由两原告和被告共同所有，而且是平均共有，被告与其他两人份额相同，不享有较大份额。

(4) 王某不是必须返还该房屋，理由同(2)中的分析，因为王某取得该房产时是善意有偿取得，所以应当维护第三人王某的合法权益，而且王某与被告已经办理了产权转移登记，符合房屋买卖的要式行为要求，应认定该房屋买卖行为有效。

(5) 被告的行为会产生对两原告的侵权损害赔偿责任，因为被告未征得两原告的同意，擅自处理共有财产，并给其他共有人造成了损失，所以应当对其他共有人的损失进行赔偿。在本案中，被告应将卖房所得20万元中的2/3分给两原告，并对两原告的其他损失进行赔偿。

第十六章　银行业监管法律制度

基础知识图解

- 银行业监管与银行业监管法概述
  - 银行业监管的概念
  - 银行业监管法的概念和银行业监管立法
  - 银行业监管体制
  - 银行业监管的原则
    - 依法、公开、公正和效率的原则
    - 独立监管原则
    - 审慎监管原则
    - 协调监管原则
    - 跨境合作监管原则
  - 银行业监督管理机构
- 对银行业金融机构的市场准入监管
  - 对银行业金融机构的市场准入监管概述
  - 银行业金融机构的股东资格审查
  - 银行业金融机构的业务范围审批
  - 银行业金融机构高级管理层的任职资格管理
- 对银行业金融机构的审慎监管
  - 对银行业金融机构的审慎监管概述
  - 商业银行的资本充足率监管
  - 商业银行的风险管理与监管
  - 商业银行的内部控制监管
- 对银行业金融机构的监管措施概述
- 对银行业金融机构的监管措施
  - 银行业金融机构持续性监管的手段
    - 对非现场监管
    - 现场检查
    - 并表监管
    - 强制性信息披露
  - 对银行业金融机构的处置措施
    - 对银行业金融机构违反审慎经营规则的制裁
    - 银行业金融机构的接管或重组
    - 银行业金融机构的撤销
    - 对相关人员的行为限制
    - 查询账户、冻结违法奖金
- 违反银行业监管法的法律责任
  - 银行业监督管理机构监管人员违法行为的法律责任
  - 擅自设立金融机构或从事金融业务的法律责任
  - 银行业金融机构违法行为的法律责任
  - 违法的银行业金融机构从业人员的法律责任

配套测试

一、单项选择题

1. 下列关于《银行业监督管理法》的说法，哪个是错误的？（　　）

A.《银行业监督管理法》于2003年12月27日通过，2006年10月31日修订通过

B.《银行业监督管理法》的起草借鉴了《有效银行监管的核心原则》

C.《银行业监督管理法》明确了监管职责，强化了监管手段和措施，但未对监管权力的运作进行规范和约束

D.《银行业监督管理法》的性质不是组织法而是行为法

2. 以下关于国务院银行业监督管理机构的说法，哪个是正确的？（　　）

A. 国务院银行业监督管理机构的派出机构受国务院银行业监督管理机构及其所在地政府的领导和管理

B. 国务院银行业监督管理机构对所有金融机构的董事、监事实行任职资格管理

C. 申请设立银行业金融机构时，国务院银行业监督管理机构无需对持有资本总额或股份总额达到规定比例以上的股东的资金来源、财务状况、资本补充能力和诚信状况进行审查

D. 国务院银行业监督管理机构应自收到申请文件之日起三个月内，对银行业金融机构的变更、终止做出批准或不批准的书面决定

3. 以下哪项属于国务院银行业监督管理机构的监管职责范围？（　　）

A. 对银行业市场实施准入管制

B. 自主制定银行业金融机构的审慎经营规则

C. 对银行业自律组织的活动进行指导和监督，银行业自律组织的章程应当报国务院银行业监督管理机构备案

D. 对银行业金融机构所有股东的资金来源、财务状况、资本补充能力和诚信状况进行审查

4. 根据我国《银行业监督管理法》的规定，在我国境内设立的下列哪一机构不属于银行业监督管理的对象？（　　）

A. 农村信用合作社

B. 金融资产管理公司

C. 信托投资公司

D. 证券公司

5. 接管是金融监管部门为了挽救发生重大危机或者即将发生重大危机的商业银行所采取的一种行政措施。下列对商业银行接管终止的哪项表述是不正确的？（　　）

A. 接管期限届满，国务院银行业监督管理机构可以根据需要延长接管期限，直至商业银行恢复偿付能力

B. 接管决定规定的期限届满或者国务院银行业监督管理机构决定的接管延期届满

C. 接管决定规定的期限届满前，该商业银行已经恢复正常的经营能力

D. 接管期限届满前，该商业银行被合并或者被依法宣告破产

6. 根据《商业银行法》的规定，商业银行有下列变更事项之一的，应当报经国务院银行业监督管理机构批准，否则该变更不发生法律效力。作为银行的法律顾问，你认为下列哪一事项是银行的自主权，无须报经国务院银行业监督管理机构批准？（　　）

A. 变更银行注册名称、变更注册资本

B. 变更银行总行和分支机构所在地

C. 变更持有资本总额或者股份总额4%的股东

D. 调整业务范围、修改银行章程

7. 以下说法，正确的是：（　　）

A. 在商业银行的撤销清算期间，经国务院银行业监督管理机构负责人批准，在直接负责的董事出境将对国家利益造成重大损失的情况下，可以直接阻止其出境

B. 经国务院银行业监督管理机构或者其省一级派出机构负责人批准，银行业监督管理机构可以直接查询涉嫌金融违法的银行业金融机构及其工作人员以及关联行为人的账户

C. 在撤销清算期间，经国务院银行业监督管理机构负责人批准，对直接负责的董事可以直接禁止其转移、转让财产或者对其财产设定其他权利

D. 对涉嫌转移或者隐匿违法资金的工作人员及关联行为人，经银行业监督管理机构负责人批准，可以直接予以冻结账户

8. 下列哪一选项不属于国务院银行业监督管理机构职责范围？（　　）（司考2010.1.26）

A. 审查批准银行业金融机构的设立、变更、终

止以及业务范围

B. 受理银行业金融机构设立申请或者资本变更申请时，审查其股东的资金来源、财务状况、诚信状况等

C. 审查批准或者备案银行业金融机构业务范围内的业务品种

D. 接收商业银行交存的存款准备金和存款保险金

9. 根据《银行业监督管理法》，国务院银行业监督管理机构有权对银行业金融机构的信用危机依法进行处置。关于处置规则，下列哪一说法是错误的？（　　）（司考 2012. 1. 29）

A. 该信用危机必须已经发生

B. 该信用危机必须达到严重影响存款人和其他客户合法权益的程度

C. 国务院银行业监督管理机构可以依法对该银行业金融机构实行接管

D. 国务院银行业监督管理机构也可以促成其机构重组

10. 关于《银行业监督管理法》的适用范围，下列哪一说法是正确的？（　　）（司考 2011. 1. 29）

A. 信托投资公司适用本法

B. 金融租赁公司不适用本法

C. 金融资产管理公司不适用本法

D. 财务公司不适用本法

11. 根据现行银行贷款制度，关于商业银行贷款，下列哪一说法是正确的？（　　）（司考 2013. 1. 29）

A. 商业银行与借款人订立贷款合同，可采取口头、书面或其他形式

B. 借款合同到期未偿还，经展期后到期仍未偿还的贷款，为呆账贷款

C. 政府部门强令商业银行向市政建设项目发放贷款的，商业银行有权拒绝

D. 商业银行对关系人提出的贷款申请，无论是信用贷款还是担保贷款，均应予拒绝

12. 某商业银行通过同业拆借获得一笔资金。关于该拆入资金的用途，下列哪一选项是违法的？（　　）（司考 2014. 1. 28）

A. 弥补票据结算的不足

B. 弥补联行汇差头寸的不足

C. 发放有担保的短期固定资产贷款

D. 解决临时性周转资金的需要

二、多项选择题

1. 国务院银行业监督管理机构的从业人员应遵守以下哪几项从业规范？（　　）

A. 不得利用职务便利牟取不正当的利益

B. 应当具备与其任职相适应的专业知识和业务工作经验

C. 保守国家秘密

D. 不在企业中兼任职务

2. 以下关于国务院银行业监督管理机构履行监管职责的几项表述，哪些是错误的？（　　）

A. 国务院银行业监督管理机构应当对银行业金融机构的业务活动及其风险状况进行非现场监管，建立银行业金融机构监督管理信息系统，分析、评价其风险状况

B. 为了不妨碍银行业金融机构的业务活动，国务院银行业监督管理机构对其只进行非现场监管，不进行现场监管

C. 由于监管职能的分离，中国人民银行无权就对银行业金融机构进行检查、向国务院银行业监督管理机构提出建议

D. 国务院银行业监督管理机构应当建立银行业金融机构监督管理评级体系、风险预警机制、突发事件报告责任制度、突发事件处置制度和统一的统计制度等

3. 国务院银行业监督管理机构应当在规定的期限对决定不批准应当说明理由的申请事项有（　　）。

A. 银行业金融机构的设立，自收到申请文件之日起 6 个月内

B. 银行业金融机构的变更、终止，以及业务范围和增加业务范围内的业务品种，自收到申请文件之日起 6 个月内

C. 审查董事和高级管理人员的任职资格，自收到申请文件之日起 30 日内

D. 银行业金融机构的变更、终止，以及业务范围和增加业务范围内的业务品种，自收到申请文件之日起 3 个月内

4. 商业银行违反《商业银行法》规定的，国务院银行业监督管理机构可以禁止以下哪些人员一定期限直至终身从事银行业工作？（　　）

A. 直接负责的董事

B. 商业银行的行长

C. 其他直接负责的人员

D. 商业银行的监事

5. 国务院银行业监督管理机构可以采取以下哪些强制整改措施？（　　）

A. 责令暂停部分业务、停止批准开办新业务

B. 限制分配红利和其他收入

C. 责令银行业金融机构裁员

D. 责令调整董事、高级管理人员或者限制其权利

6. 银行业金融机构违反法律、行政法规以及国家有关银行业监督管理规定的，银行业监督管理机构可以区别不同情形，采取下列哪些补充性制裁措施？（ ）

A. 责令银行业金融机构对直接负责的董事、高级管理人员和其他直接责任人员给予纪律处分

B. 取消直接负责的董事、高级管理人员一定期限直至终身的任职资格

C. 银行业金融机构的行为尚不构成犯罪的，对直接负责的董事、高级管理人员和其他直接责任人员给予警告，处以一定数额的罚款

D. 禁止直接负责的董事、高级管理人员和其他直接责任人员一定期限直至终身从事银行业工作

7. 下列哪些机构和人员能够成为承担《银行业监督管理法》规定的法律责任的主体？（ ）

A. 银行业金融机构

B. 银行业金融机构的高级管理人员

C. 非法从事银行业金融业务的非银行金融机构

D. 银行业监督管理机构从事监管工作的人员

8. 下列哪些方面的情况是银行业监督管理机构应当责令银行业金融机构如实向社会公众披露的重大事项？（ ）

A. 财务会计报告

B. 风险管理状况

C. 控股股东转让股份

D. 董事和高级管理人员的变更

9. 银行业监督管理机构依法对银行业金融机构进行检查时，经设区的市一级以上银行业监督管理机构负责人批准，可以对与涉嫌违法事项有关的单位和个人采取下列哪些措施？（ ）（司考 2010. 1. 70）

A. 询问有关单位或者个人，要求其对有关情况作出说明

B. 查阅、复制有关财务会计、财产权登记等文件与资料

C. 对涉嫌转移或者隐匿违法资金的账户予以冻结

D. 对可能被转移、隐匿、毁损或者伪造的文件与资料予以先行登记保存

10. 根据《商业银行法》，关于商业银行分支机构，下列哪些说法是错误的？（ ）（司考 2012. 1. 66）

A. 在中国境内应当按行政区划设立

B. 经地方政府批准即可设立

C. 分支机构不具有法人资格

D. 拨付各分支机构营运资金额的总和，不得超过总行资本金总额的 70%

11. 根据《商业银行法》，关于商业银行的设立和变更，下列哪些说法是正确的？（ ）（司考 2012. 1. 67）

A. 国务院银行业监督管理机构可以根据审慎监管的要求，在法定标准的基础上提高商业银行设立的注册资本最低限额

B. 商业银行的组织形式、组织机构适用《公司法》

C. 商业银行的分立、合并不适用《公司法》

D. 任何单位和个人购买商业银行股份总额 5% 以上的，应事先经国务院银行业监督管理机构批准

12. 某商业银行决定推出一批新型理财产品，但该业务品种在已获批准的业务范围之外。该银行在报批的同时要求下属各分行开展试销。对此，下列哪些选项是正确的？（ ）（司考 2013. 1. 68）

A. 该业务品种应由中国银监会①审批

B. 该业务品种应由中国人民银行审批

C. 因该业务品种在批准前即进行试销，有关部门有权对该银行进行处罚

D. 该业务品种在批准前进行的试销交易为效力待定的民事行为

13. 某商业银行违反审慎经营规则，造成资本和资产状况恶化，严重危及稳健运行，损害存款人和其他客户合法权益。对此，银行业监督管理机构对该银行依法可采取下列哪些措施？（ ）（司考 2013. 1. 69）

A. 限制分配红利和其他收入

B. 限制工资总额

C. 责令调整高级管理人员

D. 责令减员增效

14. 某市商业银行 2010 年通过实现抵押权取得某大楼的所有权，2013 年卖出该楼获利颇丰。2014 年该银行决定修建自用办公楼，并决定入股某知名房地产企业。该银行的下列哪些做法是合法的？（ ）（司考 2014. 1. 69）

A. 2010 年实现抵押权取得该楼所有权

B. 2013 年出售该楼

C. 2014 年修建自用办公楼

① 根据 2018 年《国务院机构改革方案》，中国银监会和中国保监会的职责整合，组建中国银行保险监督管理委员会，作为国务院直属事业单位。本书以下将不再另外对中国银监会、中国保监会已被撤并进行说明。

D. 2014年入股某房地产企业

15. 陈某在担任某信托公司总经理期间，该公司未按照金融企业会计制度和公司财务规则严格管理和审核资金使用，违法开展信托业务，造成公司重大损失。对此，陈某负有直接管理责任。关于此事，下列哪些说法是正确的？（　　）（司考2016.1.72）

A. 该公司严重违反审慎经营规则
B. 银监会可责令该公司停业整顿
C. 国家工商总局可吊销该公司的金融许可证
D. 银监会可取消陈某一定期限直至终身的任职资格

16. 某商业银行推出“校园贷”业务，旨在向在校大学生提供额度不等的消费贷款。对此，下列哪些说法是错误的？（　　）（司考2017.1.68）

A. 银行向在校大学生提供“校园贷”业务，须经国务院银监机构审批或备案
B. 在校大学生向银行申请“校园贷”业务，无论资信如何，都必须提供担保
C. 银行应对借款大学生的学习、恋爱经历、父母工作等情况进行严格审查
D. 银行为提高“校园贷”业务发放效率，审查人员和放贷人员可同为一人

三、不定项选择题

1. 关于国务院银行业监督管理机构依法通过接管组织对商业银行实施的接管，以下说法正确的有（　　）。

A. 接管的实质是暂停被接管人管理层的经营管理权
B. 被接管的商业银行的债权债务关系因接管而发生变化
C. 被接管的商业银行在接管前的债权债务关系由接管组织负责
D. 被接管的商业银行在接管期间的债权债务关系由接管组织负责

2. 银行业监督管理应当遵循的原则有（　　）。

A. 依法、公开、公正和效率原则
B. 独立性原则
C. 协同原则
D. 垂直领导原则

3. 以下关于国务院银行业监督管理机构可以采取的强制信息披露措施的几项表述，正确的有（　　）。

A. 国务院银行业监督管理机构有权要求银行业金融机构按照规定报送资产负债表、利润表和其他财务会计、统计报表、经营管理资料以及注册会计师出具的审计报告
B. 在任何情况下，银行业金融机构都无权拒绝国务院银行业监督管理机构对其检查
C. 国务院银行业监督管理机构无权要求银行业金融机构的董事、高级管理人员就银行业金融机构的业务活动和风险管理的事项作出说明
D. 国务院银行业监督管理机构无权要求银行业金融机构的工作人员对有关检查事项作出说明

4. 下列对于银行业金融机构实行强制整改、接管、重组和撤销的表述中，正确的有（　　）。

A. 有权采取强制整改措施的只有国务院银行业监督管理机构
B. 银行业金融机构已经或者可能发生信用危机，严重影响存款人和其他客户合法权益的，国务院银行业监督管理机构可以依法对该银行业金融机构实行接管，但不得促成机构重组
C. 银行业金融机构有违法经营、经营管理不善等情形，不予撤销将严重危害金融秩序、损害公众利益的，国务院银行业监督管理机构或者省一级派出机构有权予以撤销
D. 在接管、机构重组或者撤销清算期间，经国务院银行业监督管理机构负责人批准，对相关人员可以申请司法机关禁止其转移、转让财产或者对其财产设定其他权利

5. 某城市商业银行系在合并多家城市信用社的基础上设立，其资产质量差、经营队伍弱，长期以来资本充足率、资产流动性、存贷款比例等指标均不能达到监管标准。请根据有关法律规定，回答下列题目。

（1）某日，该银行行长卷款潜逃。事发后，大量存款户和票据持有人前来提款。该银行现有资金不能应付这些提款请求，又不能由同行获得拆借资金。根据相关法律，下列判断正确的是：（　　）（司考2009.1.95）

A. 该银行即将发生信用危机
B. 该银行可以由中国银监会实行接管
C. 该银行可以由中国人民银行实施托管
D. 该银行可以由当地人民政府实施机构重组

（2）在作出对该银行的行政处置决定后，负责处置的机构对该银行的人员采取了以下措施，其中符合法律规定的是：（　　）（司考2009.1.96）

A. 对该行全体人员发出通知，要求各自坚守岗位，认真履行职责

B. 该行副行长邱某、薛某持有出境旅行证件却拒不交出。对此，通知出境管理机关阻止其出境

C. 该行董事范某欲抛售其持有的一批股票。对此，申请司法机关禁止其转让股票

D. 该行会计师佘某欲将自己的一处房屋转让给他人。对此，通知房产管理部门停止办理该房屋的过户登记

（3）经采取处置措施，该银行仍不能在规定期限内恢复正常经营能力，且资产情况进一步恶化，各方人士均认为可适用破产程序。如该银行申请破产，应当遵守的规定是：（　　）（司考 2009. 1. 97）

A. 该银行应当证明自己已经不能支付到期债务，且资产不足以清偿全部债务

B. 该银行在提出破产申请前应当成立清算组

C. 该银行在向法院提交破产申请前应当得到中国银监会的同意

D. 该银行在向法院提交破产申请时应当提交债务清偿方案和职工安置方案

四、名词解释

1. 商业银行的接管制度

2. 商业银行的内部控制

3. 并表监管

4. 再贴现（中国人民大学 2013 年考研真题）

五、简答题

1. 简述银行业监管机构的职责。（中国人民大学 2009 年考研真题）

2. 简述银行业监管的基本准则。

参考答案

一、单项选择题

1. **答案**：C。《银行业监督管理法》的特点之一是既明确了监管职责，强化了监管手段和措施，也对监管权力的运作进行了规范和约束。《银行业监督管理法》第1条规定：为了加强对银行业的监督管理，规范监督管理行为，防范和化解银行业风险，保护存款人和其他客户的合法权益，促进银行业健康发展，制定本法。这说明《银行业监督管理法》不是关于银行业监督管理机构的组织法，而是关于银行业监督管理行为的市场规制法，是行为法。

2. **答案**：D。《银行业监督管理法》第8条第1款、第20条、第17条和第22条。

3. **答案**：A。《银行业监督管理法》第19条、第21条、第31条和第17条。

4. **答案**：D。《银行业监督管理法》第2条第1、2、3款规定："国务院银行业监督管理机构负责对全国银行业金融机构及其业务活动监督管理的工作。本法所称银行业金融机构，是指在中华人民共和国境内设立的商业银行、城市信用合作社、农村信用合作社等吸收公众存款的金融机构以及政策性银行。对在中华人民共和国境内设立的金融资产管理公司、信托投资公司、财务公司、金融租赁公司以及经国务院银行业监督管理机构批准设立的其他金融机构的监督管理，适用本法对银行业金融机构监督管理的规定。"因此，应该选择D。

5. **答案**：A。《商业银行法》第67条："接管期限届满，国务院银行业监督管理机构可以决定延期，但接管期限最长不得超过二年。"故A不正确。第68条："有下列情形之一的，接管终止：（一）接管决定规定的期限届满或者国务院银行业监督管理机构决定的接管延期届满；（二）接管期限届满前，该商业银行已恢复正常经营能力；（三）接管期限届满前，该商业银行被合并或者被依法宣告破产。"故BCD正确。

6. **答案**：C。《商业银行法》第24条："商业银行有下列变更事项之一的，应当经国务院银行业监督管理机构批准：（一）变更名称；（二）变更注册资本；（三）变更总行或者分支行所在地；（四）调整业务范围；（五）变更持有资本总额或者股份总额百分之五以上的股东；（六）修改章程；（七）国务院银行业监督管理机构规定的其他变更事项。更换董事、高级管理人员时，应当报经国务院银行业监督管理机构审查其任职资格。"

7. **答案**：B。《银行业监督管理法》第40条第2款第（1）项：直接负责的董事、高级管理人员和其他直接责任人员出境将对国家利益造成重大损失的，通知出境管理机关依法阻止其出境。第41条：经国务院银行业监督管理机构或者其省一级派出机构负责人批准，银行业监督管理机构有权查询涉嫌金融违法的银行业金融机构及其工作人员以及关联行为人的账户；对涉嫌转移或者隐匿违法资金的，经银行业监督管理机构负责人批准，可以申请司法机关予以冻结。因此，本题B项正确。

8. **答案**：D。选项A、B、C分别对应《银行业监督管理法》第16、17、18条，均属于国务院银行业监督管理机构职责范围。《银行业监督管理法》第16条规定，国务院银行业监督管理机构依照法律、行政法规规定的条件和程序，审查批准银行业金融机构的设立、变更、终止以及业务范围。《银行业监督管理法》第17条规定，申请设立银行业金融机构，或者银行业金融机构变更持有资本总额或者股份总额达到规定比例以上的股东的，国务院银行业监督管理机构应当对股东的资金来源、财务状况、资本补充能力和诚信状况进行审查。《银行业监督管理法》第18条规定，银行业金融机构业务范围内的业务品种，应当按照规定经国务院银行业监督管理机构审查批准或者备案。需要审查批准或者备案的业务品种，由国务院银行业监督管理机构依照法律、行政法规作出规定并公布。选项D不属于国务院银行业监督管理机构职责范围，属于中国人民银行的职责。

9. **答案**：A。根据《银行业监督管理法》第38条的规定，银行业金融机构已经或者可能发生信用危机，严重影响存款人和其他客户合法权益的，国务院银行业监督管理机构可以依法对该银行业金融机构实行接管或者促成机构重组，接管和机构重组依照有关法律和国务院的规定执行。也就是说，"可能"发生信用危机时也可以采取监管措施，故A项说法错误。

10. **答案**：A。根据《银行业监督管理法》第2条的规定，国务院银行业监督管理机构负责对全国银行业金融机构及其业务活动监督管理的工作。本法所称银行业金融机构，是指在中华人民共和国境内设立的商业银行、城市信用合作社、农村信用合作社等吸收公众存款的金融机构以及政策性银行。对在中华人民共和国境内设立的金融资产管理公司、信托投资公司、财务公司、金融租赁公司以及经国务院银行业监督管理机构批准设立的其他金融机构的监督管理，适用本法对银行业金融机构监督管理的规定。也就是说，《银行业监督管理法》的适用对象包括商业银行、城市信用合作社、农村信用合作社、政策性银行（农业发展银行、进出口银行）、金融资产管理公司、信托投资公司、财务公司、金融租赁公司等。故本题正确的说法是A。

11. 答案：C。商业银行与借款人的贷款合同必须采用书面的形式，故A项说法错误；借款合同到期未偿还，经展期后到期仍未偿还的贷款是逾期贷款。故B项说法错误。C项说法正确，根据《商业银行法》第41条的规定，任何单位和个人不得强令商业银行发放贷款或者提供担保。商业银行有权拒绝任何单位和个人强令要求其发放贷款或者提供担保。D项说法错误，商业银行不应当给关系人发放信用贷款，可以发放担保贷款，只是发放担保贷款的条件不得优于其他借款人同类贷款的条件。

12. 答案：C。根据《商业银行法》第46条的规定，同业拆借，应当遵守中国人民银行的规定。禁止利用拆入资金发放固定资产贷款或者用于投资。拆出资金限于交足存款准备金、留足备付金和归还中国人民银行到期贷款之后的闲置资金。拆入资金用于弥补票据结算、联行汇差头寸的不足和解决临时性周转资金的需要。

二、多项选择题

1. 答案：ABCD。《银行业监督管理法》第9条和第10条。

2. 答案：BC。《银行业监督管理法》第23条规定了非现场监管；第24条：国务院银行业监督管理机构应当对银行业金融机构的业务活动及其风险状况进行现场检查；第26条：国务院银行业监督管理机构对中国人民银行提出的检查银行业金融机构的建议，应当予以回复；第27条：银行业金融机构监督管理评级体系和风险预警机制；第28条：突发事件报告责任制度；第29条：突发事件处置制度；第30条：统一的统计制度。

3. 答案：ACD。根据《银行业监督管理法》第22条的规定：国务院银行业监督管理机构应当在规定的期限，对下列申请事项作出批准或者不批准的书面决定；决定不批准的，应当说明理由：（1）银行业金融机构的设立，自收到申请文件之日起6个月内；（2）银行业金融机构的变更、终止，以及业务范围和增加业务范围内的业务品种，自收到申请文件之日起3个月内；（3）审查董事和高级管理人员的任职资格，自收到申请文件之日起30日内。由此可见，本题的正确选项是ACD，而B项所表述的6个月期限是不正确的，故不能选。

4. 答案：ABC。《商业银行法》第89条第1款规定：商业银行违反本法规定的，国务院银行业监督管理机构可以区别不同情形，取消其直接负责的董事、高级管理人员一定期限直至终身的任职资格，禁止直接负责的董事、高级管理人员和其他直接责任人员一定期限直至终身从事银行业工作。

5. 答案：ABD。《银行业监督管理法》第37条列举出了六种措施，但银行业监督管理机构无权责令银行业金融机构裁员。

6. 答案：ABCD。《银行业监督管理法》第48条："银行业金融机构违反法律、行政法规以及国家有关银行业监督管理规定的，银行业监督管理机构除依照本法第四十四条至第四十七条规定处罚外，还可以区别不同情形，采取下列措施：

（一）责令银行业金融机构对直接负责的董事、高级管理人员和其他直接责任人员给予纪律处分；

（二）银行业金融机构的行为尚不构成犯罪的，对直接负责的董事、高级管理人员和其他直接责任人员给予警告，处五万元以上五十万元以下罚款；

（三）取消直接负责的董事、高级管理人员一定期限直至终身的任职资格，禁止直接负责的董事、高级管理人员和其他直接责任人员一定期限直至终身从事银行业工作。"

7. 答案：ABCD。《银行业监督管理法》第43条是关于银行业监督管理机构从事监督管理工作的人员的法律责任的规定，故D正确；第44条是关于擅自设立银行业金融机构或者非法从事银行业金融机构的业务活动的法律责任的规定，故C正确；第45、46、47条是关于银行业金融机构的法律责任的规定，故A正确；第48条是关于银行业金融机构直接负责的董事、高级管理人员和其他直接责任人员的法律责任的规定，故B正确。由此可知，本题答案为ABCD。

8. 答案：ABD。《银行业监督管理法》第36条规定："银行业监督管理机构应当责令银行业金融机构按照规定，如实向社会公众披露财务会计报告、风险管理状况、董事和高级管理人员变更以及其他重大事项等信息。"可见，银行业金融机构应向社会公众披露的重大事项不包括控股股东转让股份的情况，故C错误。由此可知，本题答案为ABD。

9. 答案：ABD。选项A、B、D正确。《银行业监督管理法》第42条第1款规定，银行业监督管理机构依法对银行业金融机构进行检查时，经设区的市一级以上银行业监督管理机构负责人批准，可以对与涉嫌违法事项有关的单位和个人采取下列措施：（一）询问有关单位或者个人，要求其对有关情况作出说明；（二）查阅、复制有关财务会计、财产权登记等文件、资料；（三）对可能被转移、隐匿、毁损或者伪造的文件、资料，予以先行登记保存。选项C错误。《银行业监督管理法》第41条，经国务院银行业监督管理机构或者其省一级派出机构负责人批准，银行业监督管理机构有权查询涉嫌金融违法的银行业金融机构及其工作人员以及关联行为人的账户；对涉嫌转移或者隐匿违法资金的，经银行业监督管理机构负责人批准，可以申请司法机关予以冻结。

10. 答案：ABD。根据《商业银行法》第19条的规定，商业银行根据业务需要可以在中华人民共和国境内外设立分支机构。设立分支机构必须经国务院银行业监督管理机构审查批准。在中华人民共和国境内的分支机构，不按行政区划设立。商业银行在中华人民共和国境内设立分支机构，应当按照规定拨付与其经营规模相适应的营运资金额。拨付各分支机构营运资金额的总和，不得超过总行资本金总额的百分之六十。故A项说法错误，分支机构不按行政区划设立；B项说法错误，分支机构的设立需要得到银监会的批准，不是当地政府；D项说法错误，不得超过总行资本金总额的百分之六十，不是百分之七十。《商业银行法》第22条第2款规定，商业银行分支机构不具有法人资格，在总行授权范围内依法开展业务，其民事责任由总行承担。故C项说法正确。

11. 答案：ABD。根据《商业银行法》第13条第2款的规定，国务院银行业监督管理机构根据审慎监管的要求可以调整注册资本最低限额，但不得少于前款规定的限额。故A项说法正确。根据《商业银行法》第17条第1款的规定，商业银行的组织形式、组织机构适用《公司法》的规定。故B项说法正确。根据《商业银行法》第25条第1款的规定，商业银行的分立、合并，适用《公司法》的规定。故C项说法错误。根据《商业银行法》第24条的规定，商业银行有下列变更事项之一的，应当经国务院银行业监督管理机构批准：变更持有资本总额或者股份总额百分之五以上的股东。故D项说法正确。

12. 答案：AC。根据《银行业监督管理法》第16条的规定，国务院银行业监督管理机构依照法律、行政法规规定的条件和程序，审查批准银行业金融机构的设立、变更、终止以及业务范围。第18条规定，银行业金融机构业务范围内的业务品种，应当按照规定经国务院银行业监督管理机构审查批准或者备案。故A、C项说法正确，B项错误。在银行业监督管理机构对新业务获得批准之前，商业银行从事该业务是违法的，应当由银监会责令其改正，在短期内更不可能给予其从事该业务的批准，故不是效力待定的民事行为，D项说法错误。

13. 答案：AC。根据《银行业监督管理法》第37条的规定，银行业金融机构违反审慎经营规则的，国务院银行业监督管理机构或者其省一级派出机构应当责令限期改正；逾期未改正的，或者其行为严重危及该银行业金融机构的稳健运行、损害存款人和其他客户合法权益的，经国务院银行业监督管理机构或者其省一级派出机构负责人批准，可以区别情形，采取下列措施：（一）责令暂停部分业务、停止批准开办新业务；（二）限制分配红利和其他收入；（三）限制资产转让；（四）责令控股股东转让股权或者限制有关股东的权利；（五）责令调整董事、高级管理人员或者限制其权利；（六）停止批准增设分支机构。故AC为正确答案。

14. 答案：AC。根据《商业银行法》第42条第2款的规定，借款人到期不归还担保贷款的，商业银行依法享有要求保证人归还贷款本金和利息或者就该担保物优先受偿的权利。商业银行因行使抵押权、质权而取得的不动产或者股权，应当自取得之日起2年内予以处分。故A项做法合法，B项做法超过了2年内予以处分的规定，不合法。根据《商业银行法》第43条的规定，商业银行在中华人民共和国境内不得从事信托投资和证券经营业务，不得向非自用不动产投资或者向非银行金融机构和企业投资，但国家另有规定的除外。故C项做法合法，D项做法不合法。

15. 答案：ABD。根据《银行业监督管理法》第2条第3款的规定，对在中华人民共和国境内设立的金融资产管理公司、信托投资公司、财务公司、金融租赁公司以及经国务院银行业监督管理机构批准设立的其他金融机构的监督管理，适用本法对银行业金融机构监督管理的规定。故信托公司应当适用《银行业监督管理法》的有关金融机构监督管理的规定。根据《银行业监督管理法》第21条的规定，银行业金融机构的审慎经营规则，由法律、行政法规规定，也可以由国务院银行业监督管理机构依照法律、行政法规制定。前款规定的审慎经营规则，包括风险管理、内部控制、资本充足率、资产质量、损失准备金、风险集中、关联交易、资产流动性等内容。银行业金融机构应当严格遵守审慎经营规则。因而该公司未按照金融企业会计制度和公司财务规则严格管理和审核资金使用属于违反审慎经营规则的表现，故A项说法正确。根据《银行业监督管理法》第46条的规定，银行业金融机构有下列情形之一，由国务院银行业监督管理机构责令改正，并处二十万元以上五十万元以下罚款；情节特别严重或者逾期不改正的，可以责令停业整顿或者吊销其经营许可证；构成犯罪的，依法追究刑事责任：……（五）严重违反审慎经营规则的；故B项说法正确，C项说法错误（金融许可证由银监会吊销）。根据《银行业金融机构董事（理事）和高级管理人员任职资格管理办法》第29条的规定，金融机构有下列情形之一，监管机构可视情节轻重及其后果，取消直接负责的董事（理事）和高级管理人员十年以上直至终身的任职资格：（一）违法违规经营，情节特别严重或造成损失数额特别巨大的；（二）内部管理与控制制度不健全或执行监督不力，造成损失数额特别巨大或引发特别重大金融犯罪案件的；（三）严重违反审慎经营规则，造成损失数额特别巨大或引发特别重大金融犯罪案件的……故D项说法正确。

16. 答案：BCD。根据《商业银行法》第3条第1款规定，商业银行可以经营“发放短期、中期和长期贷款”的业务。但根据该条第2款的规定，经营范围由商业银行章程规定，报国务院银行业监督管理机构批准。“校园贷”属于贷款的一种，因而，商业银行从事“校园贷”等贷款业务需要经国务院银监机构审批或备案，A项说法正确。根据《商业银行法》第36条规定，商业银行贷款，借款人应当提供担保。商业银行应当对保证人的偿还能力，抵押物、质物的权属和价值以及实现抵押权、质权的可行性进行严格审查。经商业银行审查、评估，确认借款人资信良好，确能偿还贷款的，可以不提供担保。因而B项说法错误。根据《商业银行法》第35条的规定：“商业银行贷款，应当对借款人的借款用途、偿还能力、还款方式等情况进行严格审查。商业银行贷款，应当实行审贷分离、分级审批的制度。”对于与借款人还款能力无关的内容不应当在贷款审查的范围，并且审贷必须分离，因而审查人员和放贷人员不可同为一人，故C、D项错误。

三、不定项选择题

1. 答案：A。《商业银行法》第64条：被接管的商业银行的债权债务关系不因接管而变化。国务院银行业监督管理机构实施的接管是一项行政措施，其实质是暂停被接管人的管理层的经营管理权。

2. 答案：ABC。《银行业监督管理法》第4条、第5条和第6条。

3. 答案：A。《银行业监督管理法》第33条、第34条第1款第2项、第34条第2款和第35条。

4. 答案：D。《银行业监督管理法》第37条：国务院银行业监督管理机构或者省一级派出机构有权采取强制整改措施；第38条：在此种情况下，国务院银行业监督管理机构可以依法对该银行业金融机构实行接管或者促成机构重组；第39条：省一级派出机构无权撤销银行业金融机构。只有国务院银行监督管理机构有权予以撤销。

5. 答案：（1）B。选项B正确，选项C、D错误。商业银行已经或者可能发生信用危机，严重影响存款人的利益时，中国银监会可以对该商业银行实行接管。信用危机的主要表现为，商业银行不能应付存款人的提款，不能清偿到期的债务，以及同业拒绝拆借资金，原客户和市场所普遍拒绝其服务。商业银行有以上这些情况之一的，即可被视为发生信用危机。选项A错误。该银行已经发生信用危机。

（2）ABC。《银行业监督管理法》第40条规定，银行业金融机构被接管、重组或者被撤销的，国务院银行业监督管理机构有权要求该银行业金融机构的董事、高级管理人员和其他工作人员，按照国务院银行业监督管理机构的要求履行职责。（选项 A 正确）在接管、机构重组或者撤销清算期间，经国务院银行业监督管理机构负责人批准，对直接负责的董事、高级管理人员和其他直接责任人员，可以采取下列措施：（一）直接负责的董事、高级管理人员和其他直接责任人员出境将对国家利益造成重大损失的，通知出境管理机关依法阻止其出境；（选项 B 正确）（二）申请司法机关禁止其转移、转让财产或者对其财产设定其他权利。（选项 C 正确，选项 D 错误）

(3) C。《商业银行法》第 71 条规定，商业银行不能支付到期债务，经国务院银行业监督管理机构同意，由人民法院依法宣告其破产。商业银行被宣告破产的，由人民法院组织国务院银行业监督管理机构等有关部门和有关人员成立清算组，进行清算。

四、名词解释

1. 答案： 商业银行的接管是指中国人民银行为了恢复已经或可能发生信用危机的商业银行的正常经营能力所采取的措施。

(1) 接管的前提是商业银行已经或者可能发生信用危机，严重影响存款人利益。目的是对被接管的商业银行采取必要措施以保护存款人的利益，恢复商业银行的正常经营能力。

(2) 接管由中国人民银行决定，并组织执行。被接管的商业银行法人资格继续存在，其债权债务不因接管而变化。

(3) 接管自接管决定实施之日起开始。接管期满，中国人民银行可以决定延期，但接管期限最长不得超过两年。

2. 答案： 商业银行的内部控制是银行为实现经营目标，通过制定和实施一系列制度、程序和方法，对各种风险进行有效识别、评估、控制、监测和改进的动态过程和机制。有效的银行内控机制对于防范日益增长的金融风险，保障银行体系安全稳健运行具有非同寻常的作用。

3. 答案： 并表监管，是指监管当局对整个银行集团，包括其境内外所有子公司和分支机构的所有业务和风险，进行全面监督管理。并表监管在对跨国银行的监管中具有特殊意义，它是实现跨国银行有效监管的基石，是跨国银行监管诸原则中最为核心的一项基础原则。

4. 答案： 再贴现是中央银行通过买进商业银行持有的已贴现但尚未到期的商业汇票，向商业银行提供融资支持的行为。商业汇票是购货单位为购买销货单位的产品，不及时进行货款支付，而在法律许可的范围之内签发的、在约定期限内予以偿还的债务凭据。在一般情况下，为保证购货方到期确能偿还债务，这种债务凭据须经购货方的开户银行予以承兑，即由其开户银行承诺，若票据到期但该客户因故无力偿还该债务，则由该银行出资予以代偿。

五、简答题

1. 答案： 银行业监管机构的主要职责有：制定有关银行业金融机构监管的规章制度和办法；审批银行业金融机构及分支机构的设立、变更、终止及其业务范围；对银行业金融机构实行现场和非现场监管，依法对违法违规行为进行查处；审查银行业金融机构高级管理人员任职资格；负责统一编制全国银行数据、报表，并按照国家有关规定予以公布；会同有关部门提出存款类金融机构紧急风险处置意见和建议；负责国有重点银行业金融机构监事会的日常管理工作；承办国务院交办的其他事项。

2. 答案： 我国银行业监管应遵循以下几方面的原则：

（一）依法、公开、公正和效率的原则

（二）独立监管原则

独立监管原则是指银行业监督管理机构及其监管工作人员依法独立履行监督管理职责，受法律保护，地方政府、各级政府部门、社会团体和个人不得干涉。

（三）审慎监管原则

银行业监督管理机构应当以认真谨慎的态度对银行的资本充足性、流动性、风险管理、内部控制机制等方面制定标准并进行有效的监督和管理。

（四）协调监管原则

协调监管原则是指在中央银行、银行业监管机构、证券业监管机构、保险业监管机构之间建立协调合作、互相配合的机制。

（五）跨境合作监管原则

跨境银行合作监管是为了确保所有跨境银行都能得到其母国和东道国监管当局的有效监管，并且，跨境银行的母国和东道国监管当局之间应当建立合理的监管分工和合作，就监管的目标、原则、标准、内容、方法以及实际监管中发现的问题进行协商和定期交流。

第十七章　证券监管法律制度

基础知识图解

- 证券监管与证券监管法概述
  - 证券的概念和种类
  - 证券市场和证券监管
  - 证券监管法的概念与证券监管立法
- 证券监管体制
  - 各国证券监管模式的比较
  - 我国证券监管体制
    - 实行国家集中统一监管制
    - 辅以证券业协会、证券交易所的自律管理
  - 国家证券监督管理机构
- 对证券发行的监管
  - 证券发行的审核制度
  - 证券发行的原则
    - 公开原则
    - 公平原则
    - 公正原则
  - 证券发行的方式和条件
    - 证券发行的方式
      - 公开发行
      - 非公开发行
    - 证券发行的条件
      - 股票发行的条件
      - 公司债券发行的条件
      - 可转换公司债券发行的条件
      - 证券公司债券发行的条件
- 对证券交易的监管
  - 证券上市监管
    - 证券上市制度概述
    - 证券上市的条件和程序
    - 上市证券的暂停和终止上市
  - 证券交易的限制与禁止
    - 证券交易的一般性限制和禁止规定
    - 禁止内幕交易
    - 禁止市场操纵
    - 禁止不实陈述
    - 禁止欺诈客户
  - 证券信息持续公开制度
  - 上市公司收购监管
    - 持股变动报告与公告制度
    - 强制要约收购制度
    - 要约收购义务的豁免
    - 收购的法律后果
- 违反证券监管法的法律责任
  - 证券违法行为的概念和种类
  - 证券违法行为的法律责任

配套测试

一、单项选择题

1. 国务院证券监督管理机构或国务院授权的部门对已作出的核准或审批证券发行的决定，发现不符合法律、行政法规规定的，若(　　)，则属于采取措施不当，不符合有关法律规定。
   A. 应当责令其暂行停止发行证券行为
   B. 尚未发行的，应当予以撤销
   C. 停止发行
   D. 已发行的，撤销发行核准决定，证券持有人可按发行价加算银行同期存款利息，要求发行人返还
2. 证券交易所的设立和解散，由(　　)决定。
   A. 国务院证券监管部门
   B. 国务院
   C. 证券业协会
   D. 由证券交易所理事会决定，国务院证券监管部门备案
3. 设立证券公司，必须经(　　)审查批准。
   A. 国务院
   B. 证券业协会
   C. 国务院证券监管机构
   D. 由证券业协会决定，由国务院审批
4. 关于证券业协会的说法不正确的是(　　)。
   A. 是自律性组织
   B. 属于社会团体法人
   C. 其权力机构成员由国务院证券监督管理部门任免
   D. 不以营利为目的
5. 下列关于证券登记结算机构的说法中，不正确的是(　　)。
   A. 属于非法人组织
   B. 为证券交易提供集中的登记、托管与结算服务，不以营利为目的
   C. 其设立必须由国务院证券监督管理部门审查批准
   D. 设立证券登记结算机构的条件之一是，自有资金不少于人民币二亿元
6. 我国证券法规定，证券登记结算机构应当妥善保存登记、托管和结算的原始凭证。重要的原始凭证的保存期不少于(　　)年。
   A. 5　　B. 10　　C. 15　　D. 20
7. 下列证券中哪一种证券的发行和交易不适用我国证券法？(　　)
   A. 股票　　B. 公司债券
   C. A 种股票　　D. 国库券
8. 我国对证券发行、交易采用的监管体制是(　　)。
   A. 以政府管理为主，以证券业自律为辅的管理制度
   B. 政府集中统一管理
   C. 以证券业自律为主，以政府管理为辅的管理制度
   D. 自律管理
9. 向社会公开发行的证券票面总值超过多少的，应当由承销团承销？(　　)
   A. 3000 万元　　B. 4000 万元
   C. 5000 万元　　D. 没有限制
10. 股票发行采取溢价发行的，其发行价格如何确定？(　　)
    A. 由国务院证券监督管理机构确定
    B. 由股东大会确定，报国务院证券监督管理机构核准
    C. 由发行人和承销的证券公司协商确定
    D. 由董事会决定，股东大会批准，再报国务院证券监督管理机构核准
11. 为股票发行出具法律意见书的律师事务所律师，应遵守以下哪一项规定？(　　)
    A. 不得持有股票
    B. 在该股票承销期满后 6 个月内，不得持有该种股票
    C. 不得买卖股票
    D. 在该股票承销期满后 6 个月内，不得买卖该种股票
12. 通过证券交易所的证券交易，投资者持有或者通过协议、其他安排与他人共同持有一个上市公司已发行的有表决权股份达到(　　)时，应当在该事实发生之日起 3 日内，向国务院证券监督管理机构、证券交易所作出书面报告，通知该上市公司，并予公告，在上述期限内不得再行买卖该上市公司的股票，但国务院证券监督管理机构规定的情形除外。
    A. 3%　　B. 5%
    C. 10%　　D. 30%

13. 证券公司因包销购入售后剩余股票而持有5%以上股份的，其持有的该部分股票若需卖出，应遵守下列哪一项规定？（　）

A. 卖出时每减少5%应向国务院证券监督管理机构、证券交易所作出书面报告，通知上市公司，并予公告

B. 卖出时不受6个月时间限制

C. 在6个月内不得卖出

D. 卖出时所得收益归发行股票的公司所有

14. 下列有关证券发行的表述中，正确的一项是：（　）

A. 上市公司对发行股票所募资金，擅自改变招股说明书所列资金用途使用的，证券持有人可以按照发行价加算银行同期存款利息，要求上市公司返还

B. 公开发行证券的发行人有权依法自主选择承销的证券公司，但应当报国务院证券监督管理机构批准

C. 向社会公开发行的证券票面总值超过人民币5000万元的，必须由承销团承销

D. 证券的代销、包销期最长不得超过90日

15. 依照《证券法》的规定，下列行为不属于操纵市场行为的是：（　）

A. 在自己实际控制的账户之间进行交易，影响证券交易价格或者证券交易量

B. 与他人串通，以事先约定的时间、价格和方式相互进行证券交易或者相互买卖并不持有的证券，影响证券交易价格或者证券交易量

C. 通过单独或者合谋，集中资金优势、持股优势或者利用信息优势联合或者连续买卖、操纵证券交易价格

D. 贾某预见市场将会转好，把自己在银行的300万元存款都买了股票

16. 福满天证券公司派驻交易所的代表张大户通过对股市行情进行分析后，认为现在是购入海天股票的最佳时机，遂电话建议其弟张小户以市价委托，张小户现在横霸证券公司开户，在接到电话又观望一段时间后作出了买入的决定。张大户的行为应如何认定？（　）

A. 属内幕交易　　B. 属欺诈客户

C. 属误导行为　　D. 不违法

17. 某证券公司使用自有资金以客户张小户的名义买入某公司股票30手，对该行为如何定性？（　）

A. 内幕交易　　B. 损害客户利益的行为

C. 操纵市场　　D. 误导行为

18. 以下说法正确的是：（　）

A. 公开发行公司债券筹集的资金，可以不按照公司债券募集办法，由公司自主决定如何使用

B. 改变资金用途，可以不经债券持有人会议作出决议

C. 公开发行公司债券筹集的资金，不得用于弥补亏损和非生产性支出

D. 发行人报送的证券发行申请文件可以不充分披露投资者作出价值判断和投资决策所必需的信息，内容可以有所取舍

19. 在上市公司收购中，收购人对所持有的被收购的上市公司的股票，在收购行为完成后的（　）内不得转让。

A. 18个月　　B. 3个月

C. 6个月　　D. 12个月

20. 因下列何种情形，影响证券交易正常进行的，证券交易所按照业务规则可以采取取消交易等措施？（　）

A. 不可抗力

B. 意外事件

C. 重大技术故障

D. 因突发性事件导致证券交易结果出现重大异常，按交易结果进行交收将对证券交易正常秩序和市场公平造成重大影响

21. 证券交易所应当从其收取的交易费用和会员费、席位费中提取一定比例的金额设立风险基金，风险基金的使用方法由以下哪一个机构规定？（　）

A. 国务院证券监督管理机构会同财政部

B. 证券交易所会员大会

C. 国务院证券监督管理机构

D. 证券交易所理事会

22. 证券公司从每年业务收入中提取（　），用于弥补证券交易的损失。

A. 交易风险基金　　B. 交易风险准备金

C. 公积金　　D. 交易保证金

23. 证券公司的自营业务可以采取下列哪种方式进行？（　）

A. 以客户的名义

B. 以其他证券公司的名义

C. 以自己的名义

D. 以个人的名义

24. 证券业协会的常设机构为何？（　）

A. 董事会　　B. 理事会

C. 会员大会　　D. 股东大会

25. 公开发行证券，必须符合法定条件，并经以下

哪个部门注册？(　　)

A. 国务院证券监督管理机构或国务院授权的部门

B. 工商行政管理部门

C. 中国人民银行

D. 中国工商银行

26. 通过证券交易所的证券交易，投资者持有一个上市公司已发行的股份达到哪种比例时，继续进行收购的，应当依法向该上市公司所有股东发出要约？(　　)

A. 75%　　B. 90%

C. 30%　　D. 51%

27. 在证券交易所交易的证券登记结算采取以下何种运营方式？(　　)

A. 分别登记结算　　B. 全国集中统一

C. 强制登记结算　　D. 自愿登记结算

28. 以下各项中，哪一项是根据股东享有的权利作出的分类？(　　)

A. 面额股票和无面额股票

B. 记名股票和无记名股票

C. A 种股票、B 种股票和 H 种股票

D. 普通股和优先股

29. 下列关于证券交易的表述中，何者为正确？(　　)

A. 党政机关的工作人员不得买卖股票

B. 为股票发行出具法律意见书的律师事务所和律师不得买卖该种股票

C. 证券的集中竞价交易应当实行时间优先、价格优先的原则

D. 证券投资咨询机构的从业人员不得买卖本咨询机构提供服务的上市公司的股票

30. 证券业协会的章程由(　　)。

A. 国务院证券监督管理机构制定，并报国务院批准

B. 国务院证券监督管理机构制定，并报国务院备案

C. 会员大会制定，并报国务院证券监督管理机构批准

D. 会员大会制定，并报国务院证券监督管理机构备案

31. 股票或者公司债券上市交易的公司，应当向(　　)提交中期报告和年度报告。

A. 证券交易所

B. 国务院证券监督管理机构

C. 证券登记结算机构

D. A 和 B

32. 我国成立证券公司采取的是(　　)。

A. 登记制　　B. 备案制

C. 审查批准制　　D. 自由设立制

33. 为证券的发行、上市或者证券交易活动出具审计报告、资产评估报告或者法律意见书等文件的专业机构和人员，应对其所出具报告的真实性、准确性和完全性进行核查和验证，并就其负有责任的部分承担(　　)。

A. 连带责任　　B. 有限责任

C. 法律责任　　D. 赔偿责任

34. 证券的承销是指(　　)依照协议包销或代销发行人向社会公开发行证券的行为。

A. 证监会　　B. 企业主管部门

C. 资产评估机构　　D. 证券公司

35. 证券交易活动中，涉及公司的经营、财务或者对该公司证券的市场价格有重大影响且尚未公开的信息，称为(　　)。

A. 重大事件　　B. 临时事件

C. 内幕信息　　D. 保密信息

36. 证券包销是指(　　)。

A. 证券公司将发行人的证券按照协议全部购入

B. 证券公司代发行人发售证券，在承销期结束时，将未销出的证券全部退还给发行人的承销方式

C. 证券公司在承销期结束时将销后剩余证券全部自行购入的承销方式

D. A 或 C

37. 下列做法正确的是(　　)。

A. 为股票发行出具审计报告的专业机构，在自开始承销该股票之日起第三个月起，买卖该种股票

B. 为上市公司出具资产评估报告文件的人员，自资产评估报告完成并公布后第 4 日，买卖该种股票

C. 证券公司经客户请求，与客户签订合同，向客户进行融券的证券交易活动

D. 李某原为一私营企业主，后因经验丰富，管理企业有方，被聘为上海证券交易所负责人后，仍持有在上证上市的长虹集团的股票

38. 某公司一董事在董事会议上得知将收购上市公司（甲）计划，便提前购入甲公司股票 3500 股。收购开始后甲公司股票大幅度上涨，该董事获利。该董事的行为属于（　　）。

A. 不当得利　　B. 非法买卖股票

C. 内幕交易　　D. 欺诈客户

39. 一家公司经批准发行股票，后与某证券公司签

订包销发行协议，因市场认购异常踊跃，该公司后悔包销费用过高，则(　　)。

A. 该公司可以降低包销费

B. 该公司无权降低包销费

C. 该公司可以更换包销公司

D. 该公司有权重谈包销费

40. 小霍向甲证券公司办理委托股票买卖时，甲保证年投资回报率为 20%。甲的行为属于(　　)。

A. 信息误导　　B. 信手

C. 虚假陈述　　D. 担保

41. 某上市公司宣布破产，下列人中对公司财产享有最为优先的索取权的是（　）。

A. 国有股股东　　B. 社会公众股股东

C. 公司债券持有人　　D. 优先股股东

42. 某上市公司的股票价格已经连续三个月高于15元，而其发行的可转换债券的转股价格为10元，则该公司可能会行使下列何种条款？(　　)

A. 赎回条款　　B. 利率条款

C. 回售条款　　D. 转股价格调整条款

43. 小朱想将其持有的开放式证券投资基金单位卖出去，他可以（　　）。

A. 委托证券公司在证券交易所按市价卖出

B. 按市价卖给证券公司

C. 按基金的报价要求基金管理公司赎回

D. 通过协议方式以市价转让给第三人

44. 小王从其持有的证券投资基金中获得的收益形式应当是（　　）。

A. 股票　　B. 现金

C. 现金和股票　　D. 现金和基金单位

45. 下列哪种人员不能在证券交易所进行证券交易？(　　)

A. 经纪人　　B. 证券商

C. 专业证券商　　D. 股票发行人

二、多项选择题

1. 一般而言，下列的股票交易行为所得收益应归该公司所有的是(　　)。

A. 股份有限公司的总经理、总会计师在其任期内将其持有的该股份有限公司的股票卖出的

B. 持有一个股份有限公司已发行的股份达 5% 的股东，将其所持有的该公司的股票在买入后 6 个月内又卖出的

C. 持有一个股份有限公司已发行的股份达 5% 的股东，将其所持有的该公司的股票在卖出后 6 个月内又买入的

D. 股份有限公司的董事、监事在其任期届满后 1 年内将其持有的该股份有限公司的股票卖出的

2. 下列机构中，应接受国家审计机关依法进行审计监督的是(　　)。

A. 证券监督管理机构

B. 证券登记结算机构

C. 证券交易所

D. 证券公司

3. 下列人员中，在任期或者法定限期内，不得直接或者以化名、借他人名义持有、买卖股票的有(　　)。

A. 证券交易所从业人员

B. 证券公司从业人员

C. 证券监督管理机构工作人员

D. 保险公司从业人员

4. 持有同一个公司已发行的股票的 5% 的股东，将其所持有的该公司的股票在买入后 6 个月内卖出，或者在卖出后 6 个月内又买入，应如何处理？(　　)

A. 由此所得的收益归该公司所有，公司董事会应当收回该股东所得收益

B. 如果董事会不将该股东的收益收归公司，其他股东有权要求董事会执行

C. 如果董事会不将该股东的收益收归公司，致使公司遭受损害的，负有责任的董事依法承担连带赔偿责任

D. 由此所得的收益归该股东所有

5. 以下各项中哪些是公司债券上市的公司可以用于信息披露的文件？(　　)

A. 中期报告书

B. 年度报告书

C. 上市报告书

D. 重大事件的临时报告书

6. 甲股份有限公司发行股票公告的招股说明书中遗漏了拖欠其巨额债务的乙公司宣告破产致使该巨额债务无法收回的内容；丙证券公司以包销的方式为甲公司发售股票，该股票上市后不久，有关媒体披露乙公司上述情况，致使甲公司的股票行情大跌，投资者遭受了损失。投资者的这些损失应当由谁来承担？(　　)

A. 甲股份有限责任公司

B. 丙证券公司

C. 甲、丙两公司的董事经理承担连带赔偿责任

D. 甲、丙两公司负有责任的董事、监事、经理承担连带赔偿责任

7. 法律禁止证券公司及其从业人员从事下列哪些

行为？(　　)

A. 挪用客户所委托买卖的证券或者客户账户上的资金

B. 违背客户的委托为其买卖证券向其提供招募说明书

C. 利用传播媒介或者通过其他方式提供，传播虚假或者误导投资者信息

D. 不在规定的时间内向客户提供证券买卖书面确认文件

8. 下列选项中符合证券法有关要约收购规定的有(　　)。

A. 采取要约收购方式的，收购人在收购要约期限内，不得采取要约规定以外的形式和超出要约的条件买卖被收购公司的股票

B. 收购人经股东大会同意可以变更要约中的事项

C. 收购人需要变更收购要约中事项的，必须及时公告，载明具体变更事项

D. 收购人可根据情况以超出要约的条件买卖被收购公司的股票

9. 下列关于证券交易所交易规则的表述中正确的有(　　)。

A. 进入证券交易所参与集中竞价交易的，必须是具有证券交易所会员资格的证券公司

B. 证券公司受投资者的委托，按照价格优先的规则提出交易申报，参与证券交易所场内的集中竞价交易

C. 证券公司接受委托当日买入的证券，不得在当日再行卖出

D. 投资者只能委托为其开户的证券公司代其在交易所买卖

10. 下列哪些人不能担任海天证券公司的董事？(　　)

A. 张某，家福证券公司职员

B. 曾某，3 年前任证券登记结算机构的负责人，因违法行为而被解除职务

C. 王某，原某会计事务所注册会计师，3 年前因违法行为而被撤销资格

D. 李某，退休干部，年近 80 岁

11. 国务院证券监督管理机构在对证券市场实施监督管理时，要履行哪些职责？(　　)

A. 制定从事证券业务人员的资格标准和行为准则

B. 审批证券交易所的设立和解散

C. 制定有关证券市场监督管理的规章、规则

D. 对证券交易所的证券业务活动进行监督管理

12. 国务院证券监督管理机构依法履行职责时，可以采取下列哪些措施？(　　)

A. 进入涉嫌违法行为发生场所调查取证

B. 查询当事人和与被调查事件有关的单位和个人，要求其对与被调查事件有关的事项作出说明

C. 查阅、复制当事人和与被调查事件有关的单位和个人的证券交易记录、登记过户记录、财务会计资料及其他相关文件和资料

D. 查询、冻结当事人和被调查事件有关的单位和个人的资金账户、证券账户

13. 当事人对证券监督管理机构或者国务院授权的部门处罚决定不服的，如何处理？(　　)

A. 可以依法直接向人民法院提起诉讼

B. 可以依法申请复议

C. 先申请复议，对复议决定不服的可提起诉讼

D. 先执行处罚决定，再提起诉讼

14. 在以下各项中，哪些符合证券法中有关上市公司收购的规定？(　　)

A. 在收购要约的有效期限内，收购人不得撤回其收购要约

B. 收购要约中提出的各项条件，适用于被收购公司所有的股东

C. 收购要约的期限不得少于 30 日，并不得超过 60 日

D. 采取要约收购方式的，收购人在收购期限内，不得采取要约规定以外的形式和超出要约的条件买入被收购公司的股票

15. 下列关于证券公司的表述中，哪些是正确的？(　　)

A. 进入证券交易所参与集中竞价交易的，必须是证券交易所会员

B. 证券公司应当加入证券业协会

C. 国家工作人员不得在证券公司中兼任职务

D. 证券公司的从业人员在证券交易活动中，利用职务违反交易规则的，由所属的证券公司承担全部责任

16. 下列关于证券交易所的表述中哪些是正确的？(　　)

A. 证券交易所本身不参与证券的交易

B. 证券交易所对在交易所进行的证券实行实时监控，并按照证券监管机构的要求，对异常的交易情况提出报告

C. 证券交易所应当对上市公司信息披露进行监督，发现披露内容有重大遗漏，可采取停牌的措施

D. 证券交易所有权对违反交易所交易规则的人员给予纪律处分

17. 以下所列各项中，哪些是证券业协会的职责？(　　)

A. 制定会员应遵守的规则

B. 对会员之间、会员与客户之间发生的纠纷进行调解、仲裁

C. 组织会员拟定证券交易的规则

D. 组织会员就证券业的发展，运作及有关内容进行研究

18. 在下列关于证券交易的表述中，哪些是错误的？(　　)

A. 国有独资企业不得买卖上市交易的股票

B. 证券投资咨询机构应对其咨询对象证券交易的损失负赔偿责任

C. 经依法核准的上市交易的股票、公司债券及其他证券，应当在证券交易所挂牌交易

D. 为股票发行出具审计报告、法律意见书等文件的专业机构和人员，不得买卖股票

19. 下列选项哪些是证券登记结算机构应当履行的职能？(　　)

A. 接受投资者的委托代为买卖证券

B. 证券的托管

C. 向投资者提供证券的投资咨询服务

D. 受发行人的委托派发证券权益

20. 下列关于证券承销的表述中，哪些是正确的？(　　)

A. 证券承销有期限的限制，最长不得超过90日

B. 从事证券承销的证券公司只能是综合类证券公司

C. 向社会公开发行的证券票面总值超过人民币5000万元的，应当由承销团承销

D. 证券公司承销证券时应对公开募集文件的真实性、准确性、完整性进行核查，发现含有误导性陈述的，不得进行销售活动

21. 李某是证券市场上的一般投资者，现持有甲公司已发行的股份达5%，此时李某应如何做才合法？(　　)

A. 因李某是一般投资者，并没有收购意图，故可以继续自由买卖甲公司的股票

B. 李某应在3日时间内通知甲公司

C. 李某应在3日时间内报告证券监督管理机构和证券交易所

D. 李某不得将其持有的甲公司的股票在买入后6个月内卖出

22. 依据《证券法》，下列哪些人员不得被招聘为证券交易所的从业人员？(　　)

A. 赵某，原为某商业银行的行长，曾因受贿被判处有期徒刑3年，现已刑满释放

B. 黄某，原为某税务局的干部，因违纪被开除

C. 曾某，原为证券公司的职员，因合同期满被解雇

D. 刘某，原为证券登记结算机构的从业人员，因严重违反单位内部的规章制度给单位造成了巨额损失被开除

23. 依照《证券法》的规定，下列哪些是操纵市场的行为？(　　)

A. 以自己为交易对象，进行不转移所有权的自买自卖，影响证券交易价格或者证券交易量

B. 与他人串通，以事先约定的时间、价格和方式相互进行证券交易或者相互买卖并不持有的证券，影响证券交易价格或者证券交易量

C. 通过单独或者合谋，集中资金优势、持股优势或者利用信息优势联合或者连续买卖、操纵证券交易价格

D. 以其他方式操纵证券市场价格

24. 证券公司代理买卖证券，以下表述正确的是(　　)。

A. 须按委托进行，并制作买卖成交报告单交付客户

B. 对账单内容必须核实

C. 审核人员须逐笔审核账单

D. 要保证账面证券余额与实际持有的证券相一致

25. 证券法规定的证券服务机构包括(　　)。

A. 证券登记结算机构

B. 证券投资咨询机构

C. 资信评估机构

D. 证券业协会

26. 强制收购的条件是(　　)。

A. 收购要约的期限届满

B. 被收购公司股权分布已不符合上市条件

C. 收购人以外持有该上市公司股票的股东要求收购人收购其所持股票

D. 收购须以收购要约中的同等条件进行

27. 根据《证券法》的规定，内幕交易行为具体包括(　　)。

A. 内幕人员利用内幕信息买卖证券，或根据内幕信息建议他人买卖证券

B. 内幕人员向他人泄露内幕信息，使他人利

用该信息买卖证券

C. 非内幕人员通过不正当手段或者其他途径获得内幕信息，并根据该信息买卖证券或建议他人买卖证券

D. 非内幕人员通过不正当手段或者其他途径获得内幕信息，并向他人泄露该信息，使他人利用该信息买卖证券

28. ( )在任期或法定期限内，不得直接或者以化名、借他人名义持有、买卖股票，也不得收受他人赠送的股票。

A. 证券交易所从业人员

B. 证券公司从业人员

C. 证券登记结算机构从业人员

D. 证券监督管理机构工作人员

29. 要约收购的条件是( )。

A. 通过证券交易所进行证券交易

B. 投资者持有一个上市公司已发行股份的30%

C. 投资者继续收购

D. 国务院证券监督管理机构免除投资者发出收购要约义务的，可不发出收购要约

30. 证券公司从业人员任职消极资格为( )。

A. 被开除的证券交易所从业人员

B. 被开除的证券登记结算机构从业人员

C. 被开除的证券公司从业人员

D. 被开除的国家机关工作人员

31. 下列属于证券登记结算机构职能的是( )。

A. 证券的存管、过户

B. 证券账户、结算账户的设立

C. 证券持有人名册登记

D. 证券交易的清算和交收

32. 证券公司出现以下哪些法定事由，必须经国务院证券监督管理机构批准？( )

A. 破产

B. 变更业务范围

C. 变更主要股东

D. 合并、分立、变更公司形式或解散

33. 根据《证券法》的规定，下列哪些机构对客户开立的账户负有保密义务？( )

A. 资产评估机构　　B. 证券公司

C. 证券交易所　　D. 律师事务所

34. 依我国有关股票发行的规定，股票发行可以( )。

A. 原价发行　　B. 溢价发行

C. 折价发行　　D. 降价发行

35. 下列哪些属于法律禁止的证券交易行为？( )

A. 发起人在公司成立之日起3年内转让其所持股票

B. 公司董事、经理、监事在任职期间转让其他公司股票

C. 为股票发行出具审计报告的专业人员在该股票承销期内买卖该种股票

D. 为上市公司出具法律意见书的律师在该文件公开后5日内买卖该公司股票

36. 证券发行中因虚假陈述致使投资者在证券投资中遭受损失的，发行人、承销商应承担赔偿责任，下列哪些人应负连带赔偿责任？( )

A. 发行人的董事、监事、经理

B. 承销商的董事、监事、经理

C. 出具证券投资咨询意见的咨询机构

D. 出具法律意见书的律师事务所

37. 关于证券投资基金运用基金财产进行投资的范围，下列哪些选项是正确的？( )

A. 可以买卖该基金管理人发行的债券

B. 可以买卖上市交易的股票、债券

C. 不得从事承担无限责任的投资

D. 不得用于承销证券

38. 甲公司持有乙上市公司30%的股份，现欲继续收购乙公司的股份，遂发出收购要约。甲公司发出的下列收购要约，哪些内容是合法的？( )

A. 甲公司收购乙公司的股份至51%时即不再收购

B. 甲公司将在45日内完成对乙公司股份的收购

C. 本收购要约所公布的收购条件适用于乙公司的所有股东

D. 在收购要约的有效期限内，甲公司视具体情况可以撤回收购要约

39. 根据《证券法》关于上市公司及时向社会披露信息的规定，下列哪些表述是正确的？( )

A. 公司应在当年8月底以前向证监会和交易所报送中期报告，并予以公告

B. 公司应在4月底以前向证监会和交易所报送上一年的年度报告，并予以公告

C. 公司的中期报告和年度报告都必须记载公司财务会计报告和经营状况

D. 公司的中期报告和年度报告都必须记载持有公司股份最多的前10名股东的名单和持股数额

40. 某上市公司招股说明书中列明的募集资金用途是环保新技术研发。现公司董事会决议将募集资金用于购置办公大楼。对此，下列哪些选项

是正确的？（　）（司考 2008.1.67）

A. 未经股东大会决议批准，公司董事会不得实施此项购置计划

B. 如果股东大会决议不批准，公司董事会坚持此项购置计划，证券监督管理机构有权责令该公司改正

C. 证券监督管理机构有权对擅自改变募集资金用途的该公司责任人员处以罚款

D. 在未经股东大会批准而实施了此项购置计划的情况下，该公司可以通过发行新股来解决环保新技术研发的资金需求

41. 某上市公司董事吴某，持有该公司6%的股份。吴某将其持有的该公司股票在买入后的第5个月卖出，获利600万元。关于此收益，下列哪些选项是正确的？（　）（司考 2008.1.68）

A. 该收益应当全部归公司所有

B. 该收益应由公司董事会负责收回

C. 董事会不收回该收益的，股东有权要求董事会限期收回

D. 董事会未在规定期限内执行股东关于收回吴某收益的要求的，股东有权代替董事会以公司名义直接向法院提起收回该收益的诉讼

42. 证券公司的下列行为，哪些是《证券法》所禁止的？（　）（司考 2008.1.69）

A. 为客户买卖证券提供融资融券服务

B. 有偿使用客户的交易结算资金

C. 将自营账户借给他人使用

D. 接受客户的全权委托

三、名词解释

1. 证券

2. 证券交易

3. 证券信息持续公开制度

4. 内幕交易（中国人民大学 2012 年考研真题）

5. 公开发行证券（武汉大学 2009 年考研真题）

四、简答题

1. 简述协议收购的概念和特征。

2. 简述公开发行公司债券的条件。

3. 内幕交易的构成要件。（中国政法大学 2014 年考研真题）

五、论述题

结合我国《证券法》的规定，论述公开原则。

六、案例分析题

1. 股民王某到某证券公司，要求代为卖出10股原始股X股票，每股面值100元，并在委托单上注明委托日期：当日有效。证券公司考虑到当天中午收盘时，X股价为每股738.20元，而到傍晚收盘时已降至730.10元，便没有在委托当日将股票抛售。证券公司又观望了3天，见X股价仍在730元价位上徘徊，就在第4天以每股730.10元将委托的10股X股票全数抛出。此后，双方未联系，亦未办理交割手续。直到一个月后，委托人王某到证券公司，证券公司告知所委托卖出的10股股票已于1个月前成交。当时王某未表示异议，办妥交割手续，取走了卖得的全部现金。王某回家后，其妻得知股票以每股730.80元卖出，便说：现在X股票已升到1000元了，证券公司逾期卖出股票不算数。王某遂向法院起诉，要求确认委托卖出股票的行为无效，并要求证券公司返还原10股X股票。

问题：证券公司出售股票的行为是否有效？

2. 2018年11月，金城股份有限公司的股票跌至每股15元。该公司部分董事为了提高公司的信誉、获取利润，动用公司内部资金300万元，分别以18元、21元、26元、30元等价格收购本公司的股票13万股。如此一来，该公司股票被广大股民看好，行情一直看涨，2021年7月中旬，每股涨到42元。此时，购买股票的董事趁机将股票抛出，共抛出8万股，获利157万元。受董事们猛抛的影响，金城公司的股票跌至每股18元。后该公司董事抛售本公司股票的行为被证监会人员发现。证监会经过查证事实以后，依法作出如下处罚：对金城股份有限公司处以25万元的罚款；对参加买卖股票行为的相关责任人共处以8万元的罚款。

问题：证监会对金城股份有限公司作出的处罚是否合理？

3. 某股份有限公司在沪市交易所临近收市时通过4个A字头个人账户进行连续交易，以不转让证券所有权的方式虚假买卖，抬高本公司股票的价格，致使该公司股票当日收盘价比前日上涨100%。此后1个月中，该公司证券部先后动用资金近2000万元，买入本公司股票398.12万股。后来，该公司证券部将上述股票及此前所存股票全数抛出，共获利587.97万元。

问题：本案应当如何处理？

4. 赵某为某证券公司的董事，2018年3月至2019

年5月，赵某多次将公司对股市的分析预测告知其妻孙某。孙某在此期间通过购买相应的股票，获利3万余元。

问题：对赵某的行为应如何定性？

5. 2015年6月，某电器公司组建成为股份制企业，成立了“中大”股份有限公司，开始公开发行股票。经批准，“中大”股可以上市交易。2015年10月，甲在证券交易所以每股30元的价格购进了“中大”股100股。在2018年年底，中大公司公布了公司2018年的财务报告，该财务报告对公司的前景进行预测，预测在2019年度的经营中，中大公司经营前景乐观，销售市场将继续扩大，生产效率将有较大提高，成本费用能继续降低。因此，在证券交易中，中大股比较活跃，股价继续攀升。到2019年6月当每股涨到48元时，甲在证券交易所将其所持股票卖给了乙，因股票是记名股票，故甲对股票进行了背书，并将股票交付于乙，但二人却未到中大公司办理股东变更手续。2019年10月，中大公司对股东分配了一次股利，每股3元，公司根据股东名册，通知甲前去领取股息。当乙持股票到公司领取股息时，得知其股息已被甲领走，因而乙只能要求甲返还其应领取的300元股息。甲称，股票转让后，受让人有义务到公司变更股东名册，乙未履行此项义务，由此发生的后果由其自负。乙眼看索款无望，转而向人民法院起诉，要求甲返还股息，并要求中大公司承担连带责任。

问题：(1) 什么是证券的转让？

(2) 乙可否取得中大公司的股息？

参考答案

一、单项选择题

1. **答案**：A。《证券法》第24条第1款规定："国务院证券监督管理机构或者国务院授权的部门对已作出的证券发行注册的决定，发现不符合法定条件或者法定程序，尚未发行证券的，应当予以撤销，停止发行。已经发行尚未上市的，撤销发行注册决定，发行人应当按照发行价并加算银行同期存款利息返还证券持有人；发行人的控股股东、实际控制人以及保荐人，应当与发行人承担连带责任，但是能够证明自己没有过错的除外。"

2. **答案**：B。《证券法》第96条第2款规定："证券交易所、国务院批准的其他全国性证券交易场所的设立、变更和解散由国务院决定。"

3. **答案**：C。《证券法》第118条规定："设立证券公司，应当具备下列条件，并经国务院证券监督管理机构批准……"

4. **答案**：C。《证券法》第164条规定："证券业协会是证券业的自律性组织，是社会团体法人。证券公司应当加入证券业协会。证券业协会的权力机构为全体会员组成的会员大会。"

5. **答案**：A。《证券法》第145条规定："证券登记结算机构为证券交易提供集中登记、存管与结算服务，不以营利为目的，依法登记，取得法人资格。设立证券登记结算机构必须经国务院证券监督管理机构批准。"第146条规定："设立证券登记结算机构，应当具备下列条件：（一）自有资金不少于人民币二亿元；（二）具有证券登记、存管和结算服务所必须的场所和设施；（三）国务院证券监督管理机构规定的其他条件。证券登记结算机构的名称中应当标明证券登记结算字样。"

6. **答案**：D。《证券法》第153条规定："证券登记结算机构应当妥善保存登记、存管和结算的原始凭证及有关文件和资料。其保存期限不得少于二十年。"

7. **答案**：D。《证券法》第2条规定："在中华人民共和国境内，股票、公司债券、存托凭证和国务院依法认定的其他证券的发行和交易，适用本法；本法未规定的，适用《中华人民共和国公司法》和其他法律、行政法规的规定。政府债券、证券投资基金份额的上市交易，适用本法；其他法律、行政法规另有规定的，适用其规定。资产支持证券、资产管理产品发行、交易的管理办法，由国务院依照本法的原则规定。在中华人民共和国境外的证券发行和交易活动，扰乱中华人民共和国境内市场秩序，损害境内投资者合法权益的，依照本法有关规定处理并追究法律责任。"

8. **答案**：B。《证券法》第7条规定："国务院证券监督管理机构依法对全国证券市场实行集中统一监督管理。国务院证券监督管理机构根据需要可以设立派出机构，按照授权履行监督管理职责。"

9. **答案**：D。我国现行《证券法》已经没有关于应当由承销团承销的票面总值规定。

10. **答案**：C。《证券法》第32条规定，股票发行采取溢价发行的，其发行价格由发行人与承销的证券公司协商确定。

11. **答案**：D。《证券法》第42条规定："为证券发行出具审计报告或者法律意见书等文件的证券服务机构和人员，在该证券承销期内和期满后六个月内，不得买卖该证券。除前款规定外，为发行人及其控股股东、实际控制人，或者收购人、重大资产交易方出具审计报告或者法律意见书等文件的证券服务机构和人员，自接受委托之日起至上述文件公开后五日内，不得买卖该证券。实际开展上述有关工作之日早于接受委托之日的，自实际开展上述有关工作之日起至上述文件公开后五日内，不得买卖该证券。"

12. **答案**：B。《证券法》第63条第1款规定："通过证券交易所的证券交易，投资者持有或者通过协议、其他安排与他人共同持有一个上市公司已发行的有表决权股份达到百分之五时，应当在该事实发生之日起三日内，向国务院证券监督管理机构、证券交易所作出书面报告，通知该上市公司，并予公告，在上述期限内不得再行买卖该上市公司的股票，但国务院证券监督管理机构规定的情形除外。"

13. **答案**：B。《证券法》第44条规定："上市公司、股票在国务院批准的其他全国性证券交易场所交易的公司持有百分之五以上股份的股东、董事、监事、高级管理人员，将其持有的该公司的股票或者其他具有股权性质的证券在买入后六个月内卖出，或者在卖出后六个月内又买入，由此所得收益归该公司所有，公司董事会应当收回其所得收益。但是，证券公司因购入包销售后剩余股票而持有百分之五以上股份，以及有国务院证券监督管理机构规定的其他情形的除外。前款所称董事、监事、高级管理人员、自然人股东持有的股票或者其他具有股权性质的证券，包括其配偶、父母、子女持有的及利用他人账户持有的股票或者其他具有股权性质的证券。公司董事会不按照第一款规定执行的，股东有权要求董事会在三十日内执行。公司董事会未在上述期限内执行的，股东有权为了公司的利益以自己的名义直接向人民法院提起诉讼。公司董事会不按照第一款的规定执行的，负有责任的董事依法承担连带责任。"

A 项错误，A 项是对投资者的规定。《证券法》第 63 条第 2 款规定："投资者持有或者通过协议、其他安排与他人共同持有一个上市公司已发行的有表决权股份达到百分之五后，其所持该上市公司已发行的有表决权股份比例每增加或者减少百分之五，应当依照前款规定进行报告和公告，在该事实发生之日起至公告后三日内，不得再行买卖该上市公司的股票，但国务院证券监督管理机构规定的情形除外。"

14. 答案：D。《证券法》第 14 条规定："公司对公开发行股票所募集资金，必须按照招股说明书或者其他公开发行募集文件所列资金用途使用；改变资金用途，必须经股东大会作出决议。擅自改变用途，未作纠正的，或者未经股东大会认可的，不得公开发行新股。"由此，擅自改变招股说明书所列资金用途而未作纠正的，其法律后果是不得公开发行新股，故 A 项错误。

《证券法》第 27 条规定："公开发行证券的发行人有权依法自主选择承销的证券公司。"第 34 条规定，公开发行股票，代销、包销期限届满，发行人应当在规定的期限内将股票发行情况报国务院证券监督管理机构备案。由此，B 项情形下报国务院证券监督管理机构备案即可，无需经其批准，故 B 项错误。

《证券法》第 30 条规定："向不特定对象发行证券聘请承销团承销的，承销团应当由主承销和参与承销的证券公司组成。"我国现行《证券法》已经没有关于应当由承销团承销的票面总值规定，故 C 项错误。

《证券法》第 31 条第 1 款规定："证券的代销、包销期限最长不得超过九十日。"D 项符合规定。

15. 答案：D。《证券法》第 55 条规定："禁止任何人以下列手段操纵证券市场，影响或者意图影响证券交易价格或者证券交易量：（一）单独或者通过合谋，集中资金优势、持股优势或者利用信息优势联合或者连续买卖；（二）与他人串通，以事先约定的时间、价格和方式相互进行证券交易；（三）在自己实际控制的账户之间进行证券交易；（四）不以成交为目的，频繁或者大量申报并撤销申报；（五）利用虚假或者不确定的重大信息，诱导投资者进行证券交易；（六）对证券、发行人公开作出评价、预测或者投资建议，并进行反向证券交易；（七）利用在其他相关市场的活动操纵证券市场；（八）操纵证券市场的其他手段。操纵证券市场行为给投资者造成损失的，应当依法承担赔偿责任。"D 项中的行为则属于正常的交易行为，故 D 项为正确答案。

16. 答案：D。A 项错误，《证券法》第 52 条第 1 款规定："证券交易活动中，涉及发行人的经营、财务或者对该发行人证券的市场价格有重大影响的尚未公开的信息，为内幕信息。"本题中张大户所依据的是公开的信息，而非内幕信息。故张大户的行为不属于内幕交易。B 项错误，其弟张小户不是张大户的客户，故张大户的行为也不属于《证券法》第 57 条规定的行为。C 项错误，张小户是根据自己的判断所作的决定，故也不存在误导的问题。据此，张大户的行为不违法，应选 D。

17. 答案：B。《证券法》第 57 条规定："禁止证券公司及其从业人员从事下列损害客户利益的行为：（一）违背客户的委托为其买卖证券；（二）不在规定时间内向客户提供交易的确认文件；（三）未经客户的委托，擅自为客户买卖证券，或者假借客户的名义买卖证券；（四）为牟取佣金收入，诱使客户进行不必要的证券买卖；（五）其他违背客户真实意思表示，损害客户利益的行为。违反前款规定给客户造成损失的，应当依法承担赔偿责任。"

18. 答案：C。《证券法》第 15 条第 2 款规定，公开发行公司债券筹集的资金，必须按照公司债券募集办法所列资金用途使用；改变资金用途，必须经债券持有人会议作出决议。公开发行公司债券筹集的资金，不得用于弥补亏损和非生产性支出。《证券法》第 19 条第 1 款规定，发行人报送的证券发行申请文件，应当充分披露投资者作出价值判断和投资决策所必需的信息，内容应当真实、准确、完整。

19. 答案：A。《证券法》第75条规定："在上市公司收购中，收购人持有的被收购的上市公司的股票，在收购行为完成后的十八个月内不得转让。"

20. 答案：A。《证券法》第111条规定："因不可抗力、意外事件、重大技术故障、重大人为差错等突发性事件而影响证券交易正常进行时，为维护证券交易正常秩序和市场公平，证券交易所可以按照业务规则采取技术性停牌、临时停市等处置措施，并应当及时向国务院证券监督管理机构报告。因前款规定的突发性事件导致证券交易结果出现重大异常，按交易结果进行交收将对证券交易正常秩序和市场公平造成重大影响的，证券交易所按照业务规则可以采取取消交易、通知证券登记结算机构暂缓交收等措施，并应当及时向国务院证券监督管理机构报告并公告。证券交易所对其依照本条规定采取措施造成的损失，不承担民事赔偿责任，但存在重大过错的除外。"据此，D项正确，A、B、C项属于技术性停牌、临时停市的情形。

21. 答案：A。《证券法》第114条规定："证券交易所应当从其收取的交易费用和会员费、席位费中提取一定比例的金额设立风险基金。风险基金由证券交易所理事会管理。风险基金提取的具体比例和使用办法，由国务院证券监督管理机构会同国务院财政部门规定。证券交易所应当将收存的风险基金存入开户银行专门账户，不得擅自使用。"

22. 答案：B。《证券法》第127条规定："证券公司从每年的业务收入中提取交易风险准备金，用于弥补证券经营的损失，其提取的具体比例由国务院证券监督管理机构会同国务院财政部门规定。"

23. 答案：C。《证券法》第129条第1款规定："证券公司的自营业务必须以自己的名义进行，不得假借他人名义或者以个人名义进行。"

24. 答案：B。《证券法》第167条规定："证券业协会设理事会。理事会成员依章程的规定由选举产生。"

25. 答案：A。《证券法》第9条第1款规定："公开发行证券，必须符合法律、行政法规规定的条件，并依法报经国务院证券监督管理机构或者国务院授权的部门注册。未经依法注册，任何单位和个人不得公开发行证券。证券发行注册制的具体范围、实施步骤，由国务院规定。"

26. 答案：C。《证券法》第65条第1款规定："通过证券交易所的证券交易，投资者持有或者通过协议、其他安排与他人共同持有一个上市公司已发行的有表决权股份达到百分之三十时，继续进行收购的，应当依法向该上市公司所有股东发出收购上市公司全部或者部分股份的要约。"

27. 答案：B。《证券法》第148条第1款规定："在证券交易所和国务院批准的其他全国性证券交易场所交易的证券的登记结算，应当采取全国集中统一的运营方式。"

28. 答案：D。面额股票和无面额股票是根据股票上有无标明股票的发行价格来区分的。记名股票和无记名股票是根据股票上有无记载股东名字来区分的。A种股票是在中国大陆上海、深圳两个证券交易所上市的以人民币计价、买卖的股票；B种股票也是在中国大陆上海、深圳两个证券交易所上市的以美元计价、买卖的股票；H种股票是中国内地公司在香港证券交易所发行的以港币计价、买卖的股票。优先股是指股份公司在清算时有优先于普通股率先受偿的股票，优先股股东可以参加债权人会议，但无表决权；普通股股东可以参加债权人会议并拥有表决权，在受偿顺序上次于优先股。

29. 答案：D。法律未禁止党政机关工作人员买卖股票，A错。《证券法》第42条第1款规定："为证券发行出具审计报告或者法律意见书等文件的证券服务机构和人员，在该证券承销期内和期满后六个月内，不得买卖该证券。"B错。《证券法》第38条规定："证券在证券交易所上市交易，应当采用公开的集中交易方式或者国务院证券监督管理机构批准的其他方式。"C错。D对，见《证券法》第161条。

30. 答案：D。《证券法》第165条规定："证券业协会章程由会员大会制定，并报国务院证券监督管理机构备案。"

31. 答案：D。《证券法》第79条规定："上市公司、公司债券上市交易的公司、股票在国务院批准的其他全国性证券交易场所交易的公司，应当按照国务院证券监督管理机构和证券交易场所规定的内容和格式编制定期报告，并按照以下规定报送和公告：（一）在每一会计年度结束之日起四个月内，报送并公告年度报告，其中的年度财务会计报告应当经符合本法规定的会计师事务所审计；（二）在每一会计年度的上半年结束之日起二个月内，报送并公告中期报告。"

32. 答案：C。《证券法》第118条规定："设立证券公司，应当具备下列条件，并经国务院证券监督管理机构批准……"

33. 答案：A。根据《证券法》第163条的规定，证券服务机构为证券的发行、上市、交易等证券业务活动制作、出具审计报告及其他鉴证报告、资产评估报告、财务顾问报告、资信评级报告或者法律意见书等文件，应当勤勉尽责，对所依据的文件资料内容的真实性、准确性、完整性进行核查和验证。其制作、出具的文件有虚假记载、误导性陈述或者重大遗漏，给他人造成损失的，应当与委托人承担连带赔偿责任，但是能够证明自己没有过错的除外。

34. 答案：D。《证券法》第26条第1款规定："发行人向不特定对象发行的证券，法律、行政法规规定应当由证券公司承销的，发行人应当同证券公司签订承销协议。证券承销业务采取代销或者包销方式。"

35. 答案：C。《证券法》第52条第1款规定："证券交易活动中，涉及发行人的经营、财务或者对该发行人证券的市场价格有重大影响的尚未公开的信息，为内幕信息。"

36. 答案：D。《证券法》第26条第3款规定："证券包销是指证券公司将发行人的证券按照协议全部购入或者在承销期结束时将售后剩余证券全部自行购入的承销方式。"

37. 答案：C。《证券法》第42条规定："为证券发行出具审计报告或者法律意见书等文件的证券服务机构和人员，在该证券承销期内和期满后六个月内，不得买卖该证券。除前款规定外，为发行人及其控股股东、实际控制人，或者收购人、重大资产交易方出具审计报告或者法律意见书等文件的证券服务机构和人员，自接受委托之日起至上述文件公开后五日内，不得买卖该证券。实际开展上述有关工作之日早于接受委托之日的，自实际开展上述有关工作之日起至上述文件公开后五日内，不得买卖该证券。"A、B错。

《证券法》第40条第1款规定："证券交易场所、证券公司和证券登记结算机构的从业人员，证券监督管理机构的工作人员以及法律、行政法规规定禁止参与股票交易的其他人员，在任期或者法定限期内，不得直接或者以化名、借他人名义持有、买卖股票或者其他具有股权性质的证券，也不得收受他人赠送的股票或者其他具有股权性质的证券。"故D错。

38. 答案：C。该行为属于内幕交易。《证券法》第50条规定，禁止证券交易内幕信息的知情人和非法获取内幕信息的人利用内幕信息从事证券交易活动。

39. 答案：B。证券包销是指证券公司将发行人的证券按照协议全部购入或者在承销期结束时将售后剩余证券全部自行购入的承销方式。证券包销合同签订后，证券的所有权从发行人转到承销人。因此，发行公司无权降低包销费用。

40. 答案：A。《证券法》第56条第2款规定："禁止证券交易场所、证券公司、证券登记结算机构、证券服务机构及其从业人员，证券业协会、证券监督管理机构及其工作人员，在证券交易活动中作出虚假陈述或者信息误导。""回报率为20%"不一定为虚假，最后投资者的收益有可能达到，但也有可能达不到。提前承诺属于违法的误导行为。

41. 答案：C。受偿先后顺序为：债券、优先股、普通股。

42. 答案：A。赎回指公司股票价格在一段时期内连续高于转股价格达到某一幅度时，公司按事先约定的价格买回未转股的公司债券。回售指公司股票在一段时期内连续低于转股价格达到某一幅度时，可转换公司债券持有人按事先约定的价格将所持债券卖给发行人。转股价格指可转换公司债券转换为每股股份所支付的价格。在上市股票连续一段时间高于可转换债券价格时，发行公司最有可能行使赎回条款。

43. 答案：C。开放式基金即基金发行总额不固定，基金单位总数随时增减，投资者可以按基金的报价在国家规定的营业场所申购或者赎回基金单位的一种基金。

44. 答案：B。证券投资基金的收益形式是现金，不得以股票作为回报。

45. 答案：D。股票发行人没有会员资格，不可以在证券交易所进行证券交易。

二、多项选择题

1. 答案：BC。《证券法》第44条规定："上市公司、股票在国务院批准的其他全国性证券交易场所交易的公司持有百分之五以上股份的股东、董事、监事、高级管理人员，将其持有的该公司的股票或者其他具有股权性质的证券在买入后六个月内卖出，或者在卖出后六个月内又买入，由此所得收益归该公司所有，公司董事会应当收回其所得收益。但是，证券公司因购入包销售后剩余股票而持有百分之五以上股份，以及有国务院证券监督管理机构规定的其他情形的除外。前款所称董事、监事、高级管理人员、自然人股东持有的股票或者其他具有股权性质的证券，包括其配偶、父母、子女持有的及利用他人账户持有的股票或者其他具有股权性质的证券。公司董事会不按照第一款规定执行的，股东有权要求董事会在三十日内执行。公司董事会未在上述期限内执行的，股东有权为了公司的利益以自己的名义直接向人民法院提起诉讼。公司董事会不按照第一款的规定执行的，负有责任的董事依法承担连带责任。”

2. **答案**：ABCD。《证券法》第8条规定：“国家审计机关依法对证券交易场所、证券公司、证券登记结算机构、证券监督管理机构进行审计监督。”

3. **答案**：ABC。《证券法》第43条第1款规定：“证券交易场所、证券公司和证券登记结算机构的从业人员，证券监督管理机构的工作人员以及法律、行政法规规定禁止参与股票交易的其他人员，在任期或者法定限期内，不得直接或者以化名、借他人名义持有、买卖股票或者其他具有股权性质的证券，也不得收受他人赠送的股票或者其他具有股权性质的证券。”

4. **答案**：ABC。《证券法》第44条规定：“上市公司、股票在国务院批准的其他全国性证券交易场所交易的公司持有百分之五以上股份的股东、董事、监事、高级管理人员，将其持有的该公司的股票或者其他具有股权性质的证券在买入后六个月内卖出，或者在卖出后六个月内又买入，由此所得收益归该公司所有，公司董事会应当收回其所得收益。但是，证券公司因购入包销售后剩余股票而持有百分之五以上股份，以及有国务院证券监督管理机构规定的其他情形的除外。前款所称董事、监事、高级管理人员、自然人股东持有的股票或者其他具有股权性质的证券，包括其配偶、父母、子女持有的及利用他人账户持有的股票或者其他具有股权性质的证券。公司董事会不按照第一款规定执行的，股东有权要求董事会在三十日内执行。公司董事会未在上述期限内执行的，股东有权为了公司的利益以自己的名义直接向人民法院提起诉讼。公司董事会不按照第一款的规定执行的，负有责任的董事依法承担连带责任。”

5. **答案**：ABCD。这些文件都可以是证券上市公司用于信息披露的文件。

6. **答案**：ABD。《证券法》第85条规定，信息披露义务人未按照规定披露信息，或者公告的证券发行文件、定期报告、临时报告及其他信息披露资料存在虚假记载、误导性陈述或者重大遗漏，致使投资者在证券交易中遭受损失的，信息披露义务人应当承担赔偿责任；发行人的控股股东、实际控制人、董事、监事、高级管理人员和其他直接责任人员以及保荐人、承销的证券公司及其直接责任人员，应当与发行人承担连带赔偿责任，但是能够证明自己没有过错的除外。

7. **答案**：ABCD。《证券法》第57条规定：“禁止证券公司及其从业人员从事下列损害客户利益的行为：（一）违背客户的委托为其买卖证券；（二）不在规定时间内向客户提供交易的确认文件；（三）未经客户的委托，擅自为客户买卖证券，或者假借客户的名义买卖证券；（四）为牟取佣金收入，诱使客户进行不必要的证券买卖；（五）其他违背客户真实意思表示，损害客户利益的行为。违反前款规定给客户造成损失的，应当依法承担赔偿责任。”

8. **答案**：AC。A对、D错，《证券法》第70条规定：“采取要约收购方式的，收购人在收购期限内，不得卖出被收购公司的股票，也不得采取要约规定以外的形式和超出要约的条件买入被收购公司的股票。”

B错、C对，《证券法》第68条规定：“在收购要约确定的承诺期限内，收购人不得撤销其收购要约。收购人需要变更收购要约的，应当及时公告，载明具体变更事项，且不得存在下列情形……”

9. **答案**：AD。A对，《证券法》第105条规定：“进入实行会员制的证券交易所参与集中交易的，必须是证券交易所的会员。证券交易所不得允许非会员直接参与股票的集中交易。”

B错，《证券法》第108条规定：“证券公司根据投资者的委托，按照证券交易规则提出交易申报，参与证券交易所场内的集中交易，并根据成交结果承担相应的清算交收责任。证券登记结算机构根据成交结果，按照清算交收规则，与证券公司进行证券和资金的清算交收，并为证券公司客户办理证券的登记过户手续。”

C错，现行《证券法》没有关于证券交易当日买卖的禁止性规定。

D对，《证券法》第106条规定：“投资者应当与证券公司签订证券交易委托协议，并在证券公司实名开立账户，以书面、电话、自助终端、网络等方式，委托该证券公司代其买卖证券。”

10. **答案**：BC。《证券法》第124条规定：“证券公司的董事、监事、高级管理人员，应当正直诚实、品行良好，熟悉证券法律、行政法规，具有履行职责所需的经营管理能力。证券公司任免董事、监事、高级管理人员，应当报国务院证券监督管理机构备案。有《中华人民共和国公司法》第一百四十六条规定的情形或者下列情形之一的，不得担任证券公司的董事、监事、高级管理人员：（一）因违法行为或者违纪行为被解除职务的证券交易场所、证券登记结算机构的负责人或者证券公司的董事、监事、高级管理人员，自被解除职务之日起未逾五年；（二）因违法行为或者违纪行为被吊销执业证书或者被取消资格的律师、注册会计师或者其他证券服务机构的专业人员，自被吊销执业证书或者被取消资格之日起未逾五年。"

11. 答案：ACD。《证券法》第 169 条规定："国务院证券监督管理机构在对证券市场实施监督管理中履行下列职责：（一）依法制定有关证券市场监督管理的规章、规则，并依法进行审批、核准、注册，办理备案；（二）依法对证券的发行、上市、交易、登记、存管、结算等行为，进行监督管理；（三）依法对证券发行人、证券公司、证券服务机构、证券交易场所、证券登记结算机构的证券业务活动，进行监督管理；（四）依法制定从事证券业务人员的行为准则，并监督实施；（五）依法监督检查证券发行、上市、交易的信息披露；（六）依法对证券业协会的自律管理活动进行指导和监督；（七）依法监测并防范、处置证券市场风险；（八）依法开展投资者教育；（九）依法对证券违法行为进行查处；（十）法律、行政法规规定的其他职责。"

12. 答案：ABCD。见《证券法》第 170 条规定。

13. 答案：AB。《证券法》第 223 条规定："当事人对证券监督管理机构或者国务院授权的部门的处罚决定不服的，可以依法申请行政复议，或者依法直接向人民法院提起诉讼。"

14. 答案：ABCD。见《证券法》第 67 条、第 68 条、第 69 条、第 70 条。

15. 答案：ABCD。进入证券交易所参与集中交易的，必须是证券交易所的会员。故 A 对。《证券法》第 164 条第 2 款规定："证券公司应当加入证券业协会。"故 B 对。《证券法》第 125 条第 3 款规定："国家机关工作人员和法律、行政法规规定的禁止在公司中兼职的其他人员，不得在证券公司中兼任职务。"故 C 对。《证券法》第 136 条第 1 款规定："证券公司的从业人员在证券交易活动中，执行所属的证券公司的指令或者利用职务违反交易规则的，由所属的证券公司承担全部责任。"故 D 也是正确的。

16. 答案：ABD。C 不选，详见《证券法》关于停牌的相关规定。

17. 答案：AD。《证券法》第 166 条规定："证券业协会履行下列职责：（一）教育和组织会员及其从业人员遵守证券法律、行政法规，组织开展证券行业诚信建设，督促证券行业履行社会责任；（二）依法维护会员的合法权益，向证券监督管理机构反映会员的建议和要求；（三）督促会员开展投资者教育和保护活动，维护投资者合法权益；（四）制定和实施证券行业自律规则，监督、检查会员及其从业人员行为，对违反法律、行政法规、自律规则或者协会章程的，按照规定给予纪律处分或者实施其他自律管理措施；（五）制定证券行业业务规范，组织从业人员的业务培训；（六）组织会员就证券行业的发展、运作及有关内容进行研究，收集整理、发布证券相关信息，提供会员服务，组织行业交流，引导行业创新发展；（七）对会员之间、会员与客户之间发生的证券业务纠纷进行调解；（八）证券业协会章程规定的其他职责。"

18. 答案：ABCD。A 错，《证券法》第 60 条规定："国有独资企业、国有独资公司、国有资本控股公司买卖上市交易的股票，必须遵守国家有关规定。"B 错，证券咨询机构向投资者提供专业服务，但并不保证一定能够盈利，故不对投资者的证券交易损失负责赔偿。C 错，《证券法》第 37 条规定："公开发行的证券，应当在依法设立的证券交易所上市交易或者在国务院批准的其他全国性证券交易场所交易。非公开发行的证券，可以在证券交易所、国务院批准的其他全国性证券交易场所、按照国务院规定设立的区域性股权市场转让。"D 错，《证券法》第 42 条规定："为证券发行出具审计报告或者法律意见书等文件的证券服务机构和人员，在该证券承销期内和期满后六个月内，不得买卖该证券。除前款规定外，为发行人及其控股股东、实际控制人，或者收购人、重大资产交易方出具审计报告或者法律意见书等文件的证券服务机构和人员，自接受委托之日起至上述文件公开后五日内，不得买卖该证券。实际开展上述有关工作之日早于接受委托之日的，自实际开展上述有关工作之日起至上述文件公开后五日内，不得买卖该证券。”

19. 答案：BD。见《证券法》第147条规定。

20. 答案：AD。《证券法》第31条第1款规定：“证券的代销、包销期限最长不得超过九十日。”故A对。我国现行《证券法》对证券承销业务没有限定公司类型，也没有关于应当由承销团承销的票面总值规定，故B、C错误。《证券法》第29条第1款规定：“证券公司承销证券，应当对公开发行募集文件的真实性、准确性、完整性进行核查。发现有虚假记载、误导性陈述或者重大遗漏的，不得进行销售活动；已经销售的，必须立即停止销售活动，并采取纠正措施。”故D对。

21. 答案：BCD。《证券法》第44条第1款规定，上市公司、股票在国务院批准的其他全国性证券交易场所交易的公司持有百分之五以上股份的股东、董事、监事、高级管理人员，将其持有的该公司的股票或者其他具有股权性质的证券在买入后六个月内卖出，或者在卖出后六个月内又买入，由此所得收益归该公司所有，公司董事会应当收回其所得收益。但是，证券公司因购入包销售后剩余股票而持有百分之五以上股份，以及有国务院证券监督管理机构规定的其他情形的除外。《证券法》第63条第1款规定，通过证券交易所的证券交易，投资者持有或者通过协议、其他安排与他人共同持有一个上市公司已发行的有表决权股份达到百分之五时，应当在该事实发生之日起三日内，向国务院证券监督管理机构、证券交易所作出书面报告，通知该上市公司，并予公告，在上述期限内不得再行买卖该上市公司的股票，但国务院证券监督管理机构规定的情形除外。

22. 答案：BD。《证券法》第104条规定：“因违法行为或者违纪行为被开除的证券交易场所、证券公司、证券登记结算机构、证券服务机构的从业人员和被开除的国家机关工作人员，不得招聘为证券交易所的从业人员。”

23. 答案：ABCD。见《证券法》第55条。

24. 答案：ABCD。《证券法》第133条规定，证券公司接受证券买卖的委托，应当根据委托书载明的证券名称、买卖数量、出价方式、价格幅度等，按照交易规则代理买卖证券，如实进行交易记录；买卖成交后，应当按照规定制作买卖成交报告单交付客户。证券交易中确认交易行为及其交易结果的对账单必须真实，保证账面证券余额与实际持有的证券相一致。

25. 答案：BC。《证券法》第160条第1款规定：“会计师事务所、律师事务所以及从事证券投资咨询、资产评估、资信评级、财务顾问、信息技术系统服务的证券服务机构，应当勤勉尽责、恪尽职守，按照相关业务规则为证券的交易及相关活动提供服务。”

26. 答案：ABCD。《证券法》第74条规定：“收购期限届满，被收购公司股权分布不符合证券交易所规定的上市交易要求的，该上市公司的股票应当由证券交易所依法终止上市交易；其余仍持有被收购公司股票的股东，有权向收购人以收购要约的同等条件出售其股票，收购人应当收购。收购行为完成后，被收购公司不再具备股份有限公司条件的，应当依法变更企业形式。”

27. 答案：ABCD。《证券法》第53条规定：“证券交易内幕信息的知情人和非法获取内幕信息的人，在内幕信息公开前，不得买卖该公司的证券，或者泄露该信息，或者建议他人买卖该证券。持有或者通过协议、其他安排与他人共同持有公司百分之五以上股份的自然人、法人、非法人组织收购上市公司的股份，本法另有规定的，适用其规定。内幕交易行为给投资者造成损失的，应当依法承担赔偿责任。”

28. 答案：ABCD。《证券法》第40条第1款规定：“证券交易场所、证券公司和证券登记结算机构的从业人员，证券监督管理机构的工作人员以及法律、行政法规规定禁止参与股票交易的其他人员，在任期或者法定限期内，不得直接或者以化名、借他人名义持有、买卖股票或者其他具有股权性质的证券，也不得收受他人赠送的股票或者其他具有股权性质的证券。”

29. 答案：ABC。《证券法》第65条第1款规定，通过证券交易所的证券交易，投资者持有或者通过协议、其他安排与他人共同持有一个上市公司已发行的有表决权股份达到百分之三十时，继续进行收购的，应当依法向该上市公司所有股东发出收购上市公司全部或者部分股份的要约。

30. 答案：ABCD。《证券法》第104条规定：“因违法行为或者违纪行为被开除的证券交易场所、证券公司、证券登记结算机构、证券服务机构的从业人员和被开除的国家机关工作人员，不得招聘为证券交易所的从业人员。”

31. 答案：ABCD。《证券法》第147条规定：“证券登记结算机构履行下列职能：（一）证券账户、结算账户的设立；（二）证券的存管和过户；（三）证券持有人名册登记；（四）证券交易的清算和交收；（五）受发行人的委托派发证券权益；（六）办理与上述业务有关的查询、信息服务；（七）国务院证券监督管理机构批准的其他业务。”

32. 答案：ABCD。《证券法》第122条规定，证券公司变更证券业务范围，变更主要股东或者公司的实际控制人，合并、分立、停业、解散、破产，应当经国务院证券监督管理机构核准。

33. 答案：BC。《证券法》第41条第1款规定："证券交易场所、证券公司、证券登记结算机构、证券服务机构及其工作人员应当依法为投资者的信息保密，不得非法买卖、提供或者公开投资者的信息。"据此，选项B、C依题意当选。但是，A、D选项中的机构依其他法律法规也对客户负有保密义务。

34. 答案：AB。《公司法》第32条规定："股票发行采取溢价发行的，其发行价格由发行人与承销的证券公司协商确定。"

35. 答案：CD。关于证券交易的禁止行为，公司法和证券法分别作出规定。根据《公司法》第141条第1款的规定，发起人持有的本公司股份，自公司成立之日起一年内不得转让。A不选。B项没有违反法律规定，不选。《证券法》第42条规定："为证券发行出具审计报告或者法律意见书等文件的证券服务机构和人员，在该证券承销期内和期满后六个月内，不得买卖该证券。除前款规定外，为发行人及其控股股东、实际控制人，或者收购人、重大资产交易方出具审计报告或者法律意见书等文件的证券服务机构和人员，自接受委托之日起至上述文件公开后五日内，不得买卖该证券。实际开展上述有关工作之日早于接受委托之日的，自实际开展上述有关工作之日起至上述文件公开后五日内，不得买卖该证券。"C、D当选。

36. 答案：AD。本题考查证券发行中虚假陈述的法律责任。《证券法》第85条规定："信息披露义务人未按照规定披露信息，或者公告的证券发行文件、定期报告、临时报告及其他信息披露资料存在虚假记载、误导性陈述或者重大遗漏，致使投资者在证券交易中遭受损失的，信息披露义务人应当承担赔偿责任；发行人的控股股东、实际控制人、董事、监事、高级管理人员和其他直接责任人员以及保荐人、承销的证券公司及其直接责任人员，应当与发行人承担连带赔偿责任，但是能够证明自己没有过错的除外。"第163条规定："证券服务机构为证券的发行、上市、交易等证券业务活动制作、出具审计报告及其他鉴证报告、资产评估报告、财务顾问报告、资信评级报告或者法律意见书等文件，应当勤勉尽责，对所依据的文件资料内容的真实性、准确性、完整性进行核查和验证。其制作、出具的文件有虚假记载、误导性陈述或者重大遗漏，给他人造成损失的，应当与委托人承担连带赔偿责任，但是能够证明自己没有过错的除外。"

37. 答案：BCD。《证券投资基金法》第73条规定："基金财产不得用于下列投资或者活动：（一）承销证券；（二）违反规定向他人贷款或者提供担保；（三）从事承担无限责任的投资；（四）买卖其他基金份额，但是国务院证券监督管理机构另有规定的除外；（五）向基金管理人、基金托管人出资；（六）从事内幕交易、操纵证券交易价格及其他不正当的证券交易活动；（七）法律、行政法规和国务院证券监督管理机构规定禁止的其他活动。运用基金财产买卖基金管理人、基金托管人及其控股股东、实际控制人或者与其有其他重大利害关系的公司发行的证券或承销期内承销的证券，或者从事其他重大关联交易的，应当遵循基金份额持有人利益优先的原则，防范利益冲突，符合国务院证券监督管理机构的规定，并履行信息披露义务。"A项是错误的，BCD是正确的。

38. 答案：ABC。A项没有违反法律规定，当选。《证券法》第67条规定，收购要约约定的收购期限不得少于三十日，并不得超过六十日。B项正确。《证券法》第69条第1款规定，收购要约提出的各项收购条件，适用于被收购公司的所有股东。C项正确。根据《证券法》第68条的规定，在收购要约确定的承诺期限内，收购人不得撤销其收购要约。收购人需要变更收购要约的，应当及时公告，载明具体变更事项。D项错误。

39. 答案：ABC。《证券法》第79条规定："上市公司、公司债券上市交易的公司、股票在国务院批准的其他全国性证券交易场所交易的公司，应当按照国务院证券监督管理机构和证券交易场所规定的内容和格式编制定期报告，并按照以下规定报送和公告：（一）在每一会计年度结束之日起四个月内，报送并公告年度报告，其中的年度财务会计报告应当经符合本法规定的会计师事务所审计；（二）在每一会计年度的上半年结束之日起二个月内，报送并公告中期报告。"A、B、C选项正确，而公司的中期报告不必记载持有公司股份最多的前十名股东的名单和持股数额，故D错误。

40. 答案：ABC。根据《证券法》第14条规定，公司对公开发行股票所募集资金，必须按照招股说明书或者其他公开发行募集文件所列资金用途使用；改变资金用途，必须经股东大会作出决议。擅自改变用途，未作纠正的，或者未经股东大会认可的，不得公开发行新股。故A项说法正确，D项说法错误。根据《证券法》第185条第1款的规定，发行人违反本法第十四条、第十五条的规定擅自改变公开发行证券所募集资金的用途的，责令改正，处以五十万元以上五百万元以下的罚款；对直接负责的主管人员和其他直接责任人员给予警告，并处以十万元以上一百万元以下的罚款。故BC项说法正确。故本题的正确答案应当是ABC。

41. 答案：ABC。根据《证券法》第44条的规定，上市公司、股票在国务院批准的其他全国性证券交易场所交易的公司持有百分之五以上股份的股东、董事、监事、高级管理人员，将其持有的该公司的股票或者其他具有股权性质的证券在买入后六个月内卖出，或者在卖出后六个月内又买入，由此所得收益归该公司所有，公司董事会应当收回其所得收益。但是，证券公司因购入包销售后剩余股票而持有百分之五以上股份，以及有国务院证券监督管理机构规定的其他情形的除外。前款所称董事、监事、高级管理人员、自然人股东持有的股票或者其他具有股权性质的证券，包括其配偶、父母、子女持有的及利用他人账户持有的股票或者其他具有股权性质的证券。公司董事会不按照第一款规定执行的，股东有权要求董事会在三十日内执行。公司董事会未在上述期限内执行的，股东有权为了公司的利益以自己的名义直接向人民法院提起诉讼。公司董事会不按照第一款的规定执行的，负有责任的董事依法承担连带责任。故ABC项说法正确，D项中股东应当以自己的名义提起诉讼，而不是以公司的名义。

42. 答案：BCD。法律允许证券公司为客户买卖证券提供证券融资融券服务，故不选A。根据《证券法》第131条的规定，证券公司客户的交易结算资金应当存放在商业银行，以每个客户的名义单独立户管理。证券公司不得将客户的交易结算资金和证券归入其自有财产。禁止任何单位或者个人以任何形式挪用客户的交易结算资金和证券。证券公司破产或者清算时，客户的交易结算资金和证券不属于其破产财产或者清算财产。非因客户本身的债务或者法律规定的其他情形，不得查封、冻结、扣划或者强制执行客户的交易结算资金和证券。故B项说法是被禁止的。根据《证券法》第129条的规定，证券公司的自营业务必须以自己的名义进行，不得假借他人名义或者以个人名义进行。证券公司的自营业务必须使用自有资金和依法筹集的资金。证券公司不得将其自营账户借给他人使用。故C项说法是被禁止的。根据《证券法》第134条第1款的规定，证券公司办理经纪业务，不得接受客户的全权委托而决定证券买卖、选择证券种类、决定买卖数量或者买卖价格。故D项说法是被禁止的。

三、名词解释

1. 答案：证券是一个含义很广的概念，它是用以表明各类财产所有权和债权的凭证的统称。证券持有人凭证券所载内容有权取得相应的权益。从不同的角度，可以对证券作不同的划分，从证券的内容上证券可以分为商品证券和价值证券，价值证券又分为货币证券和资本证券。证券法上的“证券”仅指资本证券。我国主要证券立法中证券的范围主要包括股票、债券、证券投资基金券以及其他经国务院依法认定的证券。

2. 答案：证券交易，又称证券买卖，是指已经发行的证券在不同的投资者之间有偿转让的行为。证券交易当事人依法买卖的证券，必须是依法发行并交付的证券；法律对其转让期限有限制性规定的，在规定的期限内不得买卖；受法律禁止的人员在法定期间内不得买卖股票；公司大股东买卖股票要受到限制；证券交易须以法定的方式进行。

3. 答案：证券信息持续公开制度是证券市场公开原则的具体体现，它要求证券发行人及其他义务人在证券发行、上市时以及上市后，应将与证券发行、上市以及上市后有关的一切情况真实、准确、完整、及时地向社会公开，任何投资者都有权通过合法途径获得有关的资料，以供其作出投资判断。实现证券信息持续公开制度，旨在保护投资者的利益，强化对发行人和上市公司的社会监督，有效地防止证券欺诈行为。

4. 答案：内幕交易指知悉证券交易内幕信息的知情人员（内幕人员）和非法获取内幕信息的其他人员违反法律规定，泄露内幕信息，根据内幕信息买卖证券或者建议他人买卖证券的行为。这里的内幕信息指为内幕人员所知悉的，尚未公开的和可能影响证券交易价格的重要信息。

5. **答案：**公开发行证券是一种按证券发行对象划分的证券发行方式。公开发行即公募发行，是指发行人向不特定的社会公众投资者发售证券的发行方式。

四、简答题

1. **答案：**协议收购是指投资者在证券交易场所之外与目标公司的股东（主要是持股比例较高的大股东）就股票价格、数量等方面进行协商，购买目标公司的股票，以期达到对目标公司的控股或兼并目的。

同要约收购相比，协议收购具有以下特征：

(1) 协议收购的股份转让通过私下协议进行。协议收购中，收购人与目标公司股东就股份转让事宜进行私下协商，为避免引起目标公司股价的波动，这种私下协商通常会秘密进行。而在要约收购中，收购人必须公告其收购要约，收购要约的内容，不仅要让目标公司的股东知晓，而且还要让证券市场的其他所有参与人知晓。

(2) 协议收购面向目标公司特定股东进行。要约收购面向目标公司的不特定股东，在要约收购中，收购人在收购要约中提出的各项收购条件，适用于目标公司的所有股票持有人，收购要约人不能区别对待所有股票持有人。而协议收购的双方当事人可以自由协商收购条件，协议收购人可以与目标公司的股东达成不同的收购协议，各协议的条款不必相同，而且都能成立有效的收购合同。

(3) 协议收购不具有期限性要求。为维持证券市场的秩序和保护目标公司的中小股东，证券法对收购要约的期限作出了规定。但在协议收购中，双方当事人可以反复就协议内容进行协商，协议进行的期限并无任何法律限制。

(4) 协议收购不具有排他性。在要约收购中，一旦收购人提交了上市公司收购报告书或者收购要约已经公开发出，收购人就自动放弃了除要约外的其他方式买卖目标公司证券的权利。但协议收购不具有这种排他性。协议收购人在同目标公司秘密协商的同时，还可以在证券市场上通过集中竞价交易买卖目标公司的股票。

2. **答案：**公开发行公司债券，应当符合下列条件：(1) 具备健全且运行良好的组织机构；(2) 最近三年平均可分配利润足以支付公司债券一年的利息；(3) 国务院规定的其他条件。公开发行公司债券筹集的资金，必须按照公司债券募集办法所列资金用途使用；改变资金用途，必须经债券持有人会议作出决议。公开发行公司债券筹集的资金，不得用于弥补亏损和非生产性支出。

上市公司发行可转换为股票的公司债券，除应当符合前述条件外，还应当遵守上市公司发行新股的规定。但是，按照公司债券募集办法，上市公司通过收购本公司股份的方式进行公司债券转换的除外。

有下列情形之一的，不得再次公开发行公司债券：(1) 对已公开发行的公司债券或者其他债务有违约或者延迟支付本息的事实，仍处于继续状态；(2) 违反《证券法》规定，改变公开发行公司债券所募资金的用途。

3. **答案：**内幕交易行为的构成要件包括违法性、损害事实、因果关系和主观过错四个方面。

其一，内幕交易行为的违法性已经为《证券法》《刑法》等法律法规所认定，内幕交易行为将受到刑事制裁、行政处罚和民事索赔三方面的法律制裁。

其二，内幕交易行为既破坏了证券市场正常秩序，也侵害了投资者财产权益，而投资者的损失认定需要通过投资时间、投资方向、投资价格和投资数量加以综合认定。

其三，因果关系的认定是内幕交易民事侵权责任认定的关键，这既是争议焦点又是审判难点。从海外内幕交易民事赔偿实践看，解决这一问题是以“市场欺诈理论”为基础，形成的“推定信赖原则”“因果关系推定原则”和“举证责任倒置原则”来实现证明责任的分配。“推定信赖原则”与“因果关系推定原则”是指只要内幕交易行为存在，在特定的时段内，不管投资者能否证明其是否依赖错误信息，均推定受到欺诈，均推定内幕交易行为和损失之间存在因果关系。而“举证责任倒置原则”是基于内幕交易行为属于特殊侵权行为的理念，免除投资者的举证责任，规定由侵权人举证证明受害人提出的诉请理由不成立，否则，侵权人承担举证不能带来的后果。当然，“举证责任倒置原则”也同侵权人免责抗辩权相联系，即允许侵权人提出合法免除或减轻侵权责任事由的权利，如主体不适格、专业投资机构没有尽合理谨慎义务、投资者本身存在过错或不存在损失、不可抗力或系统风险等。

其四，内幕交易行为一般情况下是行为人主观故意所致，但应包括三个方面：行为人必须知悉所利用的内幕信息的内容；行为人必须知道所利用的信息尚未公开，为价格敏感的重大信息；行为人的目的是使自己获利或减少损失。

五、论述题

答案：公开原则是证券法规则的核心和精髓所在。充分的信息是投资者作出投资选择的前提，一个信息不公开或者不充分公开的市场也极易因利益冲突而引发欺诈，这将直接导致市场的无序、混乱甚至崩溃。具体而言，公开原则有三层含义：证券发行要公开；证券交易要公开；与证券发行和交易相关的信息要公开。在证券法上，公开原则通常包括两个方面的内容，即证券信息的初期披露和持续披露。

（一）信息的初期披露

所谓信息的初期披露，是指证券发行人在首次发行证券时应完全披露公司以及与发行证券有关的所有信息与情况，这是证券发行人的基本法律义务。我国证券法规定，发行股票或债券，应当公告招股说明书、公司债券募集办法。发行新股或者公司债券的，还应当公告财务会计报告。公司公告的股票或者公司债券的发行和上市文件，必须真实、准确、完整，不得有虚假记载、误导性陈述或者重大遗漏。公开原则要求上市公司所公开的信息达到以下标准：(1) 真实性。上市公司公开的企业财务内容必须准确、真实，不得有虚假不实记载。(2) 完整性。所有与证券发行有关的信息资料应尽可能详细地公开，不得故意隐瞒、遗漏。(3) 及时性。上市公司的有关信息应以最快的速度传达到接受者，不得故意拖延。(4) 易解性。公开信息内容的表述应通俗简明，易被大众理解，不得使用深奥或容易引起误解的字句。(5) 易得性。上市公司应采用使公众能详尽地获得信息的传播方式向公众发布重要的信息。

（二）信息的持续披露

所谓信息的持续披露，是指在证券发行后，发行人应定期对公众提供经营和财务状况信息，以及不定期公告可能影响公司经营活动的重大事项。包括公司业务及财务状况，未来前景，合并或接管事项，同供应商、客商及其他有关人员交往的情况，以及有关公司内部人员拥有或代表公司控制的公司证券所有权的重大变化情况等。我国证券法对上市公司的披露义务作出了较为详尽的要求，并规定了作不真实说明和遗漏重大信息的法律责任。例如，信息披露义务人未按照规定披露信息，或者公告的证券发行文件、定期报告、临时报告及其他信息披露资料存在虚假记载、误导性陈述或者重大遗漏，致使投资者在证券交易中遭受损失的，信息披露义务人应当承担赔偿责任。

另外，信息公开还表现为对发行人和上市公司以外的其他市场主体要求的公开义务，包括对证券监督管理机构、证券公司、投资顾问，以及证券交易所规定的公开义务。信息公开作为证券市场的一项基本原则，还可以扩及为法律与政策的公开、市场管理与司法活动的公开。例如，《证券法》第 174 条规定：“国务院证券监督管理机构制定的规章、规则和监督管理工作制度应当依法公开。国务院证券监督管理机构依据调查结果，对证券违法行为作出的处罚决定，应当公开。”

对一个稳定和理性的证券市场来说，必须保持市场高度的透明，只有这样，才能有效地减少和防止内幕交易、操纵市场、欺诈、腐败等违法违规行为的发生。正是通过公开原则和信息公开制度，证券市场的投资者能够获得恰当的有关信息，及时地进行理性决策，从而构建起良好的市场秩序。

六、案例分析题

1. 答案：有效。因为王某已经在事后予以追认。这是一起委托代理股票交易案件。在本案中，王某委托证券公司在某日卖出 10 股 X 股票，建立了委托代理股票交易的法律关系。其代理期间为当日，受托人即证券公司未在当日抛出股票，代理权已经终止。这样，证券公司在第 4 天抛售股票就是无权代理行为。但王某在 1 个月后办理了股票交割手续，又受领了全部股款，实际上是追认了证券公司的无权代理行为，使其行为转化为有权代理，其后果应由委托人王某承担。

2. 答案：我们从以下三个方面去分析：

(1)《公司法》第 142 条第 1 款规定：“公司不得收购本公司股份。但是，有下列情形之一的除外：（一）减少公司注册资本；（二）与持有本公司股份的其他公司合并；（三）将股份用于员工持股计划或者股权激励；（四）股东因对股东大会作出的公司合并、分立决议持异议，要求公司收购其股份……”这说明我国的法律、法规是禁止公司收购自身的股票的。

其原因有三个方面：①公司收购自身的股份必然导致公司与股东合为一体。如果被收购的股份不注销，就会形成公司负责人对这部分股份拥有控制权的局面，导致公司负责人侵占公司利益，最终会危害到股东的利益。②公司的管理人员可能交替利用发行与收购本公司股票的手段来操纵股票市场，制造虚假现象，损害股民的利益，造成股价的虚涨虚落，影响交易安全。就本案来说，金城股份有限公司如果不动用公司的资金注入证券市场大量收购本公司的股票，股票价格不可能涨得那么快，价格也不可能涨得那么高，由此所造成的股市虚假繁荣影响了股票持有人的利益，扰乱了正常的股票市场。③股份是公司资本的组成单位，股份的多少和价值标志着一个公司的经济实力。公司收购本身的股票必然会导致外部股票减少，公司收购的股票与公司本身混同，导致公司虚假资产，以致公司信用下降，降低公司偿债能力，可能损害公司债权人的利益。

(2) 对公司收购自身发行在外的股票，我国法律法规是作了特别规定的。

《公司法》第142条后4款规定："公司因前款第（一）项、第（二）项规定的情形收购本公司股份的，应当经股东大会决议；公司因前款第（三）项、第（五）项、第（六）项规定的情形收购本公司股份的，可以依照公司章程的规定或者股东大会的授权，经三分之二以上董事出席的董事会会议决议。公司依照本条第一款规定收购本公司股份后，属于第（一）项情形的，应当自收购之日起十日内注销；属于第（二）项、第（四）项情形的，应当在六个月内转让或者注销；属于第（三）项、第（五）项、第（六）项情形的，公司合计持有的本公司股份数不得超过本公司已发行股份总额的百分之十，并应当在三年内转让或者注销。上市公司收购本公司股份的，应当依照《中华人民共和国证券法》的规定履行信息披露义务。上市公司因本条第一款第（三）项、第（五）项、第（六）项规定的情形收购本公司股份的，应当通过公开的集中交易方式进行。公司不得接受本公司的股票作为质押权的标的。"

(3)《公司法》第141条第2款规定，公司董事、监事、高级管理人员应当向公司申报所持有的本公司的股份及其变动情况，在任职期间每年转让的股份不得超过其所持有本公司股份总数的百分之二十五；所持本公司股份自公司股票上市交易之日起一年内不得转让。上述人员离职后半年内，不得转让其所持有的本公司股份。公司章程可以对公司董事、监事、高级管理人员转让其所持有的本公司股份作出其他限制性规定。作此规定的目的在于防止公司的主要管理人员利用自己的优势地位为自己谋取私利，侵害公司的利益，直至损害股东的权利；另外，通过申报制度，也便于公司股东对公司的管理人员进行一定程度上的监督。从本案看，该公司的部分董事在他们的任职期间，趁公司股票价格被本公司的收购行为抬上去之时加以抛售，赚取差价，谋得个人利益，明显违反法律规定。

综上所述，根据《股票发行与交易管理暂行条例》第70条规定，公司未经批准擅自购回其发行在外的股份的，可对公司单处或并处警告、罚款，对负有直接责任的董事、监事和高级管理人员，给予警告或者处以3万元以上30万元以下的罚款。本案所作的处罚决定是正确的。

3. **答案**：应责令依法处理其非法持有的证券，没收违法所得，并处以违法所得一倍以上五倍以下罚款。

这是一种操纵市场行为。操纵市场行为破坏了市场交易的公开、公正、公平原则。操纵市场行为包括：(1) 单独或者通过合谋，集中资金优势、持股优势或者利用信息优势联合或者连续买卖；(2) 与他人串通，以事先约定的时间、价格和方式相互进行证券交易；(3) 在自己实际控制的账户之间进行证券交易；(4) 不以成交为目的，频繁或者大量申报并撤销申报；(5) 利用虚假或者不确定的重大信息，诱导投资者进行证券交易；(6) 对证券、发行人公开作出评价、预测或者投资建议，并进行反向证券交易；(7) 利用在其他相关市场的活动操纵证券市场。操纵市场行为扰乱了证券市场的交易秩序，可以处以警告、没收违法所得、罚款、限制或者暂停证券经营业务等处罚。

4. **答案**：赵某的行为是内幕交易行为，应当没收其非法所得，并予以罚款。

内幕交易行为是指内幕人员利用尚未公开、可能影响证券市场价格的证券情报，进行的非法交易行为。内幕交易行为的特点有：(1) 交易行为违反证券法规，利用内幕信息进行证券交易；(2) 内幕交易行为的行为人须有主观上的故意，并有获利或减损的目的；(3) 内幕交易须有内幕人员直接或间接地参与或泄露内幕信息。对于内幕交易行为，可以令其承担民事赔偿责任，也可以给予行政处罚，情节严重的还应追究其刑事责任。

5. **答案**：（1）本案涉及的是证券转让中行为人的行为及证券转让后，股票股息如何处理的问题。证券转让是指有价证券所有人将证券让与他人的法律行为。证券转让可由所有人进行，也可由他人代理。转让人或转让代理人应当有行为能力。股票是证券的一种，股票转让亦即把股票所载的股东权利让与他人。有价证券可分为记名证券和无记名证券，其转让方式也有所不同。无记名证券适用交付转让，即证券持有人将证券移转于受让人占有的行为。记名股票常适用背书转让，即证券持有人将转让的意思表示记载于证券背面的行为，背书后再将证券交付受让人，转让行为成立。与有价证券的转让方式相似，股票转让大致可分为背书转让与交付转让两种。《公司法》第139条第1款规定："记名股票，由股东以背书方式或者法律、行政法规规定的其他方式转让；转让后由公司将受让人的姓名或者名称及住所记载于股东名册。"第140条也规定了无记名股票的转让，由股东将该股票交付给受让人后即发生法律效力，此即为简单交付转让方式。

（2）乙可以取得中大公司的股息。根据我国公司法的规定，股东持有股份可以依法转让。股票持有人通过转移股票所有权而移转股东权利。无记名股票主要以交付方式转让。记名股票主要以背书方式转让。记名股票转让后，受让人应当到发行公司申请变更股东名称，行使变更登记手续，否则不得主张参与股东会；分配利润等权利。但是如没有进行变更登记，又没有其他违法事由存在，股份转让发生法律效力，受让人对于公司股息的请求权只是暂时处于停止状态，而转让人已丧失股票，与公司不再有任何联系，其从公司取得的股息没有合法的法律依据，应返还给受让人。本案中甲在公司分派利息前的四个月就已将股票背书转让给乙，则甲与中大公司脱离了关系，不能再收取公司分派的股利。但因为乙未去办理股票的过户手续，公司的股东名册上依然记载着甲的姓名，而乙未登记入股东名册，所以尚未办理变更手续，应认定股票转让有效。那么甲因乙未去办理变更手续，而取得股息，虽然并无违法情形，但若继续让其持有股息，则构成不当得利，所以甲应将股息如数归还于乙。

第十八章 保险监管法律制度

基础知识图解

- 保险监管与保险监管法的概述
  - 保险监管与保险监管法的概念
  - 保险监管的目标及其理论基础
  - 保险监管机构及其职权
  - 保险监管的主要内容和类型
- 对保险公司的监管
  - 对市场进出的“结构监管”
    - 保险公司及其分支机构的设立监管
    - 保险公司变更监管
    - 保险公司的终止监管
  - 对经营管理与市场活动的“行为监管”
    - 对经营管理活动的“行为监管”
    - 对市场活动的“行为监管”
  - 绩效监管
    - 对经营绩效的一般监管
    - 对保险公司的整顿
    - 对保险公司的接管
- 对保险中介机构的监管
  - 两类保险中介机构概述
    - 保险代理机构
    - 保险经纪机构
  - 对机构设立、变更和终止的监管
  - 保证金制度
  - 人员资格监管
  - 对经营活动的监管
  - 对保险中介机构的监督检查
- 违反保险监管法的法律责任
  - 保险公司违法行为的法律责任
  - 保险中介机构违法行为的法律责任
  - 保险监管机构违法行为的法律责任

配套测试

一、单项选择题

1. 以下选项所列哪一项不适用我国《保险法》?(　　)

A. 海上保险　　B. 农业保险

C. 财产保险　　D. 人身保险

2. 下列不属于商业保险的险种有(　　)。

A. 人寿保险　　B. 家庭财产保险

C. 医疗保险　　D. 失业保险

3. 经营有人寿保险业务的保险公司解散的理由包括(　　)。

A. 合并、分立或者依法被撤销

B. 被宣告破产

C. 股东大会决议

D. 被吊销营业执照

4. 负责对外资保险公司实施监督管理的是(　　)。

A. 中国银保监会　　B. 中国保险会

C. 中国证监会　　D. 中国人民银行

5. 因保险经纪人在办理保险业务中的过错，给投保人、被保险人造成损失的，由(　　)承担赔偿责任。

A. 保险经纪人

B. 保险人
C. 保险经纪人的上级主管部门
D. 保险经纪人与保险人共同

6. 甲公司与某保险公司签订了财产保险合同，对甲公司价值300万元的机器投保，投保的保险金额为500万元。一日，由于地震甲公司厂房倒塌，致使投保的机器全部报废。甲公司向保险公司提出赔偿，则保险公司支付甲公司保险金额最高为(　　)。
A. 500万元
B. 300万元
C. 实际损失额
D. 保险公司不予赔偿

7. 保险公司在被整顿的过程中，其原有的业务(　　)。
A. 暂时停止
B. 继续进行
C. 转让给其他保险公司
D. 由整顿组织决定

8. 我国有资格经营商业保险业务的有(　　)。
A. 商业银行　B. 信托公司
C. 保险公司　D. 证券公司

9. 保险公司对每一危险单位，即对一次保险事故可能造成的最大损失范围所承担的责任，不得超过其实有资本金加公积金总和的(　　)。
A. 10%　B. 20%　C. 40%　D. 50%

10. 设立保险公司的注册资本最低限额为人民币(　　)元。
A. 2亿　B. 1亿　C. 3亿　D. 5亿

11. 经营人身保险业务的保险人不得经营(　　)。
A. 人寿保险　B. 健康保险
C. 意外保险　D. 汽车商业保险

12. 经营财产保险业务的保险公司当年自留保险费，不得超过(　　)。
A. 其公积金的4倍
B. 其注册资金的4倍
C. 其实有资本金的4倍
D. 其实有资本金加公积金总和的4倍

13. 外商投资企业的各项保险，(　　)。
A. 可由当事人选择向中国或外国的保险公司投保
B. 应向中国境内的保险公司投保
C. 可向经中国有关主管部门批准的外国保险公司投保
D. 应优先向中国境内的保险公司投保

14. 经营下列哪种保险代理业务的个人保险代理人，不得同时接受两个以上保险人的委托？(　　)
A. 工程保险　B. 团体人身保险
C. 人寿保险　D. 责任保险

15. 保险法规定，保险公司违反保险法规定，损害社会公共利益，可能严重危及或者已经危及保险公司的偿付能力的，保险监督管理机构可以对该保险公司实行(　　)。
A. 接管　B. 整顿
C. 暂停营业的处罚　D. 合并

16. 基于投保人的利益为投保人与保险人订立保险合同提供中介服务，并依法收取佣金的人被称为(　　)。
A. 保险代理人　B. 投保中介人
C. 保险经纪人　D. 投保经纪人

17. 公民甲通过保险代理人乙为其5岁的儿子丙投保一份幼儿平安成长险，保险公司为丁。下列有关本事例的哪一表述是正确的？(　　)
A. 该份保险合同中不得含有以丙的死亡为给付保险金条件的条款
B. 受益人请求丁给付保险金的权利自其知道保险事故发生之日起5年内不行使而消灭
C. 当保险事故发生时，乙与丁对给付保险金承担连带赔偿责任
D. 保险代理人乙只能是依法成立的公司，不能是个人

18. 李某为其子投保了以死亡为给付保险金条件的人身保险，期限5年，保费已一次缴清。两年后其子因抢劫罪被判处死刑并已执行。李某要求保险公司履行赔付义务。对此，保险公司应如何处理？(　　)
A. 依照合同规定给付保险金
B. 根据李某已付保费，按照合同约定退还保单的现金价值
C. 可以不承担给付保险金的义务，也不返还保险费
D. 可以解除合同，但应全额返还保险费

二、多项选择题

1. 根据保险利益原则，下列哪些当事人的投保行为无效？(　　)
A. 某甲为自己购买的一注彩票投保
B. 某乙为自己即将出生的女儿购买人寿险
C. 某丙为屋前的一棵国家一级保护树木投保
D. 某丁为自己与女友的恋爱关系投保

2. 外国保险公司分公司的总公司有下列情形的，该分公司应当自该情形发生之日起10日内，将有关情况向中国银保监会提交书面报告：(　　)。

A. 变更名称、主要负责人

B. 变更注册地

C. 变更资本金

D. 变更持有资本总额5%以上的股东

3. 外资保险公司按照中国银保监会核定的业务范围，可以全部或部分依法经营的财产保险业务包括(　　)。

A. 财产损失保险　　B. 财产责任保险

C. 财产信用保险　　D. 人身意外保险

4. 外资保险公司是指依照中华人民共和国有关法律，行政法规的规定，经批准在中国境内设立和营业的(　　)。

A. 合资保险公司

B. 合作保险公司

C. 独资保险公司

D. 外国保险公司分公司

5. 保险公司的资金运用限于下列哪些形式？(　　)

A. 银行存款

B. 买卖股票

C. 买卖国债

D. 买卖企业债券

6. 依据《保险法》，保险公司应提取哪些款项以使保险公司稳健经营，同时保护被保险人、投保人和受益人的利益？(　　)

A. 责任准备金　　B. 未决赔款准备金

C. 公积金　　D. 保证金

7. 下列关于保险合同原则的哪些表述是错误的？(　　)

A. 自愿原则是指保险当事人双方可以自由决定保险范围和保费费率

B. 保险利益原则的根本目的是有效弥补投保人的损失

C. 近因原则中的近因是指造成保险标的损害的主要的、决定性的原因

D. 最大诚信原则对保险人的主要要求是及时全面地赔付保险金

三、名词解释

1. 保险利益
2. 保险代理人
3. 保证金制度

四、简答题

1. 简述我国对保险业市场行为的监管。
2. 保险法的合法性原则具有哪些含义？
3. 保险专业代理人应具备哪些条件？
4. 简述保险人解除合同的几种情形？
5. 简述保险代位求偿权的概念和特征。(武汉大学2008年考研真题)

参考答案

一、单项选择题

1. **答案**：B。本题考查的是不适用《保险法》的保险项目。《保险法》第184条第1款规定，国家支持发展为农业生产服务的保险事业，农业保险由法律、行政法规另行规定。据此，本题正确答案为B。

2. **答案**：D。本题考查的是商业保险的范围。失业保险是我国社会保险中的一种，属社会保障制度范畴，不属商业性质。社会保险，是指国家通过立法设立社会保险基金，使劳动者在暂时或永久丧失劳动能力以及失业时获得物质帮助和补偿的一种社会保障制度。故本题正确答案为D。

3. **答案**：A。本题考查的是经营有人寿保险业务的保险公司解散的理由。《保险法》第89条规定："保险公司因分立、合并需要解散，或者股东会、股东大会决议解散，或者公司章程规定的解散事由出现，经国务院保险监督管理机构批准后解散。经营有人寿保险业务的保险公司，除因分立、合并或者被依法撤销外，不得解散。保险公司解散，应当依法成立清算组进行清算。"据此，本题正确答案为A。

4. **答案**：A。本题考查的是负责对外资保险公司实施监督管理的机构。《外资保险公司管理条例》第4条规定："国务院保险监督管理机构负责对外资保险公司实施监督管理。国务院保险监督管理机构的派出机构根据国务院保险监督管理机构的授权，对本辖区的外资保险公司进行日常监督管理。"根据2018年《国务院机构改革方案》，中国银监会和中国保监会的职责整合，组建中国银行保险监督管理委员会，作为国务院直属事业单位。据此，本题正确答案为A。

5. **答案**：A。本题考查的是对保险经纪人的过失承担责任的主体。《保险法》第128条规定："保险经纪人因过错给投保人、被保险人造成损失的，依法承担赔偿责任。"据此，本题正确答案为A。

6. **答案**：B。本题考查的是保险公司支付保险金的最高限额。《保险法》第55条第3款规定，保险金额不得超过保险价值；超过保险价值的，超过的部分无效，保险人应当退还相应的保险费。据此，保险公司的赔偿以保险价值为限，故本题正确答案为B。

7. **答案**：B。本题考查的是保险公司的整顿。《保险法》第142条规定，在整顿过程中，被整顿保险公司的原有业务继续进行，但是，国务院保险监督管理机构可以责令被整顿公司停止部分原有业务、停止接受新业务、调整资金运用。据此，本题正确答案为B。

8. **答案**：C。本题考查的是我国有资格经营商业保险业务的主体。《保险法》第6条规定："保险业务由依照本法设立的保险公司以及法律、行政法规规定的其他保险组织经营，其他单位和个人不得经营保险业务。"据此，本题正确答案为C。

9. **答案**：A。本题考查的是对保险公司在一次保险事故中承担的责任的限制。《保险法》第103条第1款规定，保险公司对每一危险单位，即对一次保险事故可能造成的最大损失范围所承担的责任，不得超过其实有资本金加公积金总和的10%；超过的部分，应当办理再保险。据此，本题正确答案为A。

10. **答案**：A。本题考查的是设立保险公司的注册资本最低限额。《保险法》第69条第1款规定："设立保险公司，其注册资本的最低限额为人民币二亿元。"据此，本题正确答案为A。

11. **答案**：D。本题考查的是保险人的经营范围。《保险法》第95条规定："保险公司的业务范围：（一）人身保险业务，包括人寿保险、健康保险、意外伤害保险等保险业务；（二）财产保险业务，包括财产损失保险、责任保险、信用保险、保证保险等保险业务；（三）国务院保险监督管理机构批准的与保险有关的其他业务。保险人不得兼营人身保险业务和财产保险业务；但是，经营财产保险业务的保险公司经国务院保险监督管理机构批准，可以经营短期健康保险业务和意外伤害保险业务……"因汽车保险属于财产保险范围，故经营人身保险业务的保险人不得经营，故本题正确答案为D。

12. **答案**：D。本题考查的是对经营财产保险业务的保险公司当年自留保险费的限制。《保险法》第102条规定："经营财产保险业务的保险公司当年自留保险费，不得超过其实有资本金加公积金总和的四倍。"据此，本题正确答案为D。

13. **答案**：B。本题考查的是对中国境内的法人或其他组织投保的规定。《保险法》第7条规定："在中华人民共和国境内的法人和其他组织需要办理境内保险的，应当向中华人民共和国境内的保险公司投保。”因外商投资企业是中国境内的企业，应适用该条规定，故本题正确答案为B。

14. 答案：C。本题考查的是对保险代理人经营人寿保险代理业务的特殊规定。《保险法》第125条规定：“个人保险代理人在代为办理人寿保险业务时，不得同时接受两个以上保险人的委托。”据此，本题正确答案为C。

15. 答案：A。本题考查的是对保险公司的监管规定。《保险法》第144条规定：“保险公司有下列情形之一的，国务院保险监督管理机构可以对其实行接管……（二）违反本法规定，损害社会公共利益，可能严重危及或者已经严重危及公司的偿付能力的……”据此，本题正确答案为A。

16. 答案：C。本题考查的是保险经纪人的概念。《保险法》第118条规定：“保险经纪人是基于投保人的利益，为投保人与保险人订立保险合同提供中介服务，并依法收取佣金的机构。”据此，本题正确答案为C。

17. 答案：B。《保险法》第33条规定：“投保人不得为无民事行为能力人投保以死亡为给付保险金条件的人身保险，保险人也不得承保。父母为其未成年子女投保的人身保险，不受前款规定限制。但是，因被保险人死亡给付的保险金总和不得超过国务院保险监督管理机构规定的限额。”所以该保险合同可以约定以丙的死亡为给付保险金的条件，选项A是错误的。《保险法》第26条第2款规定：“人寿保险的被保险人或者受益人向保险人请求给付保险金的诉讼时效期间为五年，自其知道或者应当知道保险事故发生之日起计算。”选项B是正确的。选项C于法无据，法律没有规定保险代理人承担给付保险金的连带责任。《保险法》第117条规定：“保险代理人是根据保险人的委托，向保险人收取佣金，并在保险人授权的范围内代为办理保险业务的机构或者个人。”法律并未规定人寿保险的保险代理人只能是公司，选项D是错误的。

18. 答案：B。《保险法》第45条规定，因被保险人故意犯罪或者抗拒依法采取的刑事强制措施导致其伤残或者死亡的，保险人不承担给付保险金的责任。投保人已交足二年以上保险费的，保险人应当按照合同约定退还保险单的现金价值。

本题中，李某为其子投保了以死亡为给付保险金条件的人身保险，后其子因抢劫罪被判处死刑，对这种死亡，保险人不承担给付保险金的义务，李某无权要求保险公司履行赔付义务。但由于李某已经一次性交足了五年的保险费，保险公司应当按照合同约定退还保险单现金价值。本题正确答案应是B。

二、多项选择题

1. 答案：ABD。本题考查的是保险利益原则。《保险法》第12条第6款规定：“保险利益是指投保人或者被保险人对保险标的具有的法律上承认的利益。”根据保险法原理，这种利益应当是合法的、确定的、经济上的利益，这种利益既可以是现有的，也可以是投保人依法或依合同所承担的义务、责任而产生的利害关系。没有保险利益，保险合同便不能产生法律效力。由于保险利益必须是确定的利益，因此选项A是没有保险利益的情况，当事人的投保行为是无效的。在人身保险中，保险利益表现为一种人与人之间的利害关系，这种关系应是被法律所承认的、确定的，据此，选项B、D是不存在保险利益的，因此投保行为也是无效的。至于选项C涉及的树木，虽然是国家一级保护树种，但由于在房前屋后的树木依据森林法是归个人所有的，因此投保人有合法的所有权，对此有保险利益存在，其投保行为是有效的。综上，本题正确答案为A、B、D。

2. 答案：ABC。本题考查的是外国保险公司的分公司应当就其总公司的特定情形向保监会提交报告的规定。《外资保险公司管理条例》第22条规定：“外国保险公司分公司的总公司有下列情形之一的，该分公司应当自各该情形发生之日起10日内，将有关情况向国务院保险监督管理机构提交书面报告：（一）变更名称、主要负责人或者注册地；（二）变更资本金；（三）变更持有资本总额或者股份总额10%以上的股东……”据此，本题A、B、C项正确，D项不正确。

3. 答案：ABC。本题考查的是外资保险公司的业务范围。《外资保险公司管理条例》第15条规定：“外资保险公司按照国务院保险监督管理机构核定的业务范围，可以全部或者部分依法经营下列种类的保险业务：（一）财产保险业务，包括财产损失保险、责任保险、信用保险等保险业务；（二）人身保险业务，包括人寿保险、健康保险、意外伤害保险等保险业务……”据此，本题正确答案为A、B、C。

4. 答案：ACD。本题考查的是外资保险公司在中国设立的机构的组织形式。《外资保险公司管理条例》第 2 条规定："本条例所称外资保险公司，是指依照中华人民共和国有关法律、行政法规的规定，经批准在中国境内设立和营业的下列保险公司：（一）外国保险公司同中国的公司、企业在中国境内合资经营的保险公司（以下简称合资保险公司）；（二）外国保险公司在中国境内投资经营的外国资本保险公司（以下简称独资保险公司）；（三）外国保险公司在中国境内的分公司（以下简称外国保险公司分公司）。"据此，本题正确答案为 A、C、D。

5. 答案：ABCD。本题考查的是有关保险公司的资金运用的规定。《保险法》第 106 条第 2 款规定："保险公司的资金运用限于下列形式：（一）银行存款；（二）买卖债券、股票、证券投资基金份额等有价证券；（三）投资不动产；（四）国务院规定的其他资金运用形式。"据此，本题正确答案为 ABCD。

6. 答案：ACD。本题考查的是保险公司应当依法提取的款项。《保险法》第 97 条规定："保险公司应当按照其注册资本总额的百分之二十提取保证金，存入国务院保险监督管理机构指定的银行，除公司清算时用于清偿债务外，不得动用。"第 98 条第 1 款规定："保险公司应当根据保障被保险人利益、保证偿付能力的原则，提取各项责任准备金。"第 99 条规定："保险公司应当依法提取公积金。"据此，本题正确答案为 A、C、D。

7. 答案：ABD。自愿原则指当事人可以充分根据自己的意愿设立、变更和终止保险法律关系，但是自愿原则也要受到法律的合理限制，如关系社会公共利益的保险险种、依法实行强制保险的险种和新开发的人寿保险险种等的保险条款和保险费率，应当按照国务院保险监督管理机构的规定，故 A 项错误。保险利益原则指只有保险利益的保险行为才具有法律效力，其目的在于防止"赌博效应"。《保险法》第 12 条规定，投保人或者被保险人对保险标的应当具有保险利益。投保人对保险标的不具有保险利益的，保险合同无效。故 B 项错误。最大诚信原则对保险人的主要要求是签订合同时尽告知义务和有足够偿付能力履行支付保险金的责任，故 D 项错误。

三、名词解释

1. 答案：保险利益是指投保人或者被保险人对保险标的具有的法律上承认的利益。保险利益原则是指只有具有保险利益的保险行为才具有法律效力。订立保险合同的目的不是保险标的本身，而是保障被保险人对保险标的所具有的利益，这种利益就是保险利益。

2. 答案：保险代理人是向保险人收取佣金，在保险人授权的范围内代为办理招揽与接受业务、收取保险费、勘查业务、签发保单、审核赔款等保险业务的单位或个人。

3. 答案：保证金制度是原中国保监会对保险中介机构进行监管的一种重要制度安排。按照规定，两类保险中介机构都应当缴存保证金或者投保职业责任保险。其中，保险中介机构缴存保证金的，应当自办理工商登记之日起 20 日内，按注册资本或者出资的 20% 缴存。保存中介机构增加注册资本或者出资的，应当相应增加保证金数额。

四、简答题

1. 答案：对市场行为的监管，主要包括这两个方面：

（1）对市场交易行为的监管

对市场交易行为的监管，主要涉及对交易条款的监管，特别是对关系到社会公益的险种的保险条款（包括立法上特别强调的保险费率）的监管。

基于保护社会公众利益和防止不正当竞争的原则，对各类保险条款，应当依据其重要程度，分别要求报批或备案。其中，对于关系社会大众利益的保险险种、依法实行强制保险的险种和新开发的人寿保险险种，其保险条款应当报中国银保监会审批；对于其他保险险种的保险条款，则应当报中国银保监会备案。

（2）对保险公司竞争行为的监管

对保险公司的竞争行为监管，涉及对保险公司的限制竞争或不正当竞争行为的规制，也涉及对相关主体利益的保护。

各类保险机构之间，应当展开公平的、正当的、有效的竞争，不得从事各类限制竞争、诋毁竞争对手商誉、虚假宣传和侵害相关主体权益的行为。

2. 答案：保险法的合法性原则是指在保险活动中，行为人通过意思表示所实施的保险商行为的全部过程都必须符合法律、行政法规的规定，否则，保险行为无效。其含义是：首先，保险商行为内容必须合法，如果行为人以法律、行政法规明确禁止的行为所获得的利益，作为保险利益签订保险合同；或者以盗窃获得的赃物投保家庭财产险；或者以违禁物品投保运输险，都属于违法行为，其投保活动不发生法律效力。其次，保险活动的形式必须合法，若法律规定保险合同的存在必须以保险单或其他保险凭证、协议为形式要件时，未按此形式要求缔结的保险协议在法律上可认定为无效。最后，保险活动本身必须遵守法律法规，不仅要遵守《保险法》，而且要遵守《民法总则》《合同法》《公司法》《反不正当竞争法》《消费者权益保护法》等各项法律法规。

3. **答案**：保险专业代理人应具备以下条件：公司最低实收货币资本金为人民币50万元；有符合规定的章程；有至少30名持有《保险代理人资格证书》的代理人员；有符合任职资格的董事长和总经理；有符合要求的营业场所。专业代理人的业务范围包括：代理销售保单；代理收取保费；保险和风险管理咨询服务；代理保险人进行损失勘查和理赔；中国人民银行批准的其他业务。

4. **答案**：保险合同成立后，除非法律另有规定或者保险合同另有约定，投保人可以解除保险合同，但是保险人不得解除保险合同。保险合同成立后，如果有以下情形，保险人取得解除权：

(1) 投保人违反如实告知义务。投保人故意隐瞒事实，不履行如实告知义务的，或者因过失未履行如实告知义务，足以影响保险人决定是否同意承保或者提高保险费率的，保险人有权解除保险合同。

(2) 投保人违反特约条款。保险合同约定的特约条款，投保人因不可抗力而不能履行的，保险合同的效力不受影响，但不能履行特约条款的投保人应当立即通知保险人。

(3) 危险增加。在合同有效期内，保险标的危险程度增加的，被保险人按照合同约定应当及时通知保险人，保险人有权要求增加保险费或者解除合同。

(4) 投保人违反防灾减损义务。投保人、被保险人未按照约定履行其对保险标的安全应尽责任的，保险人有权要求增加保险费或者解除合同。

(5) 被保险人或者受益人违反诚实信用。被保险人或者受益人在未发生保险事故的情况下，谎称发生了保险事故，向保险人提出赔偿或者给付保险金的请求的，保险人有权解除保险合同，并不退还保险费。投保人、被保险人或者受益人故意制造保险事故的，保险人有权解除保险合同，不承担赔偿或者给付保险金的责任。

5. **答案**：代位求偿权，也称代位追偿权，是指财产保险中保险人赔偿被保险人的损失后可以取得在其赔付保险金的限度内，要求被保险人转让其对造成损失的第三人享有追偿的权利。代位求偿权仅适用于各种财产保险。其特征为：(1) 保险事故是由第三者的行为所致，被保险人因保险事故而对第三者享有赔偿请求权；(2) 保险人行使代位求偿权向第三者追偿的金额不得超过其向被保险人支付的保险金额；(3) 代位求偿权仅适用于财产保险，不适用于人身保险。由于补偿原则不适用人身保险，由补偿原则派生出来的代位原则、分摊原则同样不适用于人身保险。《保险法》第60条规定："因第三者对保险标的的损害而造成保险事故的，保险人自向被保险人赔偿保险金之日起，在赔偿金额范围内代位行使被保险人对第三者请求赔偿的权利。前款规定的保险事故发生后，被保险人已经从第三者取得损害赔偿的，保险人赔偿保险金时，可以相应扣减被保险人从第三者已取得的赔偿金额。保险人依照本条第一款规定行使代位请求赔偿的权利，不影响被保险人就未取得赔偿的部分向第三者请求赔偿的权利。"在财产保险中，由于第三者的过错使保险标的发生保险责任范围内的损失的，保险人按照保险合同的约定给付了保险金后，有权把自己置于被保险人的地位，获得被保险人有关该项损失的一切权利和补偿。保险人可以用被保险人的名义向第三者提起赔偿诉讼。

第十九章　期货监管法律制度

基础知识图解

- 期货监管与期货监管法概述
- 期货交易所——设立、组织制度、职能与行为规范
- 期货经纪公司——概念和法律地位、成立、变更和解散
- 对期货交易的监管
  - 期货交易品种及期货交易参加者的资格限制
  - 期货经纪公司的行纪行为应遵守的规则
  - 期货市场的风险管理制度
  - 期货交易的结算和交割制度
- 违反期货监管法的法律责任

配套测试

一、不定项选择题

1. 我国对期货市场直接实行集中统一的监督管理的机构是（　　）。

A. 国务院

B. 中国人民银行

C. 中国保险监督管理委员会

D. 中国证券监督管理委员会

2. 期货经纪公司不可以接受委托的主体包括(　　)。

A. 国家机关、金融机构和事业单位

B. 不能提供开户证明文件的单位

C. 中国证监会成员的工作人员

D. 国有企业

二、名词解释

1. 期货经纪公司

2. 期货保证金

3. 期货风险准备金

三、简答题

1. 简述我国期货市场的监管体制。

2. 简述期货交易所的职能。

参考答案

一、不定项选择题

1. **答案**：D。依据《期货交易管理条例》的规定，我国期货市场实行国家集中统一管理体制，中国证券监督管理委员会（中国证监会）对期货市场实行集中统一的监督管理。

2. **答案**：ABC。期货经纪公司不得接受委托的包括金融机构、事业单位和国家机关；中国证监会的工作人员；期货市场禁入者；未能提供开户证明文件的单位等，但国有企业不在此限。

二、名词解释

1. **答案**：期货经纪公司，是指依法设立的，以自己的名义代理客户进行期货交易并收取一定手续费的中介组织。

2. **答案**：期货保证金，是指期货交易者按期货合约价格的一定比例缴纳的作为履行期货合约担保的资金。保证金制度的实施，降低了期货交易成本，交易者只需缴纳很小比例的保证金而不需要足额交纳货款就可以买卖期货合约，发挥了期货交易的资金杠杆作用，促进了套期保值功能的发挥。

3. **答案**：期货风险准备金，是指期货交易所会员在入会时一次性交付并存入交易所账户，在退会时一次性清退的风险基金。这一制度的目的也是防范市场风险。

三、简答题

1. **答案**：根据《期货交易管理条例》的规定，我国期货市场实行国家集中统一体制，中国证券监督管理委员会（中国证监会）对期货市场实行集中统一的监督管理。

（1）中国证监会的集中统一监管

中国证监会是全国期货市场的集中统一监管机构。中国证监会负责期货交易所、期货经纪公司的设立审批，对期货交易所实行垂直领导。期货交易所和期货经纪公司应当定期向中国证监会报送财务会计报表、有关资料和审计报告。

（2）期货行业协会的自律管理

期货行业协会对其会员的监督和自律管理是政府监管的重要补充，与政府的监督管理各自发挥重要作用，共同保证期货市场正常运行。

（3）期货交易所的一线管理和自律管理

期货交易所对其会员和期货交易所交易活动的自律管理是第一线的管理，是整个期货市场管理体系的基础和核心，期货交易所自我管理的有效性，直接关系到期货交易能否实现其基本经济功能，对保障市场的竞争性、高效性和流动性起着极其重要的作用。

2. **答案**：根据《期货交易管理条例》和《期货交易所管理办法》的规定，期货交易所履行下列职能：一是提供期货交易的场所、设施和服务；二是设计期货合约、安排期货合约上市；三是组织、监督期货交易、结算和交割；四是保证期货合约的履行；五是按照国家有关规定制定和执行风险管理制度；六是制定并实施期货交易所的业务规则；七是发布市场信息；八是监管会员期货业务，查处会员违规行为；九是监管指定交割仓库的期货业务；十是监督结算银行与本所有关的期货结算业务。

第二十章　宏观调控法的一般原理

基础知识图解

宏观调控与宏观调控法的概念

宏观调控法的地位和体系
- 宏观调控法的地位
- 宏观调控法的体系

宏观调控法的价值、宗旨和原则
- 宏观调控法的价值：公平、效率、秩序
- 宏观调控法的宗旨
- 宏观调控法的原则：法定原则、绩效原则、公平原则、适度原则

宏观调控法的主体及其权利和义务

违反宏观调控法的法律责任

配套测试

一、不定项选择题

1. 以下关系中，属于宏观调控关系的是(　　)。

A. 政府对产品质量的监督管理关系

B. 国民经济和社会发展计划的制定和实施关系

C. 中国证券监督管理委员会对证券市场的监督管理关系

D. 财政税收和货币信贷政策制定和实施中发生的经济关系

2. 以下对“市场失灵理论”描述正确的是(　　)。

A. 主要是有关市场调节无法解决社会产品总供给和总需求失衡的问题及其政府运用经济政策来解决这一总量失衡问题的理论

B. 主要是有关政府运用经济政策调节社会产品总供给与总需求失衡问题方面出现的调控失败及官僚主义问题及其解决方案的理论

C. 是宏观调控法的理论基础之一

D. 核心内容是确保“相机抉择”的准确性和合理性

3. 以下选项中，属于政府进行宏观调控目的的是(　　)。

A. 保持经济总量的基本平衡

B. 促进经济结构优化

C. 引导国民经济持续、快速、健康地发展

D. 推动社会全面进步

4. “相机抉择”的经济政策又可以称为(　　)。

A. 经济增长政策

B. 稳定物价政策

C. 反经济周期政策

D. 资源管理和保护政策

5. 宏观调控法中的合法原则主要表现在以下方面：(　　)。

A. 调控主体的资格合法

B. 调控的手段合法

C. 调控的对象合法

D. 调控的程序合法

二、名词解释

1. 市场失灵理论

2. 政府失败理论

三、简答题

1. 简述我国宏观调控法律体系的构成。(西南政法大学 2004 年考研真题)

2. 以我国现实经济发展为例，试述制定宏观调控法的必要性。(西南政法大学 2005 年考研真题)

四、论述题

1. 试论宏观调控法的基本原则。

2. 宏观经济调控的法律体系。(西北政法大学 2016 年考研真题)

参考答案

一、不定项选择题

1. **答案**：BD。宏观调控关系是指国家对国民经济总体活动进行调节和控制过程中发生的经济关系。
2. **答案**：AC。
3. **答案**：ABCD。
4. **答案**：C。
5. **答案**：AD。合法性原则主要表现在调控主体的资格合法和调控的程序合法两方面。

二、名词解释

1. **答案**：市场失灵理论主要是有关市场调节无法解决社会产品总供给和总需求失衡的问题及其政府运用经济政策来解决这一总量失衡问题的理论。市场失灵理论是宏观调控法的理论基础之一，与国家干预理论密切相关。
2. **答案**：政府失败理论主要是有关政府运用经济政策调节社会总供给和总需求失衡问题方面出现的调控失败及官僚主义问题及其解决方案的理论。政府失败理论是宏观调控法的理论基础之一，与国家干预理论密切相关。

三、简答题

1. **答案**：一个国家的国民经济即宏观经济是一个复杂且庞大的系统，它是由生产、分配、交换和消费的四大环节中的许多部门和单位组成的，而这些部门和单位又主要是通过市场相互联系、相互制约的，政府对于国民经济的宏观调控也是一个由宏观调控目标、各种经济政策以及经济、法律、行政手段的配合运用所构成的十分复杂的系统。这样，国家在对经济调整的过程中制定的法律法规和部门间形成了一个完整的宏观调控体系。

   宏观经济调控法律体系是指调整宏观经济调控关系的规范性文件体系。对宏观经济调控法结构的研究，应从宏观经济调控法的调整对象入手，因为某一具体宏观经济调控关系都有其特殊性，某一类宏观经济调控关系都有其共同性，所以调整这些宏观调控关系的法律、法规的特点就有一致性。这样可以避免对某一具体宏观经济调控法的“肢解”，又便于对宏观调控法律体系的结构进行分类研究。宏观经济调控关系包括指导性宏观经济调控关系和调解性宏观经济调控关系。与此相适应，我国需要建立和完善的宏观经济调控法律体系，应由两类规范性文件组成：其一，规范指导性宏观经济调控关系的法律和法规，如产业调解法、计划法；其二，规范调解性宏观经济调控关系的法律、法规，如金融法、国有资产管理法、环境法、自然资源法、能源法等。

2. **答案**：宏观调控法是国家调整经济整体发展的重要法律，是经济法的重要组成部分。宏观调控法是指调整在宏观调控过程中发生的经济关系的法律规范的总称。宏观调控关系，是指国家对国民经济总体活动进行调节和控制过程中发生的经济关系。

   制定宏观调控法的必要性主要体现在：

   （1）是保障社会公平与正义的需要。市场机制具有自身无法克服的局限性，需要国家的介入，以国家干预的形式避免此类现象的出现，但国家的干预不是无序和随意的，干预的决策及实施都需要法制化，否则就有可能出现行政行为恣意等政府失灵情况，损害市场经济。因此，进行宏观调控立法是国家防止市场失控，保障社会公平与正义的需要。

   （2）是社会主义法治原则的需要。宏观调控是国家权力的行使，权力应当受到法律规制，在法治条件下，国家的全部公权力都必须有法律依据，有法律的授权。现行的宏观调控方面的规范性文件存在诸多问题，如立法宗旨和原则不统一、具体规定不协调、会发生执法冲突、整体功能的发挥不理想等问题。要想从根本上解决，必须建立完善的宏观调控法律体系，使各层次、各领域的法律法规及规章等规范性文件相互补充，相互配合，共同为社会主义市场经济服务。

   （3）是规范政府行为的需要。宏观调控的目标是实现社会总供给和总需求的平衡，是防止市场失控与政府失灵的经济失衡，它决定了在市场经济条件下，宏观调控是必要的但并非万能的、无所不包的，它只能在市场对资源配置起基础性作用的基础上为弥补市场缺陷所必需的限度内发挥作用。同时，在市场经济体制下，政府不直接干预企业内部经营活动或充当经营者，它所采取的调控措施是从企业外部进行间接的干预，并且主要是通过利用利益机制引导企业实现的。因此，在经济活动变化异常迅速的经济波动期，必须有这样的法律为此提供明确的依据和有力的保障，从而使宏观调控主体根据自身的职责权限，按照宏观调控的指导思想、目标、原则、手段，依据宏观调控立法的相关程序，完成相关立法。

（4）是适应市场经济国际化、全球化的需要。宏观调控和宏观调控立法是直接关系到社会经济宏观、全局和总体的一种国家调节活动和立法，随着科学技术飞速发展及生产进一步社会化，国民经济更加融为一体，并更加国家化、全球化，国家本国经济的调节比以往任何时候更加需要从全局和总体上把握经济运行的状况和特点，需要统筹兼顾，才能进行有效的调节。

宏观调控法正在成为当代各国经济法的核心。我国也应尽快建立起完善的宏观调控法律体系。

四、论述题

1. 答案：宏观调控法的原则，是宏观调控法所规范的宏观调控行为应遵循的根本准则。宏观调控法原则统率所有的宏观调控法规范，同时又是经济法原则在宏观调控领域的体现，并与市场监管法原则相区别。

可以将宏观调控法的原则提炼为：调控法定原则、调控绩效原则、调控公平原则和调控适度原则。

（1）调控法定原则

调控法定原则的基本要求是，国家介入市场、调控宏观经济运行的行为必须有法律的明确授权，并受宏观调控法实体性、程序性规范的约束。

由法律明确规定宏观调控的主体、行为及其程序，有助于规范宏观调控行为、实现宏观调控法的价值、促进国家经济协调行为的法治化。

（2）调控绩效原则

调控绩效原则的基本要求是，国家宏观调控行为应当以提高经济运行的宏观效率、促进国民经济持续增长为目标。

强调并坚持调控绩效原则，有助于规范国家宏观调控行为、有效引导市场主体的经营行为，有助于节约经济资源、优化调控行为，防范和克服国家宏观调控行为和市场主体的经营行为的一切非效率化倾向。因此，在制定和实施宏观调控法规范时，都应当将提高调控绩效作为基本准则之一。

（3）调控公平原则

调控公平原则的基本要求是，国家宏观调控行为应当兼顾效率与公平，增进经济资源配置在地区、产业和国民分配上的公平。

制定和实施宏观调控法，规范宏观调控行为，就在于通过兼具效率与公平价值的宏观调控行为，矫正市场在配置资源过程中的不公平现象，实现分配在形式公平与实质公平、机会公平与结果公平的平衡。

（4）调控适度原则

调控适度原则的基本要求是，在法律实体性和程序性规定的范围内，国家宏观调控行为，应当以量化的、最佳的效率和公平状态为目标，统筹宏观经济运行各变量之间的关系，兼顾宏观调控的各项目标，准确、有效地运用各相关的宏观调控手段，努力实现宏观调控综合效果的最优化。

宏观调控就是通过调节和控制其中某一或几个因素，使其他一个或几个因素朝着既定的目标运行。宏观调控的目标，既是质，也是量。从质上看，须为总量均衡、结构优化、就业充分、国际收支平衡。从量上看，所有的平衡、优化、充分，都是一系列特定的数值，如物价指数、就业指数、经济增长指数。经济指标，没有达到或者超出了预期的或理想的幅度，既是量上的变化，更是质上的变化。将宏观经济运行调控在最佳区间或幅度内，是宏观调控法律制度的设计和实施应当遵循的基本准则之一。

2. 答案：宏观经济调控法是指调整国家在宏观经济调控过程中与其他社会组织所发生的各种社会经济关系的法律规范的总称。宏观调控法的法律体系是指调整宏观调控关系的规范性文件体系。我国建立和完善宏观调控法律体系，应由两部分规范性文件组成：规范指导性宏观调控关系的法律和法规；规范调节性宏观调控关系的法律和法规。

（1）产业调整法：是调整国家与市场主体之间在产业结构及产业组织过程中发生的社会关系的法律规范的总称；

（2）计划法：是我国宏观调控法律制度的组成部分，是调整关系的法律规范的总称；

（3）投资法：是调整国家综合运用各种手段，对投资主体直接投资活动进行调控和规范过程中发生的经济关系的法律规范的总称；

（4）财税调节法：是调财税关系的法律规范的总称。其主要内容包括国家预算法律制度、财政收入法律制度、财政支出法律制度；

（5）金融调节法：是调整金融调控关系的法律规范的总称；

（6）价格调节法：是调整价格关系的法律规范的总称；

（7）国有资产管理法：是调整在管理国有资产过程中发生的经济关系的法律规范的总称。

第二十一章　计划和投资法律制度

基础知识图解

- 计划与计划法概述
  - 计划的概念、职能和地位
  - 计划的内容和形式
  - 计划法的概念和地位
  - 计划法的立法模式
- 计划法的基本制度
  - 计划实体法律制度
  - 计划程序法律制度
    - 计划的编制程序
    - 计划的审批程序
    - 计划的执行与调整程序
    - 计划的检查与监督程序
- 投资与投资法概述
  - 投资与投资政策
  - 投资法的概念和特征
  - 我国投资立法与投资体制改革
- 投资法的基本制度
  - 投资主体制度
  - 投资管理制度
  - 投资责任制度
  - 投资程序制度
- 涉外投资法律制度
  - 外商投资管理制度
  - 境外投资管理制度
  - 涉外投资鼓励和保护制度
  - WTO 与我国外商投资法律制度的完善

配套测试

一、不定项选择题

1. 我国自改革开放以来，传统的计划经济体制日渐式微，并由原来的以(　　)为主逐渐转为以(　　)为主。
   A. 指令性计划；指导性计划
   B. 指导性计划；指令性计划
   C. 政府性计划；市场性计划
   D. 部门性计划；市场性计划
2. 计划实体法律制度由计划实体法规范组成，主要体现为有关(　　)的规定。
   A. 计划管理体制
   B. 宏观调控目标体系
   C. 宏观调控政策体系
   D. 计划主体的实体权利义务及法律责任
3. 计划权作为国家宏观调控权的重要组成部分，主要包括(　　)。
   A. 计划行政权　　B. 计划决策权
   C. 计划管理权　　D. 计划协调权
4. 统计的基本功能包括(　　)。
   A. 指导功能　　B. 信息功能
   C. 服务功能　　D. 监督功能
5. 国家直接或间接调控投资主体直接投资活动的目的是（　　）。
   A. 实现投资结构合理化
   B. 实现社会总供给与总需求的平衡
   C. 指导投资方向
   D. 合理分配投资资金

6. 投资主体制度主要指政府依法确立约束和规范投资主体的法律规范的总称，其核心内容是(　　)。
A. 投资主体资格制度
B. 投资许可证制度
C. 投资主体审批制度
D. 投资项目责任制

7. 投资管理制度由哪几项制度构成？(　　)
A. 审计管理　　B. 计划管理
C. 财政管理　　D. 金融管理

8. 投资计划指标主要包括固定资产投资额、建设项目、投资效益等，这些指标(　　)。
A. 是投资计划体制改革进一步深化的表现
B. 是投资效益能否实现的关键
C. 是区分指令性投资计划指标和指导性投资计划的基本标准
D. 是政府对投资进行计划管理的一个基本方法

二、名词解释

1. 国家计划
2. 投资法
3. 投资管理制度
4. 境外投资

三、简答题

1. 简述计划法的内容。
2. 简述计划的职能。
3. 简述投资法律关系的特征。

四、论述题

1. 试论计划法的立法形式。
2. 试论投资主体制度。

参考答案

一、不定项选择题

1. **答案**：A。
2. **答案**：AC。计划实体法律制度，是计划法的重要组成部分，它由计划实体法规范组成，主要包括有关计划管理体制及计划调控方面的法律制度。
3. **答案**：BC。
4. **答案**：BCD。
5. **答案**：B。
6. **答案**：A。
7. **答案**：BCD。投资管理制度，是指政府依法通过经济和行政手段的综合作用对投资活动形成制约关系，从而使投资主体的活动符合计划要求的内在调整机制。主要有计划管理、财政管理、金融管理。
8. **答案**：CD。

二、名词解释

1. **答案**：国家计划是指一国对其经济和社会事业发展所做出的预测及其希望实现的政策目标，以及为实现政策目标所需采取的相互协调的政策措施。它在宏观上为国家和国民提供了行动的指针和目标，以及具体的政策协调和政策导引；它是一国进行宏观调控的重要手段，在国家和国民的生存和发展中有着重要的地位。计划的职能主要是预测引导、政策协调、宏观调控。
2. **答案**：投资法是指调整国家综合运用各种手段，对投资主体的直接投资活动进行调控和规范过程中发生的经济关系的法律规范的总称。
3. **答案**：投资管理制度是指政府依法通过经济和行政手段的综合作用对投资活动形成制约关系，从而使投资主体的活动符合计划要求的内在调控机制。它主要由计划管理、财政管理和金融管理组成。
4. **答案**：境外投资是指我国的企事业法人和公民个人向中国以外的其他国家的直接投资。境外投资对于提高我国的产品出口能力，开拓国际市场，增加外汇收入具有重要作用。

三、简答题

1. **答案**：计划法的主要内容包括：一是作为计划法主体的国家机关和社会组织的地位、职责、权限；二是计划管理的基本原则和基本形式；三是计划体系和指标体系；四是计划的综合平衡；五是计划程序；六是计划责任。
2. **答案**：计划的职能主要是：

   （1）预测引导。即预测未来发展方向，引导市场主体遵从。

   （2）政策协调。即在实施计划目标的过程中，协调各个方面的政策，以实现计划目标。

   （3）宏观调控。通过预测引导、政策协调，来对经济与社会发展的主要方面进行宏观调控。

   在现代市场经济条件下，计划在国家的经济和社会发展中有着非常重要的地位，它在宏观上为国家和国民提供了行动的指针和目标，并为实现预期目标提供了具体的政策协调和政策引导；它本身就是一种宏观调控的手段，还可以对其他的宏观调控手段进行协调，因而计划是一种更高层次的调控。
3. **答案**：投资法律关系的特征是：

   （1）主体的广泛性和特定性。投资宏观调控的范围是全社会的各种直接投资活动，投资活动中的政府、企业法人或公民个人均因其投资活动受到政府依法直接或间接调控，而成为投资法律关系主体，此即主体的广泛性；从投资宏观调控的主体角度分析，该主体则是特定的，即中央政府或由国家计划主管部门代行中央政府职能作为宏观调控主体。

   （2）方法的综合性。投资宏观调控兼有的市场调节和计划调节的二元体系特点决定了投资法律关系的内容呈现出平等主体之间的民事法律关系和不平等主体之间的经济管理法律关系的双重性特点，这进而决定了有关投资法的调整方法的综合性。

   （3）行为的规范性。投资法律关系客体的基本内容是投资宏观调控行为及其相关的投资行为：第一，各种投资行为的合理和规范是投资取得效益的关键；第二，依法规范投资活动中的经济和行政调节手段，提高投资宏观调控的权威性和确保投资活动在科学合理基础上的效益性是重要的投资经济规律。

四、论述题

1. **答案**：我国虽曾长期实行计划经济体制，但因为在实行计划经济体制时期，正是“法律虚无主义”盛行的时期，所以计划立法十分薄弱，至今尚无一部《计划法》。计划法的主要立法形式有下面两种：

(1) 分散立法。即不进行专门的计划立法，只是在相关的立法中规定一些有关计划法的条款。

(2) 集中立法。即进行专门的计划立法。在采取集中立法模式的情况下，从国内外已有和拟制定的计划法来看，计划法的立法形式主要有以下几种：

①法典形式的《计划法》。这是我国长期以来就准备制定的一部法律。它主要是要把有关国民经济与社会发展计划的一些基本的制度、计划主体的权利和义务、计划活动的程序、计划法律责任等内容明确下来。

②《经济稳定增长法》。这是计划法的重要形式，并且是较为可行的立法形式。该法的立法宗旨是通过各种法律化的经济政策的综合调控，来实现总体经济平衡，以求在市场经济体制下促使经济持续稳定增长，实现宏观经济的四大目标，即稳定物价、充分就业、经济增长和国际收支平衡。

③《宏观经济协调法》。这是协调各类宏观经济政策以及相关的宏观调控立法的一部法律。在立法上，《宏观经济协调法》的相关规定也可以分解到上述的《计划法》或《经济稳定增长法》的相关规定之中。

2. 答案：随着改革开放的深入和市场经济体制的确立，我国投资主体正朝着多元化方向发展，现阶段的投资主体主要有政府、企业、事业单位和公民个人及外商。

投资主体资格制度是投资主体制度的核心内容。依据我国目前相关国内经济法律、法规，一般可将我国投资主体的资格条件概括为：(1) 在社会和经济发展过程中能够相对独立地做出投资决策的法人或自然人，这里的“相对独立”一是指法人或自然人拥有直接投资的决定权；二是指法人和自然人的投资自主权，其权利的范围和权利的行使要符合有关法律法规的规定。另外，这里的“法人”不仅包括中外企业法人，也包括政府这一特殊的法人。(2) 有足够的资金来源进行投资，但对各种形式的投资资金均应通过依法推行建设项目资本制度，从而强化对投资主体的资金约束，确保投资项目资金的及时足额到位。(3) 对投资所形成的资产享有所有权和法人财产权或经营管理权，在投资活动中，因为各类投资主体均具有独立核算、自主经营、自负盈亏的主体资格，所以依法对投资项目按投资额享有所有者权益。(4) 能够承担投资风险并承担相应的法律责任，投资主体不仅依法享有投资决策权、资金使用权和投资收益享有权，而且依法承担对投资所承担的风险责任，这种权利和责任的依法确立，才能确保投资主体的经济法主体法律地位的确立，为此需要依法建立投资项目责任制。

法人和自然人投资活动中，他们是否因投资活动而成为投资主体，进而享有投资主体的权利义务，其资格条件由政府依有关经济和行政法规的审批备案而认定，由政府依法认定产生的投资主体，不仅要依有关经济法享有投资活动中的经济权利和承担经济义务，而且要依法成为投资宏观调控的受控主体。

第二十二章　产业法律制度

基础知识图解

- 产业法概述
  - 产业与产业政策
  - 产业法的概念、特征和地位
  - 产业政策与产业法的关系
  - 产业法的体系
  - 我国产业法的立法现状
- 产业法的基本制度
  - 产业结构法
  - 产业组织法
  - 产业技术法
  - 区域经济协调发展法

配套测试

一、不定项选择题

1. “二战”以后，率先正式使用“产业政策”一词的国家是（　　）。

A. 德国　　B. 法国

C. 英国　　D. 日本

2. 产业法的基本表现形式为（　　）。

A. 法律　　B. 行政法规

C. 部门规章　　D. 行业政策

3. 产业政策法律规范的表现形式，以具有以下哪类性质的规范为主？（　　）

A. 任意性规范　　B. 授权性规范

C. 鼓励性规范　　D. 限制性规范

4. 以下产业需要制定单项法律或法规的有（　　）。

A. 供给远远大于需求的产业

B. 需求远远大于供给的产业

C. 国民经济中薄弱环节或基础环节的产业

D. 可以带动国民经济现代化或者全面发展的关键产业

5. 促进资源向技术开发领域投入的政策主要包括（　　）。

A. 技术援助政策

B. 技术引进政策

C. 促进技术开发政策

D. 基础技术研究的资助与组织政策

6. 产业政策的核心功能是（　　）。

A. 调整供给

B. 产业结构优化

C. 保护国内工业

D. 弥补市场机制不足

7. 我国对衰退产业的调整和援助手段主要包括(　　)。

A. 财政补贴　　B. 减免税

C. 限制进口　　D. 单独立法

8. 产业组织法包含下面哪几个方面的内容？（　　）

A. 同一产业内企业的竞争规则

B. 同一产业企业规模合理化的规定

C. 产业组织保护的规定

D. 行业协会的规定

二、名词解释

1. 产业法

2. 产业组织法

3. 区域经济政策

三、简答题

1. 简述产业法的主要内容及法律调整目标。

2. 简述产业技术政策的内容。

参考答案

一、不定项选择题

1. 答案：D。
2. 答案：B。
3. 答案：ABC。产业政策以市场调节手段为主，主要表现为以经济杠杆为主要内容的经济法律规范的设立和运用。这类规范不是过分强调权利和义务的对应关系，而更多地表现为选择性规范。
4. 答案：ACD。
5. 答案：BCD。
6. 答案：A。产业政策的核心功能是调整供给方面的政策，因为经济发展需要从需求和供给两方面进行调控和管理，前者是总需求政策，后者则是产业政策。
7. 答案：ABC。对那些需要重点扶持或重点限制的产业要制定单项法律或法规，衰退产业不单独立法。
8. 答案：ABC。

二、名词解释

1. 答案：产业法是调整国家产业政策制定和实施过程中发生的经济关系的法律规范的总称。它包括体现产业政策实体性内容的法律规范与产业政策制定和实施程序的法律规范。前者规定国家整体上或某类产业的基本发展方向、发展目标与重点及产业政策实施保障措施；后者将产业政策的制定和实施纳入法制化的轨道，保障其正确地制定和实施。产业法是产业实体法与产业程序法的统一和结合。
2. 答案：产业组织法是同一产业组织政策的法律化，其法律调整的目标是促进企业的合理竞争，实现规模经济和专业化协作，其主要内容包括有关市场秩序、产业合理化、产业保护的政策规范。产业组织法是调整同一产业内企业的组织形态和企业关系的法律规范的总称，是产业政策的法律化。所谓的“同一产业”是指具有相同使用功能的产品或劳务的集合，实际上是指具有竞争关系的卖方企业的集合。
3. 答案：区域经济政策是指政府旨在改善一国范围内经济的空间结构所制定的公共干预的准则及所有的公共干预行为。区域经济政策是产业政策的重要组成部分，直接体现产业布局政策，以实现产业布局结构的合理化，纠正市场机制造成的国民经济空间结构的缺陷，达到提高经济效率和实现社会公平的总目标。

三、简答题

1. 答案：产业法体系应该由产业结构法、产业组织法、产业技术法、区域经济协调发展法构成。产业结构法是产业结构政策的法律化，其法律调整的目标是使产业结构优化，其中主要包括产业结构的长期构想，对战略产业的保护和扶植，对衰退产业的调整和援助等有关政策规范。产业组织法是同一产业组织政策的法律化，其法律调整的目标是促进企业的合理竞争，实现规模经济和专业化协作，其主要内容包括有关市场秩序、产业合理化、产业保护的政策规范。产业技术法是产业技术政策的法律化，其法律调整的目标是促进应用技术的开发，鼓励科研与生产相结合，努力提高我国产业的技术水平。区域经济协调发展法是产业布局政策的主要法律形式，其法律调整的目标是产业布局的合理化，因为产业布局的核心内容是区域经济布局，所以产业布局的政策的法律化主要表现为区域经济布局政策的法律化。
2. 答案：产业技术政策包括两方面的内容：一是产业技术结构的选择和开发政策，主要涉及具体的技术标准，规定各产业的技术发展方向，鼓励采用先进技术等方面；二是促进资源向技术开发领域投入的政策，主要包括技术引进政策，促进技术开发政策和基础技术研究的资助与组织政策。

第二十三章　国有资产管理法律制度

基础知识图解

- 国有资产管理法概述
- 国有资产管理法的基本制度
  - 清算核资
  - 产权界定
  - 产权登记
  - 资产评估制度
  - 资产流失查处制度
- 国有资产分类管理的法律规定
  - 企业的国有资产管理
  - 行政事业单位中的国有资产管理
  - 资源性国有资产管理
  - 境外国有资产管理

配套测试

一、不定项选择题

1. 我国对国有资产实行（　　）的管理方式。

A. 国家统一所有　　B. 政府分级管理

C. 政府分级所有　　D. 企业自主经营

2. 国家作为企业中国有资产的出资者，按投入的资本数额，依法享有（　　）。

A. 资产受益的权利

B. 企业经营权

C. 重大决策的权利

D. 选择管理者的权利

3. 国有资产管理法律关系的基本权利主体是(　　)。

A. 最高决策主体

B. 国有资产占有者经营者

C. 中央及地方各级管理主体

D. 国有资产所有者

4. 根据企业国有资产产权登记办法的规定，下列哪些企业应当向国有资产管理部门申报、办理产权登记？(　　)

A. 国有企业

B. 国有独资公司

C. 持有国家股权的单位

D. 其他形式占有国有资产的企业

5. 公司的国有股权是企业国有资产管理的重要内容，它包括（　　）。

A. 国家股　　B. 普通股

C. 优先股　　D. 国有法人股

二、名词解释

1. 国有资产

2. 国有资产产权界定

3. 国有资产流失

4. 资产评估

三、简答题

1. 简述国有资产产权界定的原则。

2. 简述公司国有股权管理的内容。

参考答案

一、不定项选择题

1. **答案**：ABD。
2. **答案**：ACD。国家作为资产出资者，按投入的资本数额，享有资产受益、重大决策和选择管理者的权利，企业经营权应由企业享有。
3. **答案**：D。
4. **答案**：ABCD。国有资产登记，是指国有资产管理部门代表国家对占有、使用国有资产单位的国有资产状况进行调查，确认其产权归属关系并进行登记的法律行为，四个选项中的企业都应当办理产权登记。
5. **答案**：AD。

二、名词解释

1. **答案**：国有资产是指财产的所有权属于国家的财产。国有资产是国家所有权的客体，国家是国有资产所有权的唯一主体。在我国，国有资产即中华人民共和国所有的财产。国有资产的形态包括有形财产，如固定资产和流动资产，还包括无形财产。我国的国有资产主要是通过以下四种方式形成的：国家凭借权力依法取得和认定属于国家的财产；国家以各种形式投入的资金以及收益所形成的财产；国家对行政和事业单位拨入经费而形成的国有资产；国家接受各种形式的馈赠而形成的国有资产。
2. **答案**：国有资产产权界定是指国家依法对应属于国家的财产确认其所有权归属的法律行为。这是国有资产管理的一项基础性工作。界定产权的归属包括财产所有权的界定（特定的财产是否属于国家所有）和与财产所有权相关的其他产权（主要指在国家所有权的基础上派生出来的经营权）的界定。
3. **答案**：国有资产流失是指国有资产的投资者、经营者和管理者由于过错，违反有关国有资产管理的法律、法规，造成国有资产损失或者致使国有资产处于流失状态的行为。造成国有资产流失的当事人限定在掌握国有资产的投资者，经营者和管理者；这些当事人具有主观故意或者过失；造成国有资产流失必须直接违反了有关国有资产法律、法规的规定并产生了不良后果。
4. **答案**：资产评估，是指经过资产评估行业管理机构授予资产评估资格的社会公证性机构，接受财产所有人的授权，依照法定的标准、程序和方法对资产的价值量进行评定和估算的法律行为。资产评估是市场经济活动中的一项重要活动，也是为市场经济服务的，对特定资产某一时点的价值进行评定和估算。

三、简答题

1. **答案**：国有资产产权界定主要遵循两项原则：

　　第一，“谁投资，谁拥有产权”的原则。这项原则是指任何所有权的主体都必须通过投资取得产权，国家投资是国有资产形成的基本方式。国有资产产权不仅包括原始投资，还包括由于投资而形成的投资收益，即所有者权益。在有其他所有权投资的情况下，在界定各自产权时，应按照原始投资的份额来确定它们各自拥有的产权比例。产权界定既要维护国有资产不受侵犯和经营使用者的合法权益，又不得侵犯其他财产所有者的合法权益。

　　第二，国有资产依法划转的原则。即改变原来计划体制下行政划拨的做法，通过授权的投资机构或者授权投资部门授权经营方式将一部分国有资产的经营权、管理权、持股权和使用权转移到有关单位，并依照划转的情况来确定产权归属。

2. **答案**：为了保证现代企业制度的健康发展，切实保障国家利益，防止企业在实行公司化改制过程中国有资产的流失。必须坚持以下原则来加强国有股权的管理：第一，要坚持国有资本的增值和高额回报的原则；第二，要坚持与其他种类的股份同股同权，同股同利的原则，既要维护公司和其他股东的合法权益，也要防止各种损害国有股权的行为发生；第三，要贯彻国家的产业政策，在国民经济的重要领域和关系国计民生的重要部门，要保证国有股权的控股地位。

　　对于公司国有股权的管理，应当做好以下两个方面的工作：一是要做好公司设立过程中的管理工作。主要是协助公司创建人制订好公司设立的总体方案，审定进入股份制改造的国有资产范围，做好产权界定资产评估工作，明确国有股的持股单位，审定净产折股方案，或者溢价发行方案等。二是要做好公司设立后的国有股的管理工作，主要是建立公司国家股档案，包括国有股股本总额的比例，年度国家股股利收缴的情况，监督国有股的持股单位和公司的股权管理工作，保证国有股收益能及时足额收取、上缴，合理支配使用。

第二十四章　能源法律制度

基础知识图解

- 能源法概述
  - 能源与能源法的概念
  - 能源法经济观
  - 能源法体系
    - 能源法体系的概念、特征
    - 能源法体系的构成和联系
      - 能源矿产法
      - 能源公共事业法
      - 能源利用法
      - 能源替代法
- 节约能源法
  - 节约能源法概述
  - 节约能源法律制度
    - 节能标准和限额管理制度
    - 落后用能产品淘汰制度
    - 政府支持节能管理制度
    - 建筑物节能管理制度
    - 重点用能单位管理制度
- 煤炭法
  - 煤炭法概述
  - 煤炭管理法律制度
    - 煤炭行业规划（全国煤炭资源勘查规划与煤炭生产开发规划）
    - 煤炭生产许可制度
    - 煤炭安全生产管理制度
    - 煤炭经营管理法
    - 煤炭矿区保护制度
- 电力法
  - 电力法概述
  - 电力管理法律制度
    - 电力建设
    - 电网管理制度
    - 供电营业许可制度
    - 电价与电费的规定
    - 农村电力建设和农业用电制度
    - 电力设备保护制度
    - 电力监督制度
- 石油法
  - 石油法概述
  - 石油法律制度
    - 石油资源所有权制度
    - 石油矿业权制度
    - 中外合作陆上和海洋石油资源制度
    - 石油、天然气管道保护制度
    - 石油地震勘探损害补（赔）偿制度
- 可再生能源法
  - 可再生能源法概述
  - 可再生能源法律制度
    - 可再生能源总量目标制度
    - 可再生能源技术标准制度
    - 可再生能源并网发电审批和电网作业余额收购可再生能源电力制度
    - 可再生能源财政专项资金制度
    - 开发利用可再生能源的经济激励制度

配套测试

一、不定项选择题

1. 能源法的调整对象是（　　）。
   A. 能源合理开发关系　B. 能源保护关系
   C. 能源物质利益关系　D. 能源利用管理关系
2. 下列描述中，属于能源持续发展观的含义的是(　　)。
   A. 维持地球生态系统的完整性是能源持续发展观的基石
   B. 能源开发利用及其规制的合理化是能源持续发展的根本途径
   C. 能源法及其制度是能源开发利用的制度基础
   D. 能源安全、效率、持续供给是能源持续发展观的归宿
3. 下列关于能源节约标准确定的表述，正确的是（　　）。
   A. 确认能源节约与浪费的尺度
   B. 政府对节能实行宏观管理的重要措施
   C. 衡量用能单位是否达到节能要求的标准
   D. 使节约能源法律更具有可操作性
4. 石油开发利用规制关系的内容是（　　）。
   A. 石油企业与第三人之间的合同约束
   B. 政府对石油企业和其他事业主体进行规制
   C. 石油企业之间的贸易
   D. 石油企业与第三人之间的储运
5. 煤炭法主要调整哪两类关系？（　　）
   A. 煤炭开发利用关系
   B. 煤炭进出口关系
   C. 煤炭物质利益关系
   D. 煤炭开发利用规制关系
6. 电业权发生的基础关系是（　　）。
   A. 电力经营和供给者同电力使用者之间的电力供给关系
   B. 电力经营和供给者、政府与第三人之间的电力经营关系
   C. 电力经营和供给者同第三人之间的电力开发关系
   D. 政府与电力经营和供给者以及第三人之间的电力工程与设施的管理以及规制关系

二、名词解释

1. 能源法
2. 能源市场供给观

三、简答题

1. 简述我国的节约能源法律制度。
2. 简述我国煤炭业的安全生产和经营管理制度。

参考答案

一、不定项选择题

1. 答案：C。
2. 答案：ABCD。
3. 答案：ABCD。
4. 答案：B。石油开发利用规制关系的内容是政府对石油企业和其他事业主体进行规制。
5. 答案：AD。
6. 答案：ABD。

二、名词解释

1. 答案：形式意义的能源法，是指能源法律规范借以表现的各种形态，主要指能源法律：如能源基本法、节约能源法、石油法、煤炭法、电力法、原子能法、可再生能源法，以及有关具体能源行政法规、规章和地方法规。实质意义的能源法是指调整能源合理开发、加工转换、储运、供应、贸易、利用及其规制，保证能源安全、有效、持续供给的能源法律规范的总称。
2. 答案：能源市场供给观，是指在承认能源资源价值的基础上，通过安排能源产权制度，确定和培育产权主体，界定产权边界和交易规则，将能源资源及其产品纳入市场供给制度，用以追求能源开发利用及其规制的合理化和能源安全、效率、持续供给的理论和观念。

三、简答题

1. 答案：第一，节能标准与限额管理制度。标准和限额的确定，是确认能源节约与浪费的尺度，制定节能标准与限额，是政府对节能实行宏观管理的重要措施，也是衡量用能单位是否达到节能要求的准则。节能标准与限额管理制度是国际上通行的节能管理制度。

   第二，落后用能产品淘汰制度。落后用能产品淘汰制度是指国家对落后的用能产品实行淘汰的一整套办法。

   第三，政府支持节能管理制度。国家运用财政、信贷、税收等经济调节手段，支持、鼓励、引导节能技术进步，是各国政府推动节能工作的通常做法。节能工作作为一项长期的战略任务，是政府必须履行的职责。一些发达国家的政府几乎毫无例外地在财政上安排资金，信贷、税收上提供优惠支持节能工作。

   第四，建筑物节能管理制度。建筑物节能管理制度是指建筑物的设计和建造应当依照有关法律、行政法规的规定，采用节能型的建筑结构、材料、器具和产品，提高保温绝热性能，减少采暖、制冷、照明的单位能耗。

   第五，重点用能单位管理制度。重点用能单位管理制度是指国家将用能单位区分为重点用能单位与一般用能单位，实行分类指导管理的制度。
2. 答案：(一) 煤炭安全生产管理制度

   (1)《煤炭法》规定，煤类企业的安全生产管理，实行矿务局长、矿长负责制。在组织煤炭生产过程中，必须遵守有关矿山安全的法律、法规和煤炭类行业安全规章、规程，加强对煤炭安全生产工作的管理，执行安全生产责任制度，采取有效措施，防止伤亡和其他安全生产事故的发生。

   (2) 2018 年 3 月，国家安全生产监督管理总局不再保留，其大部分职责转由新组建的应急管理部行使。国家煤矿安全监察局由应急管理部管理。

   (二) 煤炭经营管理制度

   (1) 国家对煤炭经营主体的资格实行审批制度。设立煤炭经营企业，须向国务院指定的部门或者省、自治区、直辖市人民政府指定的部门提出申请；有关部门依法进行资格审查；符合条件的，予以批准。申请人凭批准文件向工商行政管理部门申请领取营业执照，方可从事煤炭经营。

   (2) 煤炭经营企业从事煤炭经营，应当遵守有关法律、法规的规定，改善服务，保证供应。禁止一切非法经营活动。

   (3) 煤矿企业和煤炭经营企业供应用户的煤炭质量不符合国家标准或行业标准的，或者不符合合同约定，或值级不符、质价不符，给用户造成损失的，要依法给予赔偿。《煤炭法》第 59 条规定："违反本法第四十三条的规定，在煤炭产品中掺杂、掺假，以次充好的，责令停止销售，没收违法所得，并处违法所得一倍以上五倍以下的罚款；构成犯罪的，由司法机关依法追究刑事责任。"

第二十五章　财政法律制度

基础知识图解

- 财政与财政法概述
  - 财政的一般原理
    - 财政的概念
    - 财政的特征
    - 财政的职能
      - 分配收入
      - 配置资源
      - 保障稳定
    - 财政存在的必要性
  - 财政法的概念
    - 财政法的调整对象
    - 财政法的特征
  - 财政法的地位
  - 财政法的体系
- 预算法律制度
  - 预算和预算法概述
    - 预算法的概念
    - 预算法的地位
    - 预算法的组成
  - 预算管理职权
    - 各级权力机关的预算管理职权
    - 各级政府机关的预算管理职权
    - 各级财政部门的预算管理职权
  - 预算收支的范围
    - 预算收入
    - 预算支出
  - 预算管理程序
    - 预算的编制
    - 预算的审批
    - 预算的执行和调整
  - 决算制度
    - 决算草案的编制
    - 决算草案的审批
  - 预算与决算监督及违反预算法的法律责任
    - 预算与决算的监督
    - 违反预算法的法律责任
- 国债法律制度
  - 国债和国债法概述
    - 国债的概念和职能
    - 国债法的概念和主要内容
  - 国债的分类
  - 国债的发行、偿还与管理
    - 国债的发行
    - 国债的使用
    - 国债的偿还
    - 国债的管理
- 财政支出法律制度
  - 政府采购法
    - 政府采购及其重要作用
    - 我国政府采购制度的基本内容
      - 政府采购的立法宗旨
      - 政府采购的法律定义
      - 政府采购法的原则
      - 政府采购法的主体
      - 政府采购的方式、程序、合同
      - 政府采购制度中的财政法规范
  - 转移支付法
    - 转移支付和转移支付法概述
      - 转移支付的概念
      - 转移支付法的概念
      - 转移支付法产生的经济基础
    - 转移支付法律制度的基本内容
      - 转移支付的主体
      - 转移支付的形式
      - 转移支付数额的确定
      - 转移支付的监督管理

配套测试

一、不定项选择题

1. 财政的目的是（　　）。
   A. 保障社会稳定
   B. 实现公共需要
   C. 使政府财政收入增值
   D. 保证资源配置合理
2. 预算法是我国财政法规范性文件体系中的一部至关重要的法律，其宗旨是（　　）。
   A. 规范政府收支行为
   B. 强化预算约束
   C. 建立健全全面规范、公开透明的预算制度
   D. 保障经济和社会的健康发展
3. 我国现行的预算管理体制是中央与地方分税制，实行这种管理体制有利于（　　）。
   A. 稳定中央与地方的预算收入来源
   B. 各级政府依法理财，促进廉政建设
   C. 充分调动各级政府预算管理的积极性
   D. 增强中央财政的宏观调控能力，提高国家的竞争力
4. 各级立法机关对预算决算的监督职权主要包括（　　）。
   A. 组织调查权　　B. 审批权
   C. 变更撤销权　　D. 询问质询权
5. 在政府的专门机构对预算、决算的监督方面，它主要包括（　　）。
   A. 监察部门的监督　　B. 税务部门的监督
   C. 财政部门的监督　　D. 审计部门的监督
6. 预算的编制必须强调科学性和严肃性，且须严格依法定程序编制，预算的编制应遵循的原则有（　　）。
   A. 复式预算原则　　B. 不列赤字原则
   C. 真实合法原则　　D. 节约统筹原则
7. 下列债务中信用度较高，流动性、变现力、担保力都较强的是（　　）。
   A. 国债　　B. 金融债
   C. 企业债　　D. 私人债务
8. 国债是国家为实现其职能，而以国家信用为基础所举借的债务，它是（　　）的重要手段。
   A. 国家筹集财政收入
   B. 弥补财政赤字
   C. 政府进行宏观调控
   D. 指导投资方向
9. 国债的发行方法主要有（　　）。
   A. 直接发行法　　B. 间接发行法
   C. 销售发行法　　D. 摊派发行法

二、名词解释

1. 财政
2. 预算法
3. 预算外资金
4. 预算执行
5. 国债
6. 政府采购
7. 转移支付

三、简答题

1. 简述国债的特征和基本职能。
2. 简述政府采购制度有哪些作用？
3. 简述预算管理职权的特征。
4. 简述政府采购的特征。（中国人民大学 2008 年考研真题）
5. 预算及预算管理程序。（西北政法大学 2016 年考研真题）

四、论述题

1. 财政有哪些职能？
2. 为什么《政府采购法》属于经济法体系的组成部分？

参考答案

一、不定项选择题

1. 答案：B。
2. 答案：ABCD。
3. 答案：ACD。
4. 答案：AD。
5. 答案：CD。
6. 答案：ABCD。
7. 答案：A。国债反映的是以国家或政府为债务人或债权人的借贷关系，以政府信誉作担保，其信用度高，流动性更好，变现力、担保力更强。
8. 答案：ABC。
9. 答案：ABCD。

二、名词解释

1. 答案：财政是指国家和其他公共团体为满足公共欲望而取得、使用和管理资财的活动的总称，包括中央财政和地方财政。财政是国家参与国民收入的分配和再分配的重要手段，在宏观调控和保障社会稳定方面都具有重要作用。财政的主体是国家，以国家的强制力为保障；财政的目的是满足公共欲望，实现公共需要；财政的内容包括财政收入、财政支出、财政管理三个部分。
2. 答案：预算法是在调整对国家进行预算资金的筹集、分配、使用和管理过程中发生的经济关系的法律规范的总称。预算与预算法的关系是经济基础与上层建筑的关系，预算活动作为预算法予以规范的对象，必须依预算法的规定来进行。此外，预算作为一种法律文件，是指经过国家权力机关批准的预算，或称预算文件，它具有法律约束力，是一种广义上的预算法，但只是在特定的时期具有法律约束力。
3. 答案：预算外资金是指相关主体为了履行或代行政府职能，依据国家法律、行政法规和具有法律效力的规章而收取、提取、募集和安排使用的未纳入国家预算管理的财政性资金。预算外资金虽未纳入国家的预算管理，但它属于国家财政性资金，不是部门或单位的自有资金。
4. 答案：预算执行是指各级财政部门和其他预算主体组织预算收入和划拨预算支出的活动，是将经过批准的预算付诸实施的重要阶段。在我国，各级预算由本级政府组织执行，具体工作由本级政府财政部门负责。
5. 答案：国债又称国家公债，它是国家为实现其职能而以国家信用为基础所举借的债务，是国家筹集财政收入、弥补财政赤字和进行宏观调控的重要手段。国债的举债具有资源性和偿还性，反映以国家或政府为债务人或债权人的借贷关系，以政府信誉作担保，因此，其信用度高，流动性更好，变现力、担保力更强。
6. 答案：政府采购也称公共采购，是指政府为了实现其公共目的，按照法定的方式和程序以购买者身份购进货物、工程和服务的行为。
7. 答案：转移支付又称补助支出、无偿支出，它是指各级政府之间为解决财政失衡而通过一定的形式和途径转移财政资金的活动，是用以补充公共物品而提供的一种无偿支出。转移支付在狭义上是政府之间的转移支付，是转移支付的基础；在广义上则包括各级财政对企业和居民的转移支付。

三、简答题

1. 答案：国债是国家为实现其职能而以国家信誉为基础所举借的债务，是国家筹集财政收入、弥补财政赤字和进行宏观调控的重要手段。

   第一，国债具有自己的不同于其他相关对象的特征：首先，国债作为一种国家债务，其举借具有自愿性和偿还性，需遵守一般的诚实信用原则，因此不同于税收和罚没收入；同时其公共目的性又与一般私人债务不同。其次，国债作为国家信用的最主要、最典型的形式，与商业信用、银行信用、消费信用不同，它反映的是以国家或政府为债务人或债权人的借贷关系，以政府信用作担保，同时，它以信用形式获取收入和进行支出，在重视宏观经济效益的同时兼顾微观经济效益。最后，国债同金融债、企业债相比，其信用度最高，流动性最好，变现力、担保力更强。

   第二，国债最本质的职能是：首先，弥补财政赤字的职能。弥补赤字是发行国债的最初动机，由于用发行国债来弥补财政赤字比采取增加税收、增发货币或财政透支等方式更好，因而是各国弥补财政赤字的重要方式。其次，宏观调控的职能。由于国债是财政分配的组成部分，国债收入的取得和使用、偿还等在客观上均具有经济调节的功能，因而运用国债手段可以进行宏观调控，特别可以调节生产、消费和投资方向，促进经济结构的合理化和经济总量的平衡。

2. 答案：在市场经济条件下，政府是最大的消费者，其采购支出的数额十分巨大，作为财政制度重要组成部分的政府采购制度，已经在国际贸易领域产生了重要的影响。各国纷纷建立政府采购制度是因为该制度具有以下作用：

第一，它能够强化对财政支出的管理，提高财政资金流向的透明度和财政资金的使用效率。

第二，它同相关的经济政策和社会政策相配合，能够调节国民经济的运行，影响经济结构的调整和经济总量的平衡，能够保护民族经济，提高国际竞争力，能够通过存货吞吐来弥补市场缺陷，维护企业和消费者的合法权益，能够促进充分就业和环境保护。

第三，它能够加强财政监督，促进反腐倡廉。

3. 答案：预算管理职权，即预算权，是指确定和支配国家预算的权力以及对于国家预算的编制、审查、批准、执行、调整、监督权力的总称。预算管理职权具有以下特征：

（1）预算权发生于国家预算收支管理领域，体现国家的财政分配关系，是国家财政权的主要组成部分。

（2）预算权的主体只能是国家权力机关、国家行政机关和列入部门的预算的其他国家机关。社会团体和其他组织、任何公民或非预算单位都不得享有预算权。

（3）预算权是一种经济权利，而不是一种纯粹的行政权，它具有经济内容。

（4）预算权的确定具有严格的法律规定性，不能由当事人约定。

（5）预算权和预算年度紧密联系，具有严格的周期性。例如，我国预算年度自公历1月1日算起，至12月31日止。

（6）预算权体现的利益归于国家，归于全体人民。

4. 答案：政府采购基本特征如下：

一是资金来源的公共性。政府采购的资金来源为财政拨款和需要由财政偿还的公共借款，其最终来源为纳税人的税收和政府公共服务收费。

二是采购主体的特定性。政府采购的主体是依靠国家财政资金运作的政府机关、事业单位和社会团体等。

三是采购活动的非商业性。政府采购不以营利为目的，也不是为卖而买，而是通过买为政府部门提供消费品或向社会提供公共利益。

四是采购对象的广泛性。政府采购的对象既可以是标准产品，也可以是非标准产品；既可以是有形产品，也可以是无形产品；既可以是价值低的产品，也可以是价值高的产品；既可以是军用产品，也可以是民用产品。为了便于管理和统计，国际上通行的做法是按性质将政府采购对象分为货物、工程和服务三大类。

五是政策性。政府采购的主体在采购时不能体现个人偏好，必须遵循国家政策的要求，包括最大限度地节约支出，购买本国产品等。

六是规范性。政府采购要按有关政府采购的法规，根据不同的采购规模、采购对象及采购时间要求等，采用不同的采购方式和采购程序，每项活动都要规范运作，体现公开、竞争的原则，接受社会监督。

七是影响力大。相对于企业和个人而言，政府的购买力巨大，在很多国家，政府采购的金额一般占国内生产总值的10%以上，对社会经济发展状况、产业结构以及公众的生活环境都有着十分明显的影响。

5. 答案：（1）预算编制

预算编制应当按照预算管理职权和收支范围的规定，参考上一年度预算执行情况和本年度收支预测进行编制。各政府、各部门、各单位应当按照国务院规定的时间编制预算草案。中央预算和地方各级政府预算按照复式预算编制。复式预算是与单式预算相对应而言的。单式预算是指将预算年度内全部收入汇集编入一个总预算内，不按各类收支的性质分编制，而复式预算则是按收入或支出的经济性质的不同，分别编成两个或两个以上的财政预算。这种预算方法明确地反映了各项财政收支的性质和来源，便于国家分门别类地掌握总体收支情况，提高国家预算的透明度。

（2）预算审查和批准

我国《预算法》明确规定，国务院在全国人民代表大会举行会议时，向大会作关于中央和地方预算草案的报告。地方各级政府在本级人民代表大会举行会议时，向大会作关于本级总预算草案的报告。中央预算由全国人民代表大会审查和批准。地方各级政府预算由本级人民代表大会审查和批准。

（3）预算执行和调整

国家预算经审查批准后，即具有了法律效力，各地区、各部门、各单位必须认真执行。国家预算的执行，是组织完成预算收支任务的活动。具体地说，预算由本级政府组织执行，具体工作由本级政府财政部门负责。

四、论述题

1. 答案：财政的职能是财政范畴所内含的基本功能，财政的职能主要有如下三种：

第一，分配收入的职能。由于财政的内容是财政收入、支出、管理活动，即集中部分社会财富而后再进行分配，因此，分配收入是财政的最原始、最基本的职能。财政分配收入的职能具体表现为对分配关系的调节，即财政能够调节国家、企业、居民等各分配主体之间的物质利益关系。财政分配活动包括两个阶段，首先，国家凭借主权地位或所有者地位占有一定数量的社会产品的财政收入阶段；其次，国家按照一定的政治经济原则，将占有的社会产品用于社会的生产和生活的财政支出阶段，两者构成了财政参与国民收入分配和再分配的总体。

第二，配置资源的职能。这一职能就是通过资源的分配，引导人力和物力的流向，以形成一定的资产结构和产业结构，实现资源的有效配置。税收、预算支出、国债、转移支付等财政手段都是资源配置的有效手段，其运用的过程也就是对资源进行配置的过程和宏观调控的过程，正因如此，财政手段在各国都是国家用以进行宏观调控、实现资源有效配置的重要杠杆。

第三，保障稳定的职能。这一职能建立在上述两项职能的基础之上，且是这两项职能实现的结果，具体讲，在经济层面上，通过各种经济主体之间有效地分配收入、配置资源，有助于经济领域的公平和效率，从而有助于保障宏观经济的各项目标的实现，实现经济的稳定增长；在社会层面上，财政上述两项职能的实现，不仅有助于保障经济公平，而且更有助于保障社会分配领域里的社会公平，保障基本人权，从而也有利于社会稳定。

财政的上述三项基本职能是层层递进的，其中，分配收入的职能是前提和基础，配置资源的职能是建立在分配收入的职能基础之上的，并日渐受到重视，而保障稳定的职能则是以前两者为基础的。

2. 答案：政府采购法属于经济法范畴，其原因存在于以下几个方面：

(1) 从《政府采购法》的立法宗旨看，政府采购法属于经济法范畴。经济法是调整国家在管理、协调经济生活和经济实体在国家指导下进行生产经营活动中产生的经济关系的法律规范体系。经济法是国家管理和干预经济的现实在法律上的反映。《政府采购法》的立法宗旨是为了规范政府采购行为，提高政府采购资金的使用效益，维护国家利益和社会公众利益，保护政府采购当事人的合法权益，促进廉政建设。

(2) 从《政府采购法》的主要内容看，《政府采购法》属于经济法范畴。《政府采购法》的规范表现在两个方面：一是对政府采购这种直接参与经济活动的行为进行规制，二是维护政府进入市场从事采购活动后对市场公平竞争秩序的维护。这些正是经济法的任务。《政府采购法》的作用主要表现在以下方面：首先，《政府采购法》保证公平竞争权。任何单位和个人不得采用任何方式，阻挠和限制供应商自由进入本地区和本行业政府采购市场；政府采购的信息应当及时向社会公开发布；采购人不得以不合理的条件对供应商实行差别待遇或者歧视待遇。《政府采购法》体现的是法律制定的公开透明、公平竞争、公正和诚实信用原则。其次，法律对政府采购方规定更多的是义务。如对采购人、采购方式、采购程序、采购合同都有严格的规定。政府采购当事人不得以任何手段排斥其他供应商参与竞争；政府采购可采用公开招标、邀请招标、竞争性谈判、单一来源采购、询价等方式，但公开招标应是主要采购方式；采购文件的保存期限从采购结束之日起至少保存十五年。在共 13 条的法律责任中，对采购人、采购代理机构、监督管理部门规定了包括行政、刑事、民事、个人处罚 4 类责任。《政府采购法》中供应商的地位非常突出，供应商可以询问、质疑、向监督管理部门投诉，对投诉处理决定不服的，还可申请行政复议或提起行政诉讼。最后，《政府采购法》还规定了严格的监督检查程序。政府采购监督管理部门不能既当“裁判员”又当“运动员”，不得设置集中采购机构，不得参与政府采购项目的采购活动。采购代理机构也不得与行政机关存在隶属关系或者其他利益关系。

(3) 从《政府采购法》的利益保护结构看，政府采购法属于经济法范畴。政府采购法以社会公共利益为本位，维护整个社会利益、国家利益，保护市场竞争秩序，保护所有竞争者和消费者的利益。这一点不同于民法的个人权利本位，与经济法的利益保护结构是一致的。

第二十六章　税收法律制度

基础知识图解

- 税收与税法概述
  - 税收的概念和特征
    - 税收的概念
    - 税收的特征
  - 税收的分类
    - 直接税和间接税
    - 质量税和从价税
    - 商品税、所得税和财产税
    - 中央部和地方税
    - 价内税和价外税
    - 独立税和附加税
  - 税法的概念和体系
  - 税法的构成要素
    - 税法的构成要素的概念及其分类
    - 实体法要素
    - 程序法要素
  - 税收体制改革
- 税收征纳实体法
  - 税收征纳实体法律制度概述
  - 商品税法——增值税法、消费税法、营业税法、关税法
  - 所得税法——企业所得税法、个人所得税法①
  - 财产税法
- 税收征纳和方法
  - 税收征纳程序法律制度概述
  - 税务管理制度
    - 税收登记
    - 账证管理
    - 纳税申报
  - 税款征收制度
    - 税款征收基本制度
    - 税款征收特别制度
    - 税款征收保障制度
      - 税收保全制度和法制执行制度
      - 欠税回收保障制度
  - 税务检查制度
    - 税务检查的概念
    - 征税机关的税务检查权
    - 税务机关在税务检查方面的义务
- 重复征税与税收逃避的防止
- 违反税法的法律责任
  - 纳税人违反税法的法律责任
  - 扣缴义务人违反税法的法律责任
  - 税务人员违反税法的法律责任

---

① **编者注**：《个人所得税法》于1980年9月10日通过，历经1993年10月31日、1999年8月30日、2005年10月27日、2007年6月29日、2007年12月29日、2011年6月30日、2018年8月31日七次修订。

配套测试

一、单项选择题

1. 税务机关有根据认为从事生产、经营的纳税人有逃避纳税义务的，所采取的下列各项措施中错误的是(　　)。

A. 可在规定的纳税期之前，责令限期缴纳税款

B. 纳税人不能提供纳税担保的，经县级以上税务局（分局）局长批准，可采取税收保全措施

C. 在期限内发现纳税人有明显的转移、隐匿其应纳税收入的迹象时，可责成纳税人提供纳税担保

D. 限期期满仍未缴纳税款的，经县以上税务局（分局）局长批准，可书面通知纳税人开户银行或其他金融机构，冻结其存款

2. 增值税的纳税人是指(　　)。

A. 销售货物或提供加工劳务的单位与个人

B. 销售货物或提供加工、修理修配劳务的单位和个人

C. 在我国境内销售货物或提供加工、修理修配劳务的单位和个人

D. 在我国境内销售货物或者加工、修理修配劳务，销售服务、无形资产、不动产以及进口货物的单位和个人

3. 下列各项中免征增值税的有(　　)。

A. 避孕药品和用具

B. 直接进口供残疾人专用的物品

C. 图书、报纸、杂志

D. 饲料、化肥、农药、农机、农膜

4. 下列适用零税率的是(　　)。

A. 出口货物

B. 进口货物

C. 农业生产者销售的自产农业产品

D. 粮食、食用植物油

5. 企业所得税的纳税人是(　　)。

A. 包括个人独资企业

B. 包括合伙企业

C. 在我国境内有生产经营所得或其他所得的企业或组织

D. 在我国境内，企业和其他取得收入的组织，不包括个人独资企业、合伙企业

6. 国家对(　　)征收个人所得税。

A. 福利费

B. 国债

C. 按国家统一规定发给的补贴、津贴

D. 储蓄存款利息

7. 从事生产经营的纳税人应当自领取营业执照之日起(　　)内向税务机关办理税务登记。

A. 15 日　　B. 30 日

C. 60 日　　D. 90 日

8. 从事生产经营的纳税人在单位名称等税务登记内容发生变化时，应当从办理变更工商登记之日起(　　)内向税务机关办理变更税务登记。

A. 15 日　　B. 30 日

C. 60 日　　D. 90 日

9. 甲公司欠缴大笔税款，且该公司目前财务状况恶化，经税务机关采取强制措施仍无法缴清税款。此时，税务机关得知乙公司长期拖欠甲公司一笔货款，而甲公司一直未向其索要，即将超过诉讼时效。税务机关可以：(　　)

A. 依法行使代位权

B. 书面通知乙公司开户银行从其存款中扣缴税款

C. 采取强制执行措施扣押乙公司产品，并拍卖，以拍卖所得抵缴税款

D. 通过行政手段要求乙公司偿还货款

10. 从事生产经营的纳税人的财务、会计制度或财务、会计处理办法与国务院或国务院财政、税务主管部门有关税收的规定抵触的，应如何计算纳税？(　　)

A. 按纳税人的财务、会计制度计算纳税

B. 按主管税务机关的要求纳税

C. 按国务院或国务院财政、税务主管部门有关税收规定计算纳税

D. 请示上级主管部门

11. 按照《税收征收管理法》的规定，增值税专用发票必须由谁指定的企业印刷？(　　)

A. 县政府税务主管部门

B. 同级政府

C. 省国家税务局

D. 国务院税务主管部门

12. 纳税人因缴纳税款而与税务机关发生争议，根据税收征管法的规定，应如何解决？(　　)

A. 纳税人应向人民法院起诉

B. 纳税人应向主管部门反映并要求解决

C. 纳税人应向上一级税务机关申请复议

D. 纳税人应先缴纳税款，再向上一级税务机关申请复议，对复议决定不服时，可以向法院起诉

13. 纳税人未按照规定期限缴纳税款，税务机关除责令限期缴纳外，从滞纳税款之日起，按日加收滞纳税款的比例是(　　)。

A. 千分之一　　B. 千分之二

C. 万分之三　　D. 万分之五

14. 个体工商户张某全年生产、经营收入为100万元，减除成本、费用及损失还剩2万元，其余额应缴纳什么税？(　　)

A. 企业所得税　　B. 个人所得税

C. 私营企业所得税　　D. 营业税

15. 光中制衣厂与启明布匹厂在2021年5月3日签订买卖货物合同，并以其小汽车作为抵押。后来到了8月，由于光中制衣厂经营不善，亏损很大，启明布匹厂要求通过拍卖小汽车偿还债务，这时税务机关说光中制衣厂已有4个月没有缴纳税款，不准启明布匹厂优先受偿。同时，因光中制衣厂行政违法而被罚款，行政机关也要求缴纳罚款。下面说法中正确的是：(　　)

A. 税务机关征收税款应优先于债权和罚款

B. 启明布匹厂可以就抵押的小汽车变卖后优先税收和罚款受偿

C. 行政机关的罚款应优先债权和罚款缴纳

D. 税务机关、启明布匹厂的债权和行政罚款按比例同时支付

16. 个人的工资、薪金所得，适用的税率形式是(　　)。

A. 超额累进税率　　D. 比例税率

C. 超率累进税率　　D. 定额税率

17. 从事生产、经营的纳税人可以依法在银行或者其他金融机构开立账户，但需将什么向税务机关报告？(　　)

A. 基本存款账户的账号

B. 非基本存款账户的账号

C. 全部存款账户的账号

D. 不需要报告任何存款账户的账号

18. 除法律、行政法规另有规定外，账簿、记账凭证、报表、完税凭证、发票、出口凭证以及其他有关涉税资料应当保存多少年？(　　)

A. 3年　　B. 5年

C. 8年　　D. 10年

19. 纳税人因有特殊困难可以申请延期缴纳税款，但是最长不得超过多长时间？(　　)

A. 3个月　　B. 6个月

C. 1个月　　D. 12个月

20. 税务机关采取税收保全措施时，不得扣押纳税人的什么财产？(　　)

A. 机动车辆

B. 一处以外的住房

C. 个人及其所抚养家属维持生活必需的住房和用品

D. 豪华住宅

21. 除法律另有规定，税务机关征收税款时税收优先于下列哪种权利？(　　)

A. 物权　　B. 无担保债权

C. 有担保债权　　D. 人身权

22. 纳税人偷税、抗税、骗税的，税务机关可以在多长时间内依法追征其未缴或者少缴的税款、滞纳金或者所骗取的税款？(　　)

A. 5年　　B. 无限制

C. 10年　　D. 3年

23. 下列税种中，哪一种税的征收管理不适用《税收征收管理法》？(　　)

A. 外商投资企业和外国企业所得税

B. 关税

C. 土地增值税

D. 印花税

24. 在个人所得税中，实行比例税率的是(　　)。

A. 利息、股息所得

B. 工资、薪金所得

C. 个体工商户的生产、经营所得

D. 对企业的承包或租赁经营所得

25. 因纳税人计算错误等失误，未缴或者少缴税款的，税务机关可以追征，追征期限最长可为(　　)。

A. 1年　　B. 2年

C. 3年　　D. 5年

26. 纳税人因有特殊困难，不能按期缴纳税款的，经(　　)税务局批准，可以延期缴纳税款，但最长不得超过3个月。

A. 县级以上　　B. 市级以上

C. 省、自治区、直辖市　　D. 国家税务总局

27. 关于税务登记的下列哪一表述是正确的？(　　)

A. 事业单位均无需办理税务登记

B. 企业在外地设立的分支机构应当办理税务登记

C. 个体工商户应当在办理营业执照之前办理税务登记

D. 税务机关应当在收到税务登记申报之后15日内核发税务登记证件

28. 以下几种说法中，能体现流转税特点的表述是（ ）。
A. 它与商品销售环节和劳务提供过程有密切联系
B. 它以纳税人的实际负担能力为原则
C. 它以法定财产为征税对象
D. 税率适用具有多样性

29. 征收个人所得税时，以每次收入额直接作为应纳税所得额的项目有（ ）。
A. 财产转让所得
B. 偶然所得
C. 转让非专利技术使用权所得
D. 经营所得

30. 城镇土地使用税的计税依据是（ ）。
A. 纳税人拥有的土地面积
B. 纳税人申报的土地面积
C. 纳税人实际占用的土地面积
D. 税务机关认定的土地面积

31. 某村民经批准占用耕地建厂房，其应缴纳（ ）。
A. 土地使用税　B. 土地增值税
C. 耕地占用税　D. 资源税

32. 下列应税消费品中，采取从量征收消费税的是（ ）。
A. 小汽车　B. 汽车轮胎
C. 汽油　D. 烟丝

33. 在计算一般纳税人应纳增值税额时，如果当期销项税额小于进项税额不足抵扣时，其不足抵扣部分（ ）。
A. 可以结转下期抵扣，但连续抵扣不得超过两期
B. 可以结转下期抵扣，无期限限制
C. 不得结转下期抵扣
D. 退税

34. 下列各项中，属于契税征税范围的是（ ）。
A. 某人无偿转让一房产
B. 农村集体土地承包经营权转移
C. 城镇职工按规定第一次购买公有住房
D. 国家机关购买办公用房

35. 下列用地中，应依法缴纳城镇土地使用税的是（ ）。
A. 军队的训练场用地
B. 名胜古迹内茶社用地
C. 基本农田
D. 外商投资企业用地

36. 以下凭证中，免征印花税的是（ ）。
A. 技术合同
B. 建筑工程承包合同
C. 个人与电子商务经营者订立的电子订单
D. 专利证书

37. 我国《企业所得税法》不适用于下列哪一种企业？（ ）（司考 2008. 1. 19）
A. 内资企业
B. 外国企业
C. 合伙企业
D. 外商投资企业

38. 在计算企业应纳税所得额时，下列哪一项支出可以加计扣除？（ ）（司考 2008. 1. 20）
A. 新技术、新产品、新工艺的研究开发费用
B. 为安置残疾人员所购置的专门设施
C. 赞助支出
D. 职工教育经费

39. 李某是个人独资企业的业主。该企业因资金周转困难，到期不能缴纳税款。经申请，税务局批准其延期三个月缴纳。在此期间，税务局得知李某申请出国探亲，办理了签证并预定了机票。对此，税务局应采取下列哪一种处理方式？（ ）（司考 2008. 1. 21）
A. 责令李某在出境前提供担保
B. 李某是在延期期间出境，无须采取任何措施
C. 告知李某：欠税人在延期期间一律不得出境
D. 直接通知出境管理机关阻止其出境

40. 关于增值税的说法，下列哪一选项是错误的？（ ）（司考 2009. 1. 26）
A. 增值税的税基是销售货物或者提供加工、修理修配劳务以及进口货物的增值额
B. 增值税起征点的范围只限于个人
C. 农业生产者销售自产农业产品的，免征增值税
D. 进口图书、报纸、杂志的，免征增值税

41. 关于企业所得税的说法，下列哪一选项是错误的？（ ）（司考 2009. 1. 27）
A. 在我国境内，企业和其他取得收入的组织为企业所得税的纳税人
B. 个人独资企业、合伙企业不是企业所得税的纳税人
C. 企业所得税的纳税人分为居民企业和非居民企业，二者的适用税率完全不同
D. 企业所得税的税收优惠，居民企业和非居民企业都有权享受

42. 根据税收征收管理法规，关于税务登记，下列哪一说法是错误的？（ ）（司考 2012. 1. 30）

A. 从事生产、经营的纳税人，应在领取营业执照后，在规定时间内办理税务登记，领取税务登记证件

B. 从事生产、经营的纳税人在银行开立账户，应出具税务登记证件，其账号应当向税务机关报告

C. 纳税人税务登记内容发生变化，不需到工商行政管理机关或其他机关办理变更登记的，可不向原税务登记机关申报办理变更税务登记

D. 从事生产、经营的纳税人外出经营，在同一地累计超过 180 天的，应在营业地办理税务登记手续

43. 关于扣缴义务人，下列哪一说法是错误的？(　　)（司考 2011. 1. 30）

A. 是依法负有代扣代缴、代收代缴税款义务的单位和个人

B. 应当按时向税务机关报送代扣代缴、代收代缴税款报告表和其他有关资料

C. 可以向税务机关申请延期报送代扣代缴、代收代缴税款报告表和其他有关资料

D. 应当直接到税务机关报送代扣代缴、代收代缴税款报告表和其他有关资料

44. 某企业流动资金匮乏，一直拖欠缴纳税款。为恢复生产，该企业将办公楼抵押给某银行获得贷款。此后，该企业因排污超标被环保部门罚款。现银行、税务部门和环保部门均要求拍卖该办公楼以偿还欠款。关于拍卖办公楼所得价款的清偿顺序，下列哪一选项是正确的？(　　)（司考 2014. 1. 29）

A. 银行贷款优先于税款

B. 税款优先于银行贷款

C. 罚款优先于税款

D. 三种欠款同等受偿，拍卖所得不足时按比例清偿

45. 甲国人李某长期居住在乙国，并在乙国经营一家公司，在甲国则只有房屋出租。在确定纳税居民的身份上，甲国以国籍为标准，乙国以住所和居留时间为标准。根据相关规则，下列哪一选项是正确的？(　　)（司考 2014. 1. 44）

A. 甲国只能对李某在甲国的房租收入行使征税权，而不能对其在乙国的收入行使征税权

B. 甲乙两国可通过双边税收协定协调居民税收管辖权的冲突

C. 如甲国和乙国对李某在乙国的收入同时征税，属于国际重叠征税

D. 甲国对李某在乙国经营公司的收入行使的是所得来源地税收管辖权

46. 关于个人所得税，下列哪一表述是正确的？(　　)（司考 2015. 1. 69）

A. 以课税对象为划分标准，个人所得税属于动态财产税

B. 非居民纳税人是指不具有中国国籍但有来源于中国境内所得的个人

C. 居民纳税人从中国境内、境外取得的所得均应依法缴纳个人所得税

D. 劳务报酬所得适用比例税率，对劳务报酬所得一次收入畸高的，可实行加成征收

47. 根据《个人所得税法》，关于个人所得税的征缴，下列哪一说法是正确的？(　　)（司考 2016. 1. 29）

A. 自然人买彩票多倍投注，所获一次性奖金特别高的，可实行加成征收

B. 扣缴义务人履行代扣代缴义务的，税务机关按照所扣缴的税款付给 2% 的手续费

C. 在中国境内无住所又不居住的个人，在境内取得的商业保险赔款，应缴纳个人所得税

D. 夫妻双方每月取得的工资薪金所得可合并计算，减除费用 7000 元后的余额，为应纳税所得额

二、多项选择题

1. 小规模纳税人指(　　)。

A. 从事货物生产或提供应税劳务的纳税人以及以从事货物生产或提供应税劳务为主、兼营货物批发或零售的纳税人，其年应征增值税销售额在 100 万元以下的

B. 从事货物批发或零售的纳税人，其年应征增值税销售额在 180 万元以下的

C. 个人

D. 非企业性单位

2. 增值税的征税范围包括(　　)。

A. 交通运输业

B. 金融保险业

C. 提供加工、修理、修配劳务

D. 进口货物

3. 消费税的纳税环节有(　　)。

A. 生产者于销售时纳税

B. 自产自用的应税消费品，不纳税

C. 用于连续生产应税消费品的，不纳税

D. 用于其他方面的，于移送使用时纳税

4. 在家家福超市离纳税期限还有 1 个月时，税务

机关发现其有逃避纳税的行为。于是税务机关责令家家福超市在15天内，缴纳应缴税款；但在此限期内又发现家家福超市有明显转移其应纳税收入的迹象，税务机关便责成家家福超市提供纳税担保。家家福超市不能提供。在此情况下，税务机关经市税务局局长批准，可以对该纳税人采取下列哪些措施？（　　）

A. 书面通知纳税人开户行冻结该纳税人的金额相当于应纳税款的存款

B. 书面通知该纳税人的开户行扣缴该纳税人的金额相当于应纳税款的存款

C. 扣押、查封、拍卖该纳税人的价值相当于应纳税款的商品

D. 扣押、查封该纳税人的价值相当于应纳税款的商品

5. 税务机关在进行税务检查时，有下列哪些权力？（　　）

A. 查账　　B. 实地检查

C. 询问当事人　　D. 查询存款

6. 下列哪些收入可免纳个人所得税？（　　）

A. 年终所得的17500元奖金

B. 因发明创造得到省政府颁发的科学奖5000元

C. 转让专利获得2000000元收入

D. 从保险公司获得60000元赔偿

7. 在计算下列个人所得税的应纳税所得额时，不得减除费用的有（　　）。

A. 利息、股息、红利　　B. 偶然所得

C. 稿酬所得　　D. 劳务报酬

8. 下列哪些属于确定纳税义务的税法要素？（　　）

A. 税率　　B. 罚款

C. 纳税人　　D. 征税对象

9. 将个人所得税的纳税人区分为居民纳税人和非居民纳税人的标准有哪些？（　　）

A. 境内工作时间　　B. 国籍

C. 境内有无住所　　D. 境内居住时间

10. 在个人所得税中，下列哪些所得适用超额累进税率？（　　）

A. 利息所得

B. 工资、薪金综合所得

C. 个体工商户的生产、经营所得

D. 偶然所得

11. 税务人员在征收税款和查处税收违法案件时，与纳税人、扣缴义务人或者其法定代表人、直接责任人有下列哪些关系时应当回避？（　　）

A. 夫妻关系

B. 直系血亲关系

C. 三代以内旁系血亲关系

D. 近姻亲关系

12. 银行和其他金融机构在为从事生产、经营的纳税人办理开设存款账户时，应当履行下列哪些义务？（　　）

A. 需事先经过税务机关批准

B. 需在纳税人的账户中登录税务登记证件号码

C. 需在税务登记证件中登录纳税人的账户账号

D. 需事先办理税务登记

13. 哪些单位和人员应当办理税务登记？（　　）

A. 企业　　B. 国家机关

C. 扣缴义务人　　D. 个体工商户

14. 纳税人申请延期纳税税款应当遵守哪些规定？（　　）

A. 需有特殊困难等正当理由

B. 需在纳税申报期之前提出申请

C. 需经县级税务机关批准

D. 应当报送相关材料

15. 下列哪些情形下税务机关有权核定纳税人的应纳税额？（　　）

A. 依照法律、行政法规的规定可以不设置账簿的

B. 擅自销毁账簿或者拒不提供纳税资料的

C. 发生纳税义务，未按照规定的期限办理纳税申报，但经税务机关责令限期申报后在限期内申报的

D. 纳税人申报的计税依据明显偏低，又无正当理由的

16. 税务机关行使代位权、撤销权应遵循什么规定？（　　）

A. 纳税人必须欠缴税款

B. 纳税人有怠于行使到期债权，或者放弃到期债权，或者无偿转让财产，或者以明显不合理的低价转让财产而受让人知道该情形

C. 必须对国家税收造成损害

D. 行使代位权、撤销权后，可以免除纳税人尚未履行的纳税义务和应承担的法律责任

17. 依据《税收征收管理法》，下列哪些情形属于偷税？（　　）

A. 擅自销毁账簿

B. 威胁税务人员不纳税

C. 进行虚假的纳税申报

D. 伪造记账凭证少纳税

18. 扣缴义务人应扣未扣、应收未收税款的，税务

机关可以采取下列哪些措施？(　　)

A. 向纳税人追缴税款

B. 向扣缴义务人追缴税款

C. 对扣缴义务人处以罚款

D. 对纳税人处以罚款

19.《税收征收管理法》确定的“税收优先”原则的含义是什么？(　　)

A. 税收优先于无担保债权

B. 税收优先于有担保债权

C. 纳税人欠缴的税款发生在纳税人以其财产设定担保之前的，税收优先于有担保的债权

D. 纳税人欠缴税款，同时又被处以罚款、没收违法所得的，税收优先于罚款、没收违法所得

20. 税务机关可以对下列哪些主体依法采用税收强制执行措施？(　　)

A. 不从事生产、经营的纳税人

B. 从事生产、经营的纳税人

C. 纳税担保人

D. 扣缴义务人

21. 依据《税收征收管理法》，税收强制执行措施在下列哪些情形下可以采用？(　　)

A. 从事生产、经营的纳税人拒不进行纳税申报时

B. 从事生产、经营的纳税人未按照规定的期限缴纳税款，经税务机关责令限期缴纳逾期仍不申报时

C. 税务机关对从事生产、经营的纳税人以前纳税期的情况实施税务检查，发现纳税人有逃避纳税义务行为时

D. 当事人对税务机关的处罚决定逾期不申请复议也不向人民法院起诉、又不履行时

22. 在计算应纳增值税税额时，下列哪些项目的进项税额不得从销项税额中抵扣？(　　)

A. 用于个人消费的购进服务

B. 非正常损失的购进货物

C. 非正常损失的在产品、产成品所耗用的固定资产

D. 用于集体福利的购进劳务

23. 下列单位中哪些负有增值税的纳税义务？(　　)

A. 销售货物的单位

B. 生产货物的单位

C. 提供加工、修理修配劳务的单位

D. 进口货物的单位

24. 下列说法正确的是(　　)。

A. 甲在中国境内有住所，其来源于中国境内、境外的全部所得，都应缴纳个人所得税

B. 乙在中国境内无住所但在一个纳税年度内在境内居住累计满 8 个月，其来源于中国境内、境外的全部所得都应缴纳个人所得税

C. 我国青年科学家丙获得外国组织颁发的 2 万美元奖金，丙应缴纳个人所得税

D. 丁为离休干部，他离休时的生活补助费 2000 元可以免缴个人所得税

25. 在下列哪些情形下，税务机关有权核定纳税人的应纳税额？(　　)

A. 应当设置账簿但未设置账簿的

B. 未取得营业执照从事经营的

C. 账目混乱的

D. 企业与其关联企业之间不按照独立企业之间的业务往来收取或者支付价款、费用的

26. 对未按规定期限缴纳税款的纳税人，由税务机关责令限期缴纳，逾期未缴的，税务机关可以采取下列强制执行措施：(　　)。

A. 没收财产

B. 扣押财产

C. 查封财产

D. 拍卖被扣押的财产

27. 根据法律规定，下列何种收入免纳个人所得税？(　　)

A. 王某所得工资收入

B. 牛某表演小品而获 500 元劳务报酬

C. 李某因翻译某一名著为少数民族文字而接受自治区政府发给的 50000 元奖金

D. 刘某购买国库券而获 3000 元的利息

28. 某个体工商户拖欠个人所得税税款 2 万元，经数次催缴仍未缴纳。主管税务机关对其采取的下列措施哪些是错误的？(　　)

A. 书面通知银行从其个人储蓄存款中扣缴税款

B. 扣押其价值相当于 2 万元的货物，以拍卖所得抵缴税款

C. 注销其税务登记

D. 申请人民法院强制执行

29. 税务机关采取税收保全措施有着严格的适用条件。下列几种情况哪些属于税务机关采取税收保全措施必须满足的条件？(　　)（司考 2002. 1. 51）

A. 有根据认为纳税人有逃避纳税义务行为的

B. 纳税人不能提供纳税担保的

C. 必须经县级以上税务局（分局）局长批准

D. 扣押、查封物品的价值，须与纳税人应履行的纳税义务相当

30. 增值税的纳税人在计算销项税额时，应当计入销售额的项目包括向买方收取的(　　)。

A. 违约金　B. 包装费

C. 代收代缴的消费税　D. 安装费

31. 下列各项中，属于契税征税范围的是（　　）。

A. 出让国有土地使用权

B. 房屋买卖

C. 房屋交换

D. 房屋租赁

32. 以下各项中，属于关税征税对象的是（　　）。

A. 贸易性进口货物

B. 入境旅客携带的行李物品

C. 入境运输工具上工作人员携带的物品

D. 个人进口邮递物品

33. 下列关于税收保全与税收强制措施的哪些表述是错误的？(　　)

A. 税收保全与税收强制措施适用于所有逃避纳税义务的纳税人

B. 税收强制措施不包括从纳税人的存款中扣缴税款

C. 个人生活必需的用品不适用税收保全与税收强制执行措施

D. 税务机关可不经税收保全措施而直接采取税收强制执行措施

34. 某公司计算缴纳企业所得税时，提出减免企业所得税的请求，其中哪些符合法律规定？(　　)

A. 购买国债取得的利息收入，请求免征企业所得税

B. 经营一项农业项目的所得，请求减征企业所得税

C. 投资经营一项无国家扶持基础设施项目的所得，请求免征企业所得税

D. 开发一项新技术的研究开发费用，请求在计算应纳税所得额时加计扣除

35.《税收征收管理法》规定了纳税人的权利，下列哪些情形符合纳税人权利的规定？(　　)（司考 2009.1.68）

A. 张某要求查询丈夫的个人所得税申报信息，税务机关以保护纳税人秘密权为由予以拒绝

B. 甲公司对税务机关征收的一笔增值税计算方法有疑问，要求予以解释

C. 乙公司不服税收机关对其采取冻结银行存款的税收保全措施，申请行政复议

D. 个体工商户陈某认为税务所长在征税过程中对自己滥用职权故意刁难，向上级税务机关提出控告

36. 根据《企业所得税法》规定，下列哪些表述是正确的？(　　)（司考 2010.1.71）

A. 国家对鼓励发展的产业和项目给予企业所得税优惠

B. 国家对需要重点扶持的高新技术企业可以适当提高其企业所得税税率

C. 企业从事农、林、牧、渔业项目的所得可以免征、减征企业所得税

D. 企业安置残疾人员所支付的工资可以在计算应纳税所得额时加计扣除

37. 根据税收征收管理法规，关于从事生产、经营的纳税人账簿，下列哪些说法是正确的？(　　)（司考 2012.1.69）

A. 纳税人生产、经营规模小又确无建账能力的，可聘请经税务机关认可的财会人员代为建账和办理账务

B. 纳税人使用计算机记账的，应在使用前将会计电算化系统的会计核算软件、使用说明书及有关资料报送主管税务机关备案

C. 纳税人会计制度健全，能够通过计算机正确、完整计算其收入和所得情况的，其计算机输出的完整的书面会计记录，可视同会计账簿

D. 纳税人的账簿、记账凭证、报表、完税凭证、发票、出口凭证以及其他有关涉税资料，除另有规定外，应当保存 10 年

38. 甲公司欠税 40 万元，税务局要查封其相应价值产品。甲公司经理说：“乙公司欠我公司 60 万元货款，贵局不如行使代位权直接去乙公司收取现金。”该局遂通知乙公司缴纳甲公司的欠税，乙公司不配合；该局责令其限期缴纳，乙公司逾期未缴纳；该局随即采取了税收强制执行措施。关于税务局的行为，下列哪些选项是错误的？(　　)（司考 2013.1.70）

A. 只要甲公司欠税，乙公司又欠甲公司货款，该局就有权行使代位权

B. 如代位权成立，即使乙公司不配合，该局也有权直接向乙公司行使

C. 本案中，该局有权责令乙公司限期缴纳

D. 本案中，该局有权向乙公司采取税收强制执行措施

39. 某企业因计算错误，未缴税款累计达 50 万元。关于该税款的征收，下列哪些选项是正确的？(　　)（司考 2014.1.70）

A. 税务机关可追征未缴的税款
B. 税务机关可追征滞纳金
C. 追征期可延长到5年
D. 追征时不受追征期的限制

40. 2012年外国人约翰来到中国，成为某合资企业经理，迄今一直居住在北京。根据《个人所得税法》，约翰获得的下列哪些收入应在我国缴纳个人所得税？（　　）（司考2014.1.71）
A. 从该合资企业领取的薪金
B. 出租其在华期间购买的房屋获得的租金
C. 在中国某大学开设讲座获得的酬金
D. 在美国杂志上发表文章获得的稿酬

41. 关于税收优惠制度，根据我国税法，下列哪些说法是正确的？（　　）（司考2016.1.73）
A. 个人进口大量化妆品，免征消费税
B. 武警部队专用的巡逻车，免征车船税
C. 企业从事渔业项目的所得，可免征、减征企业所得税
D. 农民张某网上销售从其他农户处收购的山核桃，免征增值税

42. 某教师在税务师培训班上就我国财税法制有下列说法，其中哪些是正确的？（　　）（司考2017.1. 69）
A. 当税法有漏洞时，依据税收法定原则，不允许以类推适用方法来弥补税法漏洞
B. 增值税的纳税人分为一般纳税人和小规模纳税人，小规模纳税人的适用税率统一为3%
C. 消费税的征税对象为应税消费品，包括一次性竹制筷子和复合地板等
D. 车船税纳税义务发生时间为取得车船使用权或管理权的当年，并按年申报缴纳

43. A基金在我国境外某群岛注册并设置总部，该群岛系低税率地区。香港B公司和浙江C公司在浙江签约设立杭州D公司，其中B公司占95%的股权，后D公司获杭州公路收费权。F公司在该群岛注册成立，持有B公司100%的股权。随后，A基金通过认购新股方式获得了F公司26%的股权，多年后又将该股权转让给境外M上市公司。M公司对外披露其实际收购标的为D公司股权。经查，A基金、F公司和M公司均不从事实质性经营活动，F公司股权的转让价主要取决于D公司的估值。对此，根据我国税法，下列哪些说法是正确的？（　　）（司考2017.1.70）
A. A基金系非居民企业
B. D公司系居民企业
C. A基金应就股权转让所得向我国税务机关进行纳税申报
D. 如A基金进行纳税申报，我国税务机关有权按照合理方法调整其应纳税收入

44. 昌昌公司委托拍卖行将其房产拍卖后，按成交价向税务部门缴纳了相关税款，并取得了完税凭证。3年后，县地税局稽查局检查税费缴纳情况时，认为该公司房产拍卖成交价过低，不及市场价的一半。遂作出税务处理决定：重新核定房产交易价，追缴相关税款，加收滞纳金。经查，该公司所涉拍卖行为合法有效，也不存在逃税、骗税等行为。关于此事，下列哪些说法是正确的？（　　）（司考2017.1.71）
A. 该局具有独立执法主体资格
B. 该公司申报的房产拍卖价明显偏低时，该局就可核定其应纳税额
C. 该局向该公司加收滞纳金的行为违法
D. 该公司对税务处理决定不服，可申请行政复议，对复议决定不服，才可提起诉讼

三、不定项选择题

1. 甲公司为一家合伙公司，经税务机关发现有企图逃避纳税义务的行为，并有证据证明。税务机关在规定的纳税期之前，责令限期缴纳应纳税款。在此期限内，税务局又发现该公司有将其库存产品及银行存款私分、转移的迹象，即责成其提供纳税担保。但该公司主要负责人已销声匿迹，不能提供担保。请回答（1）~（3）题：

（1）此时税务机关对其采取税收保全措施，以下做法不当的是：（　　）
A. 经县以上税务局局长批准后对甲公司采取税收保全措施
B. 税务机关书面通知甲公司开户银行冻结甲公司的金额相当于应纳税款的存款
C. 税务机关扣押、查封甲公司的价值相当于应纳税款的商品、货物或者其他财产
D. 在以其他方法扣缴税款不足时查封公司合伙人住房，责令其家属迁出

（2）税务机关依法对甲公司采取税收保全措施后，甲公司在规定期限内交纳了应纳税款，此时，税务机关：（　　）
A. 可以根据情况酌情解除税收保全措施
B. 可以立即解除税收保全措施
C. 必须立即解除税收保全措施
D. 必须经县以上税务局局长批准才能解除税收保全措施

（3）税务机关依法采取强制措施后，甲公司在规定期限内仍未缴纳税款。此时税务机关可以：（ ）

A. 书面通知甲公司开户银行从其冻结的存款中扣缴税款

B. 电话通知甲公司开户银行从其冻结的存款中扣缴税款

C. 依法拍卖所扣押、查封的商品、货物或者其他财产

D. 依法变卖所扣押、查封的商品、货物或者其他财产

2. 甲公司未按照规定期限缴纳税款，当地税务局即下达通知，责令其在15天内缴纳，15天后，该公司仍未缴纳税款。请回答（1）~（4）题：

（1）甲公司法定代表人王五此时要求办理出境手续，则以下说法正确的是：（ ）

A. 其只有在出境前结清应纳税款及滞纳金后方可出境

B. 其在出境前未结清税款和滞纳金，但是提供了纳税担保，可以出境

C. 在王五未按税务机关要求结清应纳税款时，税务机关可以派税务人员至其住所阻止其出境

D. 税务机关无权对王五采取任何措施，只能对甲公司采取措施

（2）税务局对甲公司采取了强制执行措施，发现被采取强制执行措施的财产中有部分已被设定了抵押。则以下表述正确的是：（ ）

A. 抵押权人可要求取回抵押物，以实现其债权

B. 应向抵押权人说明欠税情况

C. 抵押权人可以要求税务机关提供有关欠税情况

D. 税收应优先于抵押权

（3）税务局对甲公司采取了强制执行措施后，此时该公司又被工商行政管理机关发现有销售假冒伪劣商品的行为，决定对其处以罚款，并没收违法所得。以下说法正确的是：（ ）

A. 欠缴税款征收应优先于罚款、没收违法所得

B. 罚款、没收违法所得应优先于欠缴税款征收

C. 两者之间无优先顺序，应按比例清偿

D. 应以罚款、没收的所得来抵缴税款

（4）税务机关发现甲公司（ ），导致税款征收无法实现，对此，可以依照合同法有关规定行使代位权或撤销权。

A. 怠于行使到期债权

B. 放弃到期债权

C. 无偿转让财产

D. 以明显不合理低价转让财产

3. 税收保全措施是保证税款征收顺利进行的一项重要行政强制措施，其目的是预防纳税人逃避税款缴纳义务，防止以后税款的征收不能保证或难以保证。请根据税收征管法及其实施细则的规定，回答下列问题：

（1）税收保全措施的适用对象是：（ ）

A. 非从事生产、经营的纳税人

B. 扣缴义务人

C. 从事生产、经营的纳税人

D. 纳税担保人

（2）税收机关采取税收保全措施，必须符合什么前提条件？（ ）

A. 必须有根据认为纳税人有逃避纳税义务的行为

B. 必须有人举报纳税人有逃避纳税义务的行为

C. 必须是在规定的纳税期之前和责令限期缴纳应纳税款的期限之内

D. 可在纳税期之后并不需要事先责令限期缴纳应纳税款

（3）税收保全措施的形式包括：（ ）

A. 书面通知纳税人开户银行或者其他金融机构从其存款中扣缴税款

B. 书面通知纳税人开户银行或者其他金融机构冻结纳税人的金额相当于应纳税款的存款

C. 扣押、查封、依法拍卖或者变卖纳税人价值相当于应纳税款的商品、货物或者其他财产

D. 扣押、查封纳税人的价值相当于应纳税款的商品、货物或者其他财产

（4）在采取税收保全措施之前，税务机关必须事先实施什么程序活动？（ ）

A. 公告纳税人的逃避纳税义务情况

B. 出示税务检查证

C. 责令限期缴纳税款

D. 责成提供纳税担保

（5）下列关于对适用税收保全措施的监督和制约措施正确的有：（ ）

A. 税收保全措施必须由市以上税务局局长批准

B. 不得对纳税人的豪华住宅采取税收保全措施

C. 税务机关扣押商品、货物或者其他财产时，可以不开具收据

D. 纳税人在限期内已缴纳税款的，税务机关必须立即解除税收保全措施

4. 张某自有卡车一辆，拟从事运输业务。在向当地市场监督管理机关申请并取得营业执照后，因故不能按期办理纳税申报而延期申报。进行纳税申报后因特殊困难，不能按期缴纳税款。

经批准延期缴纳税款后，在延迟的期限内仍未缴纳税款。请回答（1）~（4）题：

（1）张某到税务机关办理纳税申报，按规定可以采取以下哪些方式？（　　）

A. 直接到税务机关办理
B. 采取邮寄方式
C. 使用数据电文
D. 采用电话方式

（2）对于张某延期进行纳税申报，以下说法正确的是：（　　）

A. 只需具备法定的条件即可自行延期申报，届时向税务机关说明情况即可
B. 延期进行纳税申报必须经过税务机关核准
C. 可以延期申报的，应当在纳税期内按照上期实际交纳的税额或者税务机关核定的税额预缴税款
D. 可以延期申报的，应当在核准的延期内办理税款结算

（3）对张某因有特殊困难，不能按期缴纳税款对这一情况分析正确的是：（　　）

A. 经县以上税务局或者税务分局批准，可以延期缴纳税款
B. 经省、自治区、直辖市国家税务局、地方税务局批准可以延期缴纳税款
C. 经批准延期的最长期限不超过3个月
D. 经批准延期的最长期限不超过6个月

（4）税务机关发现张某在批准的延期内仍未按规定期限缴纳税款的，致使滞纳税款1万元。税务机关除责令其缴纳欠缴税款以外，从其滞纳税款之日起，按日加收滞纳金：（　　）

A. 2元　　B. 3元
C. 5元　　D. 10元

5. 查询存款账户权是税务机关在进行税务检查时享有的一项重要权力，但税务机关必须遵循法律的有关规定，注意保护被检查人的合法权益。请回答下列问题：

（1）查询存款账户的对象范围包括（　　）。

A. 从事生产、经营的纳税人
B. 扣缴义务人
C. 纳税担保人
D. 税务代理人

（2）查询存款账户应当遵循什么规定？（　　）

A. 必须经被检查存款所在金融机构同意
B. 必须经县以上税务局（分局）局长批准
C. 必须凭全国统一格式的检查存款账户证明
D. 查询的内容包括纳税人存款账户余额和资金往来情况

（3）税务机关查询储蓄存款应遵循什么规定？（　　）

A. 查询储蓄存款只能在调查税收违法案件时采用
B. 必须经设区的市、自治州以上税务局（分局）局长批准
C. 查询的对象是案件的涉嫌人员
D. 查询所获得的资料不得用于税收以外的用途

6. 税款的补缴和追征是保证国家税收的一项重要征管制度，但税务机关必须依法行使这一权力。请回答下列问题：

（1）因税务机关的责任致使纳税人、扣缴义务人未缴或者少缴税款的，税务机关可以在多长时间内要求其补缴税款？（　　）

A. 5年　　B. 10年　　C. 1年　　D. 3年

（2）在因纳税人、扣缴义务人计算错误等失误致使未缴或者少缴税款的，税务机关追征税款应符合哪些要求？（　　）

A. 可以在3年内追征税款、滞纳金
B. 可以在3年内追征税款，但不得加收滞纳金
C. 有特殊情况的，追征期可以延长到10年
D. 有特殊情况的，追征期可以延长到5年

（3）在什么情况下税务机关追征税款的期限不受期限的限制？（　　）

A. 逃税　　B. 偷税
C. 抗税　　D. 骗税

7. 某建筑公司2021年2月至2021年10月承包了一小型住宅的施工，但该公司并未将这一经济业务在会计账簿上登记。某县税务机关在检查时发现了其实施的这一偷逃营业税的行为，依法作出了应予补缴的税款、滞纳金共20万元，并处以40万元的罚款的决定。请回答下列问题：

（1）该建筑公司对税务机关作出的补缴税款、滞纳金的决定没有异议，但认为罚款决定过重，它可以通过什么途径解决？（　　）

A. 必须先缴纳罚款或者提供相应担保，然后可以依法申请行政复议；对行政复议决定不服的，可以依法向人民法院起诉
B. 不必缴纳罚款或提供相应担保就可依法先申请行政复议，然后再依法向人民法院起诉
C. 不必缴纳罚款或提供相应担保就可直接向人民法院起诉
D. 向同级的县级政府申请行政复议

（2）如果该建筑公司直接向人民法院起诉的，应在收到税务机关罚款决定之日起多长时间内起诉？（　　）

A. 30 日　　B. 6 个月
C. 60 日　　D. 45 日

（3）如果该建筑公司对罚款决定逾期不申请行政复议也不向人民法院起诉、又不履行的，作出处罚决定的某县税务机关可以通过什么途径执行？（　　）

A. 依法直接采取强制执行措施
B. 申请上级税务机关采取强制执行措施
C. 申请人民法院强制执行
D. 申请公安机关采取强制执行措施

8. 退税是指在发生超纳、误纳的情况下，税务机关依职权或应纳税人的要求，将已入库多征的税款依法退还给原纳税人的制度。请根据有关法律的规定，回答下列问题：

（1）在税务机关发现纳税人多缴税款而主动退税的情况下，纳税人享有退税权的期限是多长？（　　）

A. 自结算缴纳税款之日起 1 年内
B. 没有期限规定
C. 自结算缴纳税款之日起 3 年内
D. 自结算缴纳税款之日起 5 年内

（2）在纳税人发现多缴税款而申请退税的情况下，纳税人享有退税权的期限是多长？（　　）

A. 自结算缴纳税款之日起 3 年内
B. 没有期限规定
C. 自结算缴纳税款之日起 1 年内
D. 自结算缴纳税款之日起 10 年内

（3）在下面关于退税时应予退还的税款数额的说法中，正确的是：（　　）

A. 在税务机关发现后主动退还的情况下，其退还的数额为纳税人多缴纳的税款
B. 在税务机关发现后主动退还的情况下，其退还的数额为纳税人多缴纳的税款并包括银行同期存款利息
C. 在纳税人发现后要求退还的情况下，退还的数额是纳税人多缴纳的税款并加算银行同期存款利息，但对依法预缴税款形成的结算退税、出口退税和各种减免退税不适用加算银行同期存款利息的规定
D. 银行同期退税利息是指按照税务机关办理退税手续当天中国人民银行规定的活期存款利息计算

（4）下列关于办理退税期限的说法中，正确的是：（　　）

A. 在税务机关发现纳税人多缴税款而主动退税的情况下，税务机关应当自发现之日起 10 日内办理退还手续
B. 在税务机关发现纳税人多缴税款而主动退税的情况下，税务机关应当自发现之日起 15 日内办理退还手续
C. 在纳税人发现多缴税款要求退还的情况下，税务机关应当自接到纳税人退还申请之日起 60 日内查实并办理退还手续
D. 在纳税人发现多缴税款要求退还的情况下，税务机关应当自接到纳税人退还申请之日起 30 日内查实并办理退还手续

9. 税务登记是税务机关依法对纳税人的生产经营等情况进行书面登记，并据此对纳税人实施管理的一系列法定制度的总称。请回答下列问题：

（1）应当办理税务登记的从事生产、经营的纳税人的范围包括（　　）。

A. 企业
B. 企业在外地设立的分支机构和从事生产、经营的场所
C. 个体工商户
D. 从事生产、经营的事业单位

（2）办理税务登记的时限和地点应遵循什么规定？（　　）

A. 从事生产、经营的纳税人应当自领取营业执照之日起 30 日内，向生产、经营地或者纳税义务发生地的主管税务机关申报办理税务登记
B. 从事生产、经营的纳税人应当自领取营业执照之日起 15 日内，向生产、经营地或者纳税义务发生地的主管税务机关申报办理税务登记
C. 非从事生产、经营的纳税人应当自纳税义务发生之日起 30 日内，向所在地的主管税务机关申报办理税务登记
D. 扣缴义务人应当自扣缴义务发生之日起 30 日内，向所在地的主管税务机关申报办理扣缴税款登记

（3）下列关于税务登记证件使用和管理的规定中，说法正确的是：（　　）

A. 纳税人可以将自己的税务登记证件借给其经济往来单位使用
B. 除规定不需要发给税务登记证件的外，纳税人办理开立银行账户；申请减税、免税、退税；申请办理延期申报、延期缴纳税款；领购发票；申请开具外出经营活动税收管理证明；办理停业、歇业等，必须持税务登记证件
C. 纳税人应当将税务登记证件正本在其生产、经营场所或者办公场所公开悬挂，接受税务

机关检查

D. 税务登记证件每3年更换一次

10. 2012年12月，某公司对县税务局确定的企业所得税的应纳税所得额、应纳税额及在12月30日前缴清税款的要求极为不满，决定撤离该县，且不缴纳税款。县税务局得知后，责令该公司在12月15日前纳税。当该公司有转移生产设备的明显迹象时，县税务局责成其提供纳税担保。

请回答第（1）～（2）题。

（1）该公司取得的下列收入中，属于《企业所得税法》规定的应纳税收入的是：（ ）（司考2013.1.92）

A. 财政拨款　　B. 销售产品收入

C. 专利转让收入　　D. 国债利息收入

（2）就该公司与税务局的纳税争议，下列说法正确的是：（ ）（司考2013.1.93）

A. 如该公司不提供纳税担保，经批准，税务局有权书面通知该公司开户银行从其存款中扣缴税款

B. 如该公司不提供纳税担保，经批准，税务局有权扣押、查封该公司价值相当于应纳税款的产品

C. 如该公司对应纳税额发生争议，应先依税务局的纳税决定缴纳税款，然后可申请行政复议，对复议决定不服的，可向法院起诉

D. 如该公司对税务局的税收保全措施不服，可申请行政复议，也可直接向法院起诉

四、名词解释

1. 印花税（中国人民大学2011年考研真题）

2. 价内税、价外税

3. 契税（中国人民大学2010年考研真题）

4. 税法主体

5. 税目

6. 税率

7. 税收饶让（中国人民大学2009年考研真题）

8. 消费型增值税（中国人民大学2009年考研真题）

9. 财产税（中南财经政法大学2010年考研真题）

10. 实质课税原则（北京大学2010年考研真题）

11. 税收法定原则（中国政法大学2015年考研真题）

五、简答题

1. 简述纳税人的权利。（中国人民大学2009年考研真题）

2. 简述税收法律关系的特征。（中国政法大学2008年考研真题）

六、论述题

近年来，我国广泛运用税收手段调控经济生活，如在房地产市场、证券市场中，请从经济法角度对税收调控手段的广泛运用进行分析。

七、案例分析题

1. 2021年7月，税务机关去富豪游戏厅收税，该游戏厅老板王某以生意不好为由，要求延期缴税。实际上，该游戏厅生意一直都很红火。同年8月，税务机关责令其限期缴纳，并从滞纳税款之日起，按日加收滞纳金。王某对此置之不理，在规定期限内仍未缴税。税务机关在多次催缴无效的情况下，便申请市税务局局长批准，通知该游戏厅，向其采取强制措施，扣押该游戏厅游戏机三台，以拍卖扣押物所得抵缴税款、滞纳金。王某不服，向法院提起诉讼。

问题：（1）该案税务机关的强制措施是否合法？

（2）王某是否可以向人民法院起诉？

2. 某税务机关在一次税收执法检查中接到举报，称该市的一家企业A有重大偷逃税行为。为了迅速查办结案，完成税务稽查任务，该税务机关只对举报材料进行了审查，即作出了对A处以100万元罚款的处罚决定，并告知A只有先缴纳了罚款或者提供相应的担保才能申请行政复议。A对此决定不服，认为自己没有实施被举报的税收违法行为，并向上一级税务机关申请行政复议。问：

（1）某税务机关在作出罚款决定过程中违反了哪些法律规定？

（2）A企业与某税务机关之间的税收争议属于什么类型？上级税务机关应否受理A企业的行政复议申请？

（3）A企业能否不通过申请行政复议而直接向人民法院起诉？法院对某税务机关的违法行为应作出何种判决？

参考答案

一、单项选择题

1. **答案**：D。依据《税收征收管理法》第38条的规定，ABC项均是税务机关可以采取的强制措施。至于D项，税务机关可以书面通知开户行或其他金融机构暂停支付纳税人的金额应相当于应纳税款的存款，而不是冻结其存款。故D项错误。

2. **答案**：D。依据《增值税暂行条例》① 第1条的规定，在我国境内销售货物或者加工、修理修配劳务，销售服务、无形资产、不动产以及进口货物的单位和个人，为增值税的纳税人。

3. **答案**：A。《增值税暂行条例》第15条第1款规定："下列项目免征增值税：（一）农业生产者销售的自产农产品；（二）避孕药品和用具；（三）古旧图书；（四）直接用于科学研究、科学试验和教学的进口仪器、设备；（五）外国政府、国际组织无偿援助的进口物资和设备；（六）由残疾人的组织直接进口供残疾人专用的物品；（七）销售的自己使用过的物品。"

4. **答案**：A。《增值税暂行条例》第2条第1款第（4）项规定："纳税人出口货物，税率为零；但是，国务院另有规定的除外。"

5. **答案**：D。《企业所得税法》第1条规定，在中华人民共和国境内，企业和其他取得收入的组织为企业所得税的纳税人，依照本法的规定缴纳企业所得税。个人独资企业、合伙企业不适用本法。

6. **答案**：D。《个人所得税法》第2条第1款规定，下列各项个人所得，应当缴纳个人所得税：（1）工资、薪金所得；（2）劳务报酬所得；（3）稿酬所得；（4）特许权使用费所得；（5）经营所得；（6）利息、股息、红利所得；（7）财产租赁所得；（8）财产转让所得；（9）偶然所得。《个人所得税法》第4条第1款规定，下列各项个人所得，免征个人所得税：（1）省级人民政府、国务院部委和中国人民解放军军以上单位，以及外国组织、国际组织颁发的科学、教育、技术、文化、卫生、体育、环境保护等方面的奖金；（2）国债和国家发行的金融债券利息；（3）按照国家统一规定发给的补贴、津贴；（4）福利费、抚恤金、救济金；（5）保险赔款；（6）军人的转业费、复员费、退役金；（7）按照国家统一规定发给干部、职工的安家费、退职费、基本养老金或者退休费、离休费、离休生活补助费；（8）依照有关法律规定应予免税的各国驻华使馆、领事馆的外交代表、领事官员和其他人员的所得；（9）中国政府参加的国际公约、签订的协议中规定免税的所得；（10）国务院规定的其他免税所得。因此，ABC三项不征个人所得税，D项应征个人所得税。D项当选。

7. **答案**：B。《税收征收管理法》第15条第1款规定，从事生产、经营的纳税人自领取营业执照之日起30日内，持有关证件，向税务机关申报办理税务登记。税务机关应当于收到申报的当日办理登记并发给税务登记证件。

8. **答案**：B。《税收征收管理法》第16条规定："从事生产、经营的纳税人，税务登记内容发生变化的，自工商行政管理机关办理变更登记之日起三十日内或者在向工商行政管理机关申请办理注销登记之前，持有关证件向税务机关申报办理变更或者注销税务登记。"

9. **答案**：A。《税收征收管理法》第50条规定，欠缴税款的纳税人因怠于行使到期债权，或者放弃到期债权，或者无偿转让财产，或者以明显不合理的低价转让财产而受让人知道该情形，对国家税收造成损害的，税务机关可以依照《合同法》第73条、第74条②的规定行使代位权、撤销权。税务机关依照前款规定行使代位权、撤销权的，不免除欠缴税款的纳税人尚未履行的纳税义务和应承担的法律责任。由此可见，本题的正确选项应为A。

10. **答案**：C。《税收征收管理法》第20条规定："从事生产、经营的纳税人的财务、会计制度或者财务、会计处理办法和会计核算软件，应当报送税务机关备案。纳税人、扣缴义务人的财务、会计制度或者财务、会计处理办法与国务院或者国务院财政、税务主管部门有关税收的规定抵触的，依照国务院或者国务院财政、

① **编者注**：根据2016年2月6日《国务院关于修改部分行政法规的决定》第一次修订，根据2017年11月19日《国务院关于废止〈中华人民共和国营业税暂行条例〉和修改〈中华人民共和国增值税暂行条例〉的决定》第二次修订。

② 《合同法》已废止，分别对应《民法典》第535条、第539条。本章以下不再提示。

税务主管部门有关税收的规定计算应纳税款、代扣代缴和代收代缴税款。”

11. **答案**：D。《税收征收管理法》第 22 条规定：“增值税专用发票由国务院税务主管部门指定的企业印制；其他发票，按照国务院税务主管部门的规定，分别由省、自治区、直辖市国家税务局、地方税务局指定企业印制。未经前款规定的税务机关指定，不得印制发票。”

12. **答案**：D。《税收征收管理法》第 88 条规定：“纳税人、扣缴义务人、纳税担保人同税务机关在纳税上发生争议时，必须先依照税务机关的纳税决定缴纳或者解缴税款及滞纳金或者提供相应的担保，然后可以依法申请行政复议；对行政复议决定不服的，可以依法向人民法院起诉。当事人对税务机关的处罚决定、强制执行措施或者税收保全措施不服的，可以依法申请行政复议，也可以依法向人民法院起诉。当事人对税务机关的处罚决定逾期不申请行政复议也不向人民法院起诉、又不履行的，作出处罚决定的税务机关可以采取本法第四十条规定的强制执行措施，或者申请人民法院强制执行。”

13. **答案**：D。《税收征收管理法》第 32 条规定：“纳税人未按照规定期限缴纳税款的，扣缴义务人未按照规定期限解缴税款的，税务机关除责令限期缴纳外，从滞纳税款之日起，按日加收滞纳税款万分之五的滞纳金。”

14. **答案**：B。《个人所得税法》第 2 条规定：“下列各项个人所得，应当缴纳个人所得税……经营所得……”

15. **答案**：A。《税收征收管理法》第 45 条：“税务机关征收税款，税收优先于无担保债权，法律另有规定的除外；纳税人欠缴的税款发生在纳税人以其财产设定抵押、质押或者纳税人的财产被留置之前的，税收应当先于抵押权、质权、留置权执行。纳税人欠缴税款，同时又被行政机关决定处以罚款、没收违法所得的，税收优先于罚款、没收违法所得。税务机关应当对纳税人欠缴税款的情况定期予以公告。”依此，BCD 项的说法都是不正确的，只有 A 项为正确答案。

16. **答案**：A。《个人所得税法》第 3 条规定，个人所得税的税率：（1）综合所得，适用百分之三至百分之四十五的超额累进税率；（2）经营所得，适用百分之五至百分之三十五的超额累进税率；（3）利息、股息、红利所得，财产租赁所得，财产转让所得和偶然所得，适用比例税率，税率为百分之二十。详细的税率表附在该法之后。

17. **答案**：C。《税收征收管理法》第 17 条第 1 款：从事生产、经营的纳税人应当按照国家有关规定，持税务登记证件，在银行或者其他金融机构开立基本存款账户和其他存款账户，并将其全部账号向税务机关报告。

18. **答案**：D。《税收征收管理法实施细则》第 29 条第 2 款：账簿、记账凭证、报表、完税凭证、发票、出口凭证以及其他有关涉税资料应当保存十年；但是，法律、行政法规另有规定的除外。

19. **答案**：A。《税收征收管理法》第 31 条第 2 款：纳税人因有特殊困难，不能按期缴纳税款的，经省、自治区、直辖市国家税务局、地方税务局批准，可以延期缴纳税款，但是最长不得超过三个月。

20. **答案**：C。《税收征收管理法》第 38 条：“……个人及其所扶养家属维持生活必需的住房和用品，不在税收保全措施的范围之内。”

21. **答案**：B。《税收征收管理法》第 45 条：税务机关征收税款，税收优先于无担保债权，法律另有规定的除外；纳税人欠缴的税款发生在纳税人以其财产设定抵押、质押或者纳税人的财产被留置之前的，税收应当先于抵押权、质权、留置权执行。

22. **答案**：B。《税收征收管理法》第 52 条：因税务机关的责任，致使纳税人、扣缴义务人未缴或者少缴税款的，税务机关在三年内可以要求纳税人、扣缴义务人补缴税款，但是不得加收滞纳金。

因纳税人、扣缴义务人计算错误等失误，未缴或者少缴税款的，税务机关在三年内可以追征税款、滞纳金；有特殊情况的，追征期可以延长到五年。

对偷税、抗税、骗税的，税务机关追征其未缴或者少缴的税款、滞纳金或者所骗取的税款，不受前款规定期限的限制。

23. **答案**：B。《税收征收管理法》第 2 条：（适用范围）凡依法由税务机关征收的各种税收的征收管理，均适用本法。《海关法》第 2 条：“中华人民共和国海关是国家的进出关境（以下简称进出境）监督管理机关。海关依照本法和其他有关法律、行政法规，监管进出境的运输工具、货物、行李物品、邮递物品和其他物品（以下简称进出境运输工具、货物、物品），征收关税和其他税、费，查缉走私，并编制海关统计和办理其他海关业务。”因此，关税由《海关法》规范，不受《税收征收管理法》规范。

24. 答案：A。《个人所得税法》第3条规定，个人所得税的税率：(1)综合所得，适用百分之三至百分之四十五的超额累进税率；(2)经营所得，适用百分之五至百分之三十五的超额累进税率；(3)利息、股息、红利所得，财产租赁所得，财产转让所得和偶然所得，适用比例税率，税率为百分之二十。详细的税率表附在该法之后。

25. 答案：D。《税收征收管理法》第52条规定，因纳税人、扣缴义务人计算错误等失误，未缴或者少缴税款的，税务机关在3年内可以追征税款、滞纳金；有特殊情况的，追征期可以延长到5年。

26. 答案：C。《税收征收管理法》第31条规定：“……纳税人因有特殊困难，不能按期缴纳税款的，经省、自治区、直辖市国家税务局、地方税务局批准，可以延期缴纳税款，但是最长不得超过三个月。”

27. 答案：B。《税收征收管理法》第15条第1款规定，企业，企业在外地设立的分支机构和从事生产、经营的场所，个体工商户和从事生产、经营的事业单位（以下统称从事生产、经营的纳税人）自领取营业执照之日起30日内，持有关证件，向税务机关申报办理税务登记。税务机关应当自收到申报之日起30日内审核并发给税务登记证件。故本题答案为B。

28. 答案：A。A为流转税类的特点，B为所得税类的特点，C为财产税类的特点。

29. 答案：B。《个人所得税法》第6条规定：“应纳税所得额的计算……（六）利息、股息、红利所得和偶然所得，以每次收入额为应纳税所得额……”

30. 答案：C。《城镇土地使用税暂行条例》第3条第1款规定，土地使用税以纳税人实际占用的土地面积为计税依据，依照规定税额计算征收。

31. 答案：C。城镇土地使用税征收对象是城市、县城、工矿区内的土地使用者。土地增值税是转让国有土地使用权和房地产时征收。资源税是针对开采矿产或生产盐设立的。耕地占用税是为保护农村耕地而设的税。

32. 答案：C。液体消费品从量征收消费税：如汽油、啤酒等。

33. 答案：B。根据《增值税暂行条例》第4条第3款的规定，当期销项税额小于当期进项税额不足抵扣时，其不足部分可以结转下期继续抵扣。

34. 答案：A。契税的征税范围：①国有土地使用权出让。②土地使用权的转让。③房屋买卖。④房屋赠与。⑤房屋交换。

35. 答案：D。城镇土地使用税的征税范围，包括在城市、县城、建制镇和工矿区内的国家所有和集体所有的土地。下列土地免缴土地使用税：①国家机关、人民团体、军队自用的土地。②由国家财政部门拨付事业经费的单位自用的土地。③宗教寺庙、名胜古迹自用的土地。④市政街道、广场、绿化地带等公共用地。⑤直接用于农、林、牧、渔业的生产用地。⑥非营利性医疗机构等卫生机构自用土地。⑦企业办学校、医院等，其用地能与其他用地明确区分的。⑧免税单位无偿使用纳税单位的土地。⑨人民银行总行所属分支机构自用土地。⑩开山填海整治的土地和改造的废弃地，免征5～10年。⑪国家产业政策支持的用地。

36. 答案：C。《印花税法》第12条第1款规定：“下列凭证免征印花税：（一）应税凭证的副本或者抄本；（二）依照法律规定应当予以免税的外国驻华使馆、领事馆和国际组织驻华代表机构为获得馆舍书立的应税凭证；（三）中国人民解放军、中国人民武装警察部队书立的应税凭证；（四）农民、家庭农场、农民专业合作社、农村集体经济组织、村民委员会购买农业生产资料或者销售农产品书立的买卖合同和农业保险合同；（五）无息或者贴息借款合同、国际金融组织向中国提供优惠贷款书立的借款合同；（六）财产所有权人将财产赠与政府、学校、社会福利机构、慈善组织书立的产权转移书据；（七）非营利性医疗卫生机构采购药品或者卫生材料书立的买卖合同；（八）个人与电子商务经营者订立的电子订单。”

37. 答案：C。根据《企业所得税法》第1条的规定，在中华人民共和国境内，企业和其他取得收入的组织为企业所得税的纳税人，依照本法的规定缴纳企业所得税。个人独资企业、合伙企业不适用本法。一般而言只有具有独立的主体资格（主要是法人资格）的企业或组织才会是企业所得税的纳税主体，合伙企业和个人独资企业不具有独立于投资者的人格，对投资者征收个人所得税即可。故正确答案应当是C。

38. 答案：A。根据《企业所得税法》第30条的规定，企业的下列支出，可以在计算应纳税所得额时加计扣除：（1）开发新技术、新产品、新工艺发生的研究开发费用；（2）安置残疾人员及国家鼓励安置的其他就业人员所支付的工资。A项支出可以加计扣除；B项为安置残疾人员所购置的专门设施不是法定的安置残疾人员的工资，不能加计扣除；C项赞助支出属于《企业所得税法》第10条第（6）项明确规定不允许扣除的项目；D项同样不属于法定允许加计扣除的支出。故正确答案为A。

39. 答案：A。《税收征收管理法》第44条规定，欠缴税款的纳税人或者他的法定代表人需要出境的，应当在出境前向税务机关结清应纳税款、滞纳金或者提供担保。未结清税款、滞纳金，又不提供担保的，税务机关可以通知出境管理机关阻止其出境。首先，李某未按期缴纳而申请延期缴纳，依然属于欠缴税款，故B项说法错误；欠税人只有在不结清税款、滞纳金或者提供担保的前提下，税务机关才能通知出境管理机关阻止其出境，故C和D项说法都是错误的。又由于税务机关已经批准李某延期缴纳，所以只能要求其出境前提供担保，故正确答案应当是A。

40. 答案：D。选项A正确。增值税税基为销售货物或者提供加工、修理修配劳务以及进口货物的增值额。选项B正确。《增值税暂行条例实施细则》第37条第1款规定，增值税起征点的适用范围限于个人。选项C正确。下列项目免征增值税：（1）农业生产者销售的自产农业产品；（2）避孕药品和用具；（3）古旧图书；（4）直接用于科学研究、科学试验和教学的进口仪器、设备；（5）外国政府、国际组织无偿援助的进口物资和设备；（6）由残疾人组织直接进口供残疾人专用的物品；（7）销售的自己使用过的物品。选项D错误。不属于免征增值税的范围。

41. 答案：C。选项A正确。《企业所得税法》第1条第1款规定，在中华人民共和国境内，企业和其他取得收入的组织（以下统称企业）为企业所得税的纳税人，依照本法的规定缴纳企业所得税。选项B正确。《企业所得税法》第1条第2款规定，个人独资企业、合伙企业不适用本法。选项C错误。《企业所得税法》第4条规定，企业所得税的税率为25%。非居民企业在中国境内未设立机构、场所的，或者虽设立机构、场所但取得的所得与其所设机构、场所没有实际联系的，适用税率为20%。据此可知，非居民企业中“在中国境内未设立机构、场所的，或者虽设立机构、场所但取得的所得与其所设机构、场所没有实际联系的”，才适用20%的税率，除上述情况外是适用25%税率的。因此，二者的适用税率不是完全不同。选项D正确。《企业所得税法》第22条规定，企业的应纳税所得额乘以适用税率，减除依照本法关于税收优惠的规定减免和抵免的税额后的余额，为应纳税额。第26条规定，企业的下列收入为免税收入：（一）国债利息收入；（二）符合条件的居民企业之间的股息、红利等权益性投资收益；（三）在中国境内设立机构、场所的非居民企业从居民企业取得与该机构、场所有实际联系的股息、红利等权益性投资收益；（四）符合条件的非营利组织的收入。据此可知，企业所得税的税收优惠，居民企业和非居民企业都有权享受。

42. 答案：C。根据《税收征收管理法》第15条第1款的规定，企业，企业在外地设立的分支机构和从事生产、经营的场所，个体工商户和从事生产、经营的事业单位自领取营业执照之日起三十日内，持有关证件，向税务机关申报办理税务登记。故A项说法正确。根据《税收征收管理法》第17条第1款的规定，从事生产、经营的纳税人应当按照国家有关规定，持税务登记证件，在银行或者其他金融机构开立基本存款账户和其他存款账户，并将其全部账号向税务机关报告。故B项说法正确。根据《税收征收管理法实施细则》第14条第2款的规定，纳税人税务登记内容发生变化，不需要到工商行政管理机关或者其他机关办理变更登记的，应当自发生变化之日起30日内，持有关证件向原税务登记机关申报办理变更税务登记。故C项说法错误。根据《税收征收管理法实施细则》第21条第2款的规定，从事生产、经营的纳税人外出经营，在同一地累计超过180天的，应当在营业地办理税务登记手续。故D项说法正确。

43. 答案：D。根据《税收征收管理法》第4条第2款的规定，法律、行政法规规定负有代扣代缴、代收代缴税款义务的单位和个人为扣缴义务人。故A项说法正确。根据《税收征收管理法》第25条第2款的规定，扣缴义务人必须依照法律、行政法规规定或者税务机关依照法律、行政法规的规定确定的申报期限、申报内容如实报送代扣代缴、代收代缴税款报告表以及税务机关根据实际需要要求扣缴义务人报送的其他有关资料。故B项说法正确。根据《税收征收管理法》第27条第1款的规定，纳税人、扣缴义务人不能按期办理纳税申报或者报送代扣代缴、代收代缴税款报告表的，经税务机关核准，可以延期申报。故C项说法正确。根据《税收征收管理法》第26条的规定，纳税人、扣缴义务人可以直接到税务机关办理纳税申报或者报送代扣代缴、代收代缴税款报告表，也可以按照规定采取邮寄、数据电文或者其他方式办理上述申报、报送事项。故D项说法错误。

44. 答案：B。根据《税收征收管理法》第45条的规定，税务机关征收税款，税收优先于无担保债权，法律另有规定的除外；纳税人欠缴的税款发生在纳税人以其财产设定抵押、质押或者纳税人的财产被留置之前的，税收应当先于抵押权、质权、留置权执行。纳税人欠缴税款，同时又被行政机关决定处以罚款、没收违法所得的，税收优先于罚款、没收违法所得。根据该条规定，税款与银行贷款、罚款的清偿顺序应当是：发生在抵押权、质权、留置权之前的欠缴税款——抵押权、质权、留置权——发生在抵押权、质权、留置权之后的欠缴税款——一般民事赔偿及债权——行政罚款。由于本题开头就说明了该企业由于流动资金匮乏，一直拖欠缴纳税款，因而可以推论其欠缴税款发生于抵押贷款之前，故B项说法正确。

45. 答案：B。居民税收管辖权是以国家主权国籍原则为依据行使的一种税收管辖权。这一管辖权要求纳税人的所得不论其来源于境内还是境外，只要其是本国居民，其所在国就有权对其征税。所以，A选项错误。

各国在解决彼此间居民税收管辖权冲突问题时，一般采取在双边协定中确定某种所能共同接受的冲突规范。所以，B选项正确。

国际重叠征税又称“国际双层征税”，是指两个以上的国家对不同的纳税人就同一课税对象或同一税源在同一期间内课征相同或类似性质的税收。所以，C选项错误。

所得来源地税收管辖权，是征税国基于有关收益或所得来源于境内的法律事实，针对非居民行使的征税权，是按照属地原则确立的税收管辖权。所以，D选项错误。

46. 答案：C。个人所得税属于所得税，不属于财产税。故A项说法错误。《个人所得税法》第1条规定：“在中国境内有住所，或者无住所而一个纳税年度内在中国境内居住累计满一百八十三天的个人，为居民个人。居民个人从中国境内和境外取得的所得，依照本法规定缴纳个人所得税。在中国境内无住所又不居住，或者无住所而一个纳税年度内在中国境内居住累计不满一百八十三天的个人，为非居民个人。非居民个人从中国境内取得的所得，依照本法规定缴纳个人所得税……”因而，是否为居民纳税人的判断标准不是国籍，而是以中国是否拥有住所、在中国境内居住时间为依据的。故B项说法错误。同样根据上述规定，C项说法正确。D项说法错误。《个人所得税法》经2018年修正后已取消了加成征收制度，且适用比例税率的只有利息、股息、红利所得，财产租赁所得，财产转让所得和偶然所得。

47. 答案：B。《个人所得税法》经2018年修正后已取消了加成征收制度，且适用比例税率的只有利息、股息、红利所得，财产租赁所得，财产转让所得和偶然所得，故A项说法错误。根据《个人所得税法》第17条的规定，对扣缴义务人按照所扣缴的税款，付给百分之二的手续费。故B项正确。C项说法错误，根据《个人所得税法》第4条的规定，保险赔款免纳个人所得税。故在中国境内无住所又不居住的个人（非居民纳税人）虽然保险赔款收入来自中国境内，但是由于是保险赔款，属于免税范畴。D项说法错误，我国尚未实施以家庭为单位的所得税制，每个纳税人应当单独计算工资薪金收入及其起征点。

二、多项选择题

1. 答案：ABCD。小规模纳税人的认定标准是：(1) 从事货物生产或提供应税劳务的纳税人，以及从事货物生产或提供应税劳务为主，并兼营货物批发或零售的纳税人，年应税销售额在100万元以下的；(2) 从事货物批发或零售的纳税人，年应税销售额在180万元以下的。年应税销售额超过小规模纳税人标准的个人、非企业性单位、不经常发生应税行为的企业，视同小规模纳税人。

2. 答案：CD。《增值税暂行条例》第1条：在中国境内销售货物或提供加工、修理修配劳务以及进口货物的单位和个人，为增值税的纳税义务人，应当依照本条例缴纳增值税。

3. 答案：ABCD。《消费税暂行条例》第4条第1款：纳税人生产的应税消费品，于纳税人销售时纳税。纳税人自产自用的应税消费品，用于连续生产应税消费品的，不纳税；用于其他方面的，于移送使用时纳税。

4. **答案**：AD。《税收征收管理法》第38条规定："税务机关有根据认为从事生产、经营的纳税人有逃避纳税义务行为的，可以在规定的纳税期之前，责令限期缴纳应纳税款；在限期内发现纳税人有明显的转移、隐匿其应纳税的商品、货物以及其他财产或者应纳税的收入的迹象的，税务机关可以责成纳税人提供纳税担保。如果纳税人不能提供纳税担保，经县以上税务局（分局）局长批准，税务机关可以采取下列税收保全措施：（一）书面通知纳税人开户银行或者其他金融机构冻结纳税人的金额相当于应纳税款的存款；（二）扣押、查封纳税人的价值相当于应纳税款的商品、货物或者其他财产。纳税人在前款规定的限期内缴纳税款的，税务机关必须立即解除税收保全措施；限期期满仍未缴纳税款的，经县以上税务局（分局）局长批准，税务机关可以书面通知纳税人开户银行或者其他金融机构从其冻结的存款中扣缴税款，或者依法拍卖或者变卖所扣押、查封的商品、货物或者其他财产，以拍卖或者变卖所得抵缴税款。个人及其所扶养家属维持生活必需的住房和用品，不在税收保全措施的范围之内。"

5. **答案**：ABCD。《税收征收管理法》第54条："税务机关有权进行下列税务检查：（一）检查纳税人的帐簿、记帐凭证、报表和有关资料，检查扣缴义务人代扣代缴、代收代缴税款帐簿、记帐凭证和有关资料；（二）到纳税人的生产、经营场所和货物存放地检查纳税人应纳税的商品、货物或者其他财产，检查扣缴义务人与代扣代缴、代收代缴税款有关的经营情况；（三）责成纳税人、扣缴义务人提供与纳税或者代扣代缴、代收代缴税款有关的文件、证明材料和有关资料；（四）询问纳税人、扣缴义务人与纳税或者代扣代缴、代收代缴税款有关的问题和情况；（五）到车站、码头、机场、邮政企业及其分支机构检查纳税人托运、邮寄应纳税商品、货物或者其他财产的有关单据、凭证和有关资料；（六）经县以上税务局（分局）局长批准，凭全国统一格式的检查存款帐户许可证明，查询从事生产、经营的纳税人、扣缴义务人在银行或者其他金融机构的存款帐户。税务机关在调查税收违法案件时，经设区的市、自治州以上税务局（分局）局长批准，可以查询案件涉嫌人员的储蓄存款。税务机关查询所获得的资料，不得用于税收以外的用途。"

6. **答案**：BD。《个人所得税法》第2条第1款规定，下列各项个人所得，应当缴纳个人所得税：(1) 工资、薪金所得；(2) 劳务报酬所得；(3) 稿酬所得；(4) 特许权使用费所得；(5) 经营所得；(6) 利息、股息、红利所得；(7) 财产租赁所得；(8) 财产转让所得；(9) 偶然所得。《个人所得税法》第4条第1款规定，下列各项个人所得，免征个人所得税：(1) 省级人民政府、国务院部委和中国人民解放军军以上单位，以及外国组织、国际组织颁发的科学、教育、技术、文化、卫生、体育、环境保护等方面的奖金；(2) 国债和国家发行的金融债券利息；(3) 按照国家统一规定发给的补贴、津贴；(4) 福利费、抚恤金、救济金；(5) 保险赔款；(6) 军人的转业费、复员费、退役金；(7) 按照国家统一规定发给干部、职工的安家费、退职费、基本养老金或者退休费、离休费、离休生活补助费；(8) 依照有关法律规定应予免税的各国驻华使馆、领事馆的外交代表、领事官员和其他人员的所得；(9) 中国政府参加的国际公约、签订的协议中规定免税的所得；(10) 国务院规定的其他免税所得。因此，AC项应征个人所得税，BD项免征个人所得税。BD项当选。

7. **答案**：AB。《个人所得税法》第6条规定："应纳税所得额的计算……劳务报酬所得、稿酬所得、特许权使用费所得，以每次收入额为应纳税所得额……利息、股息、红利所得和偶然所得，以每次收入额为应纳税所得额……劳务报酬所得、稿酬所得、特许权使用费所得以收入减除百分之二十的费用后的余额为收入额。稿酬所得的收入额减按百分之七十计算……"由此可见，AB项不减除其他费用，而CD项应当减除。AB项当选。

8. **答案**：ACD。税法的构成要素是指税法主体、征税对象、税基、税目、税率、纳税地点、纳税时间和税法责任。

9. **答案**：CD。《个人所得税法》第1条规定："在中国境内有住所，或者无住所而一个纳税年度内在中国境内居住累计满一百八十三天的个人，为居民个人。居民个人从中国境内和境外取得的所得，依照本法规定缴纳个人所得税。在中国境内无住所又不居住，或者无住所而一个纳税年度内在中国境内居住累计不满一百八十三天的个人，为非居民个人。非居民个人从中国境内取得的所得，依照本法规定缴纳个人所得税……"

10. **答案**：BC。《个人所得税法》第3条规定，个人所得税的税率：(1) 综合所得，适用百分之三至百分之四十五的超额累进税率；(2) 经营所得，适用百分之五至百分之三十五的超额累进税率；(3) 利息、股息、红利所得，财产租赁所得，财产转让所得和偶然所得，适用比例税率，税率为百分之二十。详细的税率表附在该法之后。

11. 答案：ABCD。《税收征收管理法实施细则》第8条：税务人员在核定应纳税额、调整税收定额、进行税务检查、实施税务行政处罚、办理税务行政复议时，与纳税人、扣缴义务人或者其法定代表人、直接责任人有下列关系之一的，应当回避：（一）夫妻关系；（二）直系血亲关系；（三）三代以内旁系血亲关系；（四）近姻亲关系；（五）可能影响公正执法的其他利害关系。

12. 答案：BCD。《税收征收管理法》第17条：从事生产、经营的纳税人应当按照国家有关规定，持税务登记证件，在银行或者其他金融机构开立基本存款账户和其他存款账户，并将其全部账号向税务机关报告。

银行和其他金融机构应当在从事生产、经营的纳税人的账户中登录税务登记证件号码，并在税务登记证件中登录从事生产、经营的纳税人的账户账号。

税务机关依法查询从事生产、经营的纳税人开立账户的情况时，有关银行和其他金融机构应当予以协助。

13. 答案：ACD。《税收征收管理法》第15条：企业，企业在外地设立的分支机构和从事生产、经营的场所，个体工商户和从事生产、经营的事业单位（以下统称从事生产、经营的纳税人）自领取营业执照之日起三十日内，持有关证件，向税务机关申报办理税务登记。税务机关应当自收到申报之日起三十日内审核并发给税务登记证件。

工商行政管理机关应当将办理登记注册、核发营业执照的情况，定期向税务机关通报。

本条第1款规定以外的纳税人办理税务登记和扣缴义务人办理扣缴税款登记的范围和办法，由国务院规定。

14. 答案：ABD。《税收征收管理法》第31条规定，纳税人、扣缴义务人按照法律、行政法规规定或者税务机关依照法律、行政法规的规定确定的期限，缴纳或者解缴税款。

纳税人因有特殊困难，不能按期缴纳税款的，经省、自治区、直辖市国家税务局、地方税务局批准，可以延期缴纳税款，但是最长不得超过三个月。

《税收征收管理法实施细则》第37条规定，纳税人、扣缴义务人按照规定的期限办理纳税申报或者报送代扣代缴、代收代缴税款报告表确有困难，需要延期的，应当在规定的期限内向税务机关提出书面延期申请，经税务机关核准，在核准的期限内办理。

纳税人、扣缴义务人因不可抗力，不能按期办理纳税申报或者报送代扣代缴、代收代缴税款报告表的，可以延期办理；但是，应当在不可抗力情形消除后立即向税务机关报告。税务机关应当查明事实，予以核准。

15. 答案：ABD。《税收征收管理法》第35条：纳税人有下列情形之一的，税务机关有权核定其应纳税额：（一）依照法律、行政法规的规定可以不设置账簿的；（二）依照法律、行政法规的规定应当设置账簿但未设置的；（三）擅自销毁账簿或者拒不提供纳税资料的；（四）虽设置账簿，但账目混乱或者成本资料、收入凭证、费用凭证残缺不全，难以查账的；（五）发生纳税义务，未按照规定的期限办理纳税申报，经税务机关责令限期申报，逾期仍不申报的；（六）纳税人申报的计税依据明显偏低，又无正当理由的。税务机关核定应纳税额的具体程序和方法由国务院税务主管部门规定。

16. 答案：ABC。欠缴税款的纳税人因怠于行使到期债权，或者放弃到期债权，或者无偿转让财产，或者以明显不合理的低价转让财产而受让人知道该情形，对国家税收造成损害的，税务机关可以依法行使代位权、撤销权。税务机关依法行使代位权、撤销权的，不免除欠缴税款的纳税人尚未履行的纳税义务和应承担的法律责任。

17. 答案：ACD。见《税收征收管理法》第63条：纳税人伪造、变造、隐匿、擅自销毁账簿、记账凭证，或者在账簿上多列支出或者不列、少列收入，或者经税务机关通知申报而拒不申报或者进行虚假的纳税申报，不缴或者少缴应纳税款的，是偷税。

18. 答案：AC。见《税收征收管理法》第69条：扣缴义务人应扣未扣、应收而不收税款的，由税务机关向纳税人追缴税款，对扣缴义务人处应扣未扣、应收未收税款百分之五十以上三倍以下的罚款。

19. 答案：ACD。见《税收征收管理法》第45条：税务机关征收税款，税收优先于无担保债权，法律另有规定的除外；纳税人欠缴的税款发生在纳税人以其财产设定抵押、质押或者纳税人的财产被留置之前的，税收应当先于抵押权、质权、留置权执行。

纳税人欠缴税款，同时又被行政机关决定处以罚款、没收违法所得的，税收优先于罚款、没收违法所得。

20. 答案：BCD。见《税收征收管理法》第40条：从事生产、经营的纳税人、扣缴义务人未按照规定的期限缴纳或者解缴税款，纳税担保人未按照规定的期限缴纳所担保的税款，由税务机关责令限期缴纳，逾期仍未缴纳的，经县以上税务局（分局）局长批准，税务机关可以采取下列强制执行措施……

21. 答案：BCD。见《税收征收管理法》第40条："从事生产、经营的纳税人、扣缴义务人未按照规定的期限缴纳或者解缴税款，纳税担保人未按照规定的期限缴纳所担保的税款，由税务机关责令限期缴纳，逾期仍未缴纳的，经县以上税务局（分局）局长批准，税务机关可以采取下列强制执行措施……"

第55条：税务机关对从事生产、经营的纳税人以前纳税期的纳税情况依法进行税务检查时，发现纳税人有逃避纳税义务行为，并有明显的转移、隐匿其应纳税的商品、货物以及其他财产或者应纳税的收入的迹象的，可以按照本法规定的批准权限采取税收保全措施或者强制执行措施。

第88条：……当事人对税务机关的处罚决定逾期不申请行政复议也不向人民法院起诉、又不履行的，作出处罚决定的税务机关可以采取本法第40条规定的强制执行措施，或者申请人民法院强制执行。

22. 答案：ABD。《增值税暂行条例》第10条规定："下列项目的进项税额不得从销项税额中抵扣：（一）用于简易计税方法计税项目、免征增值税项目、集体福利或者个人消费的购进货物、劳务、服务、无形资产和不动产；（二）非正常损失的购进货物，以及相关的劳务和交通运输服务；（三）非正常损失的在产品、产成品所耗用的购进货物（不包括固定资产）、劳务和交通运输服务；（四）国务院规定的其他项目。"由此可见，ABD项当选，C项不选。

23. 答案：ACD。《增值税暂行条例》第1条规定："在中华人民共和国境内销售货物或者加工、修理修配劳务（以下简称劳务），销售服务、无形资产、不动产以及进口货物的单位和个人，为增值税的纳税人，应当依照本条例缴纳增值税。"

24. 答案：ABD。详见《个人所得税法》第1条和第4条。

25. 答案：ABC。根据《税收征收管理法》第35条第1款的规定，纳税人有下列情形之一的，税务机关有权核定其应纳税额：（1）依照法律、行政法规的规定可以不设置帐簿的；（2）依照法律、行政法规的规定应当设置帐簿但未设置的；（3）擅自销毁帐簿或者拒不提供纳税资料的；（4）虽设置帐簿，但帐目混乱或者成本资料、收入凭证、费用凭证残缺不全，难以查帐的；（5）发生纳税义务，未按照规定的期限办理纳税申报，经税务机关责令限期申报，逾期仍不申报的；（6）纳税人申报的计税依据明显偏低，又无正当理由的。故ABC项对。D项属于合理调整的原因（《税收征收管理法》第36条）。

26. 答案：BCD。根据《税收征收管理法》第40条的规定，从事生产、经营的纳税人、扣缴义务人未按照规定的期限缴纳或者解缴税款，纳税担保人未按照规定的期限缴纳所担保的税款，由税务机关责令限期缴纳，逾期仍未缴纳的，经县以上税务局（分局）局长批准，税务机关可以扣押、查封、依法拍卖或者变卖其价值相当于应纳税款的商品、货物或者其他财产，以拍卖或者变卖所得抵缴税款。

27. 答案：CD。《个人所得税法》第2条第1款规定，下列各项个人所得，应当缴纳个人所得税：（1）工资、薪金所得；（2）劳务报酬所得；（3）稿酬所得；（4）特许权使用费所得；（5）经营所得；（6）利息、股息、红利所得；（7）财产租赁所得；（8）财产转让所得；（9）偶然所得。《个人所得税法》第4条第1款规定，下列各项个人所得，免征个人所得税：（1）省级人民政府、国务院部委和中国人民解放军军以上单位，以及外国组织、国际组织颁发的科学、教育、技术、文化、卫生、体育、环境保护等方面的奖金；（2）国债和国家发行的金融债券利息；（3）按照国家统一规定发给的补贴、津贴；（4）福利费、抚恤金、救济金；（5）保险赔款；（6）军人的转业费、复员费、退役金；（7）按照国家统一规定发给干部、职工的安家费、退职费、基本养老金或者退休费、离休费、离休生活补助费；（8）依照有关法律规定应予免税的各国驻华使馆、领事馆的外交代表、领事官员和其他人员的所得；（9）中国政府参加的国际公约、签订的协议中规定免税的所得；（10）国务院规定的其他免税所得。因此，AB项应征个人所得税，CD项免征个人所得税。CD 项当选。

28. 答案：CD。本题是关于税收强制措施的问题。《税收征收管理法》第 40 条第 1 款规定，从事生产、经营的纳税人、扣缴义务人未按照规定的期限缴纳或者解缴税款，纳税担保人未按照规定的期限缴纳所担保的税款，由税务机关责令限期缴纳，逾期仍未缴纳的，经县以上税务局（分局）局长批准，税务机关可以采取下列强制执行措施：（1）书面通知其开户银行或者其他金融机构从其存款中扣缴税款；（2）扣押、查封、依法拍卖或者变卖其价值相当于应纳税款的商品、货物或者其他财产，以拍卖或者变卖所得抵缴税款。据此，选项 A、B 采用的措施是正确的，不当选。C 选项中的注销税务登记不是一种行政处罚行为，而是税务管理的一项措施，是征收税款时不能采用的，因此当选。税务机关在采取税收强制措施时不需要借助于法院，《税收征收管理法》赋予了税务机关扣划存款、查封、扣押、拍卖或变卖一定数额财产的权利，因此 D 也当选。

29. 答案：ABC。本题是关于税收保全措施的问题。《税收征收管理法》第 38 条第 1 款规定，税务机关有根据认为从事生产、经营的纳税人有逃避纳税义务行为的，可以在规定的纳税期之前，责令限期缴纳应纳税款；在限期内发现纳税人有明显的转移、隐匿其应纳税的商品、货物以及其他财产或者应纳税的收入的迹象的，税务机关可以责成纳税人提供纳税担保。如果纳税人不能提供纳税担保，经县以上税务局（分局）局长批准，税务机关可以采取下列税收保全措施：①书面通知纳税人开户银行或者其他金融机构冻结纳税人的金额相当于应纳税款的存款；②扣押、查封纳税人的价值相当于应纳税款的商品、货物或者其他财产。据此，可以看出选项 A、B、C 属于采取税收保全措施应具备的条件，而选项 D 属于具体的保全措施，故选项 A、B、C 正确。

30. 答案：BC。销售额是指纳税人销售或者提供应税劳务向购买方收取的全部价款和价外费用，价外费用包括向购买方收取的手续费、补贴、基金、集资费、返还利润、奖励费、违约金、包装费、包装物租金、储备费、优质费、运输装卸费、代收款项、代垫款项以及其他各种性质的价外费用。

31. 答案：ABC。《契税法》第 2 条规定：“本法所称转移土地、房屋权属，是指下列行为：（一）土地使用权出让；（二）土地使用权转让，包括出售、赠与、互换；（三）房屋买卖、赠与、互换。前款第二项土地使用权转让，不包括土地承包经营权和土地经营权的转移。以作价投资（入股）、偿还债务、划转、奖励等方式转移土地、房屋权属的，应当依照本法规定征收契税。”

32. 答案：ABCD。关税的征收对象是准许进出境的货物和物品。货物是指贸易性商品；物品指入境旅客随身携带的行李物品、个人邮递物品、各种运输工具上的服务人员携带的进口的自用物品、馈赠物品以及其他方式进境的个人物品。

33. 答案：AD。本题考查税收保全和强制执行的财产范围。《税收征收管理法》第 38 条第 3 款规定：“个人及其所扶养家属维持生活必需的住房和用品，不在税收保全措施的范围之内。”第 40 条第 3 款规定：“个人及其所扶养家属维持生活必需的住房和用品，不在强制执行措施的范围之内。”第 42 条规定：“税务机关采取税收保全措施和强制执行措施必须依照法定权限和法定程序，不得查封、扣押纳税人个人及其所扶养家属维持生活必需的住房和用品。”

《税收征收管理法实施细则》第 59 条规定：“……机动车辆、金银饰品、古玩字画、豪华住宅或者一处以外的住房不属于税收征管法第三十八条、第四十条、第四十二条所称个人及其所扶养家属维持生活必需的住房和用品。税务机关对单价 5000 元以下的其他生活用品，不采取税收保全措施和强制执行措施。”

34. 答案：ABD。《企业所得税法》第 25 条规定：“国家对重点扶持和鼓励发展的产业和项目，给予企业所得税优惠。”第 26 条规定，企业的国债利息收入免税，因此 A 正确。第 27 条规定：“企业的下列所得，可以免征、减征企业所得税：（一）从事农、林、牧、渔业项目的所得；（二）从事国家重点扶持的公共基础设施项目投资经营的所得；（三）从事符合条件的环境保护、节能节水项目的所得；（四）符合条件的技术转让所得；（五）本法第三条第三款规定的所得。”B 项正确，C 项由于没有国家扶持，因此错误。关于 D 项，该法第 28 条规定：“符合条件的小型微利企业，减按 20% 的税率征收企业所得税。国家需要重点扶持的高新技术企业，减按 15% 的税率征收企业所得税。”D 正确。

35. 答案：ABCD。选项 A 正确。纳税人、扣缴义务人享有秘密权。税务机关应当依法为纳税人、扣缴义务人的情况保密。选项 B 正确。纳税人享有信息权。纳税人、扣缴义务人有权向税务机关了解国家税务法律、行政法规的规定以及与纳税程序有关的情况。选项C正确。纳税人、扣缴义务人享有申请行政复议、提起行政诉讼、请求国家赔偿权。选项D正确。纳税人、扣缴义务人享有控告和检举权。除以上四项权利外，还享有：申请减、免、退税的权利；陈述权、申辩权；奖励权、请求回避权。

36. 答案：ACD。选项A正确。《企业所得税法》第25条规定，国家对重点扶持和鼓励发展的产业和项目，给予企业所得税优惠。选项B错误。《企业所得税法》第28条第2款规定，国家需要重点扶持的高新技术企业，减按15%的税率征收企业所得税。选项C正确。《企业所得税法》第27条第（1）项规定，企业从事农、林、牧、渔业项目的所得的下列所得，可以免征、减征企业所得税。选项D正确。《企业所得税法》第30条第（2）项规定，企业安置残疾人员及国家鼓励安置的其他就业人员所支付的工资，可以在计算应纳税所得额时加计扣除。

37. 答案：ABCD。根据《税收征收管理法实施细则》第23条的规定，生产、经营规模小又确无建账能力的纳税人，可以聘请经批准从事会计代理记账业务的专业机构或者经税务机关认可的财会人员代为建账和办理账务，故A项说法正确。根据《税收征收管理法实施细则》第24条第2款的规定，纳税人使用计算机记账的，应当在使用前将会计电算化系统的会计核算软件、使用说明书及有关资料报送主管税务机关备案。故B项说法正确。《税收征收管理法实施细则》第26条第1款规定，纳税人、扣缴义务人会计制度健全，能够通过计算机正确、完整计算其收入和所得或者代扣代缴、代收代缴税款情况的，其计算机输出的完整的书面会计记录，可视同会计账簿。故C项说法正确。根据《税收征收管理法实施细则》第29条第2款的规定，账簿、记账凭证、报表、完税凭证、发票、出口凭证以及其他有关涉税资料应当保存十年；但是，法律、行政法规另有规定的除外。故D项说法正确。

38. 答案：ABCD。根据《税收征收管理法》第50条的规定，欠缴税款的纳税人因怠于行使到期债权，或者放弃到期债权，或者无偿转让财产，或者以明显不合理的低价转让财产而受让人知道该情形，对国家税收造成损害的，税务机关可以依法行使代位权、撤销权。税务机关依照前款规定行使代位权、撤销权的，不免除欠缴税款的纳税人尚未履行的纳税义务和应承担的法律责任。只有甲公司有怠于行使或放弃到期债权的行为，且对债权人（税务局）造成损害的情况下，才会构成代位权，故A项说法不正确。根据《民法典》的规定，代位权需要通过法院诉讼的方式行使，故税务局不能直接向乙公司行使，更不能责令乙公司缴纳，故BCD错误。

39. 答案：ABC。根据《税收征收管理法》第52条第2款的规定，因纳税人、扣缴义务人计算错误等失误，未缴或者少缴税款的，税务机关在3年内可以追征税款、滞纳金；有特殊情况的，追征期可以延长到5年。故正确选项为ABC。

40. 答案：ABCD。首先，约翰2012年来到中国，迄今一直居住在北京，根据《个人所得税法》第1条的规定，其从中国境内和境外取得的所得，依照本法规定缴纳个人所得税。其次，约翰从合资企业领取的薪金属于个人所得税“工资、薪金所得”，出租其在华期间购买的房屋获得的租金属于个人所得税“财产租赁所得”，属于个人所得税“劳务报酬所得”，在美国杂志上发表文章获得的稿酬属于个人所得税“稿酬所得”。故本题正确答案为ABCD。

41. 答案：BC。根据《消费税暂行条例》第1条的规定，在中华人民共和国境内生产、委托加工和进口本条例规定的消费品的单位和个人，以及国务院确定的销售本条例规定的消费品的其他单位和个人，为消费税的纳税人，应当依照本条例缴纳消费税。因而，个人同样属于消费税的纳税人，只要不是在税法所规定的合理自用范围以内，同样需要交纳消费税，A项说法错误。根据《车船税法》第3条的规定，下列车船免征车船税……（二）军队、武装警察部队专用的车船……因此B正确。根据《企业所得税法》第27条的规定，企业的下列所得，可以免征、减征企业所得税：（一）从事农、林、牧、渔业项目的所得；（二）从事国家重点扶持的公共基础设施项目投资经营的所得；（三）从事符合条件的环境保护、节能节水项目的所得；（四）符合条件的技术转让所得；（五）本法第三条第三款规定的所得。故C项说法正确。根据《增值税暂行条例》第15条的规定，下列项目免征增值税：（一）农业生产者销售的自产农产品……故D项说法错误，农民张某销售的不是自产的农产品。

【陷阱】 考生在记忆一些重要法条时一定要关

注特殊的限定词语，本题中D选项针对有关增值税免税的规定，特意设计出非自产农产品的措辞，从而使得只记忆“农产品”免税的考生产生错误认识。

42. 答案：AB。A项说法正确，税收法定原则禁止类推适用方法。根据《增值税暂行条例》第12条的规定，小规模纳税人增值税征收率为3%，故B项说法正确。C项说法错误，根据《消费税暂行条例》，木制一次性筷子和实木地板是消费税的征税对象，竹制一次性筷子和复合地板不是消费税的征税对象。根据《车船税法》第8条的规定，车船税纳税义务发生时间为取得车船所有权或者管理权的当月，故D项说法错误。

43. 答案：ABCD。根据《企业所得税法》第2条的规定，居民企业，是指依法在中国境内成立，或者依照外国（地区）法律成立但实际管理机构在中国境内的企业。本法所称非居民企业，是指依照外国（地区）法律成立且实际管理机构不在中国境内，但在中国境内设立机构、场所的，或者在中国境内未设立机构、场所，但有来源于中国境内所得的企业。A基金注册在境外某群岛并在当地设置总部，实际管理机构不在中国境内，因而系非居民企业。D公司是注册在中国境内的，因而系居民企业。A、B项说法正确。由于A基金转让F公司股权实质上是转让D公司股权，因而应当向我国税务机关进行纳税申报，故C项说法正确。根据《企业所得税法》第47条的规定，企业实施其他不具有合理商业目的的安排而减少其应纳税收入或者所得额的，税务机关有权按照合理方法调整。题述案例通过转让海外空壳公司股权的方式来实质转让境内公司的权益，当其适用的税率较低时，可以判定其不具有合理的商业目的，对其进行纳税调整，故D项说法正确。

44. 答案：ACD。根据《税收征收管理法》第14条的规定，本法所称税务机关是指各级税务局、税务分局、税务所和按照国务院规定设立的并向社会公告的税务机构。另根据《税收征收管理法实施细则》第9条第1款的规定，税收征管法第14条所称按照国务院规定设立的并向社会公告的税务机构，是指省以下税务局的稽查局。稽查局专司偷税、逃避追缴欠税、骗税、抗税案件的查处。因而A项说法正确。根据《税收征收管理法》第35条第1款规定：“纳税人有下列情形之一的，税务机关有权核定其应纳税额：……（六）纳税人申报的计税依据明显偏低，又无正当理由的。”根据题述案例的说明，该公司所涉拍卖行为合法有效，也不存在逃税、骗税等行为，因而税务机关没有理由核定其应纳税额，故B项说法错误。由于昌昌公司没有逃税、骗税的行为，因而税务机关也没有理由加收其滞纳金，故C项说法正确。根据《税收征收管理法》第88条第1、2款的规定，纳税人、扣缴义务人、纳税担保人同税务机关在纳税上发生争议时，必须先依照税务机关的纳税决定缴纳或者解缴税款及滞纳金或者提供相应的担保，然后可以依法申请行政复议；对行政复议决定不服的，可以依法向人民法院起诉。当事人对税务机关的处罚决定、强制执行措施或者税收保全措施不服的，可以依法申请行政复议，也可以依法向人民法院起诉。由于题述稽查局作出的税务处理决定不属于行政处罚、强制执行措施或税收保全措施，因而必须先经过行政复议方可行政诉讼。故D项说法正确。

三、不定项选择题

1. 答案：（1）D。根据《税收征收管理法》第38条的规定：税务机关有根据认为从事生产、经营的纳税人有逃避纳税义务行为的，可以在规定的纳税期之前，责令限期缴纳应纳税款；在限期内发现纳税人有明显的转移、隐匿其应纳税的商品、货物以及其他财产或者应纳税的收入的迹象的，税务机关可以责成纳税人提供纳税担保。如果纳税人不能提供纳税担保，经县以上税务局（分局）局长批准，税务机关可以采取下列税收保全措施：①书面通知纳税人开户银行或者其他金融机构冻结纳税人的金额相当于应纳税款的存款；②扣押、查封纳税人的价值相当于应纳税款的商品、货物或者其他财产。纳税人在前款规定的限期内缴纳税款的，税务机关必须立即解除税收保全措施；限期期满仍未缴纳税款的，经县以上税务局（分局）局长批准，税务机关可以书面通知纳税人开户银行或者其他金融机构从其冻结的存款中扣缴税款，或者依法拍卖或者变卖所扣押、查封的商品、货物或者其他财产，以拍卖或者变卖所得抵缴税款。个人及其所扶养家属维持生活必需的住房和用品，不在税收保全措施的范围之内。由此可见，本题的ABC三个选项符合上述法律规定，只有D项被排除在外，符合题意要求，故应该选。

(2) C。根据《税收征收管理法》第38条的规定，纳税人在税务机关规定的限期内缴纳税款的，税务机关必须立即解除税收保全措施。由此可见，本题C项是符合题意的，为正确选项。

(3) ACD。根据《税收征收管理法》第38条的规定，税务机关采取保全措施后，纳税人在限期期满后仍未缴纳税款的，经县以上税务局（分局）局长批准，税务机关可以书面通知纳税人的开户银行或者其他金融机构从其冻结的存款中扣缴税款，或者依法拍卖或者变卖所扣押、查封的商品、货物或者其他财产，以拍卖或者变卖所得抵缴税款。由此可见，本题的ACD三个选项符合上述法律规定，为应选项。

2. 答案：(1) B。《税收征收管理法》第44条规定："欠缴税款的纳税人或者他的法定代表人需要出境的，应当在出境前向税务机关结清应纳税款、滞纳金或者提供担保。未结清税款、滞纳金，又不提供担保的，税务机关可以通知出境管理机关阻止其出境。"由此可见，本题的正确选项应为B项。

(2) BC。《税收征收管理法》第45条规定："税务机关征收税款，税收优先于无担保债权，法律另有规定的除外；纳税人欠缴的税款发生在纳税人以其财产设定抵押、质押或者纳税人的财产被留置之前的，税收应当先于抵押权、质权、留置权执行。纳税人欠缴税款，同时又被行政机关决定处以罚款、没收违法所得的，税收优先于罚款、没收违法所得。税务机关应当对纳税人欠缴税款的情况定期予以公告。"第46条规定："纳税人有欠税情形而以其财产设定抵押、质押的，应当向抵押权人、质权人说明其欠税情况。抵押权人、质权人可以请求税务机关提供有关的欠税情况。"由此可见，本题的正确表述是BC项。

(3) A。《税收征收管理法》第45条第2款规定："纳税人欠缴税款，同时又被行政机关决定处以罚款、没收违法所得的，税收优先于罚款、没收违法所得。"由此可见，本题的正确选项应为A。

(4) ABCD。《税收征收管理法》第50条规定："欠缴税款的纳税人因怠于行使到期债权，或者放弃到期债权，或者无偿转让财产，或者以明显不合理的低价转让财产而受让人知道该情形，对国家税收造成损害的，税务机关可以依照合同法第七十三条、第七十四条的规定行使代位权、撤销权。税务机关依照前款规定行使代位权、撤销权的，不免除欠缴税款的纳税人尚未履行的纳税义务和应承担的法律责任。"由此可见，本题的正确选项是ABCD四项。

3. 答案：(1) C。《税收征收管理法》第38条："税务机关有根据认为从事生产、经营的纳税人有逃避纳税义务行为的，可以在规定的纳税期之前，责令限期缴纳应纳税款；在限期内发现纳税人有明显的转移、隐匿其应纳税的商品、货物以及其他财产或者应纳税的收入的迹象的，税务机关可以责成纳税人提供纳税担保。如果纳税人不能提供纳税担保，经县以上税务局（分局）局长批准，税务机关可以采取下列税收保全措施：（一）书面通知纳税人开户银行或者其他金融机构冻结纳税人的金额相当于应纳税款的存款；（二）扣押、查封纳税人的价值相当于应纳税款的商品、货物或者其他财产。纳税人在前款规定的限期内缴纳税款的，税务机关必须立即解除税收保全措施；限期期满仍未缴纳税款的，经县以上税务局（分局）局长批准，税务机关可以书面通知纳税人开户银行或者其他金融机构从其冻结的存款中扣缴税款，或者依法拍卖或者变卖所扣押、查封的商品、货物或者其他财产，以拍卖或者变卖所得抵缴税款。个人及其所扶养家属维持生活必需的住房和用品，不在税收保全措施的范围之内。"

(2) AC。《税收征收管理法》第38条（见上）。

(3) BD。《税收征收管理法》第38条（见上）。

(4) CD。《税收征收管理法》第38条（见上）。

(5) D。《税收征收管理法》第38条（见上）。

4. 答案：(1) ABC。《税收征收管理法》第26条规定："纳税人、扣缴义务人可以直接到税务机关办理纳税申报或者报送代扣代缴、代收代缴税款报告表，也可以按照规定采取邮寄、数据电文或者其他方式办理上述申报、报送事项。"由此可见，本题的正确选项是ABC项。

(2) BCD。《税收征收管理法》第27条规定："纳税人、扣缴义务人不能按期办理纳税申报或者报送代扣代缴、代收代缴税款报告表的，经税务机关核准，可以延期申报。经核准延期办理前款规定的申报、报送事项的，应当在纳税期内按照上期实行缴纳的税额或者税务机关核定的税额预缴税款，并在核准的延期限内办理税款结算。"由此可见，本题的正确选项是BCD项。

(3) BC。《税收征收管理法》第31条规定，纳税人、扣缴义务人按照法律、行政法规规定或者税务机关依照法律、行政法规的规定确定的期限，缴纳或者解缴税款。纳税人因有特殊困难，不能按期缴纳税款的，经省、自治区、直辖市国家税务局、地方税务局批准，可以延期缴纳税款，但是最长不得超过3个月。由此可见，本题的正确选项应为BC项。

(4) C。《税收征收管理法》第32条规定，纳税人未按照规定期限缴纳税款的，扣缴义务人未按照规定期限解缴税款的，税务机关除责令限期缴纳外，从滞纳税款之日起，按日加收滞纳税税款万分之五的滞纳金。由此可见，本题的正确选项是C项。

5. 答案：(1) AB。《税收征收管理法》第54条："税务机关有权进行下列税务检查：……（六）经县以上税务局（分局）局长批准，凭全国统一格式的检查存款帐户许可证明，查询从事生产、经营的纳税人、扣缴义务人在银行或者其他金融机构的存款帐户。税务机关在调查税收违法案件时，经设区的市、自治州以上税务局（分局）局长批准，可以查询案件涉嫌人员的储蓄存款。税务机关查询所获得的资料，不得用于税收以外的用途。"

(2) BCD。《税收征收管理法》第54条（见上）。

(3) ABCD。《税收征收管理法》第54条（见上）。

6. 答案：(1) D。《税收征收管理法》第52条：因税务机关的责任，致使纳税人、扣缴义务人未缴或者少缴税款的，税务机关在三年内可以要求纳税人、扣缴义务人补缴税款，但是不得加收滞纳金。

因纳税人、扣缴义务人计算错误等失误，未缴或者少缴税款的，税务机关在三年内可以追征税款、滞纳金；有特殊情况的，追征期可以延长到五年。

对偷税、抗税、骗税的，税务机关追征其未缴或者少缴的税款、滞纳金或者所骗取的税款，不受前款规定期限的限制。

(2) AD。《税收征收管理法》第52条第2款（见上）。

(3) BCD。《税收征收管理法》第52条第3款（见上）。

7. 答案：(1) BC。《税收征收管理法》第88条：纳税人、扣缴义务人、纳税担保人同税务机关在纳税上发生争议时，必须先依照税务机关的纳税决定缴纳或者解缴税款及滞纳金或者提供相应的担保，然后可以依法申请行政复议；对行政复议决定不服的，可以依法向人民法院起诉。

当事人对税务机关的处罚决定、强制执行措施或者税收保全措施不服的，可以依法申请行政复议，也可以依法向人民法院起诉。

当事人对税务机关的处罚决定逾期不申请行政复议也不向人民法院起诉、又不履行的，作出处罚决定的税务机关可以采取本法第40条规定的强制执行措施，或者申请人民法院强制执行。

(2) B。《行政诉讼法》第46条规定，公民、法人或者其他组织直接向人民法院提起诉讼的，应当自知道或者应当知道作出行政行为之日起六个月内提出。法律另有规定的除外。因不动产提起诉讼的案件自行政行为作出之日起超过二十年，其他案件自行政行为作出之日起超过五年提起诉讼的，人民法院不予受理。

(3) AC。《税收征收管理法》第88条第3款：当事人对税务机关的处罚决定逾期不申请行政复议也不向人民法院起诉、又不履行的，作出处罚决定的税务机关可以采取本法第四十条规定的强制执行措施，或者申请人民法院强制执行。

8. 答案：(1) B。《税收征收管理法》第51条：纳税人超过应纳税额缴纳的税款，税务机关发现后应当立即退还；纳税人自结算缴纳税款之日起三年内发现的，可以向税务机关要求退还多缴的税款并加算银行同期存款利息，税务机关及时查实后应当立即退还；涉及从国库中退库的，依照法律、行政法规有关国库管理的规定退还。

(2) A。《税收征收管理法》第51条（见上）。

(3) ACD。根据《税收征收管理法》第51条（见上），可知A对，B错。

《税收征收管理法实施细则》第78条规定："税务机关发现纳税人多缴税款的，应当自发现之日起10日内办理退还手续；纳税人发现多缴税款，要求退还的，税务机关应当自接到纳税人退还申请之日起30日内查实并办理退还手续。税收征管法第五十一条规定的加算银行同期存款利息的多缴税款退税，不包括依法预缴税款形成的结算退税、出口退税和各种减免退税。退税利息按照税务机关办理退税手续当天中国人民银行规定的活期存款利率计算。"故CD对。

(4) AD。《税收征收管理法实施细则》第78条（见上）。

9. **答案**：（1）ABCD。《税收征收管理法》第15条："企业，企业在外地设立的分支机构和从事生产、经营的场所，个体工商户和从事生产、经营的事业单位（以下统称从事生产、经营的纳税人）自领取营业执照之日起三十日内，持有关证件，向税务机关申报办理税务登记。税务机关应当于收到申报的当日办理登记并发给税务登记证件。工商行政管理机关应当将办理登记注册、核发营业执照的情况，定期向税务机关通报。本条第一款规定以外的纳税人办理税务登记和扣缴义务人办理扣缴税款登记的范围和办法，由国务院规定。"

（2）ACD。《税收征收管理法实施细则》第12条规定："从事生产、经营的纳税人应当自领取营业执照之日起30日内，向生产、经营地或者纳税义务发生地的主管税务机关申报办理税务登记，如实填写税务登记表，并按照税务机关的要求提供有关证件、资料。前款规定以外的纳税人，除国家机关和个人外，应当自纳税义务发生之日起30日内，持有关证件向所在地的主管税务机关申报办理税务登记。个人所得税的纳税人办理税务登记的办法由国务院另行规定。税务登记证件的式样，由国家税务总局制定。"第13条规定："扣缴义务人应当自扣缴义务发生之日起30日内，向所在地的主管税务机关申报办理扣缴税款登记，领取扣缴税款登记证件；税务机关对已办理税务登记的扣缴义务人，可以只在其税务登记证件上登记扣缴税款事项，不再发给扣缴税款登记证件。"

（3）BCD。《税收征收管理法》第18条：纳税人按照国务院税务主管部门的规定使用税务登记证件。税务登记证件不得转借、涂改、损毁、买卖或者伪造。

10. **答案**：（1）BC。根据《企业所得税法》第7条的规定，财政拨款、依法收取并纳入财政管理的行政事业性收费、政府性基金属于不征税收入，故A项不属于应税收入。根据《企业所得税法》第26条的规定，国债利息收入属于免税收入。销售产品和专利转让（属于转让财产的一种）都是典型的应税收入，故正确答案为BC。

（2）BCD。根据《税收征收管理法》第38条的规定，如该公司不提供纳税担保，经批准，税务局可以书面通知纳税人开户银行或者其他金融机构冻结纳税人的金额相当于应纳税款的存款，扣押、查封纳税人的价值相当于应纳税款的商品、货物或者其他财产。A项的用词是"扣缴"，故A项错误。B项说法正确。根据《税收征收管理法》第88条的规定，纳税人、扣缴义务人、纳税担保人同税务机关在纳税上发生争议时，必须先依照税务机关的纳税决定缴纳或者解缴税款及滞纳金或者提供相应的担保，然后可以依法申请行政复议；对行政复议决定不服的，可以依法向人民法院起诉。当事人对税务机关的处罚决定、强制执行措施或者税收保全措施不服的，可以依法申请行政复议，也可以依法向人民法院起诉。故C、D项说法正确。

四、名词解释

1. **答案**：印花税是指以签订合同、产权转移、权利许可等行为所书立，或以领受凭证为征税对象的一种税。它是一种凭证税，具有征收面广、税负轻、由纳税人自行购买并粘贴印花税票以完成纳税义务等特点。

2. **答案**：依据税收与价格的关系，税收可分为价内税和价外税。在征税对象的价格中包含税款的为价内税，如我国现行的消费税；税款独立于征税对象的价格之外的税，为价外税，如我国现行的增值税。这种分类有助于认识税负转嫁和重复征税等问题。

3. **答案**：契税是指以所有权发生转移的不动产为征税对象，向不动产取得人所征收的一种财产税。

4. **答案**：税法主体是在税收法律关系中享有权利和承担义务的当事人。包括征税主体和纳税主体两类。从理论上说，征税主体是国家，征税权是国家主权的一部分；纳税主体又称为纳税义务人，简称纳税人，是依据税法规定直接负有纳税义务的自然人、法人和非法人组织体。

5. **答案**：所谓税目，就是税法规定的征税的具体项目。它是征税对象在质的方面的具体化，反映了征税的广度。

6. **答案**：税率是应纳税额与计税基数之间的数量关系或比率。它是衡量税负高低的重要指标，是税法的核心要素，反映国家征税的深度和国家的经济政策，是极为重要的宏观调控手段。税率可分为比例税率、累进税率和定额税率，这是税率的一种最重要的分类。

7. **答案**：税收饶让又称饶让抵免，是指政府对本国纳税人在国外享受的所得税减免税款，视同在国外实际缴纳税款而给予抵免扣除待遇的一种税收优惠，是国际避免双重课税协定所规定的一种税收措施。税收饶让是税收抵免的延伸，以税收抵免为前提，如果没有税收抵免，就不存在税收饶让。它实际上是将因减免税未纳或少纳的税款视同已纳税款给予抵免。税收饶让的是没有真正缴纳过的非居住国政府的税收，因而人们把税收饶让又称为“影子税收抵免”。

8. 答案：消费型增值税是指允许纳税人在计算增值税额时，从商品和劳务销售额中扣除当期购进的固定资产总额的一种增值税。也就是说，厂商的资本投入品不算入产品增加值，这样，从全社会的角度来看，增值税相当于只对消费品征税，其税基总值与全部消费品总值一致，故称消费型增值税。从理论上分析，增值税是以商品生产流通各环节或提供劳务的增值额为计税依据而征收的一个税种。增值额是指一定时期内劳动者在生产过程中新创造的价值额，从税收征管实际看，增值额是指商品或劳务的销售额扣除法定外购项目金额之后的余额。

9. 答案：财产税是以纳税人所有或属其支配的财产为课税对象的一类税收。它以财产为课税对象，向财产的所有者征收。财产包括一切积累的劳动产品（生产资料和生活资料）、自然资源（如土地、矿藏、森林等）和各种科学技术、发明创作的特许权等。国家可以选择某些财产予以课税。对各种财产课征的税，按一般税收分类方法，统称为财产税。财产税属于对社会财富的存量课税。它通常不是课自当年创造的价值，而是课自往年度创造价值的各种积累形式。

10. 答案：实质课税原则指对于某种情况不能仅根据其外表和形式确定是否应予课税，而应该根据实际情况，尤其应当根据其经济目的和经济生活的实质，判断是否符合课税的要素，以求公平、合理、有效地进行课税。

11. 答案：所谓税收法定原则，是指由立法者决定全部税收问题的税法基本原则，即如果没有相应法律作前提，国家则不能征税，公民也没有纳税的义务。税收主体必须依且仅依法律的规定征税；纳税主体必须依且仅依法律的规定纳税，税收法定原则是税法中一项十分重要的基本原则。它肇始于英国，现已为当今各国所公认，其基本精神在各国宪法或税法中都有体现。其具体内容包括三个部分：税种法定、税收要素法定、程序法定。我国宪法、税收征收管理法中都有税收法定原则的要求。

五、简答题

1. 答案：（1）平等权：“法律面前人人平等”，是我国法律制度的一项基本原则。适用“法律面前人人平等”的原则，要求征纳双方平等地遵循国家税收法律、法规，任何一方不得享有法律、法规规定之外的特权。税务机关在从事税务管理、税务检查时，应以事实为依据，以法律为准绳，不因纳税人的地位、财产等而影响税法适用。

（2）知情权：纳税人、扣缴义务人有权向税务机关了解国家税收法律、行政法规的规定以及与纳税程序有关的情况。

（3）选择权：纳税人、扣缴义务人有权选择具体申报方式、申报日期（在规定的申报期限内）、记账方式等。

（4）批评建议权：公民对任何国家机关、工作人员都有提出建议批评的权利。

（5）申诉举报控告权：纳税人、扣缴义务人有权控告和检举税务机关、税务人员的违法违纪行为。

（6）请求保密权：纳税人、扣缴义务人有权要求税务机关为纳税人、扣缴义务人的情况保密。

（7）陈述申辩权：对税务机关作出的行政处理决定，享有陈述权、申辩权。

（8）要求行政赔偿权：对税务机关违法行政致使合法权益遭受损失的，有权依法提出赔偿请求。

（9）要求举行听证权：税务机关作出没收违法所得、较大数额罚款等行政处罚决定之前应当告知，当事人有要求听证的权利。

（10）申请行政复议权：对税务机关做出的行政决定，依法享有申请行政复议的权利。

（11）提起行政诉讼权：对税务机关做出的行政决定，依法享有提起行政诉讼的权利。

（12）申请延期申报权：纳税人、扣缴义务人不能按期办理纳税申报或者报送代扣代缴、代收代缴税款报告表的，经税务机关核准，可以延期申报。

（13）申请延期缴税权：纳税人因有特殊困难，不能按期缴纳税款的，经省、自治区、直辖市国家税务局、地方税务局批准，可以延期缴纳税款，但是最长不得超过三个月。

（14）发票领购权：单位、个人在购销商品、提供或者接受经营服务以及从事其他经营活动中，应当按照规定开具、使用、取得发票。依法办理税务登记的单位和个人，在领取税务登记证件后，向主管税务机关申请领购发票。

（15）申请减免税权：纳税人可以依照法

律、行政法规的规定书面申请减税、免税。

(16) 要求退还多缴税款权：纳税人超过应纳税额缴纳的税款，税务机关发现后应当立即退还；纳税人自结算缴纳税款之日起三年内发现的，可以向税务机关要求退还多缴的税款并计算银行同期存款利息，税务机关及时查实后应当立即退还。

(17) 委托税务代理权：纳税人、扣缴义务人可以委托税务代理人代为办理税务事宜。

(18) 拒绝非法检查权：税务人员进行税务检查时，无税务检查证和税务检查通知书的，纳税人、扣缴义务人及其他当事人有权拒绝检查。

2. 答案：第一，税收法律关系主体的特定性。税收法律关系有三个构成要素——主体、内容和客体。税收法律关系的主体是指享有征税权利和承担纳税义务的当事人，前者称为征税主体，后者称为纳税主体。根据税法规定，作为征税权利主体的只能是国家，纳税义务主体则是按税法规定的一切应该纳税的单位和个人。两者的关系是固定的。国家是由税务机关作为国家代表参与税收法律关系。征税权利主体通过税收立法贯彻和执行，对纳税义务主体纳税情况的检查、监督和对违章行为实行制裁等保证税收收入的实现。纳税义务主体应按税法规定自觉地履行纳税义务，不能逃避这种纳税义务主体的法律关系。

第二，税收法律关系内容具有单方面性税收法律关系的内容是指征税主体享有征税权利，纳税主体负有纳税义务。一般来说，这种权利和义务都是单方面具有的，而不是双方权利和义务的相互对等关系。这是由征纳双方的法律地位所决定的，征税主体不同，其权限亦有不同，如税法的制定和颁布的税种开征与停征、税目的增减与税率的调整、减税免税的确定、税款的缴解与违章的制裁等。其中，有的权利属于中央，有的属于地方政府，有的属于各级税务机关。征税主体——国家权力的执行者税务机关，必须依照法律规定办事，这既是权利，也是它对国家应尽的义务。

纳税主体应按照税法规定办理税务登记，按照规定的期限和手续办理纳税申报，及时向税务机关提供会计报表及其他资料，缴纳税款，接受税务机关对纳税情况的监督与检查，这些都是纳税主体应尽的义务。同时，也享有一定的权利，如有权享受税法规定的减、免税照顾；有权依法申请退还多缴的税款；有权对税务机关不正确的决定提出申诉；有权对税务人员的不法行为检举控告等。因此，可以认为征税主体主要是行使权利，纳税主体主要是履行义务，所谓“单方面性”并非绝对。

第三，税收法律关系“标的”转移的无偿性。税收法律关系的客体是指征税主体和纳税主体的权利义务所共同指向的对象。法学上称之为“标的”。它包括货币和行为。其中常见的是货币资金，税收法律关系“标的”的所有权或支配权系无偿地从纳税人转移给征税人。即应缴纳的税款无偿地从纳税人手里转移到国家预算。这也是其他经济法律关系所不具有的特点。买卖关系要求做到一手交钱、一手交货；借贷关系有借必有还并有利息的收付；合同关系中，支付一定数额的货币或劳务可以取得相应的财产或利益等。而税收法律关系中，“标的”的转移根据税法规定，由纳税义务人无偿地转移给征税机关，形成国家的财政收入，一般不再返还给纳税人。

第四，税收法律关系中征纳双方法律地位上的从属性。税收法律关系的征纳双方当事人在法律地位上表现为从属关系。既然国家是征税主体，那么一切纳税主体相对而言都处于从属地位，也就是说纳税人到税务机关必须如实地办理一切纳税事宜，并接受税务机关的检查监督。如遇征纳双方意见有分歧，仍应先按税务机关的决定缴税，再向有关部门提出申诉。当然，我们说征纳双方在法律地位上有主有从，并不是税务机关、税务人员在执行公务时，要高人一等，以权代法，还要贯彻“在法律面前人人平等”的原则。

第五，税收法律关系中“意思”表示的不一致性。所谓“意思”表示是指将可能发生民事法律后果的“意思”表现于外部的行为，它是经济法律行为的基本特征。如合同关系要建立在平等互利、等价有偿的基础上，需要双方当事人意思表示一致；借贷关系中，要求一方到期还本付息，另一方则获得了经营活动所需资金，都需要合同双方或借贷双方当事人意思表示一致。而这种法律关系或事件的出现，都是取决于税法所规定的行为的发生或事件的出现，并不需经过征纳双方当事人的共同意思表示或单方的意思表示。税收法律关系中，无论纳税人意思表示如何，均得向国家履行纳税义务。这也是与其他法律关系不同之处。

六、论述题

答案：税收调控手段可以：(1) 为市场机制的运行创造良好的、公平的外部环境；(2) 矫正市场的扭曲，如分配不公导致贫富悬殊、注重经济效益而忽视社会效益等；（3）弥补市场机制的不足，促进基础产业的发展，促进国民经济各部门协调发展。

税收调控手段的局限性：（1）税收调控的对象具有特定的指向，它只能针对纳税人；对于非纳税人，税收手段爱莫能助，税收支持的范围和普遍性受到限制。（2）对于纳税人来说，税收公平是非常重要的；而税收手段的运用，在很多方面是通过纳税人之间税收负担的因人而异、区别对待来进行的，过多地运用税收手段调控经济运行极易导致纳税人之间税负不公，税负不公是税制有效实施的最大障碍。（3）税收手段的有效性依赖于纳税人对税收政策调整或税制调整带来的税负变化的敏感性，以及纳税人对税负变化的对策行为选择。（4）税收制度是经过法定程序批准的，在一定时期内具有相对稳定性。税制不可能频繁地调整和变动，而且这种调整和变动要经过法定程序批准，因此税收手段的时滞较为明显。

以房地产市场为例。我国正处于工业化、城市化建设的高潮过程中，房地产业客观上很容易成为社会投资的主要指向，因而在短期内、局部地区出现了不正常的价格波动。这种情势下就要采取包括税收手段在内的调控措施，抑制投机需求，保护正常消费需求，合理调整投资需求。主要是要充分动用税收等经济手段调节房地产市场，加大对投机性和投资性购房等房地产交易行为的调控力度。在政策设计上，以营业税作为调控手段，就是针对交易环节的炒作，同时考虑了住宅商业性买卖和消费性买卖、普通住宅和非普通住宅的区别。这就把税收手段在当前要调控什么的问题突出出来了——抑制房价过快上涨并保持价格稳定。当然，也不能对税收在控制房价的问题上预期过高，税收在调控房地产方面最能发挥作用的是对投机炒作、短期炒作的抑制。

【参考资料】杨紫烜主编：《经济法》，北京大学出版社、高等教育出版社2002年版；张守文：《经济法理论重构》，人民出版社2004年版。

七、案例分析题

1. 答案：（1）税务机关采取的措施合法。《税收征收管理法》第40条规定："从事生产、经营的纳税人、扣缴义务人未按照规定的期限缴纳或者解缴税款，纳税担保人未按照规定的期限缴纳所担保的税款，由税务机关责令限期缴纳，逾期仍未缴纳的，经县以上税务局（分局）局长批准，税务机关可以采取下列强制执行措施：（一）书面通知其开户银行或者其他金融机构从其存款中扣缴税款；（二）扣押、查封、依法拍卖或者变卖其价值相当于应纳税款的商品、货物或者其他财产，以拍卖或者变卖所得抵缴税款。税务机关采取强制执行措施时，对前款所列纳税人、扣缴义务人、纳税担保人未缴纳的滞纳金同时强制执行。"所以根据上述规定，本案例中当地税务机关有权对该游戏厅采取强制执行措施，而且执行措施手续齐全，该税务机关的处罚措施完全正确。

（2）王某可以直接向人民法院起诉。《税收征收管理法》第88条第2款规定，当事人对税务机关的处罚决定、强制执行措施或者税收保全措施不服的，可以依法申请行政复议，也可以依法向人民法院起诉。根据上述规定，该游戏厅老板王某可以直接向人民法院起诉。

2. 答案：（1）首先，违反了先调查取证后作出处罚决定的原则。根据《行政处罚法》第40条规定，某税务机关在作出罚款决定前必须先查明A企业的偷逃税事实，不能仅仅根据举报材料就作出处罚决定。其次，违反了告知义务。根据《行政处罚法》第44条的规定，某税务机关在作出罚款决定前，应当将罚款决定的事实、理由和证据告知A企业，还应一并告知其享有的陈述、申辩等权利。最后，违反了听证的规定。100万元罚款属于较大数额的罚款，根据《行政处罚法》第63条的规定，某税务机关应当告知A企业有要求举行听证的权利，在其要求听证时，应当组织听证。

（2）由于税务机关作出决定的内容是罚款，按照《税收征收管理法》的规定，该税收争议属于非纳税上发生的争议。对于非纳税上的争议，纳税人有权不先缴纳罚款或提供相应担保就申请行政复议，本案中的上级税务机关应当受理A企业的行政复议申请。

（3）由于A企业与某税务机关之间的争议不属于纳税上的争议，根据《税收征收管理法》第88条第2款规定，A企业可以不通过申请行政复议而直接向人民法院起诉。在本案中，就某税务机关的执法行为来看，其违反了上述法定程序义务，根据《行政诉讼法》第70条的规定，法院可以判决撤销或者部分撤销某税务机关的罚款决定，并可以判决其重新作出处罚决定。

第二十七章　金融法律制度

基础知识图解

- 金融与金融法概述
  - 金融概述
  - 金融法概述
  - 依法防范和化解金融风险
    - 防范和化解金融风险的必要性、紧迫性和长期性
    - 把一切金融活动纳入规范化、法制化的轨道
    - 防范和化解金融风险的法律对策
- 中央银行法
  - 中央银行法概述
  - 中国人民银行的法律地位
  - 中央银行宏观调控体系
    - 货币政策
    - 货币政策的决定权
    - 实现货币政策目标的手段
    - 进一步完善中央银行宏观调控体系
    - 正确行使与执行货币政策相关的金融监督管理权
  - 中央银行的公共服务
    - 要求金融机构交存存款准备金
    - 为银行业金融机构办理再贴现
    - 开展公开市场业务
    - 向商业银行提供贷款
    - 提供清算服务
  - 人民币
    - 人民币的法律地位
    - 人民币的发行与管理
  - 违反中央银行法的法律责任
- 银行业金融机构法
  - 商业银行法
    - 商业银行法概述
    - 商业银行的法律地位
    - 商业银行的经营原则
    - 信贷法律制度
    - 存款法律制度
    - 结算法律制度
    - 商业银行的资产负债比例管理和风险管理
    - 违反商业银行法的法律责任
  - 政策性银行法
  - 金融资产管理公司法律问题
  - 金融租赁公司法律问题
- 信托法
  - 信托法概述
  - 贸易信托法律关系
  - 金融信托法律关系
    - 金融信托的特征
    - 受托人
    - 委托人
    - 受益人
- 涉外金融法律制度
  - 外汇管理制度
    - 外汇管理体制
    - 外汇业务及其管理
    - 金融机构外汇业务
    - 人民币汇率和外汇市场
  - 外债管理制度
  - 外资金融机构管理制度
  - 违反涉外金融法的法律责任

配套测试

一、单项选择题

1. 商业银行的章程由(　　)批准。经(　　)批准，商业银行可以经营结汇、售汇业务。
   A. 中国人民银行；国务院银行业监督管理机构
   B. 国务院银行业监督管理机构；国务院银行业监督管理机构
   C. 中国人民银行；中国人民银行
   D. 国务院银行业监督管理机构；中国人民银行
2. 任何单位和个人购买商业银行股份总额(　　)以上的，应事先经国务院银行业监督管理机构批准。
   A. 5%　　B. 10%
   C. 15%　　D. 20%
3. 商业银行的流动性资产余额与流动性负债余额的比例应符合下列哪项条件？(　　)
   A. 不得低于 25%　　B. 不得低于 10%
   C. 不得超过 50%　　D. 不得超过 75%
4. 商业银行贷款，应当遵守有关资产负债比例管理的规定，其中商业银行的资本充足率不得低于(　　)。
   A. 8%　　B. 13%
   C. 15%　　D. 25%
5. 根据我国《商业银行法》的规定，商业银行在我国境内可以直接投资于下列哪些主体？(　　)
   A. 信托投资公司
   B. 综合类证券公司
   C. 商业银行
   D. 国际贸易公司
6. 下列关于存款人和银行间的存款关系的表述中不正确的是：(　　)
   A. 存款人和银行间的存款关系是格式存款合同确定的
   B. 存单就是存款合同，也是存款所有权的法律凭证
   C. 存款合同是一种实践合同，即必须是在存款人将款项交付银行并经确认出具存款凭证后才成立
   D. 存款合同里的条款，完全由存款人和银行协商确定
7. 某商业银行在章程草案中规定，本银行可以根据需要开展业务。可是根据我国商业银行法的规定，商业银行只能在法定的范围内开展业务，而不能自己确定业务的范围和种类。如果你是该商业银行的常年法律顾问，下列哪一内容应当从章程草案中删掉？(　　)
   A. 以多种方式开创新型金融工具吸收社会游资存款
   B. 以互利互惠方式与公用企业公司合作代收代缴业务
   C. 开展个人与公司合作储蓄方式，将个人户头挂在公司储蓄户头上，以合法地减少个人利息所得税支出
   D. 开展私人银行业务，为个人购房、购车、上大学、出国留学、医疗等消费提供融资服务
8. 根据《商业银行法》的规定，商业银行的经营应当坚持一定的原则以最大限度地防范风险，银行的经营原则不包括下列哪个原则？(　　)
   A. 流动性原则　　B. 竞争性原则
   C. 安全性原则　　D. 效益性原则
9. 根据《商业银行法》和有关银行法规，商业银行应当定期向国务院银行业监督管理机构报送(　　)。
   A. 资产负债表、利润表以及其他财务会计报表
   B. 资产负债表、利润分配表以及其他财务会计报表
   C. 资产负债表、损益表以及利润分配表
   D. 资产负债表、损益表以及股东权益表
10. 根据《商业银行法》的规定，有下列情况时，由国务院银行业监督管理机构责令改正，有违法所得的，没收违法所得，可以处以违法所得1倍以上3倍以下罚款，没有违法所得的，可以处以5万元以上30万元以下的罚款。如果你是银行的法律顾问，下列哪种情况不符合法定处罚条件？(　　)
    A. 未经批准在机构名称中使用“银行”字样的
    B. 未经批准购买银行股份5%以上的
    C. 将单位的资金以个人名义开立账户存储的
    D. 未经批准购买银行股份4%的
11. 为了保证商业银行的资产安全和经营安全，商业银行法对担任商业银行重要职务的管理人员有明确的规定。下列何种人员不得担任商业银行的董事、高级管理人员？(　　)
    A. (1) 因刑事犯罪被处以刑罚，或者因犯罪被剥夺政治权利的；(2) 对企业破产负有个人责任的；(3) 担任因违法被吊销营业

执照的公司、企业的法定代表人，并负有个人责任的；（4）个人所负数额较大的债务到期未清偿的

B.（1）因经济犯罪被处以刑罚，或者因犯罪被剥夺政治权利的；（2）在破产企业中担任过重要职务的；（3）担任因违法被吊销营业执照的公司、企业的法定代表人，并负有个人责任的；（4）个人所负数额较大的债务到期未清偿的

C.（1）因经济犯罪被处以刑罚，或者因犯罪被剥夺政治权利的；（2）对企业破产负有个人责任的；（3）担任因违法被吊销营业执照的公司、企业的法定代表人，并负有个人责任的；（4）个人所负数额较大的债务到期未清偿的

D.（1）因经济犯罪被处以刑罚，或者因犯罪被剥夺政治权利的；（2）对企业破产负有个人责任的；（3）担任因违法被吊销营业执照的公司、企业的法定代表人，并负有个人责任的；（4）个人所负数额较大的债务的

12. 根据我国《商业银行法》的规定，商业银行在为个人办理储蓄存款业务时，应当遵循商业银行法规定的原则。下列哪个不属于商业银行法规定的原则？（　　）

A. 存款自愿

B. 取款自由

C. 拒绝任何单位个人的查询

D. 存款有息

13. 根据我国《商业银行法》和《企业破产法》的规定，商业银行在被依法宣告破产时，其用于偿还债务的财产是其破产财产，这些财产通常不足以清偿所有的债权人的债权，为了公平地保护债权人的利益，破产的商业银行清偿顺序应当是：（　　）

A.（1）商业银行拖欠员工的工资和劳动保险；（2）个人储蓄存款的本金和利息；（3）拖欠的税款；（4）其他的破产债权

B.（1）商业银行拖欠员工的工资和劳动保险；（2）拖欠的税款；（3）个人储蓄存款的本金和利息；（4）其他的破产债权

C.（1）个人储蓄存款的本金和利息；（2）商业银行拖欠员工的工资和劳动保险；（3）拖欠的税款；（4）其他的破产债权

D.（1）商业银行拖欠员工的工资和劳动保险；（2）其他的破产债权；（3）拖欠的税款；（4）个人储蓄存款的本金和利息

14. 商业银行吸收公众存款，事实上是一个公众公司，其经营业绩事关社会公共利益，所以，《商业银行法》规定商业银行应当定期公布其经营业绩，以接受社会监督。会计年度和定期公布业绩的时间分别是指：（　　）

A. 公历1月1日起至12月31日；每一会计年度终了5个月内

B. 公历1月1日起至12月31日；每一会计年度终了3个月内

C. 公历7月1日起至明年6月30日；每一会计年度终了5个月内

D. 公历7月1日起至明年6月30日；每一会计年度终了3个月内

15. 选项所列哪个机构有向银行查询、冻结、扣划单位存款的权力？（　　）

A. 税务机关

B. 工商行政管理机关

C. 市场监督管理机关

D. 物价管理机关

16. 商业银行实施的下列行为中哪一项违反《商业银行法》？（　　）

A. 利用拆入的资金弥补联行汇差头寸的不足

B. 内部规定对于资信较好没有不良还贷记录的借款人，信贷部门可以直接审批贷款

C. 对关系人的贷款一律采用担保的方式，不得发放信用贷款

D. 决定出资5000万元与他人在某一城市设立城市商业银行

17. 依据《商业银行法》，选项所列哪一项是商业银行破产的原因？（　　）

A. 严重亏损

B. 资不抵债

C. 不能支付到期债务

D. 因经营管理不善导致严重亏损

18. 对于个人储蓄存款，商业银行在何种情况下可以查询、冻结、扣划？（　　）

A. 法律有规定

B. 法律、行政法规有规定

C. 法律、法规有规定

D. 法律、法规及国务院银行业监督管理机构颁布的规章有规定

19. 依据《商业银行法》，商业银行在境内可以设立分支机构，但其拨付各分支机构营运资金额的总和，不得超过总行资本金总额的多大比例？（　　）

A. 40%　　B. 50%

C. 60%　　D. 70%

20. 在下列哪一种情况下，国务院银行业监督管理机构可以对商业银行实施接管？(　　)
A. 擅自开办新业务
B. 重大违约行为
C. 已经或可能发生信用危机
D. 严重违法经营

21. 商业银行出现下列哪种情形，国务院银行业监督管理机构可对其行使吊销经营许可证的权利？(　　)
A. 自取得营业许可证之日起无正当理由超过6个月未开业的
B. 自取得营业执照之日起无正当理由超过6个月未开业的
C. 开业后自行停业累计达1年的
D. 开业后自行停业累计达6个月的

22. 下列选项中哪一项不符合《商业银行法》的规定？(　　)
A. 商业银行发放贷款应以担保为主
B. 商业银行发放贷款应遵循资产负债比例管理的规定
C. 商业银行对关系人不能发放贷款
D. 商业银行可以发放短期、中期和长期贷款

23. 根据《商业银行法》，企业事业单位可以自主选择一家商业银行的营业场所开立一个办理日常转账结算和现金收付的账户。这种账户是下列选项中的(　　)。
A. 基本账户　B. 临时账户
C. 一般账户　D. 专用账户

24. 按照我国《商业银行法》的规定，需要设立监事会的商业银行为(　　)。
A. 所有商业银行
B. 国有独资商业银行
C. 中外合资商业银行
D. 外贸商业银行

25. 商业银行因行使抵押权、质权而取得的不动产或股票，应当自取得之日起(　　)内予以处分。
A. 一年　B. 两年
C. 六个月　D. 三个月

26. 某企业向银行借贷100万元，贷款期限为1年。该企业使用借款10个月后，欲提前归还此项贷款。依照法律规定，下列表述中正确的是：(　　)
A. 该企业可以提前还贷，银行应同意
B. 该企业应在还款日前15天通知银行方可提前还款
C. 该企业需与银行协商一致后方可提前还贷
D. 该企业不能提前还贷

27. 根据《商业银行法》的规定，下列有关商业银行的表述中哪一项是正确的？(　　)
A. 商业银行既可以是国有独资银行，也可以是非国有的股份制银行
B. 商业银行是依照《商业银行法》而非《公司法》设立的
C. 经国务院银行业监督管理机构批准成立的商业银行的分支机构依法独立承担民事责任
D. 商业银行只能被接管而不能破产

28. 依据《商业银行法》，下列哪项表述是不正确的？(　　)
A. 商业银行的注册资本应当是实缴资本
B. 设立城市合作银行的注册资本最低限额为1亿元人民币
C. 商业银行可自主决定在境内地点设立分支机构
D. 商业银行自取得营业执照之日起超过6个月无正当理由未开业的，国务院银行业监督管理机构吊销其经营许可证

29. 设立全国性商业银行的最低注册资本额为人民币(　　)。
A. 10亿元　B. 5亿元
C. 3亿元　D. 1亿元

30. 我国商业银行的贷款利率由(　　)。
A. 中央银行确定
B. 商业银行自由确定
C. 商业银行根据中国人民银行规定的贷款利率的上下限确定
D. 商业银行与客户协商确定

31. 银行客户自己不谨慎将密码告知他人，造成活期储蓄账户中钱款的损失，应由(　　)。
A. 银行承担责任
B. 客户承担责任
C. 银行和客户共同承担责任
D. 客户承担主要责任

32. 在商业银行经营不善时国务院银行业监督管理机构对商业银行进行接管的期限最长不得超过(　　)。
A. 4年　B. 3年
C. 2年　D. 1年

33. 商业银行的接管是指国务院银行业监督管理机构按照法定条件和程序，全面控制和管理商业银行业务活动的(　　)，是依法保障商业银行经营安全性、合法性的重要的(　　)措施。
A. 行业指导行为——补救性

B. 行业指导行为——预防性
C. 行政管理行为——补救性
D. 行政管理行为——预防性

34. 银行业监督管理的对象不包括(　　)。
A. 银行业金融机构
B. 信托投资公司
C. 财务公司
D. 咨询公司

35. 银行的下列违规行为哪一项依法应由中国人民银行负责查处?(　　)
A. 提供虚假财务报告
B. 出借营业许可证
C. 未经批准代理买卖外汇
D. 未经批准设立分支机构

36. 根据《商业银行法》的规定，商业银行破产清算时的财产分配适用下列哪一种顺序?(　　)
A. 清算费用，所欠职工工资和劳动保险费用，个人储蓄存款的本金和利息
B. 清算费用，个人储蓄存款的本金和利息，所欠职工工资和劳动保险费用
C. 个人储蓄存款的本金和利息，清算费用，所欠职工工资和劳动保险费用
D. 所欠职工工资和劳动保险费用，清算费用，个人储蓄存款的本金和利息

37. 根据《商业银行法》的规定，商业银行不得向关系人发放信用贷款。下列哪一类人属于该规定所指的关系人?(　　)
A. 商业银行的董事、监事、管理人员、信贷业务人员及其近亲属
B. 与商业银行有业务往来的非银行金融机构的董事、监事和高级管理人员
C. 商业银行的上级主管部门的负责人及其近亲属
D. 商业银行的客户企业的董事、监事和高级管理人员

38. 某省银行业监督管理局依法对某城市商业银行进行现场检查时，发现该行有巨额非法票据承兑，可能引发系统性银行业风险。根据《银行业监督管理法》的规定，应当立即向下列何人报告?(　　)(司考 2008. 1. 22)
A. 该省人民政府主管金融工作的负责人
B. 国务院主管金融工作的负责人
C. 中国人民银行负责人
D. 国务院银行业监督管理机构负责人

39. 关于商业银行贷款法律制度，下列哪一选项是错误的?(　　)(司考 2008. 1. 23)
A. 商业银行贷款应当实行审贷分离、分级审批的制度
B. 商业银行可以根据贷款数额以及贷款期限，自行确定贷款利率
C. 商业银行贷款，应当遵守资本充足率不得低于百分之八的规定
D. 商业银行贷款，应当对借款人的借款用途、偿还能力、还款方式等情况进行严格审查

二、多项选择题

1. 下列哪些人员不得担任商业银行的高级管理人员?(　　)
A. 因犯有贪污、贿赂、侵占财产、挪用财产罪或者破坏社会经济秩序罪，被判处刑罚，或者因犯罪被剥夺政治权利的
B. 担任因经营不善破产清算的公司、企业的董事或者厂长、经理，并对该公司、企业的破产负有个人责任的
C. 担任因违法被吊销营业执照的公司、企业的法定代表人，并负有个人责任的
D. 个人所负数额较大的债务到期未清偿的

2. 商业银行发放贷款的条件是(　　)。
A. 借款人必须提供担保
B. 必须在中国人民银行规定的利率幅度内确定贷款利率
C. 必须订立书面借款合同
D. 期限不能超过 20 年

3. 下列各项中，属于对商业银行进行接管的条件的有(　　)。
A. 出现信用危机
B. 严重影响存款人利益
C. 由国务院银行业监督管理机构对该银行实行接管
D. 资不抵债

4. 商业银行是依照商业银行法和公司法的规定设立的从事(　　)等业务的法人。
A. 吸收公众存款
B. 发放贷款
C. 办理结算
D. 执行货币政策

5. 为了适应市场竞争的需要，某商业银行与当地经营额达到一定规模的公司达成协议，可以承诺在同等条件下，优先为这些公司提供下列业务:(　　)
A. 为客户指名的公司发放委托贷款
B. 为客户出口产品提供买方信贷
C. 为客户投资市场公认的绩优上市公司提供信贷

D. 为客户进口产品提供信用证服务

6. 根据我国《商业银行法》的规定，商业银行可以根据市场形势的需要，自行决定信贷资产业务，但是由于防范金融风险的要求，不得向关系人发放下列哪些贷款？（　　）

A. 比市场同类贷款利率低的优惠贷款

B. 期限超过5年的长期贷款

C. 无须借款人提供担保的信用贷款

D. 非国家计划内项目的外汇贷款

7.《商业银行法》规定商业银行应当具备基本的偿付能力，所以对存款人应当采取具体的保护措施，下列哪些规定是对存款人的保护措施？（　　）

A. 对单位的存款，商业银行有权拒绝任何单位或者个人查询，但法律、行政法规另有规定的除外

B. 对单位的存款，商业银行有权拒绝任何单位或者个人冻结、扣划，但法律另有规定的除外

C. 商业银行应当按照中国人民银行规定的存款利率的上下限，确定存款利率，并予以公告

D. 商业银行应当按照中国人民银行的规定，向中国人民银行交足5%的存款准备金，以应付可能发生的偿付风险

8. 根据《公司法》和《商业银行法》的规定，商业银行是一个独立承担民事责任，自负盈亏的独立法人，所以有权自行决定发放贷款的对象，任何单位和个人都不得强行要求商业银行向特定的人发放贷款。如果你是商业银行的法律顾问，你认为下列哪些说法不符合《商业银行法》的规定？（　　）

A. 任何单位和个人不得强令商业银行发放贷款或者提供担保，但是承办银行的上级银行或者银行所在地的政府不在此列

B. 经国务院批准的特定贷款项目，国有独资商业银行应当发放贷款，由此造成的损失，由该银行以其他盈利弥补

C. 国有独资商业银行发放特定贷款造成的损失，由国务院采取相应补救措施

D. 经商业银行审查、评估，确认借款人资信良好，确能偿还贷款的，可以不用提供担保

9. 商业银行经营须以安全为第一要旨，其资产业务要遵守商业银行法和国务院银行业监督管理机构的有关规定，包括下列内容：（　　）

A. 商业银行贷款，借款人应当提供担保，商业银行应当对保证人的偿还能力、抵押物、质物的权属和价值以及实现抵押权、质权的可行性进行严格的审查

B. 商业银行因行使抵押权、质权而取得的不动产或者股票，应当自取得之日起3年内予以处分

C. 商业银行在中华人民共和国境内不得从事信托投资和股票业务，不得投资于非自用不动产

D. 商业银行不可以向企业投资，但是可以根据需要向非银行金融机构投资

10. 我国的《商业银行法》规定的商业银行是指依照商业银行法和公司法规定的程序而设立的企业法人，其主要业务是放款资产业务、存款负债业务和下列哪些中间业务？（　　）

A. 办理票据业务　　B. 办理银行汇兑业务

C. 发放贷款　　D. 办理外汇收支业务

11. 根据我国《商业银行法》和《贷款通则》的规定，商业银行在发放贷款时，应当根据下列规定进行：（　　）

A. 对借款人的借款用途、偿还能力、还款方式进行严格审查

B. 实行审贷分离、分级审批的制度

C. 借款人应当提供以不动产为主的担保

D. 应当按中国人民银行规定的贷款利率的上下限确定贷款利率

12. 根据《商业银行法》的规定，商业银行的工作人员应当遵守法律、行政法规和其他各项业务管理的规定，不得有下列行为：（　　）

A. 向亲属、朋友提供担保

B. 利用职务上的便利，贪污、挪用、侵占本行或者客户的资金

C. 在其他经济组织兼职

D. 投资于其他商业银行

13. 依据《商业银行法》，下列哪些事项的变动应当经国务院银行业监督管理机构批准？（　　）

A. 行长的更换

B. 变更持有股份总额5%的股东

C. 业务范围的调整

D. 分支行所在地的变更

14. 依据《商业银行法》，下列关于分支机构的表述哪些是正确的？（　　）

A. 商业银行可以在境内外设立分支机构

B. 商业银行的分支机构没有法人资格

C. 商业银行的分支机构的设立必须经过国务院银行业监督管理机构批准

D. 商业银行的分支机构自取得经营许可证之日起6个月未开业的，国务院银行业监督管理机构可以吊销其经营许可证

15. 下列选项关于对商业银行接管的表述中哪些是正确的？（　　）

A. 接管是用来挽救经营出现问题的银行的法律措施

B. 接管由国务院银行业监督管理机构组织实施

C. 接管是商业银行破产之前的必经程序，未经接管国务院银行业监督管理机构不得同意商业银行破产

D. 被接管商业银行的债权债务关系不因接管而发生任何变化

16. 下列表述中符合《商业银行法》规定的是(　　)。

A. 商业银行的经营范围由商业银行章程规定，报国务院银行业监督管理机构批准

B. 未经国务院银行业监督管理机构批准，任何单位和个人不得从事商业银行业务

C. 变更持有商业银行资本总额或者股份总额10%以上的股东应当报经国务院银行业监督管理机构批准

D. 商业银行不能支付到期债务，经国务院银行业监督管理机构同意，由人民法院依法宣告其破产

17. 商业银行用于同业拆借的拆出资金限于(　　)。

A. 归还中国人民银行到期贷款之后的闲置资金

B. 留足备付金

C. 交足存款准备金

D. 留足当月到期的偿债资金

18. 下列关于银行分支机构的正确表述有：(　　)

A. 商业银行分支机构不具有法人资格

B. 商业银行分支机构有法人资格

C. 商业银行分支机构不能承担民事责任

D. 商业银行分支机构不具有法人资格，在总行授权范围内依法开展业务，其民事责任由总行承担

19. 商业银行用于同业拆借的拆入资金限用于(　　)。

A. 解决临时性周转资金的需要

B. 弥补票据结算、联行汇差头寸的不足

C. 发放固定资产贷款

D. 投资政府债券

20. 依照我国现行法律的规定，下列行政机关中，哪些具有通知金融机构冻结、扣划存款人存款的权力？(　　)

A. 税务部门　　B. 行政监察部门

C. 工商行政管理部门　　D. 海关

21. 丁公司是由甲银行行长投资成立的，甲银行向丁公司提供了一笔300万元的贷款用于尚未获得批准的房产项目建设，并且没有要求丁公司提供担保。甲银行的行为违反了(　　)。

A. 银行不能向关系人发放贷款的规定

B. 银行不能向未取得批准的建设项目发放贷款的规定

C. 银行不能向关系人发放信用贷款的规定

D. 银行一次贷款的金额不能超过200万元的规定

22. 某商业银行因经营管理不善而被关闭，国务院银行业监督管理机构可能采取下列何种方式进行处理？(　　)

A. 追加资本金　　B. 直接进入清算程序

C. 托管　　D. 接管

23. 以下表述，哪几项是错误的？(　　)

A. 银行业金融机构违反平等、自愿和诚实原则的，国务院银行业监督管理机构应当责令其限期改正

B. 银行业金融机构整改后，应当向同级银行业监督管理机构提交报告

C. 银行业监督管理机构对银行业金融机构验收通过后，应在10日内解除对银行业金融机构采取的有关整改措施

D. 国务院银行业监督管理机构可以采取限制资产转让、限制有关股东权利等强制整改措施

24. 根据我国《商业银行法》《银行业监督管理法》的相关规定，下列哪些选项是正确的？(　　)

A. 商业银行的组织形式既可以是有限责任公司，也可以是股份有限公司

B. 商业银行的设立、变更等应经中国人民银行批准

C. 因商业银行涉及存款人的利益，故商业银行不能通过破产程序而终止

D. 中国银保监会负责对所有金融机构的监管

25. 商业银行出现下列哪些行为时，中国人民银行有权建议银行业监督管理机构责令停业整顿或吊销经营许可证？(　　)（司考2010.1.69）

A. 未经批准分立、合并的

B. 未经批准发行、买卖金融债券的

C. 提供虚假财务报告、报表和统计报表的

D. 违反规定同业拆借的

三、不定项选择题

1. 外资金融机构是指依照中国有关法律、法规的规定，经批准在中国境内设立和营业的(　　)。

A. 外资银行及其分行

B. 合资银行

C. 合资财务公司

D. 外资财务公司

2. 依据《商业银行法》，下列表述不正确的是：(　　)

A. 商业银行的注册资本应当是实缴资本

B. 设立城市商业银行的注册资本最低限额为1亿元人民币

C. 商业银行可自主决定在境内地点设立分支机构

D. 商业银行自取得营业执照之日起超过6个月无正当理由未开业的，人民银行有权吊销其经营许可证

四、名词解释

1. 金融法

2. 货币政策

3. 存款准备金

4. 托收承付

5. 融资租赁

6. 法定存款准备金制度

7. 资本充足率（*中国人民大学2007年考研真题*）

8. 再贴现（*中国人民大学2013年考研真题*）

五、简答题

1. 简述如何进一步完善中央银行宏观调控体系。

2. 简述商业银行的资产负债比例管理和风险管理的一般规定。

3. 简述金融监管的概念及目的。（*华东政法大学2007年考研真题*）

六、论述题

试论我国的外汇管理制度。

七、案例分析题

1. A市发展银行系股份制的全国性银行，实有资产20亿元人民币。为了开展、开拓业务，发展银行的业务员曹某将目光投向本市的光明实业总公司。曹某向光明实业总公司总经理康某暗示，如果康某愿意在发展银行开户存款，将对康某有益。康某当即提出想要购买发展银行的股票。曹某答应回去与行长商议此事。后经曹某与行长商议决定将发展银行的第二大股东江某所持的3亿元股票转让给康某，康某也答应如能如愿将在发展银行开户存款5亿元。双方即如约履诺，A市发展银行自行说服江某将3亿元的股票转让给康某，康某也在发展银行开立了光明实业公司的账户，存款5亿元。为了报答康某，发展银行购买了光明实业总公司的上市股票100万股共500万元，并暗中送给康某1万元的“辛苦费”。2018年11月3日，康某又在发展银行开立一个个人账户，存入公司的流动资金50万元。后来国务院银行业监督管理机构对A市发展银行进行检查时，发现了许多违法行为，并给予其罚款等处分。

问题：发展银行的做法违反了哪些法律规定？

2. 2018年4月，甲商业银行因行使对某公司的抵押权而折价800万元取得作为抵押物的一幢大楼，过户手续已经办理完毕。2020年9月，该银行将大楼以900万元的价格出售给乙公司。见房地产业利润丰厚，该银行立即斥资5000万元收购了丙房地产股份公司51%的股份，成为其第一大股东。同时，证券市场正处于牛市，该银行为获取高额收益，也将1亿元资金投入股市。

请结合《商业银行法》的有关规定，指出上述案例中的违法之处。

3. 甲、乙、丙、丁四个股东共同出资设立一家银行有限责任公司，经资产评估事务所的评估，甲股东以自己的一幅面积2000平方米的土地使用权作价300万元出资，每平方米价值1500元，当时同样地段的土地使用权价格是每平方米800元，但是当时其他股东因为争取公司注册资金到位取得公司登记，对甲股东的土地使用权价值没有异议。因国务院银行业监督管理机构没有批准该银行公司成立，但是该公司设立过程中已经给债权人造成了若干损失，应当由各出资人在其出资额内承担民事赔偿责任。其中出资不足股东的律师在法庭上主张出资人应当承担清偿责任，但是应以公司财产对外承担责任，股东只是以出资额为限承担责任为由，拒绝承担责任。

请问：

(1) 甲股东的出资行为是否符合公司法和银行法的规定？

(2) 资产评估事务所对其所作的资产评估应当承担何种法律责任？

(3) 当银行不能设立时，债权人不能得到

完全清偿，能否要求出资人赔偿？

（4）律师的辩解是否有法律根据？

4. 某甲（工商户）向银行申请1年期的50万元贷款，该银行与甲商议要求其用25万元存入该银行作为贷款的质押担保。甲同意，随后甲获得银行的贷款。6个月后，甲因急需资金周转，同银行商议用其他财产作抵押，换出该存单。银行同意将存单交给甲。1年后该贷款到期，甲未按期偿还银行的贷款。甲持到期的存单向银行办理支取。银行以甲借款到期未还为理由拒付。

问：（1）从银行的角度考虑，银行可以拒付吗？为什么？

（2）从甲的角度考虑，甲有权利向银行要求支取存单吗？为什么？

（3）甲与银行的纠纷应该通过何种方式解决？

5. 甲市某机械生产企业在一周内分三次从同一商业银行设在该市的三家支行各获得200万元、300万元、400万元的贷款，并从该银行设在乙市的分行再获得100万元贷款。这些贷款到期后经商业银行多次催还，均无着落，该商业银行诉至法院。经查，这些贷款中的一半已被该企业投资于房地产，另一半则转贷给房地产公司，以牟取高额利息，现因房地产不景气，资金无法收回。商业银行在发放贷款时，也未要求该企业提供任何担保，贷款手续亦由各分、支行长一手办理，也未按规定向有关机构报备贷款情况。

问：（1）借款企业存在哪些违法行为？

（2）商业银行在发放贷款时存在哪些违法行为？

6. 某企业以其持有的依法可以转让的股票出质，向该市城市商业银行申请质押贷款，双方于2020年8月3日签订书面借款合同，次日交付股票并签订质押合同，8月5日向有关机构办理出质登记手续，商业银行依合同规定于8月6日向该企业发放了贷款。请依据现行规定回答下列问题：

（1）以股票出质属于哪一类质押？

（2）该质押合同自何日起生效？

（3）企业和银行应向什么机构办理质押登记手续？

（4）如银行因保管不善，致使股票遭火灾焚毁，该如何处理？

（5）如果贷款到期不能归还时，银行该怎么办？

7. A在B银行办理了个人信用卡后，多次在特约单位消费。2020年7月15日，有人向B银行挂失，声称持卡人名称为A的信用卡遗失。银行立刻发出了止付通知。7月16日，A在特约单位购买了价值达2万元人民币左右的电器。在划卡时，特约单位拒绝受理。A在查询之后，指出是有人冒名挂失。据查，B银行在挂失时并没有要求挂失人出具身份证件。A因此对法院提起诉讼，要求B银行赔偿其为调查此事的往返路费。

问：（1）挂失信用卡应当办理什么样的手续？

（2）特约单位拒绝为A划卡的行为是否合法？

（3）B银行是否应当赔偿A的损失？

参考答案

一、单项选择题

1. **答案**：D。《商业银行法》第3条：……经营范围由商业银行章程规定，报国务院银行业监督管理机构批准。商业银行经中国人民银行批准，可以经营结汇、售汇业务。

　　商业银行与国务院银行业监督管理机构的关系及商业银行按照不同的业务分别接受中国人民银行和国务院银行业监督管理机构的检查监督。

2. **答案**：A。《商业银行法》第28条规定，任何单位和个人购买商业银行股份总额5%以上的，应当事先经国务院银行业监督管理机构批准。

3. **答案**：A。《商业银行法》第39条第1款第（2）项规定，流动性资产余额与流动性负债余额的比例不得低于25%。

4. **答案**：A。《商业银行法》第39条第1款第（1）项规定，资本充足率不得低于8%。

5. **答案**：C。《商业银行法》第43条："商业银行在中华人民共和国境内不得从事信托投资和证券经营业务，不得向非自用不动产投资或者向非银行金融机构和企业投资，但国家另有规定的除外。"

6. **答案**：D。存款合同属于格式合同，由银行事先制定，普通存款人没有和银行协商存款条款的机会和地位。

7. **答案**：C。《商业银行法》第3条："商业银行可以经营下列部分或者全部业务：（一）吸收公众存款；（二）发放短期、中期和长期贷款；（三）办理国内外结算；（四）办理票据承兑与贴现；（五）发行金融债券；（六）代理发行、代理兑付、承销政府债券；（七）买卖政府债券、金融债券；（八）从事同业拆借；（九）买卖、代理买卖外汇；（十）从事银行卡业务；（十一）提供信用证服务及担保；（十二）代理收付款项及代理保险业务；（十三）提供保管箱服务；（十四）经国务院银行业监督管理机构批准的其他业务。经营范围由商业银行章程规定，报国务院银行业监督管理机构批准……"故ABD不选。

8. **答案**：B。《商业银行法》第4条：商业银行以安全性、流动性、效益性为经营原则，实行自主经营，自担风险，自负盈亏，自我约束。商业银行依法开展业务，不受任何单位和个人的干涉。

9. **答案**：A。《商业银行法》第61条："商业银行应当按照规定向国务院银行业监督管理机构、中国人民银行报送资产负债表、利润表以及其他财务会计、统计报表和资料。"

10. **答案**：D。《商业银行法》第79条："有下列情形之一，由国务院银行业监督管理机构责令改正，有违法所得的，没收违法所得，违法所得五万元以上的，并处违法所得一倍以上五倍以下罚款；没有违法所得或者违法所得不足五万元的，处以五万元以上五十万元以下罚款：（一）未经批准在名称中使用'银行'字样的；（二）未经批准购买商业银行股份总额百分之五以上的；（三）将单位的资金以个人名义开立账户存储的。"

11. **答案**：C。《商业银行法》第27条规定：有下列情形之一的，不得担任商业银行的董事、高级管理人员：（一）因犯有贪污、贿赂、侵占财产、挪用财产罪或者破坏社会经济秩序罪，被判处刑罚，或者因犯罪被剥夺政治权利的；（二）担任因经营不善破产清算的公司、企业的董事或者厂长、经理，并对该公司、企业的破产负有个人责任的；（三）担任因违法被吊销营业执照的公司、企业的法定代表人，并负有个人责任的；（四）个人所负数额较大的债务到期未清偿的。

12. **答案**：C。《商业银行法》第29条：商业银行办理个人储蓄存款业务，应当遵循存款自愿、取款自由、存款有息、为存款人保密的原则。

　　对个人储蓄存款，商业银行有权拒绝任何单位或者个人查询、冻结、扣划，但法律另有规定的除外。

13. **答案**：A。《商业银行法》第71条第2款：商业银行破产清算时，在支付清算费用、所欠职工工资和劳动保险费用后，应当优先支付个人储蓄存款的本金和利息。《企业破产法》第113条："破产财产在优先清偿破产费用和共益债务后，依照下列顺序清偿：（一）破产人所欠职工的工资和医疗、伤残补助、抚恤费用，所欠的应当划入职工个人账户的基本养老保险、基本医疗保险费用，以及法律、行政法规规定应当支付给职工的补偿金；（二）破产人欠缴的除前项规定以外的社会保险费用和破产人所欠税款；（三）普通破产债权。破产财产不足以清偿同一顺序的清偿要求的，按照比例分配。破产企业的董事、监事和高级管理人员的工资按照该企业职工的平均工资计算。”

14. **答案**：B。《商业银行法》第56条：商业银行应当于每一会计年度终了三个月内，按照国务院银行业监督管理机构的规定，公布其上一年度的经营业绩和审计报告。

15. **答案**：A。见《商业银行法》第30条：“对单位存款，商业银行有权拒绝任何单位或者个人查询，但法律、行政法规另有规定的除外；有权拒绝任何单位或者个人冻结、扣划，但法律另有规定的除外。”

《税收征收管理法》第40条：“从事生产、经营的纳税人、扣缴义务人未按照规定的期限缴纳或者解缴税款，纳税担保人未按照规定的期限缴纳所担保的税款，由税务机关责令限期缴纳，逾期仍未缴纳的，经县以上税务局（分局）局长批准，税务机关可以采取下列强制执行措施：（一）书面通知其开户银行或者其他金融机构从其存款中扣缴税款……”

第38条：“税务机关有根据认为从事生产、经营的纳税人有逃避纳税义务行为的，可以在规定的纳税期之前，责令限期缴纳应纳税款；在限期内发现纳税人有明显的转移、隐匿其应纳税的商品、货物以及其他财产或者应纳税的收入的迹象的，税务机关可以责成纳税人提供纳税担保。如果纳税人不能提供纳税担保，经县以上税务局（分局）局长批准，税务机关可以采取下列税收保全措施：（一）书面通知纳税人开户银行或者其他金融机构冻结纳税人的金额相当于应纳税款的存款……”

16. **答案**：B。见《商业银行法》第35条：商业银行贷款，应当对借款人的借款用途、偿还能力、还款方式等情况进行严格审查。

17. **答案**：C。见《商业银行法》第71条第1款：商业银行不能支付到期债务，经国务院银行业监督管理机构同意，由人民法院依法宣告其破产。商业银行被宣告破产的，由人民法院组织国务院银行业监督管理机构等有关部门和有关人员成立清算组，进行清算。

18. **答案**：A。见《商业银行法》第29条：商业银行办理个人储蓄存款业务，应当遵循存款自愿、取款自由、存款有息、为存款人保密的原则。对个人储蓄存款，商业银行有权拒绝任何单位或者个人查询、冻结、扣划，但法律另有规定的除外。

19. **答案**：C。《商业银行法》第19条第2款：商业银行……拨付各分支机构营运资金额的总和，不得超过总行资本金总额的百分之六十。

20. **答案**：C。《商业银行法》第64条：商业银行已经或可能发生信用危机，严重影响存款人的利益时，国务院银行业监督管理机构可以对该银行实行接管。

21. **答案**：B。《商业银行法》第23条第2款：商业银行及其分支机构自取得营业执照之日起无正当理由超过六个月未开业的，或开业后自行停业连续六个月以上的，由国务院银行业监督管理机构吊销其经营许可证，并予以公告。

22. **答案**：C。《商业银行法》第40条第1款：商业银行不得向关系人发放信用贷款；向关系人发放担保贷款的条件不得优于其他借款人同类贷款的条件。

23. **答案**：A。《商业银行法》第48条第1款：企业事业单位可以自主选择一家商业银行的营业场所开立一个办理日常转账结算和现金收付的基本账户，不得开立两个以上基本账户。

24. **答案**：B。《商业银行法》第18条：国有独资商业银行设立监事会……

25. **答案**：B。《商业银行法》第42条第2款：……商业银行因行使抵押权、质权而取得的不动产或者股权，应当自取得之日起二年内予以处分。

26. **答案**：A。本题是关于商业银行发放贷款的命题。合同崇尚契约自由，借款合同签订后，借款人本应在借款到期时偿还借款，但提前偿还借款对于发放贷款的银行来讲，虽说利息收入有所减少，但却没有了本金收不回的风险，因此只要银行同意，借款人就可以提前偿还贷款。故选项A正确。

27. **答案**：A。本题涉及的知识点有：商业银行的组织形式、商业银行分支机构的法律地位、商业银行的性质。《商业银行法》第17条规定，商业银行的组织形式、组织机构适用《公司法》的规定。我国的《公司法》规定公司的形式为：股份有限公司、有限责任公司，有限公司中可以有国有独资的一人公司。据此，选项A正确，选项B错误。商业银行既然是公司，在性质上便属于具有法人资格的企业，因此就存在破产的问题，选项D是错误的。依据《商业银行法》，商业银行可以根据业务的需要设立分支机构。《商业银行法》第22条第2款规定，商业银行分支机构不具有法人资格，在总行授权范围内依法开展业务，其民事责任由总行承担，因此选项C是错误的。

28. 答案：C。商业银行设立的有关规定。商业银行作为经营货币这种特殊商品的企业，法律对其注册资本有特殊要求，《商业银行法》第13条规定，设立商业银行实行注册资本的最低限额制度，城市合作银行注册资本最低限额为1亿元人民币，注册资本应当是实缴资本。据此，选项A、B的表述都是正确的。商业银行设立后，可以根据业务需要在中国境内外设立分支机构。但根据《商业银行法》第19条规定，设立分支机构必须经国务院银行业监督管理机构审查批准。也就是说，商业银行无权自主决定分支机构的设立。据此，选项C的表述是错误的。《商业银行法》第23条第2款规定，商业银行及其分支机构自取得营业执照之日起无正当理由超过6个月未开业的，或者开业后自行停业连续6个月以上的，由国务院银行业监督管理机构吊销其经营许可证。据此，选项D的表述是正确的。

29. 答案：A。《商业银行法》第13条：设立全国性商业银行的注册资本最低限额为十亿元人民币。

30. 答案：C。《商业银行法》第38条：商业银行应当按照中国人民银行规定的贷款利率的上下限，确定贷款利率。

31. 答案：B。密码是银行保护存款人的措施，银行已经尽到义务，没有过失。

32. 答案：C。《商业银行法》第67条：接管期限届满，国务院银行业监督管理机构可以决定延期，但接管期限最长不得超过二年。

33. 答案：D。商业银行的接管是国务院银行业监督管理机构全面控制和管理商业银行的业务活动的行政管理行为，是国务院银行业监督管理机构依法保障商业银行经营安全性、合法性的重要的预防性措施。

34. 答案：D。见《银行业监督管理法》第2条。

35. 答案：A。《商业银行法》第74条规定，商业银行有下列情形之一，由国务院银行业监督管理机构责令改正，有违法所得的，没收违法所得，违法所得五十万元以上的，并处违法所得一倍以上五倍以下罚款；没有违法所得或者违法所得不足五十万元的，处五十万元以上二百万元以下罚款；情节特别严重或者逾期不改正的，可以责令停业整顿或者吊销其经营许可证；构成犯罪的，依法追究刑事责任：（一）未经批准设立分支机构的……（四）出租、出借经营许可证的；（五）未经批准买卖、代理买卖外汇的……故选项B、C、D应由银行业监督管理机构查处。

我国《商业银行法》第77条规定：商业银行有下列情形之一的，由中国人民银行责令改正……（一）拒绝或者阻碍中国人民银行检查监督的；（二）提供虚假的或者隐瞒重要事实的财务会计报告、报表和统计报表的；（三）未按照中国人民银行规定的比例交存存款准备金的。

36. 答案：A。《商业银行法》第71条第2款规定："商业银行破产清算时，在支付清算费用、所欠职工工资和劳动保险费用后，应当优先支付个人储蓄存款的本金和利息。"A项正确。

37. 答案：A。《商业银行法》第40条规定："商业银行不得向关系人发放信用贷款；向关系人发放担保贷款的条件不得优于其他借款人同类贷款的条件。前款所称关系人是指：（一）商业银行的董事、监事、管理人员、信贷业务人员及其近亲属；（二）前项所列人员投资或者担任高级管理职务的公司、企业和其他经济组织。"故本题答案为A。

38. 答案：D。根据《银行业监督管理法》第28条的规定，国务院银行业监督管理机构应当建立银行业突发事件的发现、报告岗位责任制度。银行业监督管理机构发现可能引发系统性银行业风险、严重影响社会稳定的突发事件的，应当立即向国务院银行业监督管理机构负责人报告；国务院银行业监督管理机构负责人认为需要向国务院报告的，应当立即向国务院报告，并告知中国人民银行、国务院财政部门等有关部门。故本题的正确答案应当是D。

39. 答案：B。根据《商业银行法》第35条规定，商业银行贷款，应当对借款人的借款用途、偿还能力、还款方式等情况进行严格审查。商业银行贷款，应当实行审贷分离、分级审批的制度。故A项说法正确。根据《商业银行法》第38条的规定，商业银行应当按照中国人民银行规定的贷款利率的上下限，确定贷款利率。故B项说法错误。C项符合《商业银行法》第39条的规定。D项符合上述《商业银行法》第35条第1款的规定。正确答案应当是B。

二、多项选择题

1. 答案：ABCD。《商业银行法》第27条规定："有下列情形之一的，不得担任商业银行的董事、高级管理人员：（一）因犯有贪污、贿赂、侵占财产、挪用财产罪或者破坏社会经济秩序罪，被判处刑罚，或者因犯罪被剥夺政治权利的；（二）担任因经营不善破产清算的公司、企业的董事或者厂长、经理，并对该公司、企业的破产负有个人责任的；（三）担任因违法被吊销营业执照的公司、企业的法定代表人，并负有个人责任的；（四）个人所负数额较大的债务到期未清偿的。”

2. **答案**：BC。《商业银行法》第 36 条规定：“商业银行贷款，借款人应当提供担保。商业银行应当对保证人的偿还能力，抵押物、质物的权属和价值以及实现抵押权、质权的可行性进行严格审查。经商业银行审查、评估，确认借款人资信良好，确能偿还贷款的，可以不提供担保。”注意：提供担保不是银行贷款的必要条件。A 错。

《商业银行法》第 38 条规定：“商业银行应当按照中国人民银行规定的贷款利率的上下限，确定贷款利率。”B 对。

《商业银行法》第 37 条规定：“商业银行贷款，应当与借款人订立书面合同。合同应当约定贷款种类、借款用途、金额、利率、还款期限、还款方式、违约责任和双方认为需要约定的其他事项。”C 对。

D 错，法律没有如此规定。

3. **答案**：AB。《商业银行法》第 64 条第 1 款：商业银行已经或者可能发生信用危机，严重影响存款人的利益时，国务院银行业监督管理机构可以对该银行实行接管。

4. **答案**：ABC。见《商业银行法》第 2 条。

5. **答案**：ABCD。《商业银行法》第 3 条：商业银行可以经营下列部分或者全部业务：（一）吸收公众存款；（二）发放短期、中期和长期贷款；（三）办理国内外结算；（四）办理票据承兑与贴现；（五）发行金融债券；（六）代理发行、代理兑付、承销政府债券；（七）买卖政府债券、金融债券；（八）从事同业拆借；（九）买卖、代理买卖外汇；（十）从事银行卡业务；（十一）提供信用证服务及担保；（十二）代理收付款项及代理保险业务；（十三）提供保管箱服务；（十四）经国务院银行业监督管理机构批准的其他业务。经营范围由商业银行章程规定，报国务院银行业监督管理机构批准。

6. **答案**：AC。《商业银行法》第 40 条：商业银行不得向关系人发放信用贷款；向关系人发放担保贷款的条件不得优于其他借款人同类贷款的条件。前款所称关系人是指：（一）商业银行的董事、监事、管理人员、信贷业务人员及其近亲属；（二）前项所列人员投资或者担任高级管理职务的公司、企业和其他经济组织。故 AC 对。

7. **答案**：ABC。《商业银行法》第 30 条：对单位存款，商业银行有权拒绝任何单位或者个人查询，但法律、行政法规另有规定的除外；有权拒绝任何单位或者个人冻结、扣划，但法律另有规定的除外。故 AB 对。第 31 条：商业银行应当按照中国人民银行规定的存款利率的上下限，确定存款利率，并予以公告。故 C 对。第 32 条：商业银行应当按照中国人民银行的规定，向中国人民银行交存存款准备金，留足备付金。可见，《商业银行法》并未规定固定的存款准备金率。故 D 错。

8. **答案**：ABC。《商业银行法》第 41 条：“任何单位和个人不得强令商业银行发放贷款或者提供担保。商业银行有权拒绝任何单位和个人强令要求其发放贷款或者提供担保。”AB 错。

C 是原《商业银行法》的内容，现已删除。第 36 条第 2 款：“经商业银行审查、评估，确认借款人资信良好，确能偿还贷款的，可以不提供担保。”故 D 正确。

9. **答案**：AC。《商业银行法》第 36 条：“商业银行贷款，借款人应当提供担保。商业银行应当对保证人的偿还能力，抵押物、质物的权属和价值以及实现抵押权、质权的可行性进行严格审查。经商业银行审查、评估，确认借款人资信良好，确能偿还贷款的，可以不提供担保。”故 A 对。

第 42 条第 2 款：“借款人到期不归还担保贷款的，商业银行依法享有要求保证人归还贷款本金和利息或者就该担保物优先受偿的权利。商业银行因行使抵押权、质权而取得的不动产或者股票，应当自取得之日起二年内予以处分。”故 B 错。

第 43 条：“商业银行在中华人民共和国境内不得从事信托投资和证券经营业务，不得向非自用不动产投资或者向非银行金融机构和企业投资，但国家另有规定的除外。”故 D 有误。

10. **答案**：ABD。见《商业银行法》第 3 条。

11. **答案**：ABD。《商业银行法》第 36 条第 1 款：商业银行贷款，借款人应当提供担保。商业银行应当对保证人的偿还能力，抵押物、质物的权属和价值以及实现抵押权、质权的可行性进行严格审查。故 A 对。第 35 条：商业银行贷款，应当对借款人的借款用途、偿还能力、还款方式等情况进行严格审查。商业银行贷款，应当实行审贷分离、分级审批的制度。故 B 对。第 38 条："商业银行应当按照中国人民银行规定的贷款利率的上下限，确定贷款利率。"故 D 对。

12. 答案：BC。《商业银行法》第 52 条：商业银行的工作人员应当遵守法律、行政法规和其他各项业务管理的规定，不得有下列行为：（一）利用职务上的便利，索取、收受贿赂或者违反国家规定收受各种名义的回扣、手续费；（二）利用职务上的便利，贪污、挪用、侵占本行或者客户的资金；（三）违反规定徇私向亲属、朋友发放贷款或者提供担保；（四）在其他经济组织兼职；（五）违反法律、行政法规和业务管理规定的其他行为。

13. 答案：BCD。见《商业银行法》第 24 条：商业银行有下列变更事项之一的，应当经国务院银行业监督管理机构批准：（一）变更名称；（二）变更注册资本；（三）变更总行或者分支行所在地；（四）调整业务范围；（五）变更持有资本总额或者股份总额百分之五以上的股东；（六）修改章程；（七）国务院银行业监督管理机构规定的其他变更事项。更换董事长、高级管理人员时，应当报经国务院银行业监督管理机构审查其任职资格。

14. 答案：ABCD。见《商业银行法》第 19 条：商业银行根据业务需要可以在中华人民共和国境内外设立分支机构。设立分支机构必须经国务院银行业监督管理机构审查批准。在中华人民共和国境内的分支机构，不按行政区划设立。

第 22 条：商业银行对其分支机构实行全行统一核算，统一调度资金，分级管理的财务制度。商业银行分支机构不具有法人资格，在总行授权范围内依法开展业务，其民事责任由总行承担。

15. 答案：ABD。见《商业银行法》第 64 条、第 65 条。

16. 答案：ABCD。《商业银行法》第 3 条第 2 款："经营范围由商业银行章程规定，报国务院银行业监督管理机构批准。"第 11 条："设立商业银行，应当经国务院银行业监督管理机构审查批准。未经国务院银行业监督管理机构批准，任何单位和个人不得从事吸收公众存款等商业银行业务，任何单位不得在名称中使用'银行'字样。"第 24 条："商业银行有下列变更事项之一的，应当经国务院银行业监督管理机构批准：……（五）变更持有资本总额或者股份总额百分之五以上的股东……"第 71 条第 1 款："商业银行不能支付到期债务，经国务院银行业监督管理机构同意，由人民法院依法宣告其破产……"

17. 答案：ABC。《商业银行法》第 46 条：拆出资金限于交足存款准备金、留足备付金和归还人民银行到期贷款之后的闲置资金。

18. 答案：ACD。《商业银行法》第 22 条第 2 款："商业银行分支机构不具有法人资格，在总行授权范围内依法开展业务，其民事责任由总行承担。"

19. 答案：AB。《商业银行法》第 46 条：拆入资金用于弥补票据结算、联行汇差头寸的不足和解决临时性周转资金的需要。

20. 答案：AD。本题关于银行冻结、扣划存款。《商业银行法》第 29 条、第 30 条规定，要求银行冻结、扣划客户的存款必须有法律作为依据。冻结、扣划款项从法理上讲属于司法性的权力，一般只能由司法机关去行使。但税务机关和海关在代表国家行使征税权力时，《税收征收管理法》和《海关法》赋予了这两个行政机关以司法性的权力。因此，选项 A、D 是正确的。至于行政监察部门、工商行政管理部门只有查询银行存款的权力，有关的法律并未赋予他们冻结、扣划这种司法性的权力。

21. 答案：BC。《商业银行法》第 40 条：商业银行不得向关系人发放信用贷款；向关系人发放担保贷款的条件不得优于其他借款人同类贷款的条件。前款所称关系人是指：（一）商业银行的董事、监事、管理人员、信贷业务人员及其近亲属；（二）前项所列人员投资或者担任高级管理职务的公司、企业和其他经济组织。

《贷款通则》第 24 条："对贷款人的限制……（四）建设项目按国家规定应当报有关部门批准而未取得批准文件的……"

22. 答案：BD。《商业银行法》第 64 条："商业银行已经或者可能发生信用危机，严重影响存款人的利益时，国务院银行业监督管理机构可以对该银行实行接管。接管的目的是对被接管的商业银行采取必要措施，以保护存款人的利益，恢复商业银行的正常经营能力。被接管的商业银行的债权债务关系不因接管而变化。"商业银行是独立的法人，与国务院银行业监督管理机构不是子母公司的关系，国务院银行业监督管理机构是出于保护存款人利益，维护社会稳定的考虑，才会出面接管出现信用危机的商业银行，没有为挽救出了问题的银行提供贷款和追加资本金的义务。也可以不接管，直接让这种商业银行按商业规则进入清算程序；或者让经营比较好的商业银行接管。

23. 答案：ABC。见《银行业监督管理法》第37条。考点：国务院银行业监督管理机构监督管理措施中的强制整改制度。

24. 答案：AD。《商业银行法》第17条第1款规定："商业银行的组织形式、组织机构适用《中华人民共和国公司法》的规定。"因此，商业银行可以是有限责任公司，也可以是股份有限公司。《商业银行法》第11条规定："设立商业银行，应当经国务院银行业监督管理机构审查批准。未经国务院银行业监督管理机构批准，任何单位和个人不得从事吸收公众存款等商业银行业务，任何单位不得在名称中使用'银行'字样。"因此B项错误。《企业破产法》第134条规定："商业银行、证券公司、保险公司等金融机构有本法第二条规定情形的，国务院金融监督管理机构可以向人民法院提出对该金融机构进行重整或者破产清算的申请。国务院金融监督管理机构依法对出现重大经营风险的金融机构采取接管、托管等措施的，可以向人民法院申请中止以该金融机构为被告或者被执行人的民事诉讼程序或者执行程序。金融机构实施破产的，国务院可以依据本法和其他有关法律的规定制定实施办法。"商业银行也能通过破产程序而终止，因此C项错误。《银行业监督管理法》第2条第1款规定："国务院银行业监督管理机构负责对全国银行业金融机构及其业务活动监督管理的工作。"D正确。

25. 答案：CD。选项C、D正确。《商业银行法》第77条规定，商业银行有下列情形之一，由中国人民银行责令改正，并处二十万元以上五十万元以下罚款；情节特别严重或者逾期不改正的，中国人民银行可以建议国务院银行业监督管理机构责令停业整顿或者吊销其经营许可证；构成犯罪的，依法追究刑事责任：（一）拒绝或者阻碍中国人民银行检查监督的；（二）提供虚假的或者隐瞒重要事实的财务会计报告、报表和统计报表的；（三）未按照中国人民银行规定的比例交存存款准备金的。第76条规定，商业银行有下列情形之一，由中国人民银行责令改正，有违法所得的，没收违法所得，违法所得五十万元以上的，并处违法所得一倍以上五倍以下罚款；没有违法所得或者违法所得不足五十万元的，处五十万元以上二百万元以下罚款；情节特别严重或者逾期不改正的，中国人民银行可以建议国务院银行业监督管理机构责令停业整顿或者吊销其经营许可证；构成犯罪的，依法追究刑事责任：（一）未经批准办理结汇、售汇的；（二）未经批准在银行间债券市场发行、买卖金融债券或者到境外借款的；（三）违反规定同业拆借的。选项A、B不符合题意。《商业银行法》第74条规定，商业银行有下列情形之一，由国务院银行业监督管理机构责令改正，有违法所得的，没收违法所得，违法所得五十万元以上的，并处违法所得一倍以上五倍以下罚款；没有违法所得或者违法所得不足五十万元的，处五十万元以上二百万元以下罚款；情节特别严重或者逾期不改正的，可以责令停业整顿或者吊销其经营许可证；构成犯罪的，依法追究刑事责任：（一）未经批准设立分支机构的；（二）未经批准分立、合并或者违反规定对变更事项不报批的；（三）违反规定提高或者降低利率以及采用其他不正当手段，吸收存款，发放贷款的；（四）出租、出借经营许可证的；（五）未经批准买卖、代理买卖外汇的；（六）未经批准买卖政府债券或者发行、买卖金融债券的；（七）违反国家规定从事信托投资和证券经营业务、向非自用不动产投资或者向非银行金融机构和企业投资的；（八）向关系人发放信用贷款或者发放担保贷款的条件优于其他借款人同类贷款的条件的。

三、不定项选择题

1. 答案：ABCD。

2. 答案：C。本题考查商业银行的设立。《商业银行法》第12条规定："设立商业银行，应当具备下列条件：（一）有符合本法和《中华人民共和国公司法》规定的章程；（二）有符合本法规定的注册资本最低限额；（三）有具备任职专业知识和业务工作经验的董事、高级管理人员；（四）有健全的组织机构和管理制度；（五）有符合要求的营业场所、安全防范措施和与业务有关的其他设施。设立商业银行，还应当符合其他审慎性条件。"因此，A、B两个选项的表述是正确的。

第19条规定："商业银行根据业务需要可以在中华人民共和国境内外设立分支机构。设立分支机构必须经国务院银行业监督管理机构审查批准。在中华人民共和国境内的分支机构，不按行政区划设立。商业银行在中华人民共和国境内设立分支机构，应当按照规定拨付与其经营规模相适应的营运资金额。拨付各分支机构营运资金额的总和，不得超过总行资本金总额的百分之六十。”可见，商业银行设立分支机构必须经国务院银行业监督管理机构审查批准，而不能由商业银行自主决定。因此，C选项的表述是错误的，其为该题正确答案。

第23条第2款规定：“商业银行及其分支机构自取得营业执照之日起无正当理由超过六个月未开业的，或者开业后自行停业连续六个月以上的，由国务院银行业监督管理机构吊销其经营许可证，并予以公告。”因此，D选项的表述是正确的。

四、名词解释

1. **答案**：金融法是调整金融关系的各种法律规范的总称。它是关于金融活动和金融管理的一系列法律规范组成的法律体系，是经济法的重要组成部门。具体包括银行法、货币法（含外汇法）、信托法、证券法、期货法、保险法、票据法等，其中，银行法是基本的金融法。

2. **答案**：货币政策即金融政策，是国家为了实现经济发展任务而制定的有关金融的方针、政策及措施的总称。它是所有主权国家实行宏观调控的重要手段之一，目标是保持货币币值的稳定，并以此促进经济增长。

3. **答案**：存款准备金是指商业银行等金融机构按照中央银行的规定，将其吸收的存款总额中的相应比例，缴存中央银行。这笔上缴金额与存款总额之比，即为存款准备金率。其目的在于保障中央银行调节社会供应量，保障存款人可以随时提取存款，这是中央银行进行宏观调控的传统三大货币政策工具之一。

4. **答案**：托收承付是根据买卖合同，由卖方发货后委托银行向异地买方收取货款，由买方向银行承认付款的一种结算方式。买方（主要是企业等单位）办理托收承付结算，必须重合同、守信用，不得无理拒付。银行对托收承付要加强监管。

5. **答案**：融资租赁是指出租人根据承租人对出卖人、租赁物的选择，向出卖人购买租赁物，提供给承租人使用，承租人支付租金。包括两个合同：融资租赁合同和租赁物买卖合同；三方当事人：出租人、承租人和出卖人。

6. **答案**：法定存款准备金制度是指各类吸收存款的商业银行和非银行金融机构，必须按照中央银行依法确定的比率，将自己吸收存款的一部分缴存给中央银行的制度。

7. **答案**：资本充足率是指资本总额与加权风险资产总额的比例。资本充足率反映商业银行在存款人和债权人的资产遭到损失之前，该银行能以自有资本承担损失的程度。规定该项指标的目的在于抑制风险资产的过度膨胀，保护存款人和其他债权人的利益、保证银行等金融机构正常运营和发展。各国金融管理当局一般都有对商业银行资本充足率的管制，目的是监测银行抵御风险的能力。

8. **答案**：再贴现是中央银行对金融机构持有的未到期已贴现商业汇票予以贴现的行为。在我国，中央银行通过适时调整再贴现总量及利率，明确再贴现票据选择，达到吞吐基础货币和实施金融宏观调控的目的，同时发挥调整信贷结构的功能。

五、简答题

1. **答案**：在国家宏观调控体系当中，中央银行的宏观调控职能主要表现在货币政策和金融监管两个方面。

   第一，货币政策目标在于保持货币币值的稳定，并以此促进经济增长。衡量货币币值是否稳定，主要看是否有效地抑制了通货膨胀，抑制通货膨胀是宏观调控的首要任务，为此中央银行要保持人民币币值稳定，发行货币应坚持经济发行的原则，并充分运用多种货币政策工具以调节货币的供应量，同时要疏通贷款渠道，提高贷款的质量，防止金融政策的制度性收缩。

   第二，要加强金融监管，针对设立金融机构要求过热、金融机构市场行为违规较多的问题，要落实银行、信托、证券、保险分业经营和分业管理，要按照法定的标准和程序审批金融机构的设立申请，对金融机构进入市场进行全面监管，防范和化解金融风险。

2. **答案**：按照现行法律，我国商业银行在资产负债比例管理和风险管理方面应当遵循下列规定：第一，资本充足率，即资本总额与加权风险资产总额的比例不得低于8%；第二，贷款余额与存款余额的比例不得超过75%；第三，流动性资产余额与流动性负债余额的比例不得低于25%；第四，对同一借款人的贷款余额与商业银行资本余额的比例不得超过10%。对资产与负债的比例设定一条警戒线，有利于保障商业银行抵御外界经济动荡干扰的能力，有利于保护存款人的利益，也有利于中央银行对商业银行实施监督管理。

3. **答案**：金融监管是金融监督和金融管理的总称。综观世界各国，凡是实行市场经济体制的国家，无不客观地存在着政府对金融体系的管制。从词义上讲，金融监督是指金融主管当局对金融机构实施的全面性、经常性的检查和督促，并以此促进金融机构依法稳健地经营和发展。金融管理是指金融主管当局依法对金融机构及其经营活动实施的领导、组织、协调和控制等一系列的活动。金融监管有狭义和广义之分。狭义的金融监管是指中央银行或其他金融监管当局依据国家法律规定对整个金融业（包括金融机构和金融业务）实施的监督管理。广义的金融监管在上述含义之外，还包括金融机构的内部控制和稽核、同业自律性组织的监管、社会中介组织的监管等内容。实施监管的目的在于：

(1) 维持金融业健康运行的秩序，最大限度地减少银行业的风险，保障存款人和投资者的利益，促进银行业和经济的健康发展。

(2) 确保公平而有效地发放贷款的需要，由此避免资金的乱拨乱划，制止欺诈活动或者不恰当的风险转嫁。

(3) 金融监管还可以在一定程度上避免贷款发放过度集中于某一行业。

(4) 银行倒闭不仅需要付出巨大代价，而且会波及国民经济的其他领域。金融监管可以确保金融服务达到一定水平从而提高社会福利。

(5) 中央银行通过货币储备和资产分配来向国民经济的其他领域传递货币政策。金融监管可以保证实现银行在执行货币政策时的传导机制。

(6) 金融监管可以提供交易账户，向金融市场传递违约风险信息。

六、论述题

答案：第一，我国现行外汇管理体制在组织体制方面，国务院设置了外汇管理局，作为中国人民银行管理下的依法进行外汇管理的行政机构，国家外汇管理局及其分支机构依法履行外汇管理职责。我国外汇管理的基本原则是：通过加强外汇管理，保持国际收支平衡，促进国民经济健康发展。对境内机构、个人、驻华机构、来华人员的外汇收支或者经营活动，都必须实行外汇管理。国家实行国际收支统计申报制度，凡有国际收支活动的单位和个人，必须进行国际收支统计申报。在中国境内，禁止外币流通，并不得以外币计价结算。

第二，外汇业务一般主要有经常项目外汇和资本项目外汇，我国在1994年的外汇体制改革中取消了经常项目下大部分交易种类的购汇和支付的限制；从1996年12月1日起我国开始实现人民币经常项目可兑换；1997年修改外汇管理条例增加规定："国家对经常性国际支付和转移不予限制。"对经常项目外汇的管理体现在：境内机构的经常项目外汇收入必须调回境内；必须按照国务院规定卖给外汇指定银行，或者经批准在外汇指定银行开立外汇账户。从1997年10月15日起，逐步允许中资企业保留一定限额的外汇收入。境内机构的经常项目用汇，可以自行持有，也可以存入银行或者卖给外汇指定银行。个人因私用汇，在规定限额内购汇，如需超过限额可提出申请。而在资本项目方面，对外商和外商投资企业管理较为宽松，而对境内机构则严格管理；在这些领域，人民币还不能完全自由兑换。

第三，金融机构经营外汇业务，必须领取经营外汇业务许可证。在人民币汇率方面，我国实行以市场供求为基础单一的、有管理的浮动汇率制度。在外汇市场交易中应当遵循公开、公平、公正和诚实信用的原则。

七、案例分析题

1. **答案**：本题是关于银行业务合法经营的问题。

A市发展银行系商业性银行。《商业银行法》第5条规定，商业银行与客户的业务往来，应遵循平等、自愿、公平和诚实信用的原则。第9条规定，商业银行开展业务，应遵守公平竞争的原则，不得从事不正当的竞争。此两条的规定表明，商业银行的经营应当符合市场经济的自愿平等原则，不能强令任何单位和个人存款，也不可用其他不正当手段吸收存款。《商业银行法》第47条规定，商业银行不得违反规定提高或降低利率以及采用其他不正当手段，吸收存款，发放贷款。A市发展银行答应给康某好处，暗中给以贿赂，以吸引光明实业公司的存款，属不正当竞争行为，违反了第47条规定，对该违法行为由国务院银行业监督管理机构责令改正，有违法所得的，没收违法所得，并处以违法所得的1倍以上5倍以下罚款。

《商业银行法》第28条规定，任何单位和个人购买商业银行股份总额百分之五以上的，应当事先经国务院银行业监督管理机构批准。发展银行的股东江某所持的3亿元股份，超过了总股本的5%，要转让给康某，事先应经过国务院银行业监督管理机构的批准。可是A市发展银行擅自行事，显然违反了第28条的规定，对该违法行为应给予相应处罚。

《商业银行法》第43条规定，商业银行在中华人民共和国境内不得从事信托投资和证券经营业务，不得投资于非自用不动产。商业银行在中国境内也不得从事向非银行金融机构和企业投资。第74条规定："商业银行有下列情形之一，由国务院银行业监督管理机构责令改正……情节特别严重或者逾期不改正的，可以责令停业整顿或者吊销其经营许可证；构成犯罪的，依法追究刑事责任……（七）……向非自用不动产投资或者向非银行金融机构和企业投资的……"A市发展银行私购光明实业公司的股票，违反了第43条的规定，应承担责任。

2. 答案：本案中甲商业银行的违法之处有：

（1）逾期出售大楼。《商业银行法》规定，商业银行因行使抵押权而取得的不动产，应当自取得之日起两年内予以处分。

(2)向丙房地产股份公司投资。《商业银行法》规定，商业银行在我国境内不得向非银行金融机构和企业投资。

(3)投资于股市。《商业银行法》规定，商业银行在我国境内不得从事股票业务。

3. 答案：（1）甲股东的出资行为符合公司法的规定，土地使用权可以作为股东出资，但是其土地使用权的出资额与该土地的真实市场价值相距过远，有欺诈的嫌疑。出资没有经过国务院银行业监督管理机构的批准，不符合《商业银行法》的规定，其行为尚未生效。

（2）资产评估事务所对其所作的资产评估应当承担连带责任，债权人有权要求评估者和被评估者承担连带责任。

（3）当银行不能成立，债权人不能得到完全赔偿时，债权人有权要求出资未到位的出资人清偿，也有权要求全体出资人承担连带责任。

（4）股东的辩解没有法律根据，因为《公司法》第30条规定，股东出资的土地使用权的实际价额显著低于公司章程所定价额的，公司设立时的其他股东对其承担连带责任。

4. 答案：（1）银行可以拒付，理由是：①银行与客户的贷款标准合同中有冲销贷款月存款账户的条款；②该客户是工商户，不是个人储蓄账户，所以可以使用冲销账户的条款。

（2）甲有权向银行要求支取存单，因为甲就存单本身看是独立的存款合同关系，而且该合同关系有效。

（3）双方的纠纷可以协商、仲裁或诉讼解决。

5. 答案：（1）借款企业的违法行为有四点：①从同一商业银行同一辖区（市）的三家同级机构（支行）取得贷款；②无房地产经营资格，而将所贷款项投资于房地产；③套用贷款用于借贷牟取非法收入；④未按期归还贷款。

（2）商业银行违法行为主要有：①发放贷款未要求借款企业提供任何担保；②没有实行审贷分离制；③乙市分行发放异地贷款未按规定向当地国务院银行业监督管理机构分支机构备案；④没有对借款企业进行贷后检查。

6. 答案：（1）以股票出质属于权利质押；

（2）该质押合同自办理出质登记手续之日，也就是8月5日起生效；

（3）企业和银行应向证券登记机构办理出质登记；

（4）银行应当承担民事赔偿责任；

（5）银行应自贷款到期之日的次日起两年内处分出质的股票，即折价、变卖或拍卖的方式处分股票，并将卖得的价款抵偿贷款本息，多余的部分退还借款企业，不足部分可继续要求该企业偿还。

7. 答案：（1）挂失信用卡，持卡人应当持本人身份证或其他有效证明向发卡银行或代办银行申请挂失，并按照规定提供有关情况，办理挂失手续。

（2）合法。信用卡被列入止付名单的，特约单位应当拒绝接受。

（3）应当赔偿损失。因为B银行在办理挂失时有过错，应当为此过错造成的损失承担赔偿责任。

第二十八章　价格法律制度

基础知识图解

- 价格与价格法概述
- 价格法的基本制度
  - 我国的价格管理体制
  - 经营者价格行为
  - 政府定价行为
  - 价格总水平调控
  - 价格监督检查
- 违反价格法的法律责任

配套测试

一、不定项选择题

1. 下列关于价格法作用的表述，正确的是(　　)。
   A. 有利于规范市场主体的价格行为，维护价格秩序
   B. 规范公平竞争环境，优化价格形成机制
   C. 保护经营者和消费者的正当权益，协调生产和消费的关系
   D. 规范、加强和改善宏观经济调控，稳定市场价格总水平
2. 下列关于市场调节价的表述，正确的是(　　)。
   A. 市场调节价是我国现行价格的主要形式
   B. 市场调节价是经营者经营自主权的一项主要内容
   C. 市场调节价的确定依据是生产经营成本和市场供求状况
   D. 市场调节价是由经营者自主制定、通过市场竞争形成的价格
3. 以下属于政府指导价的形式有(　　)。
   A. 政府规定基准价和上下浮动幅度
   B. 行业价格
   C. 最高限价
   D. 最低保护价
4. 政府定价和指导价的适用范围主要包括(　　)。
   A. 与国民经济发展和人民生活关系重大的极少数商品价格
   B. 资源稀缺的少数商品价格
   C. 自然垄断经营的商品价格
   D. 重要的公益性服务价格
5. 考虑到某些重要商品对国民经济和人民生活影响极大，而这些商品和供给又可能出现不稳定情况，价格法规定(　　)。
   A. 政府可以设立重要商品储备基金
   B. 政府可以建立重要商品储备制度
   C. 设立价格调节基金
   D. 建立价格监测制度
6. 政府价格主管部门进行价格监督检查时，可以行使下列职权：(　　)
   A. 询问当事人，并要求提供证明材料
   B. 查询、复制与价格违法行为有关的账簿单据
   C. 必要时可责令当事人暂停相关营业
   D. 可依法先行登记、保存有关证据

二、名词解释

1. 价格构成
2. 政府的定价行为①
3. 价格调节基金

三、简答题

1. 简述价格法的调整对象。
2. 试述我国价格法的作用。

---

① 中国人民大学2012年考研真题中考了“政府指导价”。

参考答案

一、不定项选择题

1. 答案：ABCD。
2. 答案：ABCD。
3. 答案：ACD。
4. 答案：ABCD。
5. 答案：BC。
6. 答案：ABCD。

二、名词解释

1. 答案：价格构成又称价格结构，是构成商品、服务的各个要素及其在价格中的组成状况，具体的价格构成应包括生产商品与提供服务的社会平均成本、税金、利润以及正常的流通费用等。
2. 答案：政府的定价行为是指政府价格主管部门或其他有关部门，依照定价权限和范围制定政府定价与指导价的活动。《价格法》从范围、内容和程序等方面作了具体的规定：(1) 政府定价和指导价的适用范围主要包括：与国计民生关系重大的极少数商品价格、资源稀缺的少数商品；自然垄断经营的商品；重要的公用事业；重要的公益性服务。(2) 政府定价和指导价权限的适用范围以中央和地方的定价目录为依据。(3)《价格法》明确了国务院及地方各级人民政府应相应地根据中央与地方定价目录，确定其价格行为的权限。(4) 制定政府指导价和政府定价，应当依据有关商品或服务的社会平均成本和市场供求状况、国民经济和社会发展的要求及社会承受力，实行合理的购销差价、批零差价、地区差价和季节差价。(5)《价格法》规定了政府制定价格及指导价的程序。(6)《价格法》完善了有关制定价格适用范围的调整的规定。
3. 答案：价格调节基金，是各级政府专门设立的用于平抑市场物价的专项基金，功能在于当价格出现较大波动时通过调动基金来平衡价格。

三、简答题

1. 答案：价格法具体调整以下几种价格关系：

   第一，各级价格主管部门、其他有关部门和经营者之间，在制定和执行价格方针、政策和法律过程中发生的各种关系。

   第二，各级价格主管部门、其他有关部门、经营者和公民之间在确定作价原则，制定、调整和执行商品价格和非商品收费中发生的价格关系。

   第三，各级价格主管部门、其他有关部门、经营者和公民之间在价格监督和检查过程中发生的价格关系。

   第四，各种商品的生产者和经营者在相互之间以及他们与消费者之间因相互提供商品和服务而发生的价格关系。
2. 答案：价格法的根本作用是用法律形式促进价格合理形成，维系市场机制正常运行，为市场优化资源配置创造公平竞争的环境。具体地说，包括以下几方面的作用：

   (1) 用法律形式促进价格合理形成。随着社会主义市场经济的建立和完善，高度集中僵化的价格体制被打破，以市场调节价为主的价格机制已经形成。在促进合理的价格体系和价格模式的形成方面，价格法起着极其重要的作用。

   (2) 规范价格行为，发挥价格合理配置资源的功能。《价格法》明确规定了经营者的价格行为和政府的定价行为。政府不得用行政手段来干预经营者的价格行为。经营者自主制定的价格能够充分反映市场竞争的情况，能够充分发挥价格合理配置资源的功能，推动市场经济健康发展。

   (3) 稳定市场价格总水平。《价格法》用专章规定了以宏观调控的手段稳定市场价格总水平，并明确规定稳定市场价格总水平是国家重要的宏观调控目标。

   (4) 保护经营者和消费者的合法权益。保护消费者的价格权益是价格法的重要宗旨之一。价格法严禁损害消费者利益的各种不正当价格行为，明确规定经营者参与政府定价的权利，明确消费者有权对各种价格活动进行监督，对价格违法行为进行举报，并受到有关部门的保护。

第二十九章　会计和审计法律制度

基础知识图解

- 会计法
  - 会计法概述
  - 会计管理体制
    - 会计制度与会计工作管理体制
    - 会计机构和会计人员
    - 总会计师
  - 会计核算
    - 会计核算的内容
    - 对会计核算工作的要求
  - 会计监督
    - 会计监督的内容
    - 对会计监督工作的要求
    - 内、外监督相结合
  - 企业财务会计报告
  - 违反会计法的法律责任
- 审计法
  - 审计法概述
  - 审计管理体制
    - 审计监督制度
    - 审计工作管理制度
  - 审计机关审计
  - 单位内部审计
  - 社会审计
  - 违反审计法的法律责任

配套测试

一、单项选择题

1. 在处理不真实、不合法的原始凭证时，会计人员有什么样的权利？(　　)

A. 由会计人员根据实际情况在原始凭证上直接改正

B. 不予接受，并不需向单位负责人报告

C. 要求出具单位在原始凭证上更正

D. 不予接受，并向单位负责人报告

2. 国家审计署在谁的领导下主管全国的审计工作？(　　)

A. 审计长

B. 国务院总理

C. 全国人大常委会委员长

D. 分管审计工作的国务院副总理

3. 审计机关在进行审计时，可以行使下列哪项权限？(　　)

A. 当认为被审计单位所执行的上级主管部门有关财政收支、财务收支的规定与法律、行政法规相抵触的，有权直接纠正

B. 有权检查被审计单位的会计凭证、会计账簿、会计报表以及其他与财政收支或者财务收支有关的资料

C. 有权查封、扣押被审计单位的财产和存款账户

D. 有权要求被审计单位报送与财政收支、财务收支无关的工作计划

4. 审计机关组成审计组后，应于何时向被审计单位送达审计通知书？(　　)

A. 实施审计 5 日前

B. 实施审计当日

C. 实施审计 10 日前

D. 实施审计 3 日前

5. 依据《会计法》，下列表述中哪一项是错误的？（　　）
   A. 账簿只能以经过审核的原始凭证登记为依据
   B. 原始凭证的金额有错误的，应当由出具单位重开，不得在原始凭证上更正
   C. 记账凭证只能根据经过审核的原始凭证及有关资料编制
   D. 各单位办理经济业务事项，必须填制或者取得原始凭证并及时送交会计机构
6. 某单位会计甲在审查业务员乙交来的一张购买原材料的发票时，发现该发票在产品及规格等栏目中所填内容与实际采购情况有较大差异。甲乙二人到仓库进行核对后，由乙在发票上进行更正并写了书面说明，甲将这张发票和乙的书面说明一起作为原始凭证入账。下列关于此事的说法哪一个是错误的？（　　）
   A. 甲应将发票连同乙的书面说明交单位负责人审查签字后才能入账
   B. 甲有权拒绝接受这张发票，并向单位负责人报告
   C. 乙无权对原始凭证记载的内容加以更改
   D. 乙应将这张发票拿回出票单位要求重开或更正
7. 为大力发展交通，某市出资设立了某高速公路投资公司。该市审计局欲对其实施年度审计监督。关于审计事宜，下列哪一说法是正确的？（　　）（司考 2015. 1. 28）
   A. 该公司既非政府机关也非事业单位，审计局无权审计
   B. 审计局应在实施审计 3 日前，向该公司送达审计通知书
   C. 审计局欲查询该公司在金融机构的账户，应经局长批准并委托该市法院查询
   D. 审计局欲检查该公司与财政收支有关的资料和资产，应委托该市税务局检查

二、多项选择题

1. 下列哪些经济业务事项应当办理会计手续，进行会计核算？（　　）
   A. 款项和有价证券的收付
   B. 签订合同
   C. 财物的收发、增减和使用
   D. 收入、支出、费用、成本的计算
2. 财政部门实施会计监督的范围包括下列哪些情况？（　　）
   A. 是否依法设置会计账簿
   B. 会计凭证、会计账簿、财务会计报告和其他会计资料是否真实、完整
   C. 会计核算是否符合会计法和国家统一的会计制度的规定
   D. 从事会计工作的人员是否具备从业资格
3. 下列哪些项目属于审计机关的职责范围？（　　）
   A. 对私营企业的财务活动进行审计监督
   B. 对国家机关的人事任免行为进行审计监督
   C. 对政府及其部门的预算执行情况进行审计监督
   D. 对国有金融机构的资产、负债、损益进行审计监督
4. 我国的审计机关包括哪些类型？（　　）
   A. 中央审计机关
   B. 会计师事务所
   C. 地方审计机关
   D. 审计机关派出机构
5. 我国的审计监督制度包括（　　）。
   A. 审计主体
   B. 审计对象
   C. 审计目标
   D. 审计依据
6. 我国完整的审计体系包括（　　）。
   A. 审计机关审计
   B. 单位内部审计
   C. 社会审计
   D. 政府审计
7. 下列哪些属于审计机关的审计监督范围？（　　）（司考 2009. 1. 69）
   A. 国家的事业组织和使用财政资金的其他事业组织的财务支出
   B. 国有金融机构和国有企业的资产、负债、损益
   C. 政府投资的建设项目的财务收支
   D. 国际组织贷款项目的财务收支
8. 某县污水处理厂系扶贫项目，由地方财政投资数千万元，某公司负责建设。关于此项目的审计监督，下列哪些说法是正确的？（　　）（司考 2016. 1. 74）
   A. 审计机关对该项目的预算执行情况和决算，进行审计监督
   B. 审计机关经银监局局长批准，可冻结该项目在银行的存款
   C. 审计组应在向审计机关报送审计报告后，向该公司征求对该报告的意见
   D. 审计机关对该项目作出审计决定，而上级审计机关认为其违反国家规定的，可直接作出变更或撤销的决定

三、名词解释

1. 会计
2. 审计
3. 审计监督

四、简答题

简述审计机关的权限。

五、论述题

试论我国的会计监督制度。

参考答案

一、单项选择题

1. **答案**：D。《会计法》第 14 条第 3 款：会计机构、会计人员必须按照国家统一的会计制度的规定对原始凭证进行审核，对不真实、不合法的原始凭证有权不予接受，并向单位负责人报告；对记载不准确、不完整的原始凭证予以退回，并要求按照国家统一的会计制度的规定更正、补充。
2. **答案**：B。《审计法》第 7 条："国务院设立审计署，在国务院总理领导下，主管全国的审计工作。审计长是审计署的行政首长。"
3. **答案**：B。《审计法》第 32 条："审计机关进行审计时，有权检查被审计单位的会计凭证、会计账簿、财务会计报告和运用电子计算机管理财政收支、财务收支电子数据的系统，以及其他与财政收支、财务收支有关的资料和资产，被审计单位不得拒绝。"

    第 35 条："审计机关认为被审计单位所执行的上级主管部门有关财政收支、财务收支的规定与法律、行政法规相抵触的，应当建议有关主管部门纠正；有关主管部门不予纠正的，审计机关应当提请有权处理的机关依法处理。"故 A 错。

    第 31 条："审计机关有权要求被审计单位按照审计机关的规定提供预算或者财务收支计划、预算执行情况、决算、财务会计报告，运用电子计算机储存、处理的财政收支、财务收支电子数据和必要的电子计算机技术文档，在金融机构开立账户的情况，社会审计机构出具的审计报告，以及其他与财政收支或者财务收支有关的资料，被审计单位不得拒绝、拖延、谎报。被审计单位负责人对本单位提供的财务会计资料的真实性和完整性负责。"故 D 错。

    第 34 条："审计机关进行审计时，被审计单位不得转移、隐匿、篡改、毁弃会计凭证、会计账簿、财务会计报告以及其他与财政收支或者财务收支有关的资料，不得转移、隐匿所持有的违反国家规定取得的资产……审计机关对被审计单位正在进行的违反国家规定的财政收支、财务收支行为，有权予以制止；制止无效的，经县级以上人民政府审计机关负责人批准，通知财政部门和有关主管部门暂停拨付与违反国家规定的财政收支、财务收支行为直接有关的款项，已经拨付的，暂停使用。审计机关采取前两款规定的措施不得影响被审计单位合法的业务活动和生产经营活动。"该条规定了审计机关的职能，并没有规定审计机关有权查封、扣押被审计单位的财产和账户。
4. **答案**：D。《审计法》第 38 条："审计机关根据审计项目计划确定的审计事项组成审计组，并应当在实施审计三日前，向被审计单位送达审计通知书；遇有特殊情况，经本级人民政府批准，审计机关可以直接持审计通知书实施审计。被审计单位应当配合审计机关的工作，并提供必要的工作条件。审计机关应当提高审计工作效率。"
5. **答案**：A。《会计法》第 15 条第 1 款："会计帐簿登记，必须以经过审核的会计凭证为依据，并符合有关法律、行政法规和国家统一的会计制度的规定。会计帐簿包括总帐、明细帐、日记帐和其他辅助性帐簿。"

    第 14 条："会计凭证包括原始凭证和记帐凭证……原始凭证记载的各项内容均不得涂改；原始凭证有错误的，应当由出具单位重开或者更正，更正处应当加盖出具单位印章。原始凭证金额有错误的，应当由出具单位重开，不得在原始凭证上更正。记帐凭证应当根据经过审核的原始凭证及有关资料编制。"
6. **答案**：A。《会计法》第 14 条规定："会计凭证包括原始凭证和记帐凭证。办理本法第十条所列的经济业务事项，必须填制或者取得原始凭证并及时送交会计机构。会计机构、会计人员必须按照国家统一的会计制度的规定对原始凭证进行审核，对不真实、不合法的原始凭证有权不予接受，并向单位负责人报告；对记载不准确、不完整的原始凭证予以退回，并要求按照国家统一的会计制度的规定更正、补充。原始凭证记载的各项内容均不得涂改；原始凭证有错误的，应当由出具单位重开或者更正，更正处应当加盖出具单位印章。原始凭证金额有错误的，应当由出具单位重开，不得在原始凭证上更正。"购买原材料的发票属于原始凭证。原始凭证有错误的，应当由出具单位重开或者更正，乙无权对原始凭证记载的内容加以更改，也不能将发票连同说明交单位负责人审查签字后就入账。因此，选项 CD 是对的，A 是错的。

会计机构、会计人员对不真实、不合法的原始凭证有权不予接受，即可以拒绝并向单位负责人报告。B是对的。

7. 答案：B。《审计法》第20条规定："审计机关对国有企业的资产、负债、损益，进行审计监督。"第21条规定："对国有资本占控股地位或者主导地位的企业、金融机构的审计监督，由国务院规定。"《审计法实施条例》第19条第1款规定："审计法第二十一条所称国有资本占控股地位或者主导地位的企业、金融机构，包括：（一）国有资本占企业、金融机构资本（股本）总额的比例超过50%的；（二）国有资本占企业、金融机构资本（股本）总额的比例在50%以下，但国有资本投资主体拥有实际控制权的。"因而，题述某市出资设立了某高速公路投资公司应当属于审计监督的范围。故A项说法错误。根据《审计法》第38条的规定："审计机关根据审计项目计划确定的审计事项组成审计组，并应当在实施审计三日前，向被审计单位送达审计通知书；遇有特殊情况，经本级人民政府批准，审计机关可以直接持审计通知书实施审计。"故B项说法正确。根据《审计法实施条例》第30条的规定："审计机关依照审计法第三十三条规定查询被审计单位在金融机构的账户的，应当持县级以上人民政府审计机关负责人签发的协助查询单位账户通知书；查询被审计单位以个人名义在金融机构的存款的，应当持县级以上人民政府审计机关主要负责人签发的协助查询个人存款通知书。有关金融机构应当予以协助，并提供证明材料，审计机关和审计人员负有保密义务。"故C项说法错误。根据《审计法》第31条的规定："审计机关有权要求被审计单位按照审计机关的规定提供预算或者财务收支计划、预算执行情况、决算、财务会计报告，运用电子计算机储存、处理的财政收支、财务收支电子数据和必要的电子计算机技术文档，在金融机构开立账户的情况，社会审计机构出具的审计报告，以及其他与财政收支或者财务收支有关的资料，被审计单位不得拒绝、拖延、谎报。被审计单位负责人对本单位提供的财务会计资料的真实性和完整性负责。"根据《审计法》第32条规定："审计机关进行审计时，有权检查被审计单位的会计凭证、会计账簿、财务会计报告和运用电子计算机管理财政收支、财务收支电子数据的系统，以及其他与财政收支、财务收支有关的资料和资产，被审计单位不得拒绝。"由此可见，审计局可以要求该公司直接提供财政收支有关的资料和资产，不需要委托税务局检查。故D项说法错误。

二、多项选择题

1. 答案：ACD。《会计法》第10条："下列经济业务事项，应当办理会计手续，进行会计核算：（一）款项和有价证券的收付；（二）财物的收发、增减和使用；（三）债权债务的发生和结算；（四）资本、基金的增减；（五）收入、支出、费用、成本的计算；（六）财务成果的计算和处理；（七）需要办理会计手续、进行会计核算的其他事项。"

2. 答案：ABCD。《会计法》第32条："财政部门对各单位的下列情况实施监督：（一）是否依法设置会计帐簿；（二）会计凭证、会计帐簿、财务会计报告和其他会计资料是否真实、完整；（三）会计核算是否符合本法和国家统一的会计制度的规定；（四）从事会计工作的人员是否具备专业能力、遵守职业道德。在对前款第（二）项所列事项实施监督，发现重大违法嫌疑时，国务院财政部门及其派出机构可以向与被监督单位有经济业务往来的单位和被监督单位开立帐户的金融机构查询有关情况，有关单位和金融机构应当给予支持。"

3. 答案：CD。《审计法》第2条第2款：国务院各部门和地方各级人民政府及其各部门的财政收支，国有的金融机构和企业事业组织的财务收支，以及其他依照本法规定应当接受审计的财政收支、财务收支，依照本法规定接受审计监督。

第16条："审计机关对本级各部门（含直属单位）和下级政府预算的执行情况和决算以及其他财政收支情况，进行审计监督。"

第20条："审计机关对国有企业的资产、负债、损益，进行审计监督。"

第29条："依法属于审计机关审计监督对象的单位，应当按照国家有关规定建立健全内部审计制度；其内部审计工作应当接受审计机关的业务指导和监督。"

4. 答案：ACD。《审计法》第7条："国务院设立审计署，在国务院总理领导下，主管全国的审计工作。审计长是审计署的行政首长。"

第8条："省、自治区、直辖市、设区的市、自治州、县、自治县、不设区的市、市辖区的人民政府的审计机关，分别在省长、自治区主席、市长、州长、县长、区长和上一级审计机关的领导下，负责本行政区域内的审计工作。”

第9条：“地方各级审计机关对本级人民政府和上一级审计机关负责并报告工作，审计业务以上级审计机关领导为主。”

第10条第1款：“审计机关根据工作需要，经本级人民政府批准，可以在其审计管辖范围内设立派出机构。”

5. **答案**：ABCD。

6. **答案**：ABC。

7. **答案**：ABD。选项AB正确。《审计法》第2条第2款规定，国务院各部门和地方各级人民政府及其各部门的财政收支，国有的金融机构和企业事业组织的财务收支，以及其他依照本法规定应当接受审计的财政收支、财务收支，依照本法规定接受审计监督。选项C错误。《审计法》第22条规定，审计机关对政府投资和以政府投资为主的建设项目的预算执行情况和决算，进行审计监督。据此可知，对于政府投资的建设项目审计机关仅对其预算执行情况和决算进行审计监督，而非对整体的财务收支进行审计监督。“收支”包括收入与支出，而《审计法》第22条规定的“预算的执行和决算”仅指的支出的情况，不包括收入情况。选项D正确。《审计法》第24条规定，审计机关对国际组织和外国政府援助、贷款项目的财务收支，进行审计监督。

8. **答案**：AD。根据《审计法》第22条的规定，审计机关对政府投资和以政府投资为主的建设项目的预算执行情况和决算，进行审计监督。故A项说法正确。根据《审计法》第34条的规定，审计机关进行审计时，被审计单位不得转移、隐匿、篡改、毁弃会计凭证、会计账簿、财务会计报告以及其他与财政收支或者财务收支有关的资料，不得转移、隐匿所持有的违反国家规定取得的资产。审计机关对被审计单位违反前款规定的行为，有权予以制止；必要时，经县级以上人民政府审计机关负责人批准，有权封存有关资料和违反国家规定取得的资产；对其中在金融机构的有关存款需要予以冻结的，应当向人民法院提出申请。故B项说法错误。根据《审计法》第40条的规定，审计组对审计事项实施审计后，应当向审计机关提出审计组的审计报告。审计组的审计报告报送审计机关前，应当征求被审计对象的意见。被审计对象应当自接到审计组的审计报告之日起十日内，将其书面意见送交审计组。审计组应当将被审计对象的书面意见一并报送审计机关。故C项说法错误。根据《审计法》第42条的规定，上级审计机关认为下级审计机关作出的审计决定违反国家有关规定的，可以责成下级审计机关予以变更或者撤销，必要时也可以直接作出变更或者撤销的决定。故D项说法正确。

三、名词解释

1. **答案**：会计是运用货币形式，通过记账、算账、报账、用账等手段，核算和分析各企业、各有关单位的经济活动和财务开支，反映和监督经济过程及其成果的一种活动。会计的基本工作任务是会计核算和会计监督。前者为基础，要求核算准确；后者是保障，要求监督有力。它们相辅相成，组成会计工作的整体。

2. **答案**：审计是指审计机关依法独立检查被审计单位的会计凭证、会计账簿、会计报表以及其他与财政收支、财务收支有关的资料和资产，监督财政收支、财务收支真实、合法和效益的行为。审计这种经济监督手段，其指导原则体现出间接性、超脱性、独立性、建设性等特征。

3. **答案**：审计监督是指审计机关的以下行为：要求被审计单位按期报送与财政、财务行为有关的资料；检查被审计单位的资料和资产；就审计事项向有关单位进行调查并取得证明材料；对被审计单位违反国家规定的财政收支和财务收支行为采取临时强制措施；对被审计单位违法行为予以处理、处罚或向主管机关提出处理、处罚意见。审计监督的主体主要是国务院和县级以上地方各级人民政府设立的审计机关；审计监督的对象有：一是国务院各部门和地方各级人民政府及其各部门的财政收支；二是国有的金融机构和企业事业组织的财政收支；三是其他依据审计法规定应当接受审计的财政收支和财务收支。

四、简答题

答案：我国审计机关的权限有：

第一，检查权和调查权。审计机关有权要求被审计单位按照规定报送预算或者财务收支计划、预算执行情况、决算、财务报告，社会审计机构出具的审计报告，以及其他与财政收支或者财务收支有关的资料。审计机关进行审计时，有权检查被审计单位的会计凭证、会计账簿、会计报表以及其他与财政收支或者财务收支有关的资料和资产。审计机关进行审计时，有权就审计事项的有关问题向有关单位和个人进行调查，并取得有关证明材料。

第二，处理权和处罚权。审计机关对被审计单位正在进行的违反国家规定的财政收支、财务收支行为，有权予以制止；制止无效的，经县级以上审计机关负责人的批准，通知财政部门和有关主管部门，暂停拨付与违反国家规定的财政收支、财务收支行为直接有关的款项，已经拨付的，暂停使用。审计机关对违反国家规定的财政收支、财务收支的行为，需要依法给予处理、处罚的，在法定职权范围内做出审计决定或者向有关主管机关提出处理、处罚意见。审计机关可以向政府有关部门通报或者向社会公布审计结果。

五、论述题

答案：第一，会计监督属于动态监督，寓于全部会计工作之中。它的内容是：

首先，会计机构、会计人员必须按照国家统一的会计制度的规定对原始凭证进行审核，对不真实、不合法的原始凭证有权不予接受，对记载不准确、不完整的原始凭证予以退回，并要求按照国家统一的会计制度的规定更正、补充。原始凭证记载的各项内容均不得涂改。其次，会计机构、会计人员对违反会计法和国家统一的会计制度规定的会计事项，有权拒绝办理或者按照职权予以纠正。最后，会计机构、会计人员发现会计账簿记录与实物、款项及有关资料不相符的，按照国家统一的会计制度的规定有权自行处理的，应当及时处理或立即向单位负责人报告。

第二，我国对会计监督工作的要求是：

首先，单位负责人应当保证会计机构、会计人员依法履行职责，不得授意、指使、强令会计机构、会计人员违法办理会计事项。其次，任何单位和个人对违反会计法和国家统一的会计制度的行为，有权检举。收到检举的部门、负责处理的部门应当依法处理，并应当为检举人保密。

根据会计法，会计监督的关键是要建立、健全单位内部会计制约机制，明确会计人员、单位负责人、社会中介组织、政府有关部门在会计监督中的责任。另外，还应加大对违法行为的处罚力度，包括追究刑事责任。各单位应当建立、健全本单位内部会计监督制度；各单位必须依照法律和国家有关规定接受财政、审计、税务、人民银行、证券监管、保险监管等部门的监督；动员社会力量参与监督，包括发挥社会审计等中介组织的作用。

内部监督、政府监督、社会监督三者结合，形成了强有力的会计工作监督机制。

第三十章　对外贸易法律制度

基础知识图解

- 对外贸易法概述
  - 对外贸易和对外贸易法概述
  - 对外贸易立法
  - 我国《对外贸易法》的原则
    - 实行统一的对外贸易制度，维护外贸秩序原则
    - 鼓励发展对外贸易，保障对外贸易经营者的合法权益原则
    - 平等互利原则
    - 互惠对等原则和最惠国、国民待遇原则
- 对外贸易法律关系
  - 对外贸易法律关系的概念
  - 对外贸易法律关系主体的概念
  - 我国的对外贸易管理机构及其职能
  - 对外贸易经营者的权利和义务
- 货物进出口与技术进出口管理
  - 国家限制或禁止进出口的货物、技术
  - 进出口货物许可制度
  - 我国的进出口配额制度
- 国际服务贸易
  - 国际服务贸易概述
  - 服务贸易的国际规则
  - 《对外贸易法》对国际服务贸易的规定
- 对外贸易秩序
  - 维护对外贸易秩序的意义
  - 对外贸易经营者的经营活动准则
- 对外贸易调查和救济
  - 对外贸易调查
  - 对外贸易救济
    - 反倾销
    - 反补贴
    - 保障措施
    - 其他救济措施
    - 对外贸易救济措施实施的若干规定
- 对外贸易促进
  - 促进对外贸易的意义
  - 国家促进对外贸易的措施
- 违反对外贸易法的法律责任

配套测试

一、不定项选择题

1. 对外贸易体制是指对外贸易的以下制度的总和：(　　)

A. 组织形式　　B. 管理权限

C. 经营分工　　D. 利益分配

2. 为鼓励发展对外贸易，我国外贸企业实行(　　)。

A. 自主经营，自负盈亏，并按出口额上缴一定比例的利润

B. 自主经营，自负盈亏，国家进行有限度的出口补贴

C. 自主经营，自负盈亏，取消出口补贴

D. 自主经营，国家对亏损予以补贴

3. 我国对出口实行配额管理的商品主要有以下几类：(　　)

A. 输往国家和地区有配额限制的货物

B. 输往国家和地区市场容量有限，需要控制供应数量的商品

C. 破坏生态环境的商品

D. 国际市场垄断性强、价格敏感的原料商品

4. 以下权力机关中，有权对进出口商品核准与发给许可证的是：(　　)

A. 国务院授权的对外经济贸易合作部

B. 对外经济贸易合作部授权单位

C. 对外经济贸易合作部驻口岸特派员办事处

D. 中华人民共和国海关

5. 国家根据需要，对涉及安全、卫生等重要进出口商品及其生产企业实施以下制度：(　　)

A. 进出口商品质量认证制度

B. 卫生注册登记制度

C. 进口安全质量许可制度

D. 出口质量许可制度

6. 在境内设立海关的地点换装运输工具，而不通过境内陆路运输的，称为(　　)。

A. 过境货物　　B. 转运货物

C. 通运货物　　D. 保税货物

7. 根据我国《反倾销条例》规定，倾销进口产品的出口经营者在反倾销调查期间，可向商务部作出改变价格或停止以倾销价格出口的价格承诺。有关价格承诺的规定，下列哪一选项是正确的？(　　)

A. 商务部可以向出口经营者提出价格承诺的建议

B. 商务部在对倾销及其损害作出肯定的初步裁定之前可以寻求或接受价格承诺

C. 对出口经营者作出的价格承诺，商务部应予接受

D. 出口经营者违反其价格承诺的，商务部可以采取保障措施

8. 甲乙丙三国企业均向中国出口某化工产品，2010年中国生产同类化工产品的企业认为进口的这一化工产品价格过低，向商务部提出了反倾销调查申请。根据相关规则，下列哪一选项是正确的？(　　)(司考2014.1.42)

A. 反倾销税税额不应超过终裁决定确定的倾销幅度

B. 反倾销税的纳税人为倾销进口产品的甲乙丙三国企业

C. 商务部可要求甲乙丙三国企业作出价格承诺，否则不能进口

D. 倾销进口产品来自两个以上国家，即可就倾销进口产品对国内产业造成的影响进行累积评估

二、名词解释

1. 对外贸易
2. 配额
3. 进出口货物的许可证管理
4. 反倾销与反补贴（华东政法大学2008年考研真题、中国人民大学2013年考研真题中考了“反倾销”）
5. 补贴
6. 外汇管制

三、简答题

1. 简述我国对外贸易法的原则。
2. 简述国家保障对外贸易秩序的主要措施。
3. 简述我国制定的《反倾销条例》中的反倾销措施。

参考答案

一、不定项选择题

1. **答案**：ABCD。对外贸易体制是指对外贸易的组织形式、管理权限、经营分工、利益分配等全部制度的总和。
2. **答案**：C。
3. **答案**：AB。C 项是禁止进出口的商品，D 项不需实行配额管理。
4. **答案**：ABC。
5. **答案**：CD。
6. **答案**：B。通过境内陆路运输的，称“过境货物”；在境内设立海关的地点换装运输工具，而不通过境内陆路运输的，称“转运货物”；由船舶、航空运载过境并由原装运输工具载运出境的，称“通运货物”。
7. **答案**：A。《反倾销条例》第 31 条第 1、2 款规定：“倾销进口产品的出口经营者在反倾销调查期间，可以向商务部作出改变价格或者停止以倾销价格出口的价格承诺。商务部可以向出口经营者提出价格承诺的建议。”故 A 项的说法是正确的。该条例第 33 条第 3 款规定：“商务部对倾销以及由倾销造成的损害作出肯定的初裁决定前，不得寻求或者接受价格承诺。”因此，B 的说法是错误的。根据该条例第 33 条第 1、2 款的规定，商务部认为出口经营者作出的价格承诺能够接受并符合公共利益的，可以决定中止或者终止反倾销调查，不采取临时反倾销措施或者征收反倾销税。中止或者终止反倾销调查的决定由商务部予以公告。商务部不接受价格承诺的，应当向有关出口经营者说明理由。对出口经营者作出的价格承诺，商务部可以接受，也可以不接受。因此，C 项的说法是错误的。根据该条例第 36 条的规定，出口经营者违反其价格承诺的，商务部依照本条例的规定，可以立即决定恢复反倾销调查；根据可获得的最佳信息，可以决定采取临时反倾销措施，并可以对实施临时反倾销措施前 90 天内进口的产品追溯征收反倾销税，但违反价格承诺前进口的产品除外。故 D 的说法是错误的。
8. **答案**：A。《反倾销条例》第 42 条规定：反倾销税税额不超过终裁决定确定的倾销幅度。所以，A 选项正确。第 40 条规定：反倾销税的纳税人为倾销进口产品的进口经营者。所以，B 选项错误。第 31 条规定：倾销进口产品的出口经营者在反倾销调查期间，可以向商务部作出改变价格或者停止以倾销价格出口的价格承诺。商务部可以向出口经营者提出价格承诺的建议。商务部不得强迫出口经营者作出价格承诺。所以，C 选项错误。第 9 条规定：倾销进口产品来自两个以上国家（地区），并且同时满足下列条件的，可以就倾销进口产品对国内产业造成的影响进行累积评估：（1）来自每一国家（地区）的倾销进口产品的倾销幅度不小于 2%，并且其进口量不属于可忽略不计的；（2）根据倾销进口产品之间以及倾销进口产品与国内同类产品之间的竞争条件，进行累积评估是适当的。可忽略不计，是指来自一个国家（地区）的倾销进口产品的数量占同类产品总进口量的比例低于 3%；但是，低于 3% 的若干国家（地区）的总进口量超过同类产品总进口量 7% 的除外。所以，D 选项错误。

二、名词解释

1. **答案**：对外贸易是指以一国的对外贸易经营主体为一方，同世界上其他国家与地区进行商品货物、技术和服务贸易交换的一种活动。对外贸易是各国生产活动在国际流通领域中的延伸，是再生产过程的重要组成部分，体现各国经济日益加深的相互依赖性。
2. **答案**：配额是指在对外贸易中，我国为了维护本国利益以及保障对外贸易秩序，对一些限制性商品的进口或出口进行宏观调控，实行数量限额的制度。根据划分角度不同，可分为进口配额和出口配额；全球配额与国别配额；协商配额和协定配额；主动配额和被动配额；等等。
3. **答案**：进出口货物的许可证管理，是指国家规定某些商品进出口必须从对外贸易主管机关领取进出口许可证，没有许可证的一律不准货物进口或出口的一种职能行为。在我国，核准与发给许可证的机关是国务院授权的中华人民共和国对外贸易经济合作部。对一些临时性进出口商品，在对外贸易合作部授权范围内，可由省级对外贸易经济厅（委、局）核准和发给许可证。
4. **答案**：反倾销是指各国通过对进口商品征收反倾销税以限制进口的一种法律手段。构成倾销必须符合三个条件：（1）低于正常价值的低价销售。“正常价值”的确定方式包括：出口国国内市场价格；出口第三国价格；产品在原产国的生产成本加合理的流通费用、利润等组成的组成价格。（2）损害事实存在。指产品对进口国工业造成实质性损害或威胁。通常以本国产品销量是否下降，失业率是否增加等因素作为判定是否存在损害的量化依据。（3）倾销与实质性损害有因果联系。反补贴是指一国政府或国际社会为了保护本国经济健康发展，维护公平竞争的秩序，或者为了国际贸易的自由发展，针对补贴行为而采取必要的限制性措施。包括临时措施、承诺征收反补贴税。

5. **答案**：补贴是指进出口政府为了刺激出口，对生产出口产品的企业实行特殊政策、给予特殊的经济或财政上的支持措施。构成补贴必须符合三个条件：（1）补贴存在。（2）损害存在，确定损害的主要依据为：第一，补贴进口数量及其对国内市场同类产品价格的影响；第二，这些进口商品对国内同类产品生产者所带来的影响。（3）补贴的产品与损害之间存在因果联系。

6. **答案**：外汇管制又称为外汇管理，是指国家通过法律形式对所辖境内的外汇收支、兑换、转移和汇价等实行的管理。外汇管理的目的是保护本国经济不受外国商品和资本的冲击，维护本国货币和汇率的基本稳定，保持国际收支平衡。

根据各国对外汇管理的宽严程度，可将外汇管理分为严格的外汇管理、部分的外汇管理和对经常项目的收支和资本项目的收支都不加限制，允许外汇自由兑换，自由出入国境实行金融自由化三类。

三、简答题

1. **答案**：我国对外贸易法的原则包括：

第一，实行统一的对外贸易制度，维护外贸秩序。

第二，鼓励发展对外贸易，发挥地方积极性，保障对外贸易经营者的经营自主权。

第三，平等互利。

第四，互惠对等和最惠国、国民待遇。

2. **答案**：国家保障对外贸易秩序的主要措施有：

第一，因进口产品数量增加，使国内相同产品或与其直接竞争的产品的生产者受到严重损害或严重损害的威胁时，国家可采取必要的保障措施，消除或减轻这种损害或者损害的威胁。

第二，发生因进口产品数量增加，倾销、补贴产品使国内工业受损或损害威胁时，国务院规定的部门或机构依法进行调查并作出处理。

第三，加强对外贸易的法制建设，完善对外贸易的行政管理，海关商检管理，外汇及税收管理，建设对外贸易公平竞争的良好秩序。

3. **答案**：倾销，就是在国际贸易活动中，一国出口产品的价格低于其正常价值，从而给进口国的相关产业造成了实质性损害或威胁。其构成需要三个基本的实质条件：一是倾销事实，二是实质损害、实质损害威胁或实质阻碍，三是倾销与损害之间有因果关系。显然，反倾销（Anti－Dumping）是针对倾销而言的，是世界贸易组织和关贸总协定认定和许可的非关税贸易保护措施，反倾销措施的适当运用，可以有效地抵御外国产品在本国的倾销，有力地保护相关民族产业，维护国际贸易的公平，保护国内产业的安全。

国务院2004年3月31日做出关于修订《中华人民共和国反倾销条例》的决定，对2002年1月1日开始实施的该条例进行修订，4月15日颁布的新的反倾销条例于6月1日起正式实施。

新条例对以下内容进行了修订：

一是统一了反倾销调查机关。新条例体现了国家行政机构职能的变化，反倾销调查由过去原外经贸部和经贸委负责统一为由商务部负责。

二是增加“征收反倾销税应当符合公共利益”的规定，“终裁决定确定倾销成立，并由此对国内产业造成损害的，可以征收反倾销税，征收反倾销税应当符合公共利益”。这一条款为此次反倾销条例修订的一大特色。

三是增加有利于追溯征税的措施。对实施临时反倾销措施之日前90天内进口的产品追溯征收反倾销税时，可以对有关进口产品采取进口登记等必要措施，以便追溯征收反倾销税。修订后的条款使追溯征税更具有可操作性，对初裁前的突击进口更具威慑力。

【参考资料】史际春主编：《经济法》，中国人民大学出版社2005年版；潘静成、刘文华主编：《经济法》（第二版）（人大21世纪系列教材），中国人民大学出版社2005年版。

期末测试题一

一、单项选择题

1. 世界上第一部反垄断法是(　　)。
   A. 德国的《反限制竞争法》
   B. 日本的《禁止私人垄断法》
   C. 美国的《谢尔曼法》
   D. 英国的《垄断与限制性行为（调查与控制）法》
2. 甲欲买“全聚德”牌的快餐包装烤鸭，临上火车前误购了商标不同而外包装十分近似的显著标明名称为“仝聚德”的烤鸭，遂向“全聚德”公司投诉。“全聚德”公司发现，“仝聚德”烤鸭的价格仅为“全聚德”的三分之一。如果“全聚德”起诉“仝聚德”，其纠纷的性质应当是下列哪一种？(　　)
   A. 诋毁商誉的侵权行为
   B. 低价倾销的不正当竞争行为
   C. 欺骗性交易的不正当交易行为
   D. 企业名称侵权纠纷
3. 吴某与张某于2018年10月2日举行结婚典礼。同日吴某将拍摄婚礼活动的一卷胶卷交给某彩色扩印公司冲洗，并预交冲洗费24元，彩色扩印公司开出一张印单交给吴某，印单上事先印好了“如遇意外损坏或遗失，本店赔偿同类同号胶卷一卷或相当价值的现金”的字样。后彩色扩印公司将该胶卷遗失。吴某要求赔偿精神损失，彩色扩印公司引用前述免责条款，只同意赔偿一个彩色胶卷的钱。下列哪一种观点是正确的？(　　)
   A. 彩色扩印公司应承担支付退换扩印费和赔偿同类同号胶卷或相当价值现金的责任
   B. 应按照《消费者权益保护法》的规定，认定印单上的责任条款无效
   C. 应按照《合同法》的规定确认印单上的责任条款显失公平，予以撤销
   D. 彩色扩印公司违约，且遗失的是有珍贵纪念意义的照片，应赔偿吴某精神损失
4. 国家通过直接投资直接调控或间接调控投资主体投资的目的是(　　)。
   A. 实现投资结构合理化
   B. 实现社会总供给和总需求的平衡
   C. 指导投资方向
   D. 合理分配投资资金
5. 关于产品缺陷责任，下列哪一选项符合《产品质量法》的规定？(　　)
   A. 基于产品缺陷的更换、退货等义务属于合同责任，因产品缺陷致人损害的赔偿义务属于侵权责任
   B. 产品缺陷责任的主体应当与受害者有合同关系
   C. 产品缺陷责任一律适用过错责任原则
   D. 产品质量缺陷责任一律适用举证责任倒置
6. 国家对(　　)征收个人所得税。
   A. 福利费
   B. 国债
   C. 按国家统一规定发给的补贴、津贴
   D. 储蓄存款利息
7. 经营者利用广告，对商品作引人误解的虚假宣传。据此，工商管理部门可以根据情节对其处以多少罚款？(　　)
   A. 违法所得1倍以上3倍以下的罚款
   B. 违法所得1倍以上5倍以下的罚款
   C. 5万元以上20万元以下的罚款
   D. 1万元以上20万元以下的罚款
8. 下列哪一选项不属于国务院银行业监督管理机构职责范围？(　　)
   A. 审查批准银行业金融机构的设立、变更、终止以及业务范围
   B. 受理银行业金融机构设立申请或者资本变更申请时，审查其股东的资金来源、财务状况、诚信状况等
   C. 审查批准或者备案银行业金融机构业务范围内的业务品种
   D. 接收商业银行交存的存款准备金和存款保险金
9. 某建设项目进行地质勘查，需要临时使用赵村的集体土地。用地单位就此向李律师咨询。李律师的下列哪一意见是正确的？(　　)
   A. 该临时用地应由乡（镇）级以上人民政府批准

B. 用地单位应当与赵村的村民委员会签订临时使用土地合同，并支付临时使用土地补偿费

C. 用地单位可以在地质勘查中修建永久性建筑物，但应当取得赵村同意并支付相应费用

D. 临时使用土地的期限一般不超过 5 年

10. 依据《会计法》，下列表述中哪一项是错误的？(　　)

A. 账簿只能根据经过审核的原始凭证登记

B. 原始凭证的金额有错误的，应当由出具单位重开，不得在原始凭证上更正

C. 记账凭证只能根据经过审核的原始凭证及有关资料编制

D. 各单位办理经济业务事项，必须填制或者取得原始凭证并及时送交会计机构

二、多项选择题

1. 根据《反不正当竞争法》的规定，下列行为中属于不正当竞争行为的是(　　)。

A. 一个人明知是他人窃取的商业秘密而有偿取得并使用

B. 甲和乙就一项技术签订了一份技术转让合同，同时约定不论该转让协议是否达成，只要受让方接触到了该技术的核心部分，合同中的保密条款永久有效。而在合同未达成的情况下，受让方即将该技术的核心部分全部泄露给自己的亲属

C. 使用人不知道自己取得并使用的技术是他人骗取来的

D. 使用人窃取来的技术是早已公之于众的技术

2. 某家用电器厂生产的一种微型家用面包机，成品出厂前经检验员的严格检测，将有严重缺陷的产品存入废品库房。该库房的管理员从废品库房中私自拿了一件面包机送给了其朋友，其朋友在正常使用的情况下因产品缺陷造成了严重损害。对该损害的处理，以下说法正确的是(　　)。

A. 家用电器厂对受害人的损害不承担任何责任，库房管理员承担责任

B. 家用电器厂承担主要责任，库房管理员承担次要责任

C. 家用电器厂和库房管理员承担连带责任

D. 家用电器厂如果能举出充分证据证明受害者的产品不是在市场上购买的就免责

3. 以下政府采取的措施中，属于国家通过经济政策间接影响市场主体经济行为的有(　　)。

A. 国家通过制定和实施反不正当竞争法来依法禁止市场主体在交易活动中的不正当竞争行为，以确保公平的市场竞争环境

B. 国家通过制定指导性计划来引导市场主体的投资行为

C. 国家通过设立消费者权益保护委员会，来保护消费者权益，规范市场交易主体的行为

D. 国家通过实行政府指导价和对少数商品实行政府定价，来稳定市场价格总水平

4. 下列属于价格法明令禁止经营者的不正当价格行为的是(　　)。

A. 捏造散布涨价信息，哄抬价格

B. 鲜活、季节性商品、积压类商品降价

C. 提供商品与服务方面的价格歧视

D. 变相提高或压低价格以牟取暴利

5. 滥用行政权力排除、限制竞争的行为，是我国《反垄断法》规制的垄断行为之一。关于这种行为，下列哪些选项是正确的？(　　)

A. 实施这种行为的主体，不限于行政机关

B. 实施这种行为的主体，不包括中央政府部门

C. 《反垄断法》对这种行为的规制，限定在商品流通和招投标领域

D. 《反垄断法》对这种行为的规制，主要采用行政责任的方式

6. 下列关于证券交易所交易规则的表述中正确的有(　　)。

A. 进入证券交易所参与集中竞价交易的，必须是具有证券交易所会员资格的证券公司

B. 证券公司受投资者的委托，按照价格优先的规则提出交易申报，参与证券交易所场内的集中竞价交易

C. 证券公司接受委托当日买入的证券，不得在当日再行卖出

D. 投资者只能委托为其开户的证券公司代其在交易所买卖

7. 依据《保险法》，保险公司应提取哪些款项以使保险公司稳健经营，同时保护被保险人、投保人和受益人的利益？(　　)

A. 责任准备金

B. 未决赔款准备金

C. 公积金

D. 保证金

8. 在下列哪些情形下，税务机关有权核定纳税人的应纳税额？(　　)

A. 应当设置账簿但未设置账簿的

B. 未取得营业执照从事经营的

C. 账目混乱的

D. 企业与其关联企业之间不按照独立企业之间的业务往来收取或者支付价款、费用的

9. 在下列哪些情况下，政府可以依照土地管理法的规定，收回国有土地使用权？(　　)

A. 某房地产开发公司有偿取得土地使用权后，因资金困难无力偿债，向人民法院提出破产申请

B. 原用地单位系国有企业，现已通过股份制改造，被一家私营企业控股

C. 县政府超越批准权限，将一片农用地批给某外商用于建设别墅区

D. 某工厂的自用铁路，因该厂转产，长期弃置失修，现已经核准报废

10. 某县污水处理厂系扶贫项目，由地方财政投资数千万元，某公司负责建设。关于此项目的审计监督，下列哪些说法是正确的？(　　)

A. 审计机关对该项目的预算执行情况和决算，进行审计监督

B. 审计机关经银监局局长批准，可冻结该项目在银行的存款

C. 审计组应在向审计机关报送审计报告后，向该公司征求对该报告的意见

D. 审计机关对该项目作出审计决定，而上级审计机关认为其违反国家规定的，可直接作出变更或撤销的决定

三、名词解释

1. 产品质量认证
2. 消费者
3. 反垄断法的域外适用
4. 价格调节基金

四、简答题

1. 简述我国消费者权益保护法的基本原则。
2. 简述内幕交易的构成要件。
3. 简述反垄断政策法与企业兼并联合政策法的联系与区别。
4. 简述我国建设用地管理制度。

五、论述题

试述滥用市场支配地位。

六、案例分析

某市邮电局在其营业厅内贴出通知，通告规定：凡由市邮电局安装电话的用户。一律到本市邮电器材公司购买电话机；用户办理装机手续的同时，必须先缴纳购电话机款，否则不予办理装机手续。通知执行了一段时间后，有关部门接到用户举报，对邮电局的这一行为进行了查处。经调查发现，市邮电器材公司系市邮电局的下属企业。

问：(1) 邮电局的行为属于什么性质的违法行为？

(2) 这类行为为什么被有关法律所禁止？

(3) 监督检查部门对邮电局的这一违法行为应如何处理？

参考答案

一、单项选择题

1～5 答案：CCBBA

6～10 答案：DDDBA

二、多项选择题

1～5 答案：AB、AD、BD、ACD、AD

6～10 答案：AD、ACD、ABC、CD、AD

三、名词解释

1. 答案：产品质量认证是指依据具有国际水平的产品标准和技术要求，经过认证机构确认并通过颁发认证书和产品质量认证标志的形式，证明产品符合相应标准和技术要求的活动。

2. 答案：从法学的角度看，消费者是指为非营利性目的而购买、使用商品，接受服务的人员认定消费者须具备以下条件：第一，消费者应当是公民为生活目的而进行的消费，如果消费的目的是用于生产，则不属于消费者范畴；第二，消费者应当是商品或服务的受用者；第三，消费的客体既包括商品，也包括服务；第四，消费者主要是指个人消费。但是也有例外，如《消费者权益保护法》并没有明确规定，消费者是指消费者个人，实质上就是既包括消费者个人，也包括单位或集体，只要是用于生活消费的，都属于消费者范畴。在我国农业生产者为农业生产需要购买生产资料的也属于法律意义上的消费者。

由于消费者在市场交易中的弱势地位，法律给予“消费者”这一主体予以特别保护。

3. 答案：反垄断法的域外适用是指一国反垄断法超越领土范围，适用于在国外产生的但对国内有影响的一切垄断和限制竞争行为，即一国反垄断法运用“影响原则”来实现其域外适用。

4. 答案：价格调节基金是政府为了调节商品供求，平抑市场价格而建立的专项基金。

四、简答题

1. 答案：我国对消费者权益保护的基本原则有三项：第一，对消费者特别保护原则。从形式上来看，消费者和经营者的地位是平等的，但是在实际消费关系中，消费者相对于有组织、有实力、有信息占有优势的经营者来说处于弱者地位，二者实质上不平等。为了保障双方的地位实质上平等，保障交易公平，防止消费者权益因其弱势地位而被经营者随意损害，国家对消费者给予特别保护，这是保护消费者权益的最基本原则。第二，国家保护与社会保护相结合的原则。保护消费者的权益不仅仅是行政机关的职责，同时也是全社会的共同职责。只有全社会各类组织和个人，尤其是以保护消费者权益为本职的消费者保护组织，都参与到对涉及消费者权益的经济活动和社会活动的监督与干预中来，“消费者至上”的观念才有可能真正树立起来。第三，自愿、平等、公平、诚实信用的原则。经营者在与消费者进行交易时，应当诚实守信，尊重消费者的意愿，不得恃强凌弱，不得采取欺诈或者其他违法行为。

2. 答案：内幕交易行为的构成要件包括违法性、损害事实、因果关系和主观过错四个方面。

其一，内幕交易行为的违法性已经为《证券法》《刑法》等法律法规所认定，内幕交易行为将受到刑事制裁、行政处罚和民事索赔三方面的法律规制。

其二，内幕交易行为既破坏了证券市场正常秩序，也侵害了投资者财产权益，而投资者的损失认定需要通过投资时间、投资方向、投资价格和投资数量加以综合认定。

其三，因果关系的认定是内幕交易民事侵权责任认定的关键，这既是争议焦点又是审判难点。根据海外内幕交易民事赔偿实践看，解决这一问题是以“市场欺诈理论”为基础，形成的“推定信赖原则”“因果关系推定原则”和“举证责任倒置原则”来实现证明责任的分配。“推定信赖原则”与“因果关系推定原则”是指只要内幕交易行为存在，在特定的时段内，不管投资者能否证明其是否依赖错误信息，均推定受到欺诈，均推定内幕交易行为和损失之间存在因果关系。而“举证责任倒置原则”是基于内幕交易行为属于特殊侵权行为的理念，免除投资者的举证责任，规定由侵权人举证证明受害人提出的诉请理由不成立，否则，侵权人承担举证不能带来的后果。当然，“举证责任倒置原则”也同侵权人免责抗辩权相联系，即允许侵权人提出合法免除或减轻侵权责任事由的权利，如主体不适格、专业投资机构没有尽合理谨慎义务、投资者本身存在过错或不存在损失、不可抗力或系统风险等。

其四，内幕交易行为一般情况下是行为人主观故意所致，但应包括三个方面：行为人必须知悉所利用的内幕信息的内容；行为人必须知道所利用的信息尚未公开，为价格敏感的重大信息；行为人的目的是自己获利或减少损失。

3. **答案**：反垄断政策法与企业兼并联合法的联系主要表现在两者都规制企业的兼并和联合行为；两者的区别主要表现在企业兼并联合政策法往往要鼓励企业的兼并和联合，而反垄断政策法则认为，企业的兼并和联合虽可增进企业的规模经济和竞争力，但也可能产生一些垄断弊端，因此要对企业的兼并和联合行为实施严格的控制。

4. **答案**：建设用地管理是土地管理工作的重要组成部分。我国《土地管理法》明确规定：任何单位和个人进行建设，需要使用土地的，必须依法申请使用国有土地；建设占用土地，涉及农用地转为建设用地时，应办理农用地转用审批手续；征用基本农田，征用基本农田以外的耕地超过35公顷的，征用其他土地超过70公顷的，由国务院批准；国家征收土地的，依照法定程序批准后，由县级以上地方人民政府予以公告并组织实施；征收土地的，按照被征收土地的原有用途给予补偿，并原则上规定了补偿费用的标准，以切实维护农村集体经济组织和农民的利益。另外，对建设项目使用国有土地，农村集体经济组织使用乡（镇）土地利用总体规划确定的建设用地等也作出相应的规定。

五、论述题

答案：滥用市场支配地位指具有市场支配地位的企业凭借其这种地位，在一定的交易领域实质性地限制竞争，违背公共利益，明显损害消费者利益，从而为反垄断法所禁止的行为。

市场支配地位，一般指企业在特定市场上所具有的某种程度的支配或者控制力量，即在相关的产品市场、地域市场和时间市场上，拥有决定产品产量、价格和销售等各方面的控制能力。市场份额并不是决定市场支配地位的唯一标准，还须考虑其他因素，如对新的竞争者进入市场的障碍、企业的财力、企业垂直联合的程度、企业转向生产其他产品的可能性、交易对手转向其他企业的可能性以及市场行为等，但是市场份额在确定市场支配地位中仍然具有决定性的意义。此外，不同的形态或程度，如独占、准独占、寡头分占和绝对优势地位等，分别有不同的认定标准，还涉及相关市场的界定问题。

滥用一般指有关企业凭借自身的优势地位通过采取与商业交易中产品和服务的正常竞争所不同的手段，而妨害现存市场上竞争程度的维持或者竞争发展的各类行为，如强制交易、维持转售价格、歧视、搭售、附加不合理交易条件等。任何企业在参加市场竞争中都要涉及同一经济阶段的竞争者（同业竞争者）和不同经济阶段的竞争者即交易相对人（包括供应者、顾客和最终消费者）。

因此，滥用市场支配地位行为也可以分为两种基本类型：一是针对同业竞争者所实施的滥用行为，二是针对交易相对人所实施的滥用行为。前者主要包括低价竞销（掠夺性定价）、独家交易、搭售和附加其他不合理交易条件等；后者主要包括价格歧视等差别待遇、拒绝交易、强制交易和垄断性高价等。这类行为对竞争者、竞争秩序、消费者都构成侵害，一般受到各国反垄断法的严格控制。

六、案例分析

答案：（1）邮电局的行为属于公用企业强制交易的行为。

（2）这类行为限制了用户、消费者的自由选择权，将生产同种商品的其他经营者完全排除在特定的市场之外，妨碍了市场的公平竞争机制的正常运行，因此被我国《反不正当竞争法》禁止。

（3）责令邮电局停止违法行为，并根据情节处以5万元以上20万元以下的罚款。

期末测试题二

一、单项选择题

1. 全民所有制工业企业依法取得法人资格，以(　　)承担民事责任。

A. 自有资金

B. 企业财产

C. 国家授予其经营管理的财产

D. 银行贷款

2. 股东人数较少和规模较小的有限责任公司，可以不设董事会，由(　　)作为公司的法定代表人。

A. 执行董事　　B. 董事长

C. 总经理　　D. 股东会指定的负责人

3. 预算活动的基础是(　　)。

A. 预算执行　　B. 预算监督

C. 预算调整　　D. 预算编制

4. 下列各项中属于财产税的是(　　)。

A. 增值税　　B. 契税

C. 车船使用税　　D. 资源税

5. 代表国家掌管货币发行的机关是(　　)。

A. 国务院　　B. 中国货币委员会

C. 中国人民银行　　D. 财政部

6. 根据《产品质量法》规定，下列哪一说法是正确的？(　　)(司考 2010. 1. 24)

A.《产品质量法》对生产者、销售者的产品缺陷责任均实行严格责任

B.《产品质量法》对生产者产品缺陷实行严格责任，对销售者实行过错责任

C. 产品缺陷造成损害要求赔偿的诉讼时效期间为二年，从产品售出之日起计算

D. 产品缺陷造成损害要求赔偿的请求权在缺陷产品生产日期满十年后丧失

7. 环境政策的目标和制定污染物排放标准的依据是(　　)

A. 环境质量标准

B. 污染物排放标准

C. 环保基础标准

D. 环保方法标准

8. 红心地板公司在某市电视台投放广告，称“红心牌原装进口实木地板为你分忧”，并称“强化木地板甲醛高、不耐用”。此后，本地市场上的强化木地板销量锐减。经查明，该公司生产的实木地板是用进口木材在国内加工而成。关于该广告行为，下列哪一选项是正确的？(　　)

A. 属于正当竞争行为

B. 仅属于诋毁商誉行为

C. 仅属于虚假宣传行为

D. 既属于诋毁商誉行为，又属于虚假宣传行为

9. 对损害消费者合法权益的行为进行有效的舆论监督的是(　　)。

A. 消费者及用户　　B. 上级主管机关

C. 大众传播媒介　　D. 消费者组织

10. 某建设项目在市中心依法使用临时用地，并修建了临时建筑物，超过批准期限后仍未拆除。对此，下列哪一机关有权责令限期拆除？(　　)

A. 市环保行政主管部门

B. 市土地行政主管部门

C. 市城乡规划行政主管部门

D. 市建设行政主管部门

二、多项选择题

1. 在下列权利中，城镇集体所有制企业享有的权利有(　　)。

A. 财产所有权

B. 经营方式选择权

C. 自主安排产、供、销等活动权

D. 人事劳动权

E. 优惠待遇权

2. 下列关于个人独资企业的表述中哪些是正确的？(　　)

A. 个人独资企业应依法缴纳企业所得税

B. 个人独资企业成立时需缴足法定最低注册资本

C. 个人独资企业对被聘用人员的限制不得对抗善意第三人

D. 个人独资企业的投资人对个人独资企业债务承担无限责任

3. 在家家福超市离纳税期限还有 1 个月时，税务

机关发现其有逃避纳税的行为。于是税务机关责令家家福超市在15天内，缴纳应缴税款；但在此限期内又发现家家福超市有明显转移其应纳税收入的迹象，税务机关便责成家家福超市提供纳税担保。家家福超市不能提供。在此情况下，税务机关经市税务局局长批准，可以对该纳税人采取下列哪些措施？(　　)

A. 书面通知纳税人开户行冻结该纳税人的金额相当于应纳税款的存款
B. 书面通知该纳税人的开户行扣缴该纳税人的金额相当于应纳税款的存款
C. 扣押、查封、拍卖该纳税人的价值相当于应纳税款的商品
D. 扣押、查封该纳税人的价值相当于应纳税款的商品

4. 商业银行违反《商业银行法》规定的，国务院银行业监督管理机构可以禁止以下哪些人员一定期限直至终身从事银行业工作？(　　)

A. 直接负责的董事
B. 商业银行的行长
C. 其他直接负责的人员
D. 商业银行的监事

5. 森林按其不同的经济效益可分为(　　)。

A. 防护林　　B. 用材林
C. 经济林　　D. 薪炭林
E. 特种用途林

6. 污染的发生源包括(　　)。

A. 工业污染源
B. 农业污染源
C. 交通运输污染源
D. 生活污染源
E. 水污染源

7. 下列产品中适用《产品质量法》的有哪些？(　　)

A. 大地牌面粉
B. 光明牌牛奶
C. 长江大桥
D. 长江大桥上所用的水泥

8. 我国经济法的法律渊源包括(　　)。

A. 宪法
B. 法律和有关规范性文件
C. 行政法规和有关规范性文件
D. 部、委规章和有关规范性文件

9. 下列消费行为适用我国《消费者权益保护法》的有(　　)。

A. 企业购买生产消费商品
B. 居民为生活消费需要购买商品
C. 房地产商向消费者提供其建造的商品房
D. 经营者为消费者提供服务
E. 农民购买直接用于农业生产的生产资料

10. 农民集体所有的农用地可以如何处置？(　　)

A. 由本集体经济组织的成员承包经营
B. 经村民委员会讨论决定由本集体经济组织以外的单位和个人承包经营
C. 经村民会议2/3以上成员或者2/3以上村民代表的同意由本集体经济组织以外的单位和个人承包经营
D. 经村民会议1/2以上成员或者1/2以上村民代表的同意由本集体经济组织以外的单位和个人承包经营

三、名词解释

1. 经济法律关系
2. 相关市场
3. 上市公司
4. 会计关系
5. 商业秘密

四、简答题

1. 简述经济法与行政法的区别。
2. 简述经营者的信息提供义务。
3. 简述构成承担产品瑕疵担保责任的条件。

五、论述题

法律对经济秩序的作用。

参考答案

一、单项选择题

1～5. 答案：CADBC　**6～10. 答案**：BADCC

二、多项选择题

1～5. 答案：ABCDE、CD、AD、ABC、ABCDE

6～10. 答案：ABCD、ABD、ABCD、BCDE、AC

三、名词解释

1. 答案：经济法律关系是指国家机关、社会组织和其他经济实体在参加经济管理过程中和经营协调活动中发生的，由经济法律、法规确认和调整的，并由国家强制力保证其存在和运行的经济权利、经济义务相统一的关系。

2. 答案：相关市场是指经营者就一定的商品或者服务从事竞争的范围或者区域，主要包含了商品和地域两个要素。界定相关市场是反垄断执法的关键步骤，直接影响甚至决定着反垄断案件的处理结果。判定一个经营者是否居于垄断地位或者市场支配地位，是否排除、限制了市场竞争，都必须以界定相关市场为前提。

3. 答案：上市公司是指所发行的股票经国务院或者国务院授权证券管理部门批准在证券交易所上市的股份有限公司。

4. 答案：会计关系是指国家在管理会计工作过程中和会议机构、会议人员在办理会计事务过程中所发生的经济关系。

5. 答案：商业秘密是指不为公众所知悉、能为权利人带来经济利益，具有实用性并经权利人采取保密措施的技术信息和经营信息。

四、简答题

1. 答案：经济法与行政法的区别有：（1）经济法所调整的经济管理关系本质上是一种物质利益关系，不是单纯的行政管理关系。（2）经济管理法律关系中主体的地位以及它们之间的权利义务的联结状态也不同于行政法律关系，虽有上下层次之分，但彼此却都互为权利主体和义务主体。（3）经济法律关系中的经济行为和经济活动都是追求一定的经济目的，即追求一定的经济利益和经济效益，从根本上说，应服从的是经济规律；行政活动追求的是工作效率，它首先应服从的是长官意志。（4）经济法也运用行政手段，但它具有辅助的性质，而且一般应与经济手段等结合运用；行政法则是以行政手段为主的，它主要以命令与服从的方式实施。

2. 答案：经营者有义务提供一切真实信息，不作虚假宣传，这是消费者实现知情权的保障。这一义务包括：（1）经营者应当向消费者提供有关商品或者服务的真实信息不得作引人误解的虚假宣传；（2）经营者对消费者就其提供的商品或者服务的质量和使用方法等问题所提出的询问，应当作出真实、明确的答复；（3）商店提供的商品应当明码标价；（4）经营者应当标明其真实名称和标记；（5）租赁他人柜台或者场地的经营者，应当标明其真实名称和标记。

3. 答案：售出的产品有下列情形之一的，即构成承担瑕疵担保责任的条件：（1）不具备产品应当具备的使用性能而事先未作说明的；（2）不符合在产品或其包装上注明采用产品标准的；（3）不符合以产品说明、实物样品等方式表明的质量状况的。

五、论述题

答案：在进入商品经济阶段之后，社会生产力飞速发展，交换则成为商品实现价值的必经途径，经济形态日趋复杂，经济秩序对法律的依赖性得到了前所未有的增强。这方面的立法越来越细致，逐渐形成了一个完备的体系，主要包括：

第一，法律保护财产所有权。只有明确了谁是财产的合法所有人这一问题，商品生产才能有足够的动力，商品交换才能有合法的起点。否则，商品经济秩序的建立就失去了最根本的前提和保障。

第二，对经济主体资格加以必要的限制。对经济主体若不加限制，则必然会产生经济主体的无限多样性，不合格的经济主体将会大量出现，这必将危及交易安全，造成经济秩序的混乱。

第三，调控经济活动。在商品经济社会，各类经济主体被赋予很大的自由活动空间，但这种自由绝不能危及基本秩序，法律在这里是通过调控经济生活来维护秩序的。

第四，保障劳动者的生存条件。劳动是经济运行的起点，为了经济正常运行必须确保劳动者能够维持正常的生存和发展。

附录一：部分法学院校研究生入学考试经济法学部分真题①

中国政法大学

2021 年

一、名词解释

1. 政府预算

2. 政策性银行

3. 反垄断法中的承诺制度

4. 食品安全标准

5. 超额累进税率

二、简答题

1. 简述惩罚性赔偿责任的功能。

2. 简述反垄断法的立法目标。

3. 简述国有企业在经济法中的地位。

4. 宏观调控制度中的税法和金融法的发挥作用的机理有何不同？

三、案例分析题

韩女士用自己的高级会员账号在某大型电商平台上购物，结算时误用另一普通账号结算，发现比高级会员账号还便宜 25 元，原来是有满 65 元减 25 元的优惠券。电商平台客服解释说："新用户会给优惠券，不定期发放，不一定每个账号都有。"后经调查，韩女士发现，自己用高级会员消费的许多商品都比普通消费者购买同款商品的价格要贵。

请根据上述事例，提出三个（包含本数）法律问题，并运用经济法学的相关制度知识进行解答。

四、论述题

1. 试论经济法与市场经济及国民经济的关系。

2. 试论中小企业促进法与企业法的关系。

2020 年

一、名词解释

1. 产品质量

2. 食品安全法

3. 货币政策委员会

4. 国企的分类

5. 市场主体

二、简答题

1. 简述地方债务的发行权限和用途。

2. 简述税法的构成要素。

3. 简述商业银行的设立条件和程序。

4. 简述互联网不正当竞争行为的认定条件。

三、论述题

1. 结合《反垄断法》第 14 条分析经济法和合同法在调整合同关系上的区别。

2. 试论市场监管权的性质、内容和体制。

四、案例分析题

位于上海市的某大型游乐园在乐园须知一栏新增规定："不得携带以下物品入园：食品；酒精饮料；超过 600 毫升的非酒精饮料……"而此前该游乐园并未禁止游客携带有原始包装、密封的、未开封及不需加工的食品入园。"乐园外寄存包裹无论大小均收费 80 元/天，如果不在入口当场吃掉，游客只能选择游乐园提供的餐饮服务或支付寄存费用。"游客小王认为："自带食品或园内购买均应由游客自行选择，禁止游客自带食品，这隐藏着强买强卖的实质。"

1. 该游乐园的哪些行为违反了法律？为什么？

2. 你作为职业律师，可以为消费者提供怎样的法律意见？

3. 小王可以请求法院判决游乐园的规定无效吗？为什么？

2019 年

一、名词解释

1. 食品追溯制度

2. 公益型国有企业（并举例）

3. 反垄断法中的宽免政策

4. 基准利率

5. 应纳税所得额

二、简答题

1. 反悔权是消费者的基本权利吗？如果是，为

---

① 该分册所选编的经济法学考研真题部分答案详解可参见本书相关章节。另，因收集原因，部分真题可能在表述上不完全一致，请予注意。

什么其规定在了“经营者的义务”这一章中？如果不是，为什么？

2. 金融企业的私人性与社会的关系。

3. 国家税收财产权与普通债权的关系。

4.《反不正当竞争法》修订后商业贿赂的变化。

三、论述题

1. 经济法理论结构构建的法益基础。

2.《电子商务法》中规定的电子商务平台经营者责任。

2018 年

一、名词解释

1. 缺陷产品

2. 国有资产

3. 经营者

4. 税收法定

5. 垄断协议

二、简答题

1. 简述市场准入制度。

2. 简述行政性垄断的法律规制。

3. 简述企业的社会责任。

4. 简述市场监管机构体系和各自职能。

5. 简述中国人民银行与商业银行的关系。

三、论述题

1. 结合《反垄断法》的相关规定，论经济法的实施。

2. 论经济行为的法律规制。

2015 年

一、名词解释

1. 产品

2. 社会本位

3. 相关市场

4. 税收法定原则

二、简答题

1. 简述经济法产生的法律根源。

2. 简述产品召回与产品三包的区别。

三、论述题

论述调整消费关系的经济法理念。

2014 年

一、简答题

1. 简论无理由退货权。

2. 消费者权益保护法与金融消费者保护的关系。

3. 评析证券法中证券的含义。

4. 内幕交易的构成要件。

二、论述题

1. 经济法的非传统性。

2. 互联网金融评析。

3. 结合党的十八届三中全会报告，从经济法的视角谈谈政府与市场的关系。

2010 年

一、简答题

1. 企业的社会责任的内容。

2. 我国价格法中价格的类型和适用范围。

3.《证券法》的法律责任特点及不足。

4. 宏观调控法的特征。

二、论述题

1. 广告代言人的法律责任形式。

2. 结合我国市场经济中的问题，谈市场监管法的意义。

3. 财政法的性质。

北京大学

2020 年

财税法：

1. 预算支出和预算收入应分别遵循什么原则？

2. 我国现行个人所得税实行的是什么税制模式？现在的个税和 2018 年《个人所得税法》修改之前的税收征管措施有什么不同？

金融法：

1. 简述银行存款保险制度。

2. 略论科创板的注册制改革。

竞争法：

1. 对于商业宣传，反不正当竞争法的规制和广告法的规制有何不同？

2. 垄断协议的行为表现有哪些？

2019 年

经济法总论：

根据在历史上形成的“要么规制，要么反垄断（regulation or antitrust）”原则，回答下列问题：

1. 该原则的含义是什么？

2. 该原则的思想来源是什么？

3. 该原则在经济法中的制度原则和具体表现是什么？

4. 你是否同意该原则？

财税法：

1. 简述实质课税原则所能解决的主要问题。

2. 基于我国税权分配的原则，分析省级及以下国税、地税合并可能对税权分权产生的影响。

金融法：

1. 简述我国保险公司市场退出的法律制度。

2. 简述我国上市公司的要约收购制度。

竞争法：

1. 简述滥用市场支配地位行为分析判断中的必要设施原则。

2. 简述不正当竞争行为中误导性行为的表现。

2018 年

财税法：

1. 《税收征收管理法》正在重新修订，你认为该法存在哪些问题需要修改？

2. 我国正在全面铺开增值税试点，我国的增值税立法还存在怎样的问题？

竞争法：

1. 最新的《反不正当竞争法》相比于 1997 年《反不正当竞争法》，有哪些进步之处？

2. 试从反垄断法角度，谈谈安全审查制度的实践意义。

2017 年

1. 结合经济法的经济性、规制性、现代性等特征，分析何为实质意义上的经济法。

2. 请结合经济法总论中的价值论，分析证交所限制特定账户买卖证券和证监会限制部分股东减持股份的合理性。

3. 请结合税法理论和我国《消费税暂行条例》，分析调整化妆品消费税政策（高档化妆品税率调整为 15%）的合法性。

4. 简述我国反洗钱制度。

5. 试论我国证券发行制度的注册制改革。

反垄断法和反不正当竞争法的立法，都将保护经营者合法权益和保护消费者合法权益作为其立法宗旨之一，试论这两种法益保护在竞争法宗旨中的关系。

2015 年

1. IPO 在深市上市，深市沪市的竞争，体现了怎样的经济法制度、经济法原理，怎样评析？

2. 公共预算和支出的内容、预算编制原则。

3. 民营银行是否适用商业银行法的监管？对我国现阶段的民营银行的评价。

4. 如何界定市场支配地位？占 80% 算有市场支配地位吗？

5. 公司治理中忠实和注意义务在我国的缺陷。

2012 年专业卷

经济法总论：

给出了一系列的材料，讲述现金分红事关股东的利益，而上市公司很少给股东现金分红这一现象。后证监会出台了一些政策决定，包括在新上市公司的招股书中必须将对股东的分红细则列为公司的重大事项进行说明和对上市公司分红情况的披露等。这些措施使股东分红问题得到了一些改善，但跟国外的股东分红率仍有差距。

问题：

1. 根据材料，分析证监会采取了哪些强制分红措施？

2. 根据材料，说明证监会采取的一系列措施运用了哪些规制手段？

3. 证监会的“强制分红”能否最终取得成功？

财政税收法：

1. 论述转变经济增长方式的财税法制度？

2. 财政税收法中，预算法所规定的预算编制有哪些基本原则？

3. 有关我国的课税制度。

反垄断和反不正当竞争法：

1. 论述价格歧视现象。

2. 论我国反不正当竞争法的立法主旨。

金融法：

论商业银行为储户的保密义务。

2011 年

1. 结合实际，论述经济法的政策性。

2. 试论述经济法上的可诉性问题及其解决办法。

3. 试论反垄断法与反不正当竞争法的区别。

4. 试论述对商标、商号等仿冒案件中的知识产权问题与反不正当竞争法问题在学理上如何区分。

5. 简述保障公平分配的财政法制度。

6. 简述我国财产税制度的体系。

7. 请辨析公司目的与公司能力。

8. 试述股东相互间的关系。

2010 年

1. 实质课税原则。

2. 证券交易所的自律管理。

3. 关联企业及关联人的基本类型。

4. 会计法规范发展与经济法的联系。

5. 我国预算管理体制及其对预算调整的影响。

6. 银行安全性经营原则。

7. 经营者集中的界定（反垄断申报角度）。

8. 公司的社会责任与公司经营关系。

2009 年

1. 对千人购房团的看法，体现了经济法的哪些内容？经济法可以从哪些方面进行规范？

2. 结合各国的金融危机政策，谈谈财政法体系和财政法的原则。

3. 竞争法的体系和竞争法学体系。

4. 公司法有关法人人格否定的条款与一人公司的出资人与公司财产连带条款的关系，以及一人公司是否适用法人人格否认？

5. 公司经营困难如何理解？

6. 银行分业经营规则。

7. 反垄断法中“没有正当理由，低于成本价销售”，应当如何理解？

8. 证券法虚假陈述的民事诉讼。

9. 公司财务审计制度的作用。

10. 社会保障法的作用。

2008 年

1. 结合相关市场理论，简述其在反垄断法和反不正当竞争法实施中的作用。

2. 简述税收法定主义在我国的现实意义。

3. 简述《证券法》上有关证券发行的界定以及对上市公司发行新股的条件的规定。

2007 年

1. 简述我国公司公积金法律制度（说明概念、种类、范围和用途等）。

2. 试述经济法主体行为的分类及其理论价值。

3. 结合我国税法的原则分析企业所得税法统一的必要性。

中国人民大学

2019 年

一、材料分析题

材料：《个人所得税专项附加扣除暂行办法（意见征求稿）》中有关个税专项附加扣除的规定。

问题：

1. 根据税收法定原则和《立法法》有关规定，本次个税法改革中专项附加扣除的“具体范围、标准和实施步骤由国务院确定，并报全国人大常委会备案”的规定是否存在问题？为什么？

2. 个税专项附加扣除主要存在哪些问题？

3. 从税收法定原则及其相关法规角度，我国个税改革中应当如何完善专项附加扣除制度？（主要从立法角度分析）

二、论述题

试论市场规制法的概念和调整对象。

2018 年

一、材料分析题

材料：携程 APP 在订酒店和机票时存在捆绑销售保险等现象。

问题：

1. 《反垄断法》是否禁止携程这种捆绑销售的行为？为什么？

2.《反不正当竞争法》是否禁止？为什么？

3.《消费者权益保护法》是否禁止？为什么？

二、论述题

税收法治的突出问题及其解决对策。

2017 年

一、材料分析题

第一段材料：为什么要预算公开的条文；

第二段材料：预算公开的主体和时间的条文；

第三段材料：预算公开行政责任的规定。

问题：

1. 什么是预算公开制度，有什么意义和作用。

2. 我国现有的预算公开制度有什么不足。

3. 对于完善这一制度的内容有何良策。

二、论述题

结合我国目前的金融发展态势谈谈对我国完善金融监管体制改革的认识。

2016 年

一、比较下列概念

1. 比例税率与累进税率

2. 横向垄断协议与纵向垄断协议

二、法条分析题

试分析《预算法》第 12 条第 1 款规定："各级预算应当遵循统筹兼顾、勤俭节约、量力而行、讲求绩效和收支平衡的原则。"

2015 年

一、名词解释

1. 破产财产

2. 商业银行

3. 产品质量

4. 政府采购

二、简答题

简述反不正当竞争法和消费者权益保护法的关系。

2014 年

一、名词解释

1. 产品质量认证

2. 公开市场操作

3. 预算调整

4. 行政垄断

二、简答题

简述增值税、营业税、消费税之间的关系。

2013 年

一、名词解释

1. 市场准入

2. 产品质量认证制度

3. 营业税

4. 再贴现

二、简答题

简述不正当有奖销售的表现。

2012 年

一、名词解释

1. 反倾销

2. 预算

3. 政府指导价

4. 内幕交易

二、简答题

简述审查经营者集中时考虑因素。

2011 年（复试）

一、名词解释

1. 国有企业

2. 生产许可证

3. 决算

4. 别除权

二、简答题

1. 反垄断法的性质和地位。

2. 经营者的义务。

三、论述题

1. 经济法理念在经济立法中的指导作用。

2. 财政法在调节地区、城乡、贫富差距中的作用及完善。

2010 年（复试）

一、名词解释

1. 消费者

2. 强制性标准

3. 谢尔曼法

4. 商业银行

5. 土地增值税

6. 法人财产权

二、简答题

1. 简述反垄断适用除外的情形。

2. 简述政府定价的范围。

3. 简述税收强制与税收保全的区别。

三、论述题

试论述企业与国家或政府的关系。

2009 年

一、名词解释

1. 反垄断法

2. 消费型增值税

3. 特殊企业

4. 税收饶让

5. 独立董事

6. 操纵市场行为

二、简述题

1. 简述垄断协议的概念及其主要种类。

2. 简述政府采购制度的作用。

3. 银行业监督管理机构的职责。

4. 简述纳税人的权利。

三、论述题

1. 论述反不正当竞争法关于商业贿赂的规定。

2. 运用经济法的理念评析并思考三聚氰胺奶粉事件。

2008 年

一、名词解释

1. 经济法主体

2. 预算法

3. 商业银行

4. 职工监事

5. 消费者

6. 不正当竞争行为

二、简答题

1. 简述经济法的平衡协调原则。

2. 简述政府采购的特征。

3. 简述破产重整的内涵。

4. 简述我国《产品质量法》规定的生产者的产品包装的责任和义务。

三、论述题

1. 论述国家宏观调控的经济法思考。

2. 论述《反垄断法》的政策功能。

2007 年

一、名词解释

1. 经济法管理主体

2. 一般经济责任制

3. 增值税

4. 反垄断法适用除外制度

5. 资本充足率

6. 商业秘密

二、简答题

1. 巴塞尔新资本协议的三大支柱。

2. 横向限制竞争行为的表现形式。

3. 破产法中对职工债权清偿顺序的规定和立法原因。

4. 产品质量法对归责原则的规定。

三、论述题

1. 财政法在构建和谐社会中的地位和作用。

2. 从经济法的角度论述国家对房地产市场的调控与管理。

清华大学

2018 年

1. 论述市场管理法与宏观调控法在理性市场与秩序经济形成过程中的功能、作用，并兼论二者之间的关系。

2. 论述经济法体系、经济法律体系与经济法理论体系。

3. 论述经济法具体制度与经济法理论的互动成长。

2013 年

1. 论述市场规制法与宏观调控法在建立理性市场和秩序中的功能和作用——兼论两者的关系。

2. 论述经济法体系、经济法律体系、经济法理论体系。

3. 论经济法具体制度和经济法理论共同成长。

2012 年

1. 如何从经济法的角度认识政府与市场的关系？

2. 经济法在建立社会主义法治国家中的地位和作用。

3. 经济法的社会整体调节在建立与维护市场经济秩序中的作用。

4. 经济法中的企业与商业法中的企业有何不同意义。

5. 如何认识经济法中的监管？

2011 年

1. 以经济法和商法的调整对象和功能角度来比较它们的区别。

2. 如何理解经济法中的市场管理关系是一种秩序管理关系？

3. 谈谈如何实现经济法的法治。

4. 如何认识经济行政指导。

5. 社会经济团体如何实现在经济法中的作用。

2009 年

一、论述题

1. 论述经济法的社会性。

2. 什么是税收法定原则？

3. 反垄断法和反不正当竞争法的关系是什么？

二、案例分析题

关于国家发改委追究世界方便面中国分会擅自以棕榈油和面粉等原料价格上涨而决定全面提升方便面价格，以及一些企业实际提升价格的行为，发改委最终认定本次价格上调违反《价格法》《国家发改委关于行业组织自律调整价格的决定》等相关法律规定，从而责令方便面中国分会撤销有关价格上涨行为，恢复市场价格。问题：

1. 指出相关的经济法律关系。

2. 根据《价格法》的规定，案件中形成了几种价格？

3. 关于有关企业自行定价行为，相关经济管理机关有无权力干预？

4. 如果方便面中国分会负责人所言属实，因原料价格上涨而非不调价格企业无法获得利润，你认为这种行为属于什么性质的行为？

5. 方便面中国分会属于什么性质的经济法律关系主体？它在经济法律关系中的地位如何？

6. 根据《反垄断法》，应如何对方便面协会和相关企业的行为定性？他们应负什么样的法律责任？

华东政法大学

2020 年

一、概念比较

1. 经济协调学说与密切联系说

2. 自然垄断与国有垄断

3. 国有资本政府审计与国有资本社会审计

二、简答题

1. 简述国家经济安全原则。

2. 简述商业贿赂的特点与表现形式。

三、论述题

根据税法相关原则，论述我国所得税反避税制度的内容和完善的方向。

2019 年

一、概念比较

1. 经济行政法论和需要干预经济说

2. 一般性转移支付和专项转移支付

3. 国有资产清产核算和国有资产评估

二、简答题

1. 简述中介自律组织的行为及权力来源。

2. 简述税率的类型并举例说明。

三、论述题

近年来，我国电商平台，特别是在线旅游平台，运用技术手段（大数据）就在线销售的商品及服务对不同的消费者收取不同的价格。结合公平市场秩序维护及消费者权益保护的基本理论，论述我国经济法对上述行为的规制路径及建议。

2018 年

一、概念比较

1. 市场秩序规制和市场监管

2. 房产税和土地增值税

3. 消费者的选择权与公平交易权

二、简答题

1. 简述我国经济公益诉讼制度。

2. 简评我国《反不正当竞争法》的修改意义。

三、论述题

结合我国外商投资产业指导目录，评析我国涉外经济管制的作用及我国产业调控法律制度。

2017 年

一、简答题

简述行政性垄断的表现形式。

二、论述题

滴滴打车、中国优步等网约车市场的合并，有人认为这是经营者集中。请结合我国竞争法的相关法律规范，论述中国对经营者控制的基本制度和适用的特殊性。

2016 年

一、简答题

简述消费者权益保护法关于经营者收集、使用消费者个人信息的主要义务。

二、案例分析题

论述我国证券交易监管的主要法律规定，并结合经济法的基本原则分析我国政府对 2015 年证券市场出现问题及时采取干预措施的正当性。

2015 年

一、简答题

简述我国 2013 年《消费者权益保护法》修订的主要内容。

二、论述题

试论经济法倾斜保护弱者原则的意义。请结合该原则分析国家如何在经济管理职能中体现其积极作用。

2014 年

论述题

十八届三中全会《关于全面深化改革若干重大问题的决定》指出，按照统一税制、公平税负、促进公平竞争的原则，加强对税收优惠特别是区域税收优惠政策的规范管理。税收优惠政策统一由专门税收法律法规规定，清理规范税收优惠政策。请结合上述内容论述经济公平原则的主要内涵及其价值。

2013 年

一、简答题

举例说明我国经济活动中的中介自律组织的自我管理行为的价值。

二、论述题

请结合我国的价格法律制度分析民法与经济法在调节市场交易关系中的不同作用。

2012 年

一、简答题

简述我国法律规定的主要反倾销措施类型。

二、论述题

请结合现实中的不正当竞争行为类型论述反不正当竞争法的立法宗旨。

2011 年

一、名词解释

1. 增值税与所得税

2. 产品缺陷与产品瑕疵

3. 自然垄断与行政垄断

二、简答题

1. 简述《企业国有资产法》中关于国有出资企业管理者的规定。

2. 简述经济民主原则。

2010 年

一、名词比较

1. 宏观调控与宏观调控法

2. 外商投资企业协议和外商投资企业合同

3. 消费者的知情权与知识权

二、简答题

1. 简述经济民主原则。

2. 简述集体企业中的国有资产的产权界定和处理。

三、论述题

论市场支配地位的界定和滥用市场支配地位的行为。

2009 年

一、名词比较

1. 再贴现与再贷款
2. 消费者权利与公民权利
3. 增值税与土地增值税
4. 回扣与折扣

二、简答题

1. 试述中介组织的概念和地位。
2. 试述如何界定相关产品市场。
3. 试述我国现行的金融监管体制。
4. 试分析法定存款准备金和中央银行基准利率在应对次贷引发的金融危机中的作用。

三、论述题

根据2008年10月28日通过的《企业国有资产法》，试论国有资产监督管理委员会身份和职责变化。

2008 年

一、概念辨析

1. 经济义务与经济法责任
2. 理论增值额与法定增值额
3. 反倾销与反补贴
4. 许可证管理与配额管理
5. 市场监管、宏观调控与微观规制

二、简答题

1. 试述经济法的社会本位以及其基本的要求。
2. 产品责任的归责原则以及与无过错责任原则的区别。

2007 年

一、名词解释

1. 经济行政法论
2. 金融监管概念及其目的
3. 外资并购
4. 商业贿赂
5. 税收保全制度

二、简答题

1. 简述经济法产生的社会原因。
2. 简述研究经济法调整对象的意义。
3. 简述我国2006年两次提高法定存款准备金率的宏观调节作用。

三、论述题

简述我国制定反垄断法对完善市场规制法的意义。

西南政法大学

2013 年

一、概念比较题

1. 自然垄断与经济垄断
2. 产品责任与产品质量责任

二、判断分析题

1. 消费者权益基于消费者与经营者的约定。
2. 企业社会责任是一种法定义务。

三、简述题

1. 简述经济法形式理性与实质理性的关系。
2. 简述本身违法原则。

四、论述题

论经济法在克服政府失灵中的作用。

2010 年

一、概念比较题

1. 本身违法原则与合理原则
2. 不正当竞争责任与民事侵权责任

二、简答题

1. 混淆行为及其表现形式。
2. 产品责任的概念和构成要件。

三、论述题

经济法在市场失灵中的作用。

四、案例题

可口可乐收购汇源中经营者集中的依据、意义、影响。

2009 年

一、概念比较题

1. 经济法与社会法

2. 消费者主权与消费者权利

二、判断分析题

1. 国家用经济法的形式干预的社会经济关系，包括了所有全局性的和社会公共性的经济关系。

2. 联合抵制协议是一种纵向限制竞争协议。

3. “三包”义务，即包修、包退、包换义务是经营者售后义务的全部内容。

三、简述题

1. 如何理解经济安全原则？

2. 试述虚假价格表示的表现形式及法律责任。

3.《反垄断法》规制的反垄断行为有哪些？

四、论述题

试以典型食品安全事件为例，谈谈如何完善市场监督管理制度。(要求考生联系我国今年发生的食品安全的典型事件，以产品质量监管为视角考察成因，提出完善我国市场监督管理制度的思考意见)

2008 年

一、概念比较题

1. 产品责任与产品质量责任

2. 商业回扣与折扣

二、判断分析题

1. 国家垄断、行政垄断和自然垄断都属于反垄断法适用除外的范围。

2. 经济法是国家干预经济的法律，因此，经济法调整的社会关系必须至少有一方是国家机关。

三、简述题

1. 简述经济法的调整对象。

2. 简述行政垄断的表现形式。

3. 简述产品召回法律关系的主体。

四、论述题

结合我国市场经济的实际状况，试述反垄断法对限制竞争协议的法律规制。

2007 年

一、概念比较题

1. 营业税与企业所得税

2. 经济职权与经济职责

3. 不正当低价与倾销

4. 结构主义反垄断法与行为主义垄断法

二、简述题

1. 简述经济公平原则。

2. 简述宏观经济调控的特点。

3. 简述人民币的法律地位。

4. 简述经营者的信息提供义务。

三、论述题

论述社会财富公平分配中的政府责任。

四、案例分析

用经济法的原理和制度评论“重庆锅底费同盟”事件的合法性。

武汉大学

2011 年

一、名词辨析

1. 发行股票与发行可转换债

2. 有限合伙与特殊合伙

3. 商号和商标

二、简答题

1. 工资的种类有哪些，工资的原则是什么？

2. 简述银监会的监管范围。

3. 保险条款的解释规则。

三、论述题

1. 用经济法基础理论对我国地区发展不平衡和垄断行业收入过高提出解决路径和方法。

2. 综合世界商法发展趋势，简述我国公司法的变革。

2010 年

一、辨析题

1. 产品责任的严格责任与无过错责任

2. 税收抵免与税收抵扣

3. 劳动合同与集体合同

4. 破产费用与共益债务

5. 挂失支付与公示催告

6. 光船租赁合同与光船租购合同

二、简答题

1. 简述反垄断法与反不正当竞争法的关系。

2. 2009年10月下旬，应深圳市民李某的申请，广州市财政局在网上发布了政府部门预算，获得如潮好评。但接到同样的申请后，上海市财政局却回复说，预算信息属于“国家秘密”，因而“不予公开”。请结合《预算法》《保密法》《政府信息公开条例》，从依法行政的角度对预算是否应该公开进行评述。

3. 简述用人单位的劳动规章制度及其效力。

4. 简述我国公司法关于一人公司的特别规定。

5. 简述我国证券发行保荐制度的概念及适用范围。

6. 简述破产别除权的概念及特征。

三、论述题

试论中央银行的主要业务类型及各自的宏观调控功能。

四、案例分析题

作为数码摄像机、数码照相机生产商的日本东海公司（以下简称东海公司）同时也生产供数码产品使用的可充电锂电池。为了阻止其他品牌的电池用于东海公司的数码产品，东海公司开发了东海数码摄像机和数码相机等数码产品对电池附加的智能密匙识别系统，即“智能识别技术”。通过这一系统，每一块电池都只能附加密码才能为东海的数码产品所识别并使用。其他品牌的电池在未解码的情况下，无法被使用在东海的数码摄像机、照相机上；而一旦私自解码则又会侵犯东海公司的专利权。西原科技公司（以下简称西原公司）是中国国内的电池生产商。2009年11月，西原公司在某中级人民法院起诉东海公司，以东海公司的行为是非法搭售的垄断行为为由，要求东海公司在中国立即停止使用东海锂电池的智能识别技术，同时要求东海公司停止在生产数码摄像机和数码照相机是使用智能识别技术。法院受理后，查明，东海公司在中国数码相机市场上的份额，2007年为24.2%，2008年为19.4%，该市场竞争激烈。

请根据反垄断法分析此案。

2009年

一、名词解释与概念性辨析

1. 经营性国有资产

2. 职工离职后的竞业限制

3. 掠夺性定价

4. 商事外观主义

5. 惩罚性损害赔偿

6. 保险责任与责任保险

7. 票据变造与伪造

8. 证券的公开发行与非公开发行

二、简答题

1. 2008年9月初，可口可乐公司宣布以179.2亿港元收购汇源果汁所有已公开发行的股份。此次交易依法应当向反垄断执法机构申报。试说明相关部门审查企业集中应当考虑的因素以及禁止企业集中的条件。

2. 试回答无固定期限劳动合同的含义以及用人单位单方解除该类劳动合同的法定事由。

3. 试说明我国《企业所得税法》统一内外资企业所得税的主要措施。

4. 请简要谈谈你对经济法的理解和看法。

5. 简析我国公司最低资本额制度的调整及原因。

三、论述题

1. 结合三鹿奶粉事件，试评述强化我国市场监督管理的必要性、基本手段与方式。

2. 结合目前的金融形势论述加强商业银行监管的意义。

2008年

一、名词解释

1. 产品召回制度

2. 劳动基准

3. 量能征税原则

4. 存款保险

5. 融资租赁

6. 商号权

7. 累积投票制

8. 特殊的普通合伙企业

二、简答题

1. 简述2014年以来我国税法变革的主要内容。

2. 简述《劳动合同法》在保护劳动者利益方面的新进展。

3. 简述商事能力与民事能力的区别。

4. 简述保险代位求偿的概念与特征。

三、论述题

1. 结合中国经验，说明产业政策在经济发展中的重要作用。

2. 评析股权的法律性质。

四、法条评析

《反垄断法》第9条规定：“国务院设立反垄断委员会，负责组织、协调、指导反垄断工作，履行下列职责：

（一）研究拟订有关竞争政策；

（二）组织调查、评估市场总体竞争状况，发布评估报告；

（三）制定、发布反垄断指南；

（四）协调反垄断行政执法工作；

（五）国务院规定的其他职责。

国务院反垄断委员会的组成和工作规则由国务院规定。”

同法第10条规定：“国务院规定的承担反垄断执法职责的机构（以下统称国务院反垄断执法机构）依照本法规定，负责反垄断执法工作。

国务院反垄断执法机构根据工作需要，可以授权省、自治区、直辖市人民政府相应的机构，依照本法规定负责有关反垄断执法工作。”

请结合上述规定，以及反垄断立法过程中的争议，就中国反垄断执法机构的建设，进行评论和分析。

五、案例分析

2003年9月，国务院批准了国家发改委、卫生部编制的《突发公共卫生事件医疗救治体系建设规划》。10月，国家发改委和卫生部委托两家采购代理机构——国信招标有限责任公司和中国远东国际贸易总公司，分别对医疗救治体系项目进行公开招标，采购相关仪器设备。北京现代沃尔公司分别参加了两家采购代理机构组织的各一个包的投标，即286台血气分析仪和300台便携式血气分析仪，但都未中标。他们认为此次招标的组织不合法，故于2004年12月21日向财政部投诉。财政部受理后，将投诉信及相关材料转交国家发改委稽查办处理，并要求其在处理后将结果抄送财政部。财政部因没有收到国家发改委的处理结果，故在规定期限内未对投诉给予答复。2005年3月23日，北京现代沃尔公司向法院提起行政诉讼，请求判决财政部履行对政府招标采购行为的监管职责，作出具体行政行为。2005年5月20日，法院公开开庭审理了此案。法院认为，本案涉及的血气分析仪，应属于货物采购。原告向被告投诉的是采购代理机构在以招投标方式采购货物过程中招投标组织不合法的问题，属于被告的监管权范围。被告未对投诉事项给予答复，应属于未履行法定职责。故法院判决财政部对北京现代沃尔公司的投诉予以处理和答复。

问：

1. 根据《政府采购法》的规定，谁是政府采购行为的监督管理部门？

2.《政府采购法》与《招标投标法》的关系如何协调？

3. 供应商如果认为自己的权利受到损害，有什么途径可以申请救济？

4. 简述评析本案法院的判决结果。

西北政法大学

2017年

一、简答题

1. 简述国家、市场和经济法的关系。

2. 产权交易的条件。

3. 公用企业滥用市场支配地位排除妨害竞争的表现。

二、论述题

论述财政法的概念和调整对象，以及财政法的体系。

2016年

一、简答题

1. 预算及预算管理程序。

2. 经济法责任的独立性。

3. 企业社会责任的概念特点。

二、论述题

宏观调控的经济的法律体系。

2015年

一、简答题

1. 行业协会的含义和特征。

2. 消费者权益保护的途径。

3. 房地产交易的必备法律要件。

二、材料分析题

（材料略）

1. 垄断的危害有哪些？

2. 各国反垄断法执法的过程是什么样的？

2014年

一、名词解释

1. 横向限制竞争协议和纵向限制竞争协议

2. 消费者选择权和知悉权

二、简答题

1. 产业调节法的基本制度。

2. 公用企业的法律规制的制度体现。

2013 年

一、名词辨析

1. 政府失灵与市场失灵

2. 经济垄断与行政垄断

3. 补偿性责任与赔偿性责任

二、简答题

1. 掠夺性定价行为的含义及其判断标准。

2. 金融监管法的原则及其内容。

三、论述题

论政府经济干预权。

2012 年

一、概念辨析题

1. 政府失灵与市场失灵

2. 经济性垄断与行政性垄断

3. 补偿性责任与赔偿性责任

二、简答题

1. 简述经济法与社会法的区别。

2. 简述金融法的调整对象。

三、论述题

论宏观经济调控法的调整方法及其应用。

2011 年

一、概念辨析题

1. 企业形态法定化与企业法律形态

2. 商业回扣与商业折扣

3. 经济职权与经济职责

二、简答题

1. 简述经济法兴起的法律原因。

2. 简述金融监管法的含义与意义。

三、论述题

论述经济法基本原则的含义与特征。

附录二：经济法重点法律文件列表

市场主体法

中华人民共和国个人独资企业法（1999 年 8 月 30 日）
中华人民共和国外商投资法（2019 年 3 月 15 日）
中华人民共和国公司法（2018 年 10 月 26 日）
最高人民法院关于审理外商投资企业纠纷案件若干问题的规定（一）（2020 年 12 月 29 日）

市场监管法

中华人民共和国反垄断法（2007 年 8 月 30 日）
中华人民共和国反不正当竞争法（2019 年 4 月 23 日）
中华人民共和国拍卖法（2015 年 4 月 24 日）
中华人民共和国招标投标法（2017 年 12 月 27 日）
最高人民法院关于审理不正当竞争民事案件应用法律若干问题的解释（2020 年 12 月 29 日）
中华人民共和国消费者权益保护法（2013 年 10 月 25 日）
中华人民共和国产品质量法（2018 年 12 月 29 日）
中华人民共和国食品安全法（2021 年 4 月 29 日）
中华人民共和国药品管理法（2019 年 8 月 26 日）
最高人民法院关于审理食品药品纠纷案件适用法律若干问题的规定（2020 年 12 月 29 日）
中华人民共和国土地管理法（2019 年 8 月 26 日）
中华人民共和国城市房地产管理法（2019 年 8 月 26 日）

宏观调控法

中华人民共和国预算法（2018 年 12 月 29 日）
中华人民共和国政府采购法（2014 年 8 月 31 日）
中华人民共和国税收征收管理法（2015 年 4 月 24 日）
中华人民共和国个人所得税法（2018 年 8 月 31 日）
中华人民共和国企业所得税法（2018 年 12 月 29 日）
中华人民共和国企业国有资产法（2008 年 10 月 28 日）
中华人民共和国中国人民银行法（2003 年 12 月 27 日）
中华人民共和国商业银行法（2015 年 8 月 29 日）
中华人民共和国银行业监督管理法（2006 年 10 月 31 日）
中华人民共和国证券法（2019 年 12 月 28 日）
中华人民共和国保险法（2015 年 4 月 24 日）
中华人民共和国价格法（1997 年 12 月 29 日）
中华人民共和国会计法（2017 年 11 月 4 日）
中华人民共和国审计法（2006 年 2 月 28 日）
中华人民共和国环境保护法（2014 年 4 月 24 日）

附录三：经济法学习参考及推荐书目

一、专著教材类

赵威主编：《经济法》，中国人民大学出版社2021年版。
刘文华主编：《经济法》，中国人民大学出版社2019年版。
高程德：《经济法（民商法）》，上海人民出版社2016年版。
杨紫烜主编：《经济法》，北京大学出版社、高等教育出版社2015年版。
刘大洪：《经济法学》，中国法制出版社2007年版。
［日］丹宗晓信、伊从宽：《经济法总论》，中国法制出版社2010年版。
李昌麒主编：《经济法学》，法律出版社2016年版。
邱本：《经济法总论》，法律出版社2007年版。
漆多俊：《经济法基础理论》，法律出版社2017年版。
史际春、邓峰：《经济法总论》（第二版），法律出版社2008年版。
北京市法学会：《中国经济法三十年》，中国法制出版社2008年版。

二、连续出版物

史际春：《经济法学评论》，中国法制出版社。
北京大学经济法研究所：《经济法研究》。
郭峰：《证券法律评论》，中国法制出版社。
施正文：《中国税法评论》，中国税务出版社。

三、教学辅导类

侯怀霞编著：《经济法案例·法条·评析》，中国法制出版社2012年版。
商法、经济法【学生常用法规掌中宝2021－2022】，中国法制出版社2020年版。

四、法规学习类

《中华人民共和国经济法律法规全书（含相关政策及典型案例）》，中国法制出版社2021年版。

五、外文刊物

Journal of Legal Studies
Supreme Court Economic Review
Berkeley Business Law Journal
Boston College Third World Law Journal
Antitrust Law Journal